프로그래밍
**루아**

Programming in Lua 3/E
by Roberto Ierusalimschy

Korean Translation Copyright ⓒ 2014 by Insight Press. All rights reserved. The Korean language edition published by arrangement with Roberto Ierusalimschy, Rio de Janeiro through Agency-One, Seoul.

이 책의 한국어판 저작권은 에이전시 원을 통해 저작권자와의 독점 계약으로 인사이트에 있습니다.
저작권법에 의해 한국 내에서 보호를 받는 저작물이므로 무단전재와 무단복제를 금합니다.

프로그래밍 루아 Programming in Lua 3/E

**초판 1쇄 발행** 2007년 6월 15일 **개정판 1쇄 발행** 2014년 7월 22일 **개정판 3쇄 발행** 2022년 12월 23일 **지은이** 호베르토 이에루자림스키 **옮긴이** 김성안, 장한일 **펴낸이** 한기성 **펴낸곳** (주)도서출판인사이트 **편집** 조은별 **제작·관리** 이유현, 박미경 **용지** 월드페이퍼 **인쇄·제본** 에스제이피앤비 **등록번호** 제 2002-000049호 **등록일자** 2002년 2월 19일 **주소** 서울특별시 마포구 연남로5길 19-5 **전화** 02·322·5143 **팩스** 02·3143·5579 **이메일** insight@insightbook.co.kr **ISBN** 978·89·6626·111·6 책값은 뒤표지에 있습니다. 잘못 만들어진 책은 바꾸어 드립니다. 이 책의 정오표는 https://blog.insightbook.co.kr에서 확인하실 수 있습니다.

**프로그래밍 인사이트**

Programming in
Lua
3/E

# 프로그래밍
## 루아

호베르토 이에루자림스키 지음 | 김성안 · 장한일 옮김

인사이트

# 차례

역자 서문 ········································································· xiii
저자 서문 ········································································· xv
감사의 글 ········································································· xxi

## 1부 루아 언어     1

### 1장   시작하기     3
    1.1 청크 ········································································· 4
    1.2 어휘 규정 ································································· 5
    1.3 전역 변수 ································································· 7
    1.4 독립 실행형 인터프리터 ··········································· 7
    연습 문제 ········································································ 9

### 2장   타입과 값     11
    2.1 Nil ············································································ 12
    2.2 불리언 ······································································ 12
    2.3 실수 ········································································· 12
    2.4 문자열 ······································································ 14
       2.4.1 문자열 상수 ····················································· 15
       2.4.2 구간 문자열 ····················································· 16
       2.4.3 강제 변환 ························································ 17
    2.5 테이블 ······································································ 18
    2.6 함수 ········································································· 22
    2.7 유저데이터와 스레드 ··············································· 23

연습 문제 ·········································································· 23

## 3장  표현식     25

3.1 산술 연산자 ································································· 25
3.2 비교 연산 ····································································· 26
3.3 논리 연산자 ································································· 27
3.4 이어 붙이기 ································································· 28
3.5 길이 연산자 ································································· 29
3.6 연산 우선순위 ······························································ 30
3.7 테이블 생성자 ······························································ 31
연습 문제 ·········································································· 33

## 4장  문장     35

4.1 할당문 ·········································································· 35
4.2 지역 변수와 구역 ························································ 36
4.3 제어 구조 ····································································· 38
    4.3.1 if then else문 ····················································· 39
    4.3.2 while문 ······························································· 39
    4.3.3 repeat문 ····························································· 40
    4.3.4 수치 for문 ·························································· 40
    4.3.5 일반 for문 ·························································· 41
4.4 break, return, goto ······················································ 43
연습 문제 ·········································································· 47

## 5장  함수     49

5.1 여러 값 반환 ································································ 51
5.2 가변 인자 함수 ···························································· 55
5.3 이름 붙인 인자 ···························································· 58
연습 문제 ·········································································· 59

## 6장  루아 함수의 내부     61

6.1 클로저 ·········································································· 63
6.2 비전역 함수 ································································· 67

6.3 꼬리 호출 ·················································································· 69
연습 문제 ·················································································· 71

## 7장 반복자와 일반 for문     73

7.1 반복자와 클로저 ······································································ 73
7.2 일반 for문의 의미 ···································································· 75
7.3 상태가 없는 반복자 ·································································· 77
7.4 복잡한 반복자 ········································································· 79
7.5 진짜 반복자 ············································································ 81
연습 문제 ·················································································· 82

## 8장 컴파일과 실행, 오류 처리     85

8.1 컴파일 ··················································································· 85
8.2 미리 컴파일된 코드 ·································································· 89
8.3 C 언어로 작성한 코드 ······························································ 91
8.4 오류 처리 ··············································································· 93
8.5 오류 처리와 예외 ····································································· 95
8.6 오류 메시지와 역추적 ······························································ 96
연습 문제 ·················································································· 98

## 9장 코루틴     101

9.1 코루틴의 기초 ········································································· 101
9.2 파이프와 필터 ········································································· 105
9.3 반복자로서의 코루틴 ································································ 108
9.4 비선점형 멀티스레딩 ································································ 110
연습 문제 ·················································································· 116

## 10장 종합 예제     117

10.1 8-여왕말 퍼즐 ······································································· 117
10.2 가장 많이 나오는 단어 찾기 ···················································· 119
10.3 마르코프 연쇄 알고리즘 ························································· 121
연습 문제 ·················································································· 124

## 2부 테이블과 객체　　　　　　　　　　　　　125

### 11장 자료구조　　　　　　　　　　　　　127

11.1 배열 ································································································· 128
11.2 행렬과 다차원 배열 ············································································ 128
11.3 링크드 리스트 ···················································································· 130
11.4 큐와 이중 큐 ····················································································· 131
11.5 집합과 다중 집합 ··············································································· 133
11.6 문자열 버퍼 ······················································································· 134
11.7 그래프 ······························································································ 136
연습 문제 ································································································· 138

### 12장 데이터 파일과 영속성　　　　　　　　　139

12.1 데이터 파일 ······················································································ 139
12.2 직렬화 ······························································································ 142
　　12.2.1 순환 구조가 없는 테이블 저장하기 ··············································· 145
　　12.2.2 순환 구조를 가진 테이블 저장하기 ··············································· 146
연습 문제 ································································································· 149

### 13장 메타테이블과 메타메서드　　　　　　　151

13.1 산술 메타메서드 ················································································ 152
13.2 관계 메타메서드 ················································································ 155
13.3 라이브러리에 정의된 메타메서드 ························································· 157
13.4 테이블 접근 메타메서드 ····································································· 158
　　13.4.1 __index 메타메서드 ··································································· 158
　　13.4.2 __newindex 메타메서드 ······························································ 160
　　13.4.3 기본값을 가진 테이블 ································································· 160
　　13.4.4 테이블 접근 추적하기 ································································· 162
　　13.4.5 읽기 전용 테이블 ······································································· 163
연습 문제 ································································································· 164

### 14장 환경　　　　　　　　　　　　　　　　165

14.1 전역 변수와 동적 이름 ······································································· 165

14.2 전역 변수 선언 · · · · · · · · · · · · · · · · · · · · · · · · · · · · · · · · · · · · · · · · · · · 167
14.3 비전역 변수 · · · · · · · · · · · · · · · · · · · · · · · · · · · · · · · · · · · · · · · · · · · · · · 170
14.4 _ENV 이용하기 · · · · · · · · · · · · · · · · · · · · · · · · · · · · · · · · · · · · · · · · · · · 172
14.5 _ENV와 load · · · · · · · · · · · · · · · · · · · · · · · · · · · · · · · · · · · · · · · · · · · · · 175
연습 문제 · · · · · · · · · · · · · · · · · · · · · · · · · · · · · · · · · · · · · · · · · · · · · · · · · · · · · 177

## 15장 모듈과 패키지    179

15.1 require 함수 · · · · · · · · · · · · · · · · · · · · · · · · · · · · · · · · · · · · · · · · · · · · 181
   15.1.1 모듈 이름 변경하기 · · · · · · · · · · · · · · · · · · · · · · · · · · · · · · · · 183
   15.1.2 경로 탐색하기 · · · · · · · · · · · · · · · · · · · · · · · · · · · · · · · · · · · · · 183
   15.1.3 서처: 라이브러리 찾기 · · · · · · · · · · · · · · · · · · · · · · · · · · · · · · 185
15.2 루아에서 모듈을 작성하기 위한 기본 방법 · · · · · · · · · · · · · · · · · · 186
15.3 환경 이용하기 · · · · · · · · · · · · · · · · · · · · · · · · · · · · · · · · · · · · · · · · · · · · 188
15.4 하위 모듈과 패키지 · · · · · · · · · · · · · · · · · · · · · · · · · · · · · · · · · · · · · · 190
연습 문제 · · · · · · · · · · · · · · · · · · · · · · · · · · · · · · · · · · · · · · · · · · · · · · · · · · · · 192

## 16장 객체지향 프로그래밍    193

16.1 클래스 · · · · · · · · · · · · · · · · · · · · · · · · · · · · · · · · · · · · · · · · · · · · · · · · · · 195
16.2 상속 · · · · · · · · · · · · · · · · · · · · · · · · · · · · · · · · · · · · · · · · · · · · · · · · · · · · 197
16.3 다중 상속 · · · · · · · · · · · · · · · · · · · · · · · · · · · · · · · · · · · · · · · · · · · · · · · 199
16.4 내부 상태 보호 · · · · · · · · · · · · · · · · · · · · · · · · · · · · · · · · · · · · · · · · · · 202
16.5 단일 메서드 접근법 · · · · · · · · · · · · · · · · · · · · · · · · · · · · · · · · · · · · · · 204
연습 문제 · · · · · · · · · · · · · · · · · · · · · · · · · · · · · · · · · · · · · · · · · · · · · · · · · · · · 205

## 17장 약한 참조 테이블과 마무리하기    207

17.1 약한 참조 테이블 · · · · · · · · · · · · · · · · · · · · · · · · · · · · · · · · · · · · · · · · 208
17.2 기억해 두기 · · · · · · · · · · · · · · · · · · · · · · · · · · · · · · · · · · · · · · · · · · · · · 210
17.3 객체 속성 · · · · · · · · · · · · · · · · · · · · · · · · · · · · · · · · · · · · · · · · · · · · · · · 212
17.4 기본값을 가진 테이블 다시 보기 · · · · · · · · · · · · · · · · · · · · · · · · · · 213
17.5 쓰고 버리는 테이블 · · · · · · · · · · · · · · · · · · · · · · · · · · · · · · · · · · · · · · 214
17.6 마무리하기 · · · · · · · · · · · · · · · · · · · · · · · · · · · · · · · · · · · · · · · · · · · · · · 215
연습 문제 · · · · · · · · · · · · · · · · · · · · · · · · · · · · · · · · · · · · · · · · · · · · · · · · · · · · 219

# 3부 표준 라이브러리　　　　　　　　　　221

## 18장 수학 라이브러리　　　　　　　　　223
　　연습 문제 …………………………………… 224

## 19장 비트 연산 라이브러리　　　　　　　227
　　연습 문제 …………………………………… 230

## 20장 테이블 라이브러리　　　　　　　　233
　　20.1 원소의 삽입과 제거 ………………………… 233
　　20.2 정렬 ………………………………………… 234
　　20.3 이어 붙이기 ………………………………… 236
　　연습 문제 …………………………………… 236

## 21장 문자열 라이브러리　　　　　　　　237
　　21.1 기본 문자열 함수 …………………………… 237
　　21.2 패턴 일치 함수 ……………………………… 240
　　　　21.2.1 string.find 함수 ……………………… 240
　　　　21.2.2 string.match 함수 …………………… 241
　　　　21.2.3 string.gsub 함수 ……………………… 242
　　　　21.2.4 string.gmatch 함수 …………………… 242
　　21.3 패턴 …………………………………………… 243
　　21.4 캡처 …………………………………………… 248
　　21.5 치환하기 ……………………………………… 250
　　　　21.5.1 URL 인코딩 …………………………… 252
　　　　21.5.2 위치 캡처 ……………………………… 254
　　21.6 알아두기 ……………………………………… 255
　　21.7 유니코드 ……………………………………… 258
　　연습 문제 …………………………………… 262

## 22장 입출력(I/O) 라이브러리 … 263

- 22.1 단순 입출력 모델 … 263
- 22.2 완전 입출력 모델 … 267
  - 22.2.1 성능 향상 팁 … 269
  - 22.2.2 바이너리 파일 … 270
- 22.3 기타 파일 함수 … 272
- 연습 문제 … 273

## 23장 운영체제 라이브러리 … 275

- 23.1 날짜와 시간 … 275
- 23.2 기타 시스템 호출 … 278
- 연습 문제 … 280

## 24장 디버그 라이브러리 … 281

- 24.1 인트로스펙션 기능 … 282
  - 24.1.1 지역 변수에 접근하기 … 284
  - 24.1.2 비지역 변수에 접근하기 … 285
  - 24.1.3 다른 코루틴에 접근하기 … 287
- 24.2 훅(Hooks) … 288
- 24.3 프로파일러 … 289
- 연습 문제 … 292

# 4부 C API … 293

## 25장 C API의 개요 … 295

- 25.1 첫 예제 … 297
- 25.2 스택 … 300
  - 25.2.1 스택에 원소 넣기 … 301
  - 25.2.2 원소 가져오기 … 302
  - 25.2.3 기타 스택 연산 … 305

25.3 C API를 이용한 오류 처리 · 307
    25.3.1 애플리케이션 코드에서 발생하는 오류 처리 · 307
    25.3.2 라이브러리 코드에서 발생하는 오류 처리 · 308
연습 문제 · 309

## 26장 루아를 설정 언어로 사용하기    311

26.1 기초 · 311
26.2 테이블 조작하기 · 313
26.3 루아 함수 호출하기 · 318
26.4 범용 호출 함수 · 320
연습 문제 · 323

## 27장 루아에서 C 함수 호출하기    325

27.1 C 함수 · 326
27.2 컨티뉴에이션 · 328
27.3 C 모듈 · 332
연습 문제 · 334

## 28장 C 함수 작성법    337

28.1 배열 다루기 · 337
28.2 문자열 다루기 · 339
28.3 C 함수에서 상태 저장하기 · 343
    28.3.1 레지스트리 · 344
    28.3.2 업밸류 · 347
    28.3.3 공유 업밸류 · 350
연습 문제 · 351

## 29장 C에서 사용자 정의 타입 만들기    353

29.1 유저데이터 · 354
29.2 메타테이블 · 357
29.3 객체지향 구현 · 360
29.4 배열의 원소 사용하기 · 362
29.5 경량 유저데이터 · 363
연습 문제 · 365

## 30장 자원 관리 367

- 30.1 디렉터리 반복자 ················································· 367
- 30.2 XML 파서 ······················································· 371
- 연습 문제 ····························································· 381

## 31장 스레드와 상태 383

- 31.1 다중 스레드 ······················································ 384
- 31.2 루아 상태 ························································ 388
- 연습 문제 ····························································· 398

## 32장 메모리 관리 399

- 32.1 메모리 할당 함수 ·················································· 399
- 32.2 가비지 콜렉터 ···················································· 402
  - 32.2.1 가비지 콜렉터의 API ·········································· 403
- 연습 문제 ····························································· 406

## 역자 서문

10년 전 쯤에 스크립트 언어를 조사하면서 C 언어와 함께 쓰기 좋은 가벼운 스크립트 언어 정도로 루아에 관심을 가졌다가, 확장성과 자유도에 빠져서 루아를 공부하게 되었습니다. 연산자 재정의, 템플릿을 이용한 메타 프로그래밍 등을 활용하는 재미 때문에 C++ 언어를 좋아하는데, 루아에도 메타테이블이라는 재미난 매커니즘을 통해 스스로 확장할 수 있는 매력이 있습니다. 이렇게 언어를 확장하는 것에 관심이 있다면, 이 책의 2부에서 해당 내용을 자세히 설명하고 있으니 꼭 읽어 보기 바랍니다. 그 외에도 루아를 만든 사람이 쓴 책답게 언어의 세부 내용이 잘 설명되어 있으니, 언어를 설계하며 의도했던 활용법, 철학 등을 곳곳에서 얻을 수 있습니다.

요즘 가전이나 제어기 등의 임베디드 분야에서 개발을 돕고 있는데, 이 분야는 성능과 배포 환경의 제약이 심해서 웹서비스 같은 분야에 비해 새로운 언어나 개발 도구의 지원이 부족한 편입니다. 그래서 아직도 C 언어와 어셈블리 코드로 제품을 개발하고 있는 상황이라, C 코드와 연동이 쉽고 가볍게 수행되는 루아를 대체 언어로 활용할 수 있을 것 같습니다. 만약 이런 분야에서 루아를 도입하고자 한다면 4부에서 많은 도움을 얻을 수 있을 것입니다.

이 번역 작업이 루아를 도입하는 개발자와 루아로 다양한 것을 시도하는 사람들에게 도움이 되기를 바랍니다. 늦은 번역 덕분에 마음 고생하신 조은별 편집자님과 번역 기회를 주신 한기성 사장님께 감사드립니다. 그리고 번역 경험을 살려 이런저런 지식을 전해 준 공역자 김성안 님께도 감사드립니다.

장한일

모바일 게임 클라이언트를 개발하면서 루아를 처음 사용하게 되었습니다. 처음에는 너무 자유로워서 조금 당황했던 기억이 나는데, 이후에는 쉬우면서 간결한 문법과 테이블 자료구조 덕분에 정말 기분 좋게 작업할 수 있었습니다. 기존 객체지향 언어에 익숙한 프로그래머나 루아를 간단한 설정 언어로 배우기 시작한 게임 기획자도 루아의 높은 자유도 덕분에 어디에서부터 시작해야 할지 당황스러울 수 있는데, 루아 사용자 위키의 SimpleLuaClasses 구현처럼 정말 간단한 구조에서부터 시작해 보는 것도 좋겠습니다. 그러고 나서 필요에 따라 책에 소개된 메타프로그래밍과 환경 등을 적용해 보는 것을 추천합니다.

사실 이 책 앞에서는 설계 철학 등을 설명하기 때문에 다소 어려운 부분이 곳곳에 있습니다. 개인적으로는 소개를 다루는 부분과 고급편을 나누었다면 더 좋았으리라는 아쉬움이 남습니다. 부디 이렇게 어렵게 느껴지는 부분은 나중에 다시 보도록 하고, 루아의 쉽고 간결함을 먼저 느껴보기를 바랍니다.

의욕적으로 시작했지만 이런저런 핑계로 번역이 늦어져 새로운 책을 이제야 손에 쥔 독자분들과 인사이트 출판사의 조은별 편집자님, 그리고 매번 이렇게 늦는데도 계속 번역을 맡겨 주시는 한기성 사장님께 죄송하고 감사한 마음입니다. 그리고 프로그래밍 언어에 대한 깊은 이해를 가진 장한일 님이 같이 번역해 주지 않았다면 완성할 수 없는 책이었는데, 덕분에 이렇게 빛을 보게 되었습니다. 감사합니다. 끝으로 철 없는 남편 때문에 고생하는 아내 린에게도 항상 감사하고 있습니다. 앞으로도 계속 철들지 않고 같이 잘 지내겠습니다. :)

김성안

# 저자 서문

1993년에 발데마르 그리고 루이지와 함께 처음 루아를 개발하기 시작했을 때는 지금처럼 인기를 얻으리라고는 생각하지 못했다. 내부적으로 두 개의 프로젝트에 사용할 목적으로 개발을 시작했는데 지금은 단순함, 확장성, 이식성, 효율적인 스크립트 언어라는 특징 덕분에 임베디드 시스템, 모바일 기기, 게임 프로그래밍 등 많은 분야에서 이용되고 있다.

루아는 처음부터 C/C++ 같은 기존의 언어로 작성된 소프트웨어와 쉽게 통합되도록 설계되었고, 덕분에 많은 장점을 가진다. 루아는 작고 간단한 언어이다. 이는 C 언어가 잘하고 있는 연산 성능이나 저수준 연산 지원, 풍부한 외부 라이브러리를 활용을 위해서 만든 언어가 아니기 때문에 가능했다. 루아에서 이런 작업이 필요한 경우에는 C를 이용하도록 했다. 대신에 루아는 하드웨어를 직접 알 필요가 없는 추상화 유지, 동적인 자료구조, 중복 방지, 테스팅과 디버깅이 쉬운 구조처럼 C가 그리 잘하고 있지 않은 일에 집중한다. 루아는 안전한 환경을 가지고 있고, 자동으로 메모리를 관리하며, 문자열과 동적으로 크기가 변하는 데이터를 효과적으로 처리한다.

루아는 꽤 많은 부분을 라이브러리로 분리했다. 이는 우연히 그런 구조가 된 것이 아니라 루아가 확장 가능한 구조를 가지도록 의도적으로 설계했기 때문이다. 루아를 확장성이 있는 언어로 만들기 위해 여러 가지 사항이 고려되었다. 동적 타입 덕분에 높은 수준의 다형성을 가지게 되었고, 자동 메모리 관리를 통해 오버플로나 메모리 할당과 해제의 책임을 따질 필요가 없게 만들어서 인터페이스가 간결해졌다. 또한 고차 함수와 익명 함수를 도입하여 함수도 매개변수로 전달하기 용이하게 해서 함수를 더 유연하게 사용할 수 있게 되었다.

루아는 확장성 있는 언어일 뿐 아니라 연결 언어(glue language)이기도 하다. 루아는 고수준의 컴포넌트를 서로 연결해서 애플리케이션을 만드는 컴포넌트 기반 소프트웨어 개발 접근법을 지원한다. 루아는 정적 타입 언어인 C나 C++로 컴파일된 컴포넌트들을 서로 연결해서 조직화한다. 보통 컴포넌트나 객체는 위젯이나 자료구조 같이 좀 더 구체적인 저수준의 개념을 표현하는 데 최종 프로그램이 실행될 때 대부분의 CPU 시간을 사용하지만, 프로그램 개발 중에 자주 바뀌지는 않는 것들이다. 루아는 여기서 제품 수명 동안 자주 변경되는 애플리케이션의 최종 형태를 구성하는 용도로 사용된다. 그렇지만 루아는 다른 연결 기술들과 다르게 완전한 언어이기 때문에, 루아를 단순히 컴포넌트를 연결하는 용도로 사용할 수도 있지만 컴포넌트를 용도에 맞게 맞추고 변형해서 완전히 새로운 컴포넌트를 만드는 일에도 사용할 수 있다.

물론 이런 것이 루아로만 할 수 있는 것은 아니다. 거의 동일한 목적으로 사용할 수 있는 다른 언어들도 있다. 그렇지만 다음과 같은 루아만의 강점이 있기 때문에 많은 경우에 루아를 선택하는 것이 최선일 수 있다.

- 확장성: 사람들이 루아를 언어가 아니라 도메인 특화 언어를 만들 수 있는 도구 모음으로 여길 만큼 루아의 확장성은 매우 뛰어나다. 처음부터 루아 코드와 외부 C 코드 모두를 이용해서 확장 가능하도록 설계했다. 그 증거로, 대부분의 루아 기본 기능은 외부 라이브러리를 통해 구현되었다. 루아와 C/C++를 연결하는 일은 아주 쉽고, 포트란, 자바, 스몰토크, Ada, C# 같은 언어 외에도 펄이나 파이썬 같은 스크립트 언어도 루아와 통합해서 쓰고 있다.
- 단순함: 루아는 작고 단순한 언어로, 많지는 않지만 강력한 개념을 포함하고 있다. 이 단순함 덕에 루아는 배우기 쉽고, 크기가 작다. 소스 코드와 매뉴얼, 특정 플랫폼을 위한 바이너리를 포함한 전체 배포본이 플로피 디스크 한장에 들어갈 정도로 작다.
- 효율성: 루아 구현체는 아주 효율적으로 구현되었다. 여러 벤치마크 결과를 보면 루아가 스크립트 언어계에서 가장 빠른 언어 중 하나라는 것을 알 수 있다.
- 이식성: 루아의 이식성에 대해 설명할 때는 일반적으로 들어본 모든 플랫폼에서 루아가 실행된다고 말한다. 다시 말해 유닉스, 윈도우, PlayStation, Xbox, Mac OS X, iOS, 안드로이드, 킨들파이어, NOOK, Haiku, 퀄컴 Brew, IBM 메인프레임, RISC OS, 심비안 OS, Rabbit 프로세서 계열, 라즈베리 파이, 아두이노 등에서 루아를 사용할 수 있다. 각 플랫폼을 위한 소스 코드는 사실상 모두 같다. 루아 소스 코드에서는 다른 기계에서 수행되는 코드를 컴파일하기 위해 조건 컴파일을 사용하지 않는다. 대신 ANSI(ISO) C 표준에 의존한다. 이

덕분에 보통은 새로운 플랫폼에 루아를 포팅하는 작업을 할 필요가 없다. 표준 C를 지원하는 컴파일러가 있다면 그냥 루아를 컴파일하면 된다.

**대상 독자**

루아의 사용자는 일반적으로 다음의 세 부류로 나뉜다. 한 부류는 루아를 애플리케이션 프로그램에 내장해서 사용하는 쪽이고, 다른 한 부류는 루아 언어만 독립적으로 사용하는 쪽, 나머지는 루아를 C 언어와 함께 사용하는 부류이다.

많은 사람들이 어도비 라이트룸이나 Nmap, 월드 오브 워크래프트 같은 애플리케이션 프로그램에 내장된 스크립트 형태로 루아를 사용하고 있다. 이런 애플리케이션은 루아의 C API를 써서 새 함수를 등록하거나, 새 타입을 생성하거나, 언어의 특정 동작을 바꾸는 것 같이 특화된 도메인에 사용되도록 루아를 설정한다. 보통 이런 애플리케이션을 이용하는 사용자는 루아가 특정 도메인에 적용된 독립적으로 사용할 수 있는 언어라는 사실을 모르는 경우가 많다. 예를 들어, 많은 라이트룸 플러그인 개발자들이 자기가 사용하고 있는 언어의 다른 쓰임새에 대해 알지 못한다. Nmap 사용자들은 루아를 Nmap 스크립트 엔진을 위한 언어라고 생각하는 경향이 있으며, 월드 오브 워크래프트 이용자들이 루아를 이 게임에서만 사용 가능한 언어라고 여기는 경우도 있다.

루아는 독립 실행형 언어로서도 유용하다. 텍스트 처리나 단발성의 작은 규모 프로그램 뿐만 아니라 중대형 프로젝트에도 유용하다. 루아를 독립 실행형 언어로 사용할 때는 라이브러리를 잘 사용하는 것이 중요하다. 예를 들어, 기본적인 패턴 일치와 문자열을 처리하는 기능을 표준 라이브러리에서 제공한다. 루아 라이브러리 지원이 개선되면서 외부 패키지의 수가 급증했다. 루아 모듈을 관리, 배포하는 루아 Rocks에는 현재 150개가 넘는 패키지가 있다.

마지막으로, C 라이브러리를 사용하는 애플리케이션을 작성하기 위해 루아를 쓰는 개발자들이 있다. 이런 사용자들은 프로그램을 루아보다는 C로 더 많이 작성하는 개발자로, 단순하고 사용하기 쉬우며 잘 통합되는 인터페이스를 만들기 위해 루아에 대해 더 잘 이해해야 할 필요가 있다.

앞서 언급한 어떤 부류에 속하든 이 책에서 많은 것을 얻을 수 있을 것이다. 1부에서는 루아 언어의 가능성을 탐색하는 과정을 살펴보면서 루아 언어 자체에 대한 내용을 다룬다. 언어의 여러 요소에 집중하고, 많은 예제와 연습 문제를 통해서 실제 작업에 적용할 방법을 살펴볼 것이다. 1부의 몇 장은 제어 구조 같은 기본 개념에 대해 다루고, 다른 장에서는 반복자나 코루틴 같은 고급 주제를 다룬다.

2부에서는 루아의 유일한 자료구조인 테이블을 집중적으로 다룬다. 자료구조, 영속성, 패키지, 객체지향 프로그래밍을 다루는 장으로 나뉘어 있다. 이 부분을 통해 루아 언어의 진정한 능력이 드러날 것이다.

3부에서는 표준 라이브러리를 다룬다. 3부에서 다루는 표준 라이브러리는 모든 경우에 사용되긴 하지만, 루아를 독립 실행형 언어로 사용하는 개발자에게 특히 유용할 것이다. 3부에서는 수학 연산 라이브러리, 비트 연산 라이브러리, 테이블 처리 라이브러리, 문자열 처리 라이브러리, 입출력 라이브러리, 운영체제 라이브러리, 디버깅 라이브러리에 한 장씩 할애하여 다룬다.

마지막 4부에서는 루아와 C를 연결하는 API를 작성하는 방법에 대해 다룬다. 루아의 능력을 모두 끌어 내기 위해 C 개발자가 되어 C 언어를 주로 사용하여 프로그래밍하게 될 것이므로, 책의 다른 부분과는 꽤 다른 느낌이 들 것이다. 일부 독자에게는 4부의 내용이 별 관심이 없을 수 있으나, 어떤 독자에게는 이 책에서 가장 중요한 부분이 될 수 있다.

## 3판에 대해서

이 책은 프로그래밍 루아 2판의 내용을 갱신하고 확장한 것이다. 책의 구조는 이전 판과 거의 동일하지만 상당히 새로운 내용으로 구성되었다.

먼저, 책 전체 내용을 루아 5.2 버전에 맞춰 갱신하였다. 특히 많이 갱신한 부분은 환경을 다룬 14장으로, 거의 새로 쓰다시피 했다. 또한 5.2 버전부터 제공되는 새 기능의 장점을 보여줄 수 있도록 관련 예제도 새로 작성했다. 5.1에서 달라지는 점을 명확히 했으니, 이전 버전을 사용할 때도 관련 예제를 이용할 수 있다.

그리고 보다 중요한 점은 책의 모든 장에 연습 문제를 추가한 것이다. 이 연습 문제는 언어에 관한 간단한 질문에서부터 작은 규모의 프로젝트까지 다양한 주제로 구성되었다. 유용한 테크닉을 수집하는 만큼이나 중요한 루아 언어의 중요한 측면을 보여 주는 연습 문제를 준비했다.

우리는 프로그래밍 루아의 1판과 2판처럼, 3판도 직접 출판했다. 마케팅에 제한은 있지만 여러 장점이 있다. 책 내용을 우리 마음대로 결정할 수 있었고, 책을 여러 형태로 제공하는 권한을 우리가 가질 수 있었으며, 다른 판을 내는 시기를 자유롭게 결정할 수 있었고, 또한 책이 절판되지 않음을 보장할 수 있었다.

### 관련 자료

정말로 언어를 배우려는 사람에게는 레퍼런스 매뉴얼이 반드시 필요하다. 이 책은 루아 레퍼런스 매뉴얼을 대체하는 것이 아니다. 대체한다기보다는 이 책과 레퍼런스 매뉴얼은 상호보완적이다. 매뉴얼은 루아 언어에 대해 설명할 뿐이므로, 언어 요소가 있는 이유나 예제 같은 것을 알려 주지 않는다. 반면에, 이 책에서는 루아에서 거의 사용되지 않는 부분은 설명하지 않고 넘어갔지만, 매뉴얼은 그런 부분까지 포함해 언어 전체에 대해 설명한다. 게다가 매뉴얼은 루아에 대한 가장 공신력 있는 문서다. 만약 이 책의 내용과 매뉴얼이 서로 맞지 않는 부분이 있다면, 매뉴얼을 믿으면 된다. 레퍼런스 매뉴얼이나 루아에 대해 더 자세한 정보를 구하고 싶다면 루아 홈페이지(http://www.lua.org)를 방문하자.

루아 사용자들이 운영하는 http://lua-users.org에서도 유용한 정보를 얻을 수 있다. 여기서 튜토리얼 자료나 외부 패키지와 문서, 루아 공식 메일링 리스트의 내용을 보관해 둔 것을 찾을 수 있다.

이 책에서는 루아 5.2 버전에 대해 설명하고 있지만, 대부분의 내용은 5.1이나 5.0 버전에서도 적용할 수 있다. 5.2와 이전 5.x대 버전의 차이에 관해서는 책에 명확히 표시해 두었다. 이 책이 발간된 이후에 출시된 최신 버전을 사용한다면, 해당 매뉴얼을 살펴서 새 버전과의 차이를 찾아보면 된다. 만약 아직 5.2 이전 버전을 사용하고 있다면 지금이 새 버전으로 업그레이드할 때라는 점을 고려해 보자.

### 표기법

이 책에서 "문자열 리터럴"은 큰따옴표로 감싸서 표현하고, 하나의 문자인 경우에는 작은따옴표로 감싸서 표현한다. 그리고 '[%w_]*'처럼 패턴으로 사용된 문자열도 작은따옴표로 감싸서 표현한다. 그리고 코드 청크나 식별자는 고정폭 폰트를 이용해서 표시한다.[1] 그리고 그 외의 규모가 있는 코드는 다음과 같은 방식으로 표시한다.

---

[1] 한글과 영어로 식별이 가능한 번역서의 경우 본문 중간에 삽입된 코드 청크나 식별자도 일반 폰트를 사용한다.

```
-- program "Hello World"   print("Hello World")   --> Hello World
```

--> 표기법은 출력 결과를 나타낸다. 가끔은 표현식의 결과를 나타낼 때도 사용했다.

```
print(10)    --> 10
13 + 3       --> 16
```

루아의 주석이 하이픈 2개(--)로 시작하기 때문에 이렇게 표시해 둔 결과 값까지 프로그램에 포함시켜도 동작시키는 데 별 문제가 없다. 끝으로 <--> 표기법은 서로 동등한 경우에 사용했다.

```
this       <-->     that
```

## 예제 실행하기

이 책의 예제를 실행해 보려면 루아 인터프리터가 필요한다. 루아 5.2를 이용하면 좋겠지만 대부분의 예제는 코드를 수정하지 않고도 루아 5.1에서도 제대로 동작한다.

루아 홈페이지(http://www.lua.org)에서 인터프리터의 소스 코드를 제공하고 있다. C 컴파일러가 설치되어 있고, 컴파일 하는 방법을 안다면 루아를 소스 코드를 이용해서 직접 설치해보기를 권한다. 정말 쉽다. 그리고 루아 바이너리 사이트에서 대부분의 주요 플랫폼용으로 미리 컴파일해 둔 루아 인터프리터를 제공한다. luabinaries로 검색해 보자. 리눅스나 유닉스 종류의 시스템을 이용하고 있다면 배포판 저장소를 확인해 보도록 하자. 많은 배포판에서 루아를 기본으로 설치해서 배포하고 있다. 윈도우 사용자라면 Lua for Windows가 좋은 선택이다. luaforwindows로 검색해보자. 루아를 위한 텍스트 편집기와 많은 유용한 라이브러리도 기본적으로 포함되어 있다.

루아를 월드 오브 워크래프트나 Nmap 같은 애플리케이션의 내장 환경으로 쓰려고 한다면 애플리케이션 매뉴얼을 찾아보거나 해당 애플리케이션 전문가에게 문도록 하자. 내장 환경에서 루아를 사용한다고 해서 언어가 달라지지는 않는다. 이 책에서 다루는 대부분의 내용은 그대로 유효하다. 다만, 루아 언어를 처음 배운다면 먼저 독립 실행 인터프리터를 이용해서 예제를 동작시켜 보고 이런저런 실험을 해보라고 권하고 싶다.

# 감사의 글

이 책을 처음 출간한 지도 거의 십년의 시간이 지났다. 많은 친구와 기관에서 이 길고 긴 작업에 도움을 주었다.

루아를 함께 만든 Luiz Henrique de Figueiredo와 Waldemar Celes는 항상 모든 것을 도와주었다. 그리고 André Carregal, Asko Kauppi, Brett Kapilik, Diego Nehab, Edwin Moragas, Fernando Jefferson, Gavin Wraith, John D. Ramsdell, Norman Ramsey는 지난 십년 동안 좋은 제안과 나아가야 할 방향에 대해서 조언해 주었다.

PUC-Rio의 Arts & Design 학과장인 Luiza Novaes는 바쁜 시간을 쪼개서 (원서) 3판에 안성맞춤인 커버를 디자인해 주었다.

Lightning Source, Inc.에서 도와주었기 때문에 책을 인쇄하고 출간할 수 있었다. 이런 도움이 없었다면 1인 출판을 했어야 할지도 모른다.

스탠포드 대학의 라틴 아메리카 연구 센터(The Center for Latin American Studies) 덕분에 일상에서 벗어나서 자극이 되는 새로운 환경에서 이 책의 3판을 쓸 수 있었다.

내 작업을 계속해서 도와주고 있는 리우데자네이루 가톨릭 대학(PUC-Rio)과 Brazilian National Research Council(CNPq)에도 감사의 뜻을 전하고 싶다.

끝으로 기술적이나 비기술적인 모든 종류의 도움을 주었을 뿐 아니라 내 인생을 빛나게 해준 Noemi Rodriguez에게 깊은 감사를 표현하고 싶다.

1부

# 루아 언어

# 1장

Programming in Lua

# 시작하기

다른 프로그래밍 언어 책처럼 "Hello World"를 출력하는 프로그램을 루아로 작성하는 것으로 시작해 보자.

```lua
print("Hello World")
```

독립 실행형 루아 인터프리터로 첫 프로그램을 실행하려면 프로그램을 쓴 텍스트 파일의 이름을 인자로 루아 인터프리터(보통 lua나 lua5.2)를 실행하면 된다. 위에서 작성한 프로그램을 hello.lua 파일에 저장했다면 다음과 같이 실행하자.

```
% lua hello.lua
```

다음 프로그램은 조금 더 복잡한 예제로, 주어진 수에 대한 팩토리얼을 계산하는 함수를 정의하고 사용자에게서 숫자를 입력 받아 계산된 결과를 출력하는 프로그램이다.

```lua
-- 팩토리얼 함수 정의
function fact (n)
  if n == 0 then
    return 1
  else
    return n * fact(n-1)
  end
end

print("enter a number:")
a = io.read("*n")        -- 숫자 하나를 읽어 온다
print(fact(a))
```

## 1.1 청크

파일이나 대화모드에서 입력하는 한 줄의 코드처럼, 루아가 실행하는 코드 조각을 청크(chunk)라고 한다. 청크는 순서대로 실행되는 명령이나 문장일 뿐이다.

루아에서는 연속되는 명령문 사이에 구분자를 쓰지 않아도 되지만, 정 사용하고 싶다면 세미콜론을 쓸 수 있다. 개인적으로는 여러 명령문을 한 줄에 쓸 때만 세미콜론을 사용한다. 줄 바꿈은 루아의 문법에서 아무런 역할도 하지 않는다. 관련 예로, 다음 네 가지 청크는 모두 유효하며 결과도 같다.

```
a = 1
b = a*2

a = 1;
b = a*2;

a = 1; b = a*2

a = 1   b = a*2       -- 보기엔 나쁘지만 유효함
```

청크는 "Hello World" 예제처럼 명령문 하나 정도로 간단할 수도 있고 팩토리얼 예제처럼 여러 명령문과 함수 정의의 조합으로 구성될 수도 있다. 청크를 크게 만들 수도 있는데, 루아는 자료 기술 언어로도 쓰이기 때문에 청크가 몇 메가씩이나 되는 것이 그리 드문 일은 아니다. 루아 인터프리터는 큰 청크도 문제없이 처리한다.

프로그램을 파일에 작성하는 대신 독립 실행 인터프리터를 대화모드로 실행할 수 있다. 인자 없이 lua를 실행하면 아래와 같은 프롬프트가 뜬다.

```
% lua
Lua 5.2 Copyright (C) 1994-2012 Lua.org, PUC-Rio
>
```

그 후에 각 명령어(이를테면, print "Hello World")를 입력하는 대로 실행한다. 대화모드를 끝내려면 end-of-file 문자(유닉스 계열에서는 ctrl-D, 윈도우에서는 ctrl-Z)를 입력하거나 운영체제 라이브러리의 종료 함수를 호출하도록 os.exit()를 입력하면 된다.

대화모드에서는 보통 입력하는 한 줄을 완성된 청크로 해석한다. 하지만 한 줄을 완성된 청크의 형태가 아닌 것으로 감지하는 경우에는 완성된 형태가 될 때까지 입력을 기다린다. 그래서 팩토리얼 함수 같이 여러 줄로 된 정의를 대화모드에

서 직접 입력할 수 있는 것이다. 그렇지만 보통 이렇게 여러 줄로 입력해야 하는 정의는 파일에 기록하고, 그 파일을 매개변수로 Lua를 실행하는 편이 더 편리하다.

-i 옵션을 사용하면 입력한 청크를 수행한 후 대화모드로 넘어간다.

```
% lua -i prog
```

이렇게 실행하면 prog 파일에 있는 청크를 실행한 다음에 대화모드 프롬프트가 뜬다. 디버깅이나 수동 테스트를 할 때 특히 유용하다. 이 외에 독립 실행형 인터프리터의 다른 옵션은 이 장의 마지막 부분에서 설명하겠다.

dofile 함수를 써서 파일의 내용을 단번에 수행하는 방법도 있다. 예를 들어, 아래 코드가 기록된 lib1.lua 파일이 있다고 하자.

```
function norm (x, y)
    return (x^2 + y^2)^0.5
end

function twice (x)
    return 2*x
end
```

그러면 대화모드에서 다음과 같은 코드를 입력할 수 있다.

```
> dofile("lib1.lua")      -- 라이브러리를 불러온다
> n = norm(3.4, 1.0)
> print(twice(n))         --> 7.0880180586677
```

dofile 함수는 코드의 한 부분을 테스트할 때에도 유용하다. 프로그램(prog.lua라고 하자)을 편집하는 텍스트 편집기 창 하나와 대화모드로 루아를 실행한 콘솔 창, 이렇게 창 두 개를 띄워서 작업하는 것이 가능하다. 프로그램을 수정하고 저장한 다음, 루아 콘솔에서 dofile("prog.lua") 함수를 실행해서 새 코드를 불러올 수 있다. 그러면 수정한 코드를 수행시키거나 함수를 호출하여 결과를 출력할 수 있다.

## 1.2 어휘 규정

루아의 식별자(또는 이름)는 숫자로 시작하지 않는 문자, 숫자, 언더스코어(_)로 구성된 문자열이다. 예를 들어 다음과 같은 이름은 괜찮다.

```
    i         j        i10      _ij
aSomewhatLongName  _INPUT
```

_VERSION처럼 언더스코어로 시작하는 대문자 이름은 루아에서 특별하게 사용하므로 피해야 한다. _(밑줄 한 글자로 된 이름)는 보통 더미 변수 이름으로 사용한다.

예전 버전에서는 로캘(locale)에 따라 이름으로 쓸 수 있는 글자가 달랐다. 그래서 특정 로캘에만 있는 글자로 된 이름 때문에 해당 로캘을 지원하지 않는 시스템에서는 프로그램이 제대로 실행되지 않는 문제가 있었다. 루아 5.2 버전부터는 이름으로 쓸 수 있는 글자를 대문자 A에서 Z까지와 소문자 a에서 z까지로 제한했다.

다음 단어는 예약어이기 때문에 식별자로 쓸 수 없다.

```
and       break     do        else      elseif
end       false     goto      for       function
if        in        local     nil       not
or        repeat    return    then      true
until     while
```

루아는 대소문자를 구분한다. and는 예약어지만 And나 AND는 이름으로 쓸 수 있다.

--(하이픈 두 개)로 시작해서 그 줄 끝까지는 주석이며, 이런 주석을 한 줄 주석이라고 한다. 또한 --[[로 시작해서 ]]까지의 내용을 주석 처리하는 구간 주석도 지원한다.[1] 다음과 같이 코드를 --[[와 --]]로 감싸서 주석 처리하는 게 다들 흔히 쓰는 방법이다.

```
--[[
print(10)          -- 동작 안함(주석 처리됨)
--]]
```

이렇게 하면 주석 처리된 코드를 다시 살리려 할 때 첫 줄에 - 하나만 추가하면 된다.

```
---[[
print(10)          --> 10
--]]
```

첫 예제에서, 첫 줄의 --[[는 구간 주석의 시작이고 마지막 줄의 --는 여전히 주석

---

[1] 구간 주석은 이 경우보다 훨씬 복잡하게 쓰일 수 있다. 그런 복잡한 경우는 2장의 '문자열' 절에서 설명한다.

에 포함되는 부분이다. 두 번째 예제에서, --[[는 --로 시작하는 한 줄 주석이 되므로 첫 줄과 끝 줄은 서로 관련 없는 한 줄 주석이 된다. 따라서 print(10) 코드가 주석에서 풀린다.

## 1.3 전역 변수

전역 변수는 선언할 필요가 없다. 그냥 쓰면 된다. 초기화되지 않은 변수를 사용해도 오류가 발생하지 않는다. 그저 nil 값을 얻을 뿐이다.

```
print(b)   --> nil
b = 10
print(b)   --> 10
```

전역 변수에 nil을 대입하면 루아는 그 변수가 전혀 쓰이지 않았던 것처럼 처리한다.

```
b = nil
print(b)   --> nil
```

이렇게 nil을 대입하면 그 변수에서 사용했던 메모리를 재활용할 수 있게 된다.

## 1.4 독립 실행형 인터프리터

독립 실행형 인터프리터(소스 파일의 이름대로 lua.c라 부르거나, 실행 파일의 이름대로 lua라고도 부른다)는 루아를 직접 사용할 수 있는 작은 프로그램이다. 이 절에서는 루아 인터프리터의 주요 옵션에 대해 설명하겠다.

인터프리터가 파일을 읽어 올 때 파일의 첫 줄이 #으로 시작하면 그 첫 줄은 무시한다. 이 기능 덕분에 루아를 유닉스 계열의 스크립트 실행기로 이용할 수 있다. 다음과 같은 스크립트로 시작하는 루아 파일이라면 루아 인터프리터를 따로 실행하는 명령을 입력하지 않아도 스크립트를 바로 실행할 수 있다(이 스크립트는 루아 인터프리터가 /usr/local/bin 디렉터리에 설치되어 있는 경우이다).

```
#!/usr/local/bin/lua
```

(또는 #!/usr/bin/env lua)

lua 인터프리터의 사용법은 다음과 같다.

```
lua [options] [script [args]]
```

실행 인자를 꼭 넣을 필요는 없다. 이미 확인했던 대로 아무 인자 없이 실행하면 대화모드로 실행된다.

아래와 같이 -e 옵션을 써서 명령행에서 직접 루아 코드를 입력할 수 있다.

```
% lua -e "print(math.sin(12))"    --> -0.53657291800043
```

(유닉스에서는 괄호 해석을 끝내기 위해 큰따옴표를 붙여야 한다.)

-l 옵션은 라이브러리를 불러올 때 사용한다. 앞서 봤던 대로 -i 옵션을 쓰면 다른 입력 내용을 처리하고 난 후 대화모드를 실행한다. 그러므로 다음 명령을 실행하면 lib 라이브러리를 불러오고 x = 10을 실행한 후에 대화모드 프롬프트를 띄운다.

```
% lua -i -llib -e "x = 10"
```

대화모드에서 다음처럼 등호로 시작하는 표현식을 입력하면 그 결과 값을 출력한다.

```
> = math.sin(3)      --> 0.14112000805987
> a = 30
> = a                --> 30
```

이 기능으로 루아를 계산기로도 활용할 수 있다.

인자 내용을 실행하기 전에 루아는 LUA_INIT_5_2라는 이름의 환경 변수를 찾아보고, 없다면 LUA_INIT를 찾는다. 찾은 환경 변수의 값이 @filename이라면, filename에 해당하는 파일의 내용을 실행한다. LUA_INIT_5_2(또는 LUA_INIT) 환경 변수가 정의되었지만 그 값이 @로 시작하지 않으면 환경 변수 값이 루아 코드인 것으로 간주하고 그 내용을 실행한다. LUA_INIT에 파일을 지정하면 독립 실행 인터프리터가 지정한 파일을 실행하기 때문에 굉장히 많은 것을 할 수 있다. 패키지를 미리 불러오고, 경로를 변경하고, 함수를 정의하고, 기존의 함수 이름을 변경하거나 지울 수도 있다.

또한 미리 정의된 전역 변수 arg로부터 인자를 얻어 올 수 있다. % lua script a b c를 실행하면 인터프리터는 스크립트를 실행하기 전에 명령행에 입력한 모든 인자로 arg라는 테이블을 구성한다. 스크립트의 이름이 인덱스 0번이 되고, 첫 번째 인자(예에서의 "a")는 인덱스 1번이 되는 식으로 구성된다. 스크립트 앞에 있는 옵션은 음수 인덱스가 된다.

```
% lua -e "sin=math.sin" script a b
```

앞의 명령어를 실행하면 인터프리터는 테이블에 인자를 할당한다.

```
arg[-3] = "lua"
arg[-2] = "-e"
arg[-1] = "sin=math.sin"
arg[0] = "script"
arg[1] = "a"
arg[2] = "b"
```

대부분의 경우에는 스크립트에서 양수인 인덱스만 사용한다(예제에서는 arg[1]과 arg[2]).

루아 5.1부터는 가변 인자 표현식을 통해서도 인자를 얻어 올 수 있다. 스크립트에서 ...(점 세 개)는 스크립트로 전달된 인자를 의미한다. 가변 인자 표현식에 대해서는 5장의 '가변 인자 함수' 절을 보자.

## 연습 문제

**연습 문제 1.1:** 팩토리얼 예제를 실행해 보자. 음수를 입력하면 어떤 일이 생기나? 문제가 발생하지 않도록 예제를 수정하자.

**연습 문제 1.2:** 파일을 읽어 오는 방법으로 -l 옵션을 쓰는 것과 dofile 함수를 호출하는 두 가지 방법을 모두 이용해서 twice 예제를 실행해 보자. 어떤 것이 더 마음에 드는지 설명해 보자.

**연습 문제 1.3:** 루아 외에 주석을 표시할 때 --를 쓰는 언어가 있는가?

**연습 문제 1.4:** 다음 중 유효한 식별자로 사용될 수 있는 문자열은 무엇일까?

    ___    _end    End    end    until?    nil    NULL

**연습 문제 1.5:** 별도의 입력 없이 스크립트 자기 자신의 이름을 출력하는 스크립트를 작성해 보자.

# 2장

Programming in Lua

# 타입과 값

루아는 동적 타입 언어다. 루아에서는 모든 값마다 타입이 있으므로, 변수를 선언할 때 타입을 지정하지 않는다.

루아의 타입에는 8가지의 기본 타입인 nil, boolean, number, string, userdata, function, thread, table이 있다.

```
print(type("Hello world"))      --> string
print(type(10.4*3))             --> number
print(type(print))              --> function
print(type(type))               --> function
print(type(true))               --> boolean
print(type(nil))                --> nil
print(type(type(X)))            --> string
```

type 함수에서 반환하는 결과 값은 항상 문자열이기 때문에 위 예제의 마지막 줄은 X의 타입에 상관없이 항상 "string"이다.

변수에는 미리 정의된 타입이 없다. 따라서 모든 변수는 모든 타입의 값을 담을 수 있다.

```
print(type(a))      --> nil      ('a'는 초기화 되지 않았음)
a = 10
print(type(a))      --> number
a = "a string!!"
print(type(a))      --> string
a = print           -- 이렇게 써도 문제 없다.
a(type(a))          --> function
```

마지막 두 줄을 주목하자. 루아에서는 함수를 1급 값으로 취급하기 때문에 함수도 값처럼 다룰 수 있다. (이 기능에 대해서는 6장 '루아 함수의 내부'에서 설명하겠다.)

보통은 한 변수로 여러 다른 타입의 값을 사용하면 지저분한 코드가 되기 마련이나, 신중하게 잘 사용하면 도움이 되는 경우도 종종 있다. 예를 들면, 보통은 값을 반환하고 비정상인 경우는 nil을 반환하는 방법으로 정상적으로 실행되는 경우와 아닌 경우를 구별할 수 있다.

## 2.1 Nil

nil 타입은 nil이라는 한 가지 값만 있는 타입으로, 주로 다른 값과 구분하는 용도로 쓴다. 루아에서는 값이 없는 상태를 나타내는 값으로 nil을 사용한다. 앞서 봤던 대로 전역 변수는 값을 할당하기 전에는 기본값으로 nil을 가지고 있고, nil을 할당해서 안 쓰는 전역 변수를 삭제할 수 있다.

## 2.2 불리언

불리언(boolean) 타입은 참, 거짓을 표현하는 true와 false 두 가지 값을 가진다. 그런데 사실 루아에서는 불리언 값 뿐만 아니라 다른 값으로도 참, 거짓 조건을 나타낼 수 있다. 조건 테스트(제어 구조에서의 조건문 같은)에서는 불리언 false 값이나 nil을 거짓 조건으로, 그 외 다른 값은 모두 참 조건으로 판별한다. 0과 빈 문자열도 참 조건으로 간주하니 주의하자.

이 책 전반에서 거짓이라고 표현하는 것은 모두 불리언 타입 false나 nil 값이라는 의미로 쓴 것이다. 특별히 불리언 값을 가리킬 때는 false라고 쓰겠다. 참과 true의 경우도 마찬가지다.

## 2.3 실수

실수 타입은 배정도 부동 소수를 표현하는 타입이다. 루아는 정수 타입을 따로 두지 않는다.

부동 소수에 간단한 증가 연산이나 비교 연산을 하면 이상한 결과가 나올 수 있다고 염려하는 사람들이 있으나, 실제론 그렇지 않다. 현재 거의 모든 플랫폼이 IEEE 754 표준을 준수하여 부동 소수를 표현하고 있다. 표준에 따르면, 정확히 표현할 수 없는 수를 나타낼 때에만 표현 오류가 발생한다. 정밀도 문제로 정확히 표현할 수 없는 경우에만 결과를 라운드 처리하는 것이다. 결과가 손실 없이 정확히 표현할 수 있는 값이라면, 라운딩 처리를 거치지 않은 원래의 값이 결과가 되어야 한다.

사실은 $2^{53}$(대략 $10^{16}$)까지의 모든 정수는 배정도 부동 소수로 정확히 표현 가능하다. $2^{53}$보다 작은 정수를 표현하기 위해 double 타입을 쓰는 경우에는 라운드 오류가 전혀 발생하지 않는다. 특히 루아의 실수 타입은 라운드 문제 없이 32 비트 크기의 모든 정수를 표현할 수 있으니 정수 타입이 별도로 없다는 것에 대해 염려할 필요가 없다.

물론, 분수에서는 표현 오류가 생길 수 있다. 루아가 아니라 손으로 계산하는 상황이라면 문제가 될 수도 있다. 만약 7분의 1을 소수로 쓴다면 소수점 이하 모든 수를 쓰지 못하고 어딘가에서 중단해야 할 것이다. 만일 10자리로 수를 표현한다면 1/7은 0.142857142로 라운드 처리될 것이다. 10자리 표현을 이용해서 1/7 * 7을 계산한다면 결과는 대략 1이 아니라 0.999999994가 나올 것이다. 게다가 소수로는 유한하게 표현되는 수가 이진 숫자로는 무한하게 표현될 수 있다. 예를 들어 12.7 - 20 + 7.3는 double 타입으로 계산하면 정확하게는 0이 아닌데, 그 이유는 12.7과 7.3은 모두 이진 표현에서 정확히 유한한 표현으로 나타낼 수 없기 때문이다(연습 문제에서 더 다룰 것이다).

더 진행하기 전에 한 가지를 명심하자. 루아의 실수 타입으로도 정수는 정확히 표현되므로 라운드 오류는 발생하지 않는다.

요즘 대부분의 CPU는 부동 소수 계산을 정수 계산만큼이나(심지어 어떨 땐 더) 빠르게 처리한다. 그럼에도 불구하고 실수를 다루는 타입으로 long이나 단정도 부동 소수 같은 다른 타입을 이용하도록 루아를 쉽게 컴파일할 수 있다. 이 점 때문에 임베디드 시스템처럼 부동 소수를 지원하는 하드웨어가 없는 플랫폼에서 루아가 특히 유용하게 쓰인다. 자세한 점은 배포본의 luaconf.h 파일을 참조하기 바란다.

숫자 상수는 실수부에 지수부를 더하는 형태로도 쓸 수 있다. 다음은 유효한 숫자 상수의 예이다.

```
4       0.4     4.57e-3     0.3e12      5E+20
```

그리고 0x를 앞에 붙여서 16진수 상수를 쓸 수도 있다. 루아 5.2부터는 16진수도 아래 예처럼 지수 앞에 p나 P를 써서 지수부와 가수부로 나누어 쓸 수 있다.

```
0xff (255)     0x1A3 (419)     0x0.2 (0.125)     0x1p-1 (0.5)
0xa.bp2 (42.75)
```

(각 상수 옆 괄호에 있는 숫자는 10진수 값이다.)

## 2.4 문자열

보통 그렇듯 루아에서도 문자열은 문자들의 순열이다. 루아 문자열의 한글자는 8비트로 표현되고, 문자열 중간에 0을 포함한 수치 코드를 쓸 수 있다. 이 말은 어떤 바이너리 데이터도 문자열에 담을 수 있다는 것을 뜻한다. 또한 모든 전송 포맷의 유니코드 문자열을 담을 수 있다는 말이기도 하다. 루아에서 기본으로 제공하는 표준 문자열 라이브러리는 유니코드를 명시적으로 지원하지는 않지만, UTF-8 문자열을 다루는 제법 쓸만한 방법이 있다. 이는 21장 '유니코드' 절에서 다루겠다.

루아의 문자열은 수정할 수 없는(immutable) 값이다. C에서는 문자열 내부의 문자를 바꿀 수 있지만, 루아에서는 내부 문자열을 바꿀 수 없다. 그 대신에 다음 예제처럼 수정하길 원하는 내용으로 새 문자열을 만들어서 쓸 수 있다.

```
a = "one string"
b = string.gsub(a, "one", "another")   -- 문자열 일부를 수정하는 것과 동일한 효과
print(a)         --> one string
print(b)         --> another string
```

루아의 문자열은 다른 루아 객체(테이블, 함수 등)들처럼 자동 메모리 관리 대상이다. 즉, 문자열의 할당과 해제에 대해서는 루아가 알아서 처리해 주므로 신경 쓰지 않아도 된다. 문자열은 단 한 글자에서부터 책 한 권에 이르는 길이의 내용까지도 담을 수 있다. 몇 십, 몇 백만 자로 된 문자열을 다루는 루아 프로그램이 그리 드문 것은 아니다.

또한 루아에서는 길이 연산자라고 하는 집두 연산자 #를 써서 문자열의 길이를 얻을 수 있다.

```
a = "hello"
print(#a)                  --> 5
print(#"good\0bye")        --> 8
```

### 2.4.1 문자열 상수

작은따옴표나 큰따옴표로 둘러싸서 문자열 상수를 표시할 수 있다.

```
a = "a line"
b = 'another line'
```

어느 쪽을 쓰든 의미는 같지만, 다음과 같이 서로 다른 쪽을 문자열 안에서 이스케이프 문자 없이 쓸 수 있다.

```
print("a 'line'")          --> a 'line'
print('ano"the"r line')    --> ano"the"r line
```

한 프로그램에서 같은 종류의 내용을 표현하는 문자열에는 대체로 항상 같은 종류의 따옴표를 사용한다. 예를 들어, XML을 다루는 라이브러리에서는 XML 내용에 큰따옴표가 들어 있기 때문에 XML 내용을 감쌀 때 작은따옴표를 사용한다. C에서 쓰는 다음 이스케이프 문자를 루아에서도 쓸 수 있다.

| | |
|---|---|
| \a | 벨 |
| \b | 역스페이스 |
| \f | 폼 피드 |
| \n | 줄바꿈 문자 |
| \r | 캐리지 리턴 |
| \t | 수평 탭 |
| \v | 수직 탭 |
| \\ | 역슬래시 |
| \" | 큰따옴표 |
| \' | 작은따옴표 |

다음 예를 통해 이스케이프 문자의 사용법을 알아보자.

```
> print("one line\nnext line\n\"in quotes\", 'in quotes'")
one line
next line
"in quotes", 'in quotes'

> print('a backslash inside quotes: \'\\\'')
a backslash inside quotes: '\'

> print("a simpler way: '\\'")
a simpler way: '\'
```

문자열에 이스케이프 순열 \ddd나 \xhh 형태의 수치 값으로 글자를 명시할 수 있다. 여기서 ddd는 세 자릿수까지의 10진수, hh는 정확히 두 자릿수로 된 16진수 이다. 좀 복잡한 예로 문자열 "alo\n123\""와 '\97lo\10\04923"'는 같은 문자열이다. 97은 ASCII 코드로 a, 10은 줄바꿈 문자, 49는 문자 '1'이다. (이 예에서는 49를 세 자리로 해서 \049로 써야 한다. 49 뒤에 다른 숫자 2가 이어지기 때문에 049로 쓰지 않으면 492까지를 숫자열로 해석하기 때문이다.) 각 문자를 16진수로 표현해서 같은 문자열을 '\x61\x6c\x6f\x0a\x31\x32\x33\x22'로도 쓸 수 있다.

### 2.4.2 구간 문자열

구간 주석을 썼을 때처럼 대괄호 두 개로 감싸서 문자열 상수를 구분할 수 있다. 이렇게 대괄호로 표현된 문자열은 여러 줄로 작성될 수 있고, 이스케이프 문자도 해석하지 않는다. 그리고 구간 문자열의 첫 글자가 줄바꿈 문자인 경우에는 그 문자를 무시한다. 구간 문자열은 아래의 예제처럼 코드의 일부분을 문자열로 담을 때 특히 편리하다.

```
page = [[
<html>
<head>
    <title>An HTML Page</title>
</head>
<body>
    <a href="http://www.lua.org">Lua</a>
</body>
</html>
]]

write(page)
```

가끔 a = b[c[i]] (코드에 ]]가 있다!) 같은 코드를 문자열로 감싸고 싶을 때나 이미 구간 주석 처리된 코드를 문자열로 감싸야 할 때가 있다. 이런 경우를 처리하기 위해 [===[처럼 열린 두 대괄호 사이에 = 기호를 몇 개 추가할 수 있다. 이렇게 바꾸고 나면, 닫는 대괄호 사이에 같은 개수의 =가 있는 곳(이 예에서는 ]===])까지가 문자열 상수의 끝이 된다. 루아의 어휘 분석기는 = 기호의 개수가 다른 대괄호 쌍을 무시한다. = 기호의 수를 적절히 선택해서 어떤 문자열 상수라도 이스케이프 문자를 추가하지 않고 감쌀 수 있다.

이런 방법을 주석에도 이용할 수 있다. 예를 들어, 구간 주석을 --[=[로 시작했다면 ]=]가 나올 때까지 주석이 된다. 이 방법으로 이미 주석 처리된 부분이 있는 코드도 주석 처리할 수 있다.

구간 문자열은 코드에서 텍스트를 포함하기에 가장 좋은 방법이지만, 텍스트가 아닌 값에 사용해서는 안 된다. 아무리 루아의 문자열 상수가 임의의 문자를 담을 수 있다 하더라도 그렇게 쓰는 것은 좋지 않다. 텍스트 편집기에서 이상하게 보이는 문제가 생길 수 있고, 더군다나 저장할 때 "\r\n"이 "\n"으로 치환되는 문제도 생길 수 있다. 대신 임의의 바이너리 데이터를 코드로 쓸 때는 "\x13\x01\xA1\xBB" 같이 10진수나 16진수로 이스케이프 처리된 숫자 표현을 사용하는 것이 더 좋다. 하지만 이렇게 하면 한 줄이 꽤 길어질 수 있다는 문제가 있다.

이런 상황을 위해 루아 5.2에서는 이스케이프 순열 \z를 제공한다. \z는 공백이 아닌 문자가 나올 때까지 연속된 공백 문자들을 무시한다. 다음 예로 \z의 사용법을 보자.

```
data = "\x00\x01\x02\x03\x04\x05\x06\x07\z
        \x08\x09\x0A\x0B\x0C\x0D\x0E\x0F"
```

첫째 줄 마지막의 \z는 그 다음의 줄바꿈과 다음 줄의 들여쓰기 문자를 무시한다. 그래서 \x07 바로 뒤에 \x08이 오는 문자열이 된다.

### 2.4.3 강제 변환

루아는 실행 중에 숫자와 문자열 사이의 자동 변환을 지원한다. 어떤 경우든 문자열에 수치 연산을 적용하면 문자열에서 숫자로의 변환을 시도한다.

```
print("10" + 1)            --> 11
print("10 + 1")            --> 10 + 1
print("-5.3e-10"*"2")      --> -1.06e-09
print("hello" + 1)         -- ERROR ("hello"로 변환할 수 없음)
```

수치 연산 외에도 math.sin 함수의 인자처럼 실수 값이 필요한 경우에도 강제 변환을 적용한다.

반대로 문자열이 필요한 곳에 실수 값이 있으면 실수 값을 문자열로 변환한다.

```
print(10 .. 20)           --> 1020
```

(루아에서 ..은 문자열을 이어 붙이는 연산자다. 숫자 10 뒤에 바로 ..을 썼다면 숫자와 .. 사이에 공백을 넣어 줘야 한다. 그렇지 않으면 루아는 처음 .이 소수점 표기라고 해석한다.)

요즘엔 루아의 설계 관점에서 자동 강제 변환이 좋은 아이디어였는지 확신이 서질 않는다. 원칙적으론 강제 변환에 의존하는 것은 좋지 않다. 편리하게 쓰일 경우도 있지만 언어와 프로그램에 복잡함을 추가하게 되기 때문이다. 어쨌든 문자열과 실수는 변환이 되는 것이긴 해도 서로 다른 것이다. 10 == "10" 같은 비교 연산의 결과는 거짓이다. 10은 실수이고 "10"은 문자열이기 때문이다.

명시적으로 문자열을 실수로 변환할 때는 tonumber 함수를 쓰면 된다. tonumber는 문자열의 내용이 실수를 표기하지 않는 경우 nil을 반환한다.

```
line = io.read()          -- 한 줄 읽음
n = tonumber(line)        -- 숫자로 변환
if n == nil then
  error(line .. " is not a valid number")
else
  print(n*2)
end
```

실수를 문자열로 변환하려면 tostring 함수를 호출하거나 실수에 빈 문자열을 연결하면 된다.

```
print(tostring(10) == "10")        --> true
print(10 .. "" == "10")            --> true
```

이런 변환은 언제나 유효하다.

## 2.5 테이블

테이블 타입은 연관 배열의 구현체이다. 여기서 연관 배열은 배열의 인덱스로 실수 외에도 nil을 제외한 나머지 모든 값을 쓸 수 있는 배열을 말한다.

테이블은 루아에서 자료 구조를 구성하는 데 주로 쓰이는(사실은 유일한) 수단이다. 평범한 배열이나 집합, 또는 레코드나 다른 자료구조를 단순하면서 일관되고 효율적인 방법으로 표현하기 위해 테이블을 사용한다. 또한 루아에서는 패키지나 객체를 표현하기 위해서도 테이블을 사용한다. io.read를 쓸 때는 'io 모듈의 read 함수'라는 의미로 쓴다. 루아에서 이 표현식은 'io 테이블에서 read라는 문자열을 키로 사용해서 찾은 것'을 의미한다.

루아의 테이블은 변수도, 값도 아닌 객체다. 자바나 스킴(Scheme)의 배열에 익숙하다면 이 말이 무슨 뜻인지 잘 이해될 것이다. 테이블을 동적 할당된 객체라고 생각해도 된다. 프로그램은 객체에 대한 참조나 포인터만 조작한다. 루아에서 의도하지 않게 객체의 사본이 만들어지거나 새 테이블이 생성되는 경우는 없다. 게다가 루아에서는 테이블을 선언할 필요가 없다. 사실은 루아에서 테이블을 선언할 방법이 없다. 가장 간단하게는 {}로 표현되는 생성자 표현식을 써서 테이블을 생성할 수 있다.

```lua
a = {}              -- 테이블을 생성하고 'a'로 참조하게 함
k = "x"
a[k] = 10           -- 키가 "x"이고 값이 10인 원소를 추가
a[20] = "great"     -- 키가 20이고 값이 "great"인 원소를 추가
print(a["x"])       --> 10
k = 20
print(a[k])         --> "great"
a["x"] = a["x"] + 1 -- 키가 "x"인 원소의 값을 1증가
print(a["x"])       --> 11
```

테이블은 항상 익명이다. 변수와 변수가 참조하는 테이블 사이의 관계는 언제든 바뀔 수 있다.

```lua
a = {}
a["x"] = 10
b = a           -- 'b'는 'a'와 같은 테이블을 참조함
print(b["x"])   --> 10
b["x"] = 20
print(a["x"])   --> 20
a = nil         -- 'b'만 테이블을 참조하고 있음
b = nil         -- 테이블을 참조하는 것이 없어짐
```

더 이상 테이블을 참조하는 변수가 없어지면 루아의 가비지 컬렉터가 메모리 재활용을 위해 참조되지 않는 테이블을 지운다.

테이블의 인덱스는 서로 다른 타입일 수 있고, 새 원소를 수용하는 데 필요한

만큼 테이블이 커진다.

```
a = {}        -- 빈 테이블
-- 새 원소 1000개를 추가
for i = 1, 1000 do a[i] = i*2 end
print(a[9])         --> 18
a["x"] = 10
print(a["x"])       --> 10
print(a["y"])       --> nil
```

코드 마지막 줄을 보자. 전역 변수처럼 초기화되지 않은 필드의 값은 nil이 된다. 역시 전역 변수와 마찬가지로 필드에 nil을 대입하면 필드가 삭제된다. 우연히 비슷하게 된 것이 아니라 루아의 전역 변수가 테이블로 저장되기 때문이다. 이 주제에 대해서는 14장 '환경'에서 더 다루겠다.

레코드를 표현하기 위해 필드 이름을 인덱스로 쓴다. 루아에서 a.name을 a["name"]의 단축 문법으로 제공해주기 때문에 이런 표현을 쓸 수 있다. 그러므로 위 예제의 뒷부분을 다음처럼 고쳐 쓸 수 있다.

```
a.x = 10         -- a["x"] = 10 와 같음
print(a.x)       -- print(a["x"]) 와 같음
print(a.y)       -- print(a["y"]) 와 같음
```

루아 인터프리터 입장에서는 두 형태가 같은 의미이므로 섞여 있어도 문제가 없지만, 사람에게는 서로 다른 의도로 읽힌다. . 표기는 테이블을 미리 정해진 고정된 키를 쓰는 레코드로 이용하고 있다는 의미이다. 문자열을 이용하는 표기는 테이블에서 어떤 문자열이든 키로 들어올 수 있다는 뜻이다.

초심자들은 a.x와 a[x]를 혼동하는 실수를 자주 저지른다. 첫 형태는 a["x"]로 문자열 "x"를 인덱스로 찾은 값이다. 두 번째는 변수 x의 값을 인덱스로 찾은 값이다. 다음의 예를 통해 차이를 살펴 보자.

```
a = {}
x = "y"
a[x] = 10          -- 필드 "y"에 10을 넣음
print(a[x])  --> 10    -- 필드 "y"의 값
print(a.x)   --> nil   -- 필드 "x"의 값 (정의되지 않음)
print(a.y)   --> 10    -- 필드 "y"의 값
```

일반적으로 말하는 배열이나 리스트를 표현할 땐 보통 정수를 키로 사용하는 테이블을 쓴다. 배열의 크기를 선언할 필요도 없고, 할 수도 없다. 그냥 필요할 때 원소를 초기화하면 된다.

```
-- 10줄을 읽어서 테이블에 저장함
a = {}
for i = 1, 10 do
  a[i] = io.read()
end
```

어떤 값이든 테이블의 인덱스로 쓸 수 있다는 것은, 배열을 마음에 드는 숫자로 시작할 수 있다는 말이 된다. 하지만 루아의 배열은 0부터 시작하는 C와는 달리 1부터 시작하는 것이 관례이며 루아의 몇몇 기능들이 이런 관례에 따라 만들어져 있다는 점에 유의하자.

보통 리스트를 다룰 땐 리스트의 길이를 알아야 한다. 리스트의 길이가 고정되어 있거나 길이가 어딘가에 저장되어 있을 수 있다. 종종 리스트의 길이를 테이블에 숫자가 아닌 필드로 저장하기도 한다. 예전부터 그렇게 해왔기 때문에, 여러 프로그램에서 리스트의 길이를 이름이 "n"인 필드에 저장한다.

하지만 종종 리스트의 길이가 묵시적일 때가 있다. 초기화되지 않은 인덱스의 값이 nil임을 떠올려 보자. nil 값을 리스트의 끝을 나타내는 구분 값으로 사용할 수도 있다. 예를 들어 이전 예에서 10줄을 읽어서 리스트에 저장했으니 수치 키가 1에서 10까지인 것이고 이를 통해 리스트의 길이가 10임을 쉽게 알 수 있다. 이런 기법은 리스트 중간에 nil 값이 있을 때처럼 빈 곳이 없을 때만 통한다. 이렇게 중간에 빈 곳이 없는 리스트를 순열(sequence)이라고 부른다.

루아에는 순열의 길이를 구하는 연산자 #이 있다. 이 연산자는 순열의 마지막 인덱스의 번호나 길이를 돌려준다. 예를 들어 다음의 코드를 실행하면 이전 예제에서 읽은 줄 수를 출력한다.

```
-- 몇 줄인지 출력
for i = 1, #a do
  print(a[i])
end
```

테이블의 인덱스로 어떤 타입이든 넣을 수 있으므로, 테이블의 인덱스를 사용할 때는 동등 비교 예제에서 발생했던 것과 같은 미묘한 문제가 생길 수 있다. 테이블의 인덱스로 숫자 0과 문자열 "0"을 둘 다 사용하더라도 0과 "0"은 서로 다른 값이므로 테이블에서 서로 다른 요소를 가리키게 된다. 마찬가지로 문자열 "+1", "01", "1"을 인덱스로 사용하면 모두 다른 요소를 가리킨다. 인덱스의 실제 타입에 확신이 없는 경우라면 다음과 같이 명시적으로 변환해서 쓰자.

```
i = 10; j = "10"; k = "+10"
a = {}
a[i] = "one value"
a[j] = "another value"
a[k] = "yet another value"
print(a[i])                --> one value
print(a[j])                --> another value
print(a[k])                --> yet another value
print(a[tonumber(j)])      --> one value
print(a[tonumber(k)])      --> one value
```

이런 점에 주의하지 않으면 발견하기 힘든 버그를 만들게 된다.

## 2.6 함수

루아의 함수는 1급 값이다. 이 말은 함수를 변수에 저장할 수 있고 다른 함수의 인자로 넘길수 있으며 함수를 반환 받을 수도 있다는 말이다. 이런 기능이 있으면 융통성 있게 코드를 만들 수 있다. 가령, 새 기능을 추가하기 위해 함수를 재정의하거나, 네트워크로 내려받은 코드 같이 완전히 신뢰할 수 없는 코드를 실행하려 하는 경우에 안전한 환경을 만들기 위해 함수를 삭제하는 것이 가능하다. 게다가 루아에서는 정적 유효 범위를 제대로 지원하는 내부 함수 같은 함수형 프로그래밍을 위한 기능을 잘 지원하고 있다. 정적 유효 범위 등에 대해서는 6장 '루아 함수의 내부'에서 다룰 것이다. 루아에서 1급 함수는 객체 지향을 위한 기능에서 핵심 역할을 수행하는데, 이는 16장 '객체지향 프로그래밍'에서 다룰 내용이다.

루아에서는 루아로 작성한 함수는 물론이고, C로 작성한 함수도 호출할 수 있다. 일반적으로 C로 작성한 함수를 이용해서 운영체제 같이 루아로 직접 접근하기 어려운 기능을 사용하거나 빠른 성능을 달성하고 있다. 루아의 표준 라이브러리는 모두 C로 작성되었다. 표준 라이브러리는 문자열 조작, 테이블 조작, 입출력, 운영체제 기본 기능 사용, 수학 계산, 디버깅을 위한 함수로 구성되어 있다.

루아 함수에 대해서는 5장 '함수'에서, C로 작성한 함수를 다루는 법에 대해서는 27장 '루아에서 C 함수 호출하기'에서 다룰 것이다.

## 2.7 유저데이터와 스레드

유저데이터 타입을 써서 임의의 C 데이터를 루아 변수에 저장할 수 있다. 할당과 동등 비교를 하는 연산을 빼고는 루아에서 미리 정해 둔 연산은 없다. C로 작성된 응용 프로그램이나 라이브러리에서 정의한 새로운 타입을 표현하기 위해 유저데이터를 사용한다. 예를 들어, 표준 입출력 라이브러리는 열어 둔 파일을 표현하는 데 유저데이터를 활용한다. 유저데이터에 대해서는 나중에 C API에서 자세히 다루겠다.

스레드는 9장 '코루틴'에서 설명할 예정이다.

## 연습 문제

**연습 문제 2.1:** 표현식 type(nil) == nil의 계산 결과는 무엇일까? 직접 실행해 보고 답을 확인하자. 실행 결과가 왜 그렇게 되는지 설명해 보자.

**연습 문제 2.2:** 다음 숫자들은 유효한 것인가? 유효하다면 의미하는 값은 무엇일까?

```
.0e12   .e12   0.0e   0x12   0xABFG   0xA   FFFF   0xFFFFFFFF
0x   0x1P10   0.1e1   0x0.1p1
```

**연습 문제 2.3:** 숫자 12.7은 분모가 10인 분수 127/10과 같다. 이 숫자를 분모가 2인 분수로 표현해 보자. 이 방법으로 5.5는 어떻게 표현될까?

**연습 문제 2.4:** 다음 XML 코드 일부를 루아 문자열로 표현해 보자.

```
<![CDATA[
    Hello world
]]>
```

2가지 이상의 다른 방법으로 나타내 보자.

**연습 문제 2.5:** 임의의 긴 바이트를 루아 문자열 상수로 표현해야 한다고 하자. 어떻게 하면 될까? 가독성과 코드 길이, 성능도 고려해서 답을 생각해 보자.

**연습 문제 2.6:** 다음 코드에서 a.a.a.a의 결과는 무엇인가?

    a = {}; a.a = a

a를 더 추가하면 결과가 어떻게든 달라지게 될까? 이번에는 이전 코드에서 다음을 추가해보자.

    a.a.a.a = 3

이제 a.a.a.a의 값은 무엇이 되는가?

# 3장

Programming in Lua

# 표현식

표현식은 값을 나타낸다. 루아의 표현식은 숫자 상수, 문자열 상수, 변수, 단항 연산, 이항 연산, 함수 호출을 포함한다. 또한 익명 함수 정의와 테이블 생성자도 표현식에 해당한다.

## 3.1 산술 연산자

루아는 보통 많이 쓰이는 이진 연산자인 + (덧셈), - (뺄셈), * (곱셈), / (나눗셈), ^ (제곱), % (나머지) 연산자와 단항 연산자인 - (부정)을 지원한다. 이 산술 연산들은 모두 실수로 동작한다. 예를 들어, x^0.5는 x의 제곱근을, x^(-1/3)은 세제곱근의 역을 계산하는 식이다.

나머지 연산의 정의는 다음과 같다.

```
a % b == a - math.floor(a/b)*b
```

피연산자가 정수인 경우, 연산 결과의 부호는 보통 나머지 연산의 의미대로 두 번째 피연산자와 같다. 피연산자가 실수인 경우는 좀 특수한 의미로 쓰인다. 예를 들어 x%1은 x의 소수점 이하를 결과로 낸다. 그래서 x - x%1의 결과는 x의 정수 부분이 된다. 마찬가지로 x - x%0.01은 x의 소수점 이하 두 자리까지가 결과로 나온다.

```
x = math.pi
print(x - x%0.01)         --> 3.14
```

나머지 연산자의 사용법을 보여 주는 다른 예를 보자. 차량이 주어진 각도만큼 회전했을 때 원래의 자리에서 뒤돌게 되는지 아닌지 판별하는 방법이 필요하다고 하자. 각도의 단위가 도(degree)라면 판별식을 다음과 같이 정의할 수 있다.

```
local tolerance = 10
function isturnback (angle)
  angle = angle % 360
  return (math.abs(angle - 180) < tolerance)
end
```

이 정의는 각도가 음수인 경우에도 잘 동작한다.

```
print(isturnback(-180))    --> true
```

단위를 라디안으로 사용할 땐 간단히 상수만 수정하면 된다.

```
local tolerance = 0.17
function isturnback (angle)
  angle = angle % (2*math.pi)
  return (math.abs(angle - math.pi) < tolerance)
end
```

이와 같이 임의의 값을 [0, 2π) 구간으로 정규화하는 작업이 angle % (2*math.pi) 연산만으로 해결된다.

## 3.2 비교 연산

루아는 다음의 비교 연산을 지원한다.

      <      >      <=      >=      ==      ~=

비교 연산의 결과는 모두 불리언 값이다. == 연산자는 두 피연산자가 같은지 검사하는 연산자이고, ~= 연산자는 반대로 서로 다른지 검사하는 연산자이다. 두 피연산자 모두 피연산자로 모든 타입의 값을 사용할 수 있다. 피연산자의 타입이 서로 다르면 같지 않음으로 판단한다. 피연산자의 타입이 같으면 해당 타입의 정의에 따라 판별한다. 특별히 nil은 오직 nil과 같다.

루아에서는 테이블과 유저데이터의 동등성을 참조 값이 같은지로 판별한다. 이 말은 두 값이 같은 객체를 가리키고 있어야 같음으로 판별한다는 의미다.

```
a = {}; a.x = 1; a.y = 0
b = {}; b.x = 1; b.y = 0
c = a
```

위 코드에서 a == c 이지만 a~=b이다.

순서 비교 연산은 피연산자가 모두 실수이거나 문자열일 때만 적용된다. 루아에서 문자열은 설정된 로캘에 따라 알파벳순으로 비교한다. 예를 들어, 포르투갈 Latin-1 로캘에서는 "acai" < "açaí" < "acorde"순이 된다. 실수나 문자열이 아닌 값에는 == 연산이나 ~= 연산만 적용 가능하다.

서로 다른 타입의 값을 비교하게 될 때는 꼭 주의를 기울여야 한다. 다시 말하지만 "0"은 0과 다르다. 더욱이 2 < 15는 명백한 참이지만 "2" < "15"는 알파벳순으로는 거짓이다. 결과의 일관성을 위해, 2 < "15"처럼 문자열과 실수를 순서 비교하게 될 때는 오류가 발생한다.

## 3.3 논리 연산자

논리 연산자에는 and, or, not이 있다. 제어 구조에서처럼 모든 논리 연산자들은 피연산자를 다룰 때 false 값과 nil을 거짓으로 간주하고 그 외에는 모두 참으로 간주한다. and 연산자는 첫 번째 인자가 거짓이면 그 인자의 값을 반환하고 참인 경우에는 두 번째 인자를 반환한다. or 연산자는 첫 번째 인자가 거짓이 아니면 그 인자의 값을 반환하고 거짓인 경우에는 두 번째 인자를 반환한다.

```
print(4 and 5)          --> 5
print(nil and 13)       --> nil
print(false and 13)     --> false
print(4 or 5)           --> 4
print(false or 5)       --> 5
```

and와 or에는 단축 계산(short-cut evaluation)이 적용된다. 즉, 두 번째 피연산자는 필요할 때만 계산된다는 말이다. 단축 계산을 통해 (type(v) == "table" and v.tag == "h1")에서 실행 중에 오류가 발생하지 않게 보장할 수 있다. v가 테이블이 아니면 v.tag를 실행하지 않는다. 유용한 관용 표현인 x = x or v는 다음과 같은 뜻이다.

```
if not x then x = v end
```

이 코드는 x에 값이 없으면 기본값인 v를 대입한다(x가 false 값을 갖는 건 값이 없는 게 아니다).

유용한 다른 관용 표현인 (a and b) or c도 있다(and가 or보다 우선순위가 높으므로 간단하게 괄호를 없애서 a and b or c로 표현할 수도 있다). 이는 b가 false 값이 아닐 때는 C 언어의 a ? b : c에 해당한다는 것이다. 예를 들어, x와 y 중 큰 값을 구하는 식은 다음 문장으로 구현할 수 있다.

```
max = (x > y) and x or y
```

x > y일 때, and의 첫 번째 표현식이 참이므로 결과는 두 번째 표현식인 x가 된다. 그리고 이 x는 실수라서 항상 참이므로 or 연산의 값은 첫 번째 표현식인 x가 된다. x > y가 거짓일 때는 and 연산의 결과는 거짓이 되므로 이를 첫 번째 인자로 받는 or 연산의 결과는 두 번째 표현식인 y가 된다.

다음과 같이 not 연산자는 항상 불리언 값을 반환한다.

```
print(not nil)          --> true
print(not false)        --> true
print(not 0)            --> false
print(not not 1)        --> true
print(not not nil)      --> false
```

## 3.4 이어 붙이기

루아에서는 문자열을 붙이는 연산자를 ..(점 두 개)로 표기한다. 피연산자가 실수이면 실수를 문자열로 변환한다. (문자열을 붙이는 연산자로 + 연산자를 쓰는 언어가 있지만, 루아에서는 3+5와 3 .. 5가 다르다.)

```
print("Hello " .. "World")    --> Hello World
print(0 .. 1)                 --> 01
print(000 .. 01)              --> 01
```

다시 말하지만, 루아에서 문자열의 값은 변경할 수 없다. 문자열을 붙이는 연산자는 항상 기존 피연산자를 수정하지 않고 새 문자열을 만들어 낸다.

```
a = "Hello"
print(a .. " World")        --> Hello World
print(a)                    --> Hello
```

## 3.5 길이 연산자

길이 연산자는 문자열과 테이블에 쓰인다. 문자열에 쓰는 경우에는 문자열이 몇 바이트인지 반환한다. 테이블에 쓰는 경우에는 테이블로 표현한 순열의 길이를 반환한다.

길이 연산자를 이용한 순열을 다루는 데 쓰이는 몇 가지 관용 표현이 있다.

```
print(a[#a])       -- 순열 'a'의 마지막 값을 출력
a[#a] = nil        -- 마지막 값을 제거
a[#a + 1] = v      -- 리스트의 끝에 'v'를 추가
```

지난 장에서 봤던 대로, 길이 연산은 리스트에 nil로 비어 있는 경우 예상하지 못한 결과를 내므로, 비어 있는 공간이 없는 리스트로 정의된 순열에만 유효하다. 좀 더 자세히 이야기하자면, 순열은 연속된 숫자 키 집합 {1,...,n}(n은 임의의 수)으로 구성된 테이블이다. (값이 nil인 키는 실제로 테이블에 없는 것이라는 사실을 잊지 말자.) 특히, 숫자로 된 키가 없는 테이블은 길이가 0인 순열이다.

몇 년 간, 빈 공간이 있는 리스트에도 적용되도록 길이 연산을 확장하자는 제안이 많았다. 하지만 이는 말처럼 쉬운 일이 아니다. 문제는 리스트가 실제로는 테이블이기 때문에 '길이'의 개념이 다소 애매하다는데 있다. 예를 들어, 다음 코드에 있는 리스트의 길이를 생각해 보자.

```
a = {}
a[1] = 1
a[2] = nil      -- 아무 효과 없음, a[2]는 이미 nil임
a[3] = 1
a[4] = 1
```

이 경우는 리스트의 길이가 4이고 인덱스 2번에 빈 곳이 있다고 할 수 있겠다. 하지만, 이와 유사한 다음 예에서는 뭐라고 답해야 할까?

```
a = {}
a[1] = 1
a[10000] = 1
```

원소가 10000개인 리스트이며 9998개의 nil이 있다고 해야 할까? 그럼, 다음 코드가 추가된다고 해보자.

```
a[10000] = nil
```

그럼 이제 리스트의 길이는 얼마인가? 마지막 원소가 삭제되었으므로 9999개라고 해야 할까? 아니면 마지막 원소가 nil로 바뀐 것뿐이니 아직 10000개라고 해야 할까? 아니면 비어 있는 공간을 빼고 길이를 1이라고 해야 할까?

대안으로 # 연산자가 테이블 원소의 수를 반환하도록 하자는 제안을 많이 받았다. 이 의미는 명확하고 잘 정의되기는 하지만, 전혀 쓸모가 없다. 이전 예들을 고려해 보고 리스트나 배열을 다루는 실제 알고리즘에 그런 연산자가 얼마나 쓸모가 있을지 생각해 보자.

아직 리스트의 끝에 nil이 들어오는 문제가 더 남아 있다. 다음 리스트의 길이는 얼마가 되어야 할까?

```
a = {10, 20, 30, nil, nil}
```

다시 말하지만, 루아에서는 값이 nil인 필드는 없는 필드와 마찬가지다. 고로 이전 테이블은 {10, 20, 30}과 같으므로 테이블의 길이는 5가 아닌 3이다.

리스트의 끝에 nil이 오는 것이 아주 특별한 경우라고 생각할 수도 있다. 하지만, 원소를 하나씩 추가하거나 삭제하는 식으로 리스트를 유지하는 경우가 많다. 그런 식으로 유지하다 보면, 끝에 있는 nil이 아닌 원소가 지워지기 마련이므로 결국 끝에 nil이 오게 된다.

프로그램에서 쓰는 리스트는 대부분이 순열이다. (예를 들어 파일에 있는 한 줄 내용은 nil일 수 없다.) 그러므로 길이 연산자를 사용하는 경우는 대부분 안전한 경우이다. 만약 정말로 중간이 빈 리스트를 다루게 된다면, 실제 길이를 어딘가에 저장해 두어야 할 것이다.

## 3.6 연산 우선순위

루아의 연산자 우선순위는 아래에 높은 순에서 낮은 순으로 정리되어 있다.

```
^
not    #    -  (단항)
*      /    %
+      -
```

```
                ..
      <    >   <=   >=   ~=   ==
      and
      or
```

^(제곱) 연산자와 ..(문자열 이음) 연산자는 오른쪽 결합순(right-associative) 이고, 이 두 연산자를 제외한 나머지 이진 연산자는 모두 왼쪽 결합순(left-associative)이다.

```
a+i < b/2+1         <-->    (a+i) < ((b/2)+1)
5+x^2*8             <-->    5+((x^2)*8)
a < y and y <= z    <-->    (a < y) and (y <= z)
-x^2                <-->    -(x^2)
x^y^z               <-->    x^(y^z)
```

확신이 들지 않으면 항상 괄호를 명시적으로 써주자. 이 편이 매뉴얼을 찾아보는 것보다 쉬운 데다가 코드를 다시 읽을 때 똑같은 고민을 하는 것보단 낫다.

## 3.7 테이블 생성자

생성자는 테이블을 생성하고 초기화하는 표현식이다. 테이블 생성자는 아주 유용하고 다재다능하게 활용되는 루아의 독특한 기능이다.

가장 간단한 생성자는 {}로 표현하는 빈 생성자다. 이전에 봤던 대로 빈 생성자는 빈 테이블을 만든다. 생성자는 리스트를 초기화할 때도 쓰인다. 예를 보자.

```
days = {"Sunday", "Monday", "Tuesday", "Wednesday",
        "Thursday", "Friday", "Saturday"}
```

위 문장은 days[1]을 "Sunday", days[2]를 "Monday" 순으로 초기화한다. (생성자의 첫 원소는 인덱스 0번이 아니고 1번으로 시작한다.)

```
print(days[4])    --> Wednesday
```

루아는 다음 예처럼 레코드 형식으로 초기화하는 문법도 지원한다.

```
a = {x=10, y=20}
```

위의 한 문장은 다음 세 문장과 같다.

```
a = {}; a.x=10; a.y=20
```

하지만 첫 번째 예가 더 빠른데, 테이블을 생성할 때 이미 맞는 크기로 생성되기 때문이다.

생성자를 사용해서 테이블을 생성해도 항상 필드를 추가하고 제거할 수 있다.

```
w = {x=0, y=0, label="console"}
x = {math.sin(0), math.sin(1), math.sin(2)}
w[1] = "another field"      -- 테이블 'w'에 키 1을 추가
x.f = w                     -- 테이블 'x'에 키 "f"를 추가
print(w["x"])               --> 0
print(w[1])                 --> another field
print(x.f[1])               --> another field
w.x = nil                   -- 필드 "x" 제거
```

하지만 생성자를 써서 테이블을 생성하는 편이 더 효율적이고 우아하기까지 하다는 점을 말해 두고 싶다.

한 생성자에서 레코드 스타일 초기화와 리스트 스타일 초기화를 섞어서 사용할 수 있다.

```
polyline = {color="blue",
            thickness=2,
            npoints=4,
            {x=0,   y=0},    -- polyline[1]
            {x=-10, y=0},    -- polyline[2]
            {x=-10, y=1},    -- polyline[3]
            {x=0,   y=1}     -- polyline[4]
            }
```

이 예제에서는 더 복잡한 데이터 구조를 표현하기 위해 생성자를 중첩해서 쓰는 방법도 볼 수 있다. polyline[i]의 각 원소는 레코드를 나타내는 테이블이다.

```
print(polyline[2].x)        --> -10
print(polyline[4].y)        --> 1
```

두 가지 생성자 형식 모두 한계가 있다. 예를 들어, 음수 인덱스나 식별자가 아닌 문자열 인덱스로 필드를 초기화할 수 없다. 이런 것이 필요한 경우를 위해 좀 더 일반적인 생성자 형태가 있다. 이 형태는 초기화되는 인덱스를 나타내는 수식을 [ ] 사이에 쓴다.

```
opnames = {["+"] = "add", ["-"] = "sub",
           ["*"] = "mul", ["/"] = "div"}

i = 20; s = "-"
a = {[i+0] = s, [i+1] = s..s, [i+2] = s..s..s}
```

```
print(opnames[s])         --> sub
print(a[22])              --> ---
```

이 문법은 번잡하긴 하지만 더 유연하다. 리스트 스타일과 레코드 스타일 둘 다 이런 문법의 특수한 형태에 속한다. 생성자 {x = 0, y = 0}는 {["x"] = 0, ["y"] = 0}과 같고, {"r", "g", "b"}는 {[1] = "r", [2] = "g", [3] = "b"}와 같다.

마지막 원소 뒤에 쉼표를 써도 된다. 뒤에 붙는 쉼표는 있어도 되고 없어도 된다.

```
a = {[1]="red", [2]="green", [3]="blue",}
```

이런 유연함 덕분에 생성자 코드를 자동 생성하는 프로그램에서 마지막 요소를 특수 처리할 필요가 없어진다.

이제 문법 설명의 마지막으로, 생성자에서는 쉼표 대신에 세미콜론을 써도 된다. 저자는 보통 리스트 부분과 레코드 부분을 구분하는 것처럼 구획을 나누는 데 세미콜론을 쓴다.

```
{x=10, y=45; "one", "two", "three"}
```

## 연습 문제

**연습 문제 3.1:** 다음 프로그램의 출력 결과는?

```
for i = -10, 10 do
  print(i, i % 3)
end
```

**연습 문제 3.2:** 표현식 2^3^4의 결과는? 그리고 2^-3^4의 결과는?

**연습 문제 3.3:** 다항식 $a_n x^n + a_{n-1} x^{n-1} + ... + a_1 x^1 + a_0$을 { $a_0, a_1, ..., a_n$ }처럼 계수의 리스트로 표현할 수 있다. 테이블로 표현된 다항식과 x 값을 입력 받아 다항식을 계산한 값을 반환하는 함수를 작성하라.

**연습 문제 3.4:** 연습문제 3.3의 함수를 제곱식 없이 최대 n번의 덧셈과 n번의 곱셈만 이용해서 작성할 수 있겠는가?

**연습 문제 3.5:** type() 함수를 안 쓰고 값이 불리언 타입인지 검사하려면 어떻게 하면 될까?

**연습 문제 3.6:** 다음 표현식에서 괄호가 꼭 필요한 상황인가? 더 좋은 괄호의 사용 방법을 제시해 보자.

    (x and y and (not z)) or ((not y) and x)

**연습 문제 3.7:** 다음 코드를 실행하면 무엇이 출력될까? 그 이유를 설명해 보자.

```
sunday = "monday"; monday = "sunday"
t = {sunday = "monday", [sunday] = monday}
print(t.sunday, t[sunday], t[t.sunday])
```

**연습 문제 3.8:** 이스케이프 문자를 인덱스로 해서 그 이스케이프 문자의 의미를 찾을 수 있는 테이블을 만들려고 한다. 테이블을 구성하는 생성자를 작성해 보자. (이스케이프 문자는 2장의 '문자열' 절을 참조하자.)

# 4장 문장

Programming in Lua

C나 파스칼과 유사한 언어들에서 널리 쓰이는 할당문, 제어 구조, 프로시저 호출 등의 문장을 루아에서도 거의 대부분 사용할 수 있다. 이 외에도 다중 할당과 루아만의 독특한 지역 변수 선언처럼 다른 언어에서 보기 힘든 문장도 제공한다.

## 4.1 할당문

할당문은 변수나 테이블 필드의 값을 바꾸는 기본 수단이다.

```
a = "hello" .. "world"
t.n = t.n + 1
```

루아는 여러 값을 한번에 여러 변수에 대입하는 다중 할당을 지원한다. 예제를 보자.

```
a, b = 10, 2*x
```

이 예제는 a에 값 10을, b에 2*x의 값을 대입한다. 다중 할당문에서는 먼저 값을 모두 계산하고 그 다음 값을 대입한다. 그러므로 다중 할당문을 이용해서 두 변수의 값을 서로 바꾸는 코드를 다음과 같이 구현할 수 있다.

```
x, y = y, x             -- swap 'x' for 'y'    -- 'x'와 'y'를 교환
a[i], a[j] = a[j], a[i]                        -- 'a[i]'와 'a[j]'를 교환
```

대입할 값의 개수와 값을 대입할 변수의 개수가 맞지 않을 경우 이를 맞춰 주는데, 변수보다 값의 개수가 적을 경우 남는 변수에는 nil을 대입하고, 값의 개수가 더 많을 경우 남는 값은 그냥 버린다.

```
a, b, c = 0, 1
print(a, b, c)              --> 0 1 nil
a, b = a+1, b+1, b+2        -- b+2의 값은 무시됨
print(a, b)                 --> 1 2
a, b, c = 0
print(a, b, c)              --> 0 nil nil
```

이 예제의 마지막 할당문과 같은 실수를 많이 하곤 하는데, 여러 변수들을 초기화하려면 다음처럼 각 변수들마다 값을 따로 써줘야 한다.

```
a, b, c = 0, 0, 0
print(a, b, c)              --> 0 0 0
```

사실 이 예는 다소 작위적인 면이 있다. 실제로 단순히 관련이 없는 여러 변수를 대입하려고 다중 할당문을 쓰는 경우는 거의 없다. 특히 다중 할당문은 일반 할당문을 여러 개 쓰는 것보다 빠르지도 않다. 그럼에도 불구하고 가끔 다중 할당문이 정말 필요할 때가 있다. 이미 앞에서 봤던 두 변수의 값을 바꾸는 예와 같은 경우인데, 이것보다 조금 더 자주 활용하는 경우는 함수에서 값을 반환하는 경우이다. 이런 경우에는 한 표현식으로 여러 변수에 값을 넣을 수 있다. 예를 들어 a, b = f() 할당문에서 f() 호출은 두 개의 값을 반환하여 a는 첫 번째 값을, b는 두 번째 값을 취한다. 이 내용은 5장의 '다중 반환' 절에서 더 자세히 다루겠다.

## 4.2 지역 변수와 구역

루아에는 전역 변수 외에 지역 변수도 있다. local을 사용하면 지역 변수를 만들 수 있다.

```
j = 10          -- j는 전역 변수
local i = 1     -- i는 지역 변수
```

전역 변수와는 달리 지역 변수는 선언된 구역(Block)으로만 범위가 한정된다. 제어 구조나 함수의 몸체 또는 청크(변수가 선언된 파일이나 문자열)가 구역이 된다.

```
x = 10
local i = 1          -- 이 청크의 지역 변수

while i <= x do
   local x = i*2     -- whlie 안에서만 사용할 수 있는 지역 변수
   print(x)          --> 2, 4, 6, 8, ...
   i = i + 1
end

if i > 20 then
   local x           -- "then" 몸체의 지역 변수
   x = 20
   print(x + 2)      -- (if 조건이 참이었다면 22를 프린트할 것임)
else
   print(x)          --> 10 (이 x는 전역 변수)
end

print(x)             --> 10 (이 x는 전역 변수)
```

이 예제를 대화모드에서 입력하면 의도대로 동작하지 않는다는 점에 주의하자. 대화모드에서는 (명령이 완성되지 않는 경우를 제외하곤) 한 줄 한 줄이 각기 다른 청크가 된다. 예제의 둘째 줄(local i = 1)을 입력하는 대로 코드를 실행하고는 다음 줄을 새로운 청크로 시작한다. 그때는 이미 local 선언이 유효 범위(scope)를 벗어난 후다. 이 문제를 해결하기 위해 전체 구역을 명시적으로 do-end 키워드를 써서 묶을 수 있다. do를 입력하고 나면 do를 끝내는 end를 입력하기 전에는 명령이 완성되지 않으므로, 루아 인터프리터가 한 줄 단위로 코드를 실행하지 않는다.

do로 구역을 묶는 방법은 지역 변수의 유효 범위를 좁게 조절할 필요가 있을 때도 유용하게 쓰인다.

```
do
   local a2 = 2*a
   local d = (b^2 - 4*a*c)^(1/2)
   x1 = (-b + d)/a2
   x2 = (-b - d)/a2
end                  -- 'a2'와 'd'의 범위는 여기서 끝
print(x1, x2)
```

가능하면 지역 변수를 쓰는 것이 좋은 프로그래밍 스타일이다. 지역 변수를 쓰면 꼭 필요하지 않은 이름으로 전역 환경을 지저분하게 만드는 것을 피할 수 있다. 게다가 전역 변수에 접근하는 것보다 지역 변수에 접근하는 것이 더 빠르다. 끝으로 지역 변수는 유효 범위가 끝나자마자 사라지므로 가비지 컬렉터가 재사

용하게 할 수 있게 해준다.

    루아는 지역 변수 선언을 문장으로 처리한다. 문장을 쓸 수 있는 모든 곳에는 지역 변수 선언을 쓸 수 있다는 말이다. 선언된 변수의 유효 범위는 선언 후부터 구역이 끝나기 전까지다. 각 선언은 보통의 대입문처럼 초기화를 위한 대입문을 포함할 수 있다. 남는 값은 버려지고 남는 변수에는 nil을 대입한다. 선언에 초기화 대입문이 없으면 nil로 초기화된다.

```
local a, b = 1, 10
if a < b then
  print(a)          --> 1
  local a           -- '= nil'이 생략된 것과 같음
  print(a)          --> nil
end                 -- 'then'으로 시작된 구역이 끝남
print(a, b)         --> 1 10
```

루아에는 다음과 같은 관용 표현이 있다.

```
local foo = foo
```

이 코드는 foo라는 지역 변수를 만들고 foo라는 전역 변수로 초기화하는 코드이다. 지역 변수 foo는 선언이 완료된 이후에 유효하다. 이 관용 표현은 다른 함수에서 나중에 전역 변수 foo의 값을 바꾸더라도 청크에서 foo의 원래 값을 유지할 필요가 있을 때 유용하다. 그리고 foo에 접근하는 속도를 높이는 효과도 있다.

    많은 언어에서 모든 지역 변수를 구역이나 프로시저의 시작 부분에 선언하도록 강제하고 있기 때문에 지역 변수를 구역 중간에서 선언해서 쓰는 것이 나쁜 습관이라고 여기는 사람들이 있는데, 사실 완전히 반대다. 변수를 필요할 때만 선언하게 되면 변수를 초기화 없이 선언할 필요가 거의 없어진다(그러므로 초기화하는 것을 까먹을 일도 거의 없어진다). 게다가 변수의 유효 범위를 줄여서 가독성을 높일 수도 있다.

## 4.3 제어 구조

루아에서는 조건문으로 if, 반복문으로 while, repeat, for를 쓸 수 있다. 모든 제어 구조는 명시적으로 끝을 표현하는데, if나 for나 while은 end로 끝나고 repeat는 until로 끝난다.

제어 구조의 표현식 자리에는 어떤 값이든 올 수 있다. 루아에서는 false나 nil이 아닌 모든 값을 참으로 본다는 점을 명심하자. 0과 빈 문자열도 참으로 취급한다.

### 4.3.1 if then else문
if문은 조건식을 검사해서 해당 조건에 따라 then 부분이나 else 부분을 실행한다. else 부분은 없어도 된다.

```
if a < 0 then a = 0 end

if a < b then return a else return b end

if line > MAXLINES then
  showpage()
  line = 0
end
```

또한 elseif를 써서 if 안에 if를 쓸 수 있다. else 부분이 if로 시작하는 것과 유사하지만 end를 여러 번 쓸 필요가 없다는 점이 다르다.

```
if op == "+" then
  r = a + b
elseif op == "-" then
  r = a - b
elseif op == "*" then
  r = a*b
elseif op == "/" then
  r = a/b
else
  error("invalid operation")
end
```

루아에는 switch문이 없기 때문에, 앞의 예와 같이 elseif를 연달아 쓰는 형태가 비교적 흔하게 쓰이는 편이다.

### 4.3.2 while문
이름에서 알 수 있듯이 while문은 조건이 참일 동안 몸체를 반복해서 실행한다. 다른 언어의 while문처럼 루아에서도 while문의 조건을 먼저 검사한다. 조건이 거짓이면 반복문은 거기서 끝나고, 조건이 참이면 몸체를 실행하고 다시 앞의 절차를 반복한다.

```
local i = 1
while a[i] do
  print(a[i])
  i = i + 1
end
```

### 4.3.3 repeat문

이름에서 알 수 있듯 repeat-until문은 조건이 참일 때까지 몸체를 반복해서 실행한다. 몸체를 실행한 다음 조건을 검사하기 때문에, 몸체가 한 번은 꼭 실행된다.

```
-- 빈 줄이 아닌 첫 줄의 내용을 출력한다
repeat
  line = io.read()
until line ~= ""
print(line)
```

다른 언어와 달리 루아의 repeat문 안에서 선언한 지역 변수의 범위가 조건문을 포함한다. 다음 예를 보자.

```
local sqr = x/2
repeat
  sqr = (sqr + x/sqr)/2
  local error = math.abs(sqr^2 - x)
until error < x/10000    -- 지역 변수 'error'를 여기서도 쓸 수 있음.
```

### 4.3.4 수치 for문

루아에서의 for문은 수치 for문과 일반 for문 두 종류로 나뉜다.

수치 for문의 문법은 다음과 같다.

```
for var = exp1, exp2, exp3 do
  <something>
end
```

이 반복문은 var의 값을 exp1에서 시작해서 exp2까지 exp3만큼 증가시키면서 <something>을 실행한다. 세 번째 수식 exp3은 생략 가능하다. 생략하는 경우에는 반복할 때마다 1씩 증가한다. 이런 반복문의 일반적인 예는 다음과 같다.

```
for i = 1, f(x) do print(i) end

for i = 10, 1, -1 do print(i) end
```

상한이 없이 반복하고 싶은 경우에는 math.huge 상수를 쓰면 된다.

```
    for i = 1, math.huge do
      if (0.3*i^3 - 20*i^2 - 500 >= 0) then
        print(i)
        break
      end
    end
```

for문에는 좀 미묘한 점이 있어서 제대로 사용하려면 몇 가지 사항을 주의해야 한다. 먼저, 세 표현식 모두 반복문이 실행되기 전에 한 번씩 실행된다. 예를 들어 for문의 첫 예제에서 f(x)는 한 번만 호출된다. 그리고 조건에 사용되는 제어 변수가 for문 안에서만 사용 가능한 지역 변수로 선언된다. 이런 제어 변수가 반복문이 끝나도 남아 있다고 생각하는 실수를 흔히 저지른다.

```
    for i = 1, 10 do print(i) end
    max = i              -- 아마도 실수일 것이다! 여기의 'i'는 전역 변수
```

반복문이 끝난 후의 제어 변수 값이 필요한 경우(보통 반복문을 중간에 빠져나온 경우)에는 반드시 다른 변수에 값을 저장해 두어야 한다,

```
    -- 리스트에서 어떤 값을 찾는다.
    local found = nil
    for i = 1, #a do
      if a[i] < 0 then
        found = i       -- 'i'의 값을 저장
        break
      end
    end
    print(found)
```

마지막으로 제어 변수의 값을 절대 바꿔선 안 된다. 제어 변수의 값을 바꾸면 그 결과는 예상할 수 없다. 정상적으로 종료하는 조건보다 먼저 반복문을 끝내고 싶다면 이전 예제에서처럼 break를 쓰자.

### 4.3.5 일반 for문

일반 for문은 반복자(iterator) 함수가 반환해 주는 모든 값에 대해 반복하는 문장이다.

```
    -- 테이블 't'의 모든 값을 출력
    for k, v in pairs(t) do print(k, v) end
```

이 예에서는 루아 기본 라이브러리에서 제공하는 테이블을 순회하는 데 편리한

pairs 반복자 함수를 사용한다. 각 반복마다 k에는 키가, v에는 키에 해당하는 값이 들어간다.

보기에는 단순하지만 이 일반 for문은 아주 유용하다. 적절한 반복자를 써서 이해하기 쉬운 방식으로 거의 모든 것을 순회할 수 있다. 파일의 줄마다 반복할 때 쓰는 io.lines, 테이블의 키-값 쌍을 반복할 때 쓰는 pairs, 순열의 요소마다 반복하는 ipairs, 문자열의 단어마다 반복하는 string.gmatch 등의 반복자를 표준 라이브러리에서 제공한다.

당연히 반복자를 만들어서 사용할 수도 있다. 일반 for문이 사용하기에는 쉬운 반면, 반복자 함수를 작성하려면 알아야 하는 세부 사항이 있으므로 이 주제는 7장 '반복자와 일반 for문'에서 다루도록 하겠다.

일반 for문과 수치 for문은 두 가지 공통점이 있는데, 제어 변수가 반복문 내의 지역 변수라는 점과 그 제어 변수에 값을 절대로 할당해선 안 된다는 점이다.

일반 for문의 사용에 대해 더 자세한 예를 살펴보자. 요일을 다음과 같이 테이블에 저장해 두었다.

```
days = {"Sunday", "Monday", "Tuesday", "Wednesday",
        "Thursday", "Friday", "Saturday"}
```

이제 해당 요일이 일주일 중 몇 번째 날인지 알고 싶다고 하자. 주어진 요일로 테이블을 검색할 수 있다. 곧 배우게 되겠지만 루아에서는 검색을 거의 하지 않는다. 더 효율적인 접근 방법은 다음의 예제처럼 요일을 인덱스로 하고 몇 번째 날인지를 표현하는 숫자를 값으로 하는 역 참조 테이블 revDays를 만드는 것이다.

```
revDays = {["Sunday"] = 1, ["Monday"] = 2,
           ["Tuesday"] = 3, ["Wednesday"] = 4,
           ["Thursday"] = 5, ["Friday"] = 6,
           ["Saturday"] = 7}
```

이렇게 하면 다음과 같이 요일을 사용해서 요일 순서를 역 참조 테이블에서 찾을 수 있다.

```
x = "Tuesday"
print(revDays[x])  --> 3
```

물론, 이런 역 참조 테이블의 내용을 일일이 선언할 필요는 없다. 다음과 같이 원래의 테이블에서 자동으로 테이블을 만들 수 있다.

```
revDays = {}
for k,v in pairs(days) do
  revDays[v] = k
end
```

앞의 반복문에서는 days 테이블의 각 요소마다 키(1, 2, ...)가 k에 대입되고, 값("Sunday", "Monday", ...)은 v에 대입된다.

## 4.4 break, return, goto

break문과 return문을 써서 해당 구역을 벗어나게 할 수 있다. goto문을 쓰면 함수 내의 거의 모든 지점으로 이동할 수 있다.

break문은 반복문을 끝내기 위해 쓴다. break문은 자신이 포함된 반복문(for, repeat, while)을 종료하므로, 해당 반복문 밖의 문장을 종료하는 데 쓸 수는 없다. 프로그램은 반복문을 종료한 후 바로 다음 내용을 계속 실행한다.

return문은 함수를 그냥 끝내거나 함수를 끝내고 함수의 결과를 반환한다. 모든 함수의 끝에는 묵시적으로 return문이 있으므로, 반환값 없이 함수가 끝날 때는 함수 끝에 굳이 return문을 쓰지 않아도 된다.

문법적인 이유로, return문은 구역의 마지막 문장으로만 쓸 수 있다. 달리 말해서 청크의 마지막 문장으로 쓰거나, end나 else 아니면 until 앞에만 return문을 쓸 수 있다는 말이다. 다음 예에서 return문은 then 구역의 마지막 문장임을 알 수 있다.

```
local i = 1
while a[i] do
  if a[i] == v then return i end
  i = i + 1
end
```

보통 return문은 구역 마지막에 쓴다. return문을 사용하면 뒤에 오는 문장에 도달이 불가능하기(unreachable) 때문이다. 하지만 가끔 구역의 중간에서 return문을 쓰는 것이 유용할 때도 있다. 예를 들어 디버깅을 하려고 특정 부분이 실행되지 않도록 쓰는데, 이럴 때는 다음 코드처럼 do-end 구역을 만들고 그 안에 return문을 쓰면 된다.

```
function foo ()
  return            --<< 문법 오류
  -- return문은 다음 구역의 마지막 문장이다.
```

```
    do return end    -- OK
    <other statements>
end
```

goto문은 지정한 레이블로 프로그램의 실행을 옮긴다. goto문이 프로그래밍에 유해한 요소이기 때문에 프로그래밍 언어에서 배척해야 한다는 주장이 있어 goto문에 관한 논란이 오랫동안 지속되고 있다. 그렇지만 최신의 언어들에서도 나름의 이유로 goto를 제공하고 있다. goto문은 때에 따라서 효과적인 도구이므로 주의 깊게 잘 쓴다면 코드의 질을 향상시키는 데 매우 도움이 될 수 있다.[1]

루아의 goto문의 문법은 다른 언어에서 보통 많이 사용하는 문법과 같다. 키워드 goto 다음 레이블 이름을 쓴다. 유효한 식별자라면 모두 레이블 이름으로 쓸 수 있다. 레이블을 쓰는 문법은 조금 더 난해한데, ::name::처럼 레이블 이름의 앞과 뒤에 콜론 두 개가 따라오는 형태로 쓴다. 프로그래머가 goto를 쓰기 전에 한 번 더 생각하게 하려고 일부러 이렇게 복잡한 형태로 만들었다.

루아의 goto는 이동할 수 있는 위치에 약간의 제약이 있다. 먼저, 레이블은 보통의 유효성 규칙을 따르기 때문에, 구역 안으로 이동해 들어갈 수 없다(구역 안의 레이블은 구역 밖에서 사용할 수 없기 때문이다). 둘째, 함수 밖으로 이동할 수 없다(첫 번째 규칙에서 이미 함수로 이동해 들어갈 수 있는 가능성을 배제하고 있다). 셋째, 지역 변수의 범위로 이동해 들어갈 수 없다.

goto문을 바람직하게 쓰는 예는 루아에는 없는 continue나 다단계 break, 다단계 continue, redo, 지역 오류 처리 등의 제어 구조를 루아에서 흉내내기 위해 쓰는 경우다. 다음 예제처럼, continue문은 반복문의 구역 끝에 있는 레이블로 이동하는 goto문으로 간단히 구현할 수 있고 redo문은 구역의 시작으로 이동하는 goto문으로 구현할 수 있다.

```
while <조건> do
  ::redo::
  if <다른_조건> then goto continue
    else if <또_다른_조건> then goto redo
  end
  <임의의 코드>
  ::continue::
end
```

---

[1] (옮긴이주) goto문은 루아 5.2에서 추가되었다.

루아 언어에서 유용한 정의가 있다. 바로 지역 변수의 유효 범위는 해당 변수가 선언된 구역의 마지막 void가 아닌 문장에서 끝난다는 점이다. 레이블도 void 문장으로 간주된다. 다음 코드에서 유용하다고 한 이유를 알 수 있다.

```
while <조건> do
  if <다른_조건> then goto continue end
  local var = something
  <임의의 코드>
  ::continue::
end
```

goto가 변수 var의 범위로 들어간다고 생각할 수 있다. 하지만, continue 레이블은 구역의 void가 아닌 문장의 다음에 위치하므로 var의 유효 범위 안으로 들어가는 것이 아니다.[2]

goto문은 상태 기계를 구현할 때도 유용하게 쓰인다. 상태 기계를 구현한 예제를 보자. 코드 4.1 'goto로 상태 기계를 구현한 예'는 입력된 0의 개수가 짝수인지를 판별하는 프로그램이다.

**코드 4.1 goto로 상태 기계를 구현한 예**

```
::s1:: do
  local c = io.read(1)
  if c == '0' then goto s2
  elseif c == nil then print'ok'; return
  else goto s1
  end
end

::s2:: do
  local c = io.read(1)
  if c == '0' then goto s1
  elseif c == nil then print'not ok'; return
  else goto s2
  end
end

goto s1
```

사실 이 프로그램을 작성하는 더 좋은 방법이 있겠지만, 이 기법은 유한 상태

---

2 (옮긴이) var의 유효 범위는 continue 이전에 끝났기 때문에 continue 이후 문장에서는 var를 사용할 수 없다.

오토마타를 루아 코드로 자동 변환할 때 유용하다(동적으로 코드를 생성한다고 생각해 보자).

다른 예제로 간단한 미로 게임을 생각해 보자. 미로는 여러 개의 방으로 구성되어 있고, 각 방에는 동, 서, 남, 북 방향으로 문이 있을 수 있다. 각 단계마다 사용자가 이동 방향을 지정한다. 만약 지정한 방향에 문이 있으면 사용자가 해당 방으로 이동하고, 문이 없으면 경고를 출력한다. 시작하는 방에서 끝나는 방까지 이동하는 것이 목적이다.

이 게임은 지금 있는 방을 상태로 표현하는 상태 기계의 전형적인 예이다. 이 미로의 각 방에서의 동작을 한 구역으로 구현하고 한 방에서 다른 방으로 이동하는 것을 goto문을 써서 구현할 수 있다. 코드 4.2 '미로 게임'에서 4개의 방으로 된 작은 미로를 어떻게 구현할 수 있는지 볼 수 있다.

**코드 4.2 미로 게임**

```lua
goto room1                      -- 시작하는 방

::room1:: do
  local move = io.read()
  if move == "south" then goto room3
  elseif move == "east" then goto room2
  else
    print("invalid move")
    goto room1                  -- 이 방에 그대로 머문다.
  end
end

::room2:: do
  local move = io.read()
  if move == "south" then goto room4
  elseif move == "west" then goto room1
  else
    print("invalid move")
    goto room2
  end
end

::room3:: do
  local move = io.read()
  if move == "north" then goto room1
  elseif move == "east" then goto room4
  else
    print("invalid move")
    goto room3
```

```
          end
        end

        ::room4:: do
          print("Congratulations, you won!")
        end
```

이 간단한 게임에서 방과 이동을 테이블로 표현하는 데이터 중심의(data-driven) 프로그램으로 구현하는 것이 더 나은 설계라는 것을 알아차렸을 수도 있다. 하지만, 만약 각 방마다 여러 특수 상황이 있다면 상태 기계를 이용하는 것이 꽤 적절한 설계일 수 있다.

## 연습 문제

**연습 문제 4.1:** C와 유사한 문법을 가진 언어에서는 대체로 elseif 구조가 없다. 왜 루아는 다른 언어에는 없는 이런 구조가 필요한 것일까?

**연습 문제 4.2:** 루아로 무한 반복문을 4가지 방법으로 구현해 보자. 어떤 방법이 나은가?

**연습 문제 4.3:** 많은 사람들이 repeat--until 문이 거의 쓰이지 않으므로, 루아 같은 최소 지향 언어에서는 빠져야 한다고 주장한다. 이에 대해 어떻게 생각하는가?

**연습 문제 4.4:** 코드 4.2 '미로 게임'의 상태 기계를 goto문을 쓰지 않고 다시 작성해 보자.

**연습 문제 4.5:** 루아에서 goto문으로 함수 밖으로 이동할 수 없게 제약한 이유는 무엇인가? (힌트: 그 기능을 어떻게 구현할 것 같은가?)

**연습 문제 4.6:** goto문으로 함수 밖으로 이동할 수 있다고 가정하고, 코드 4.3 '이상하고 부적절한 goto문의 사용'이 무엇을 하는지 설명하라.

**코드 4.3 이상하고 부적절한 goto문의 사용**

```
function getlabel ()
  return function () goto L1 end
  ::L1::
  return 0
end

function f (n)
  if n == 0 then return getlabel()
```

```
      else
        local res = f(n - 1)
        print(n)
        return res
      end
    end

    x = f(10)
    x()
```

(레이블에서 지역 변수에 쓰이는 것과 같은 범위 규칙을 적용한 이유를 추론해 보자.)

# 5장

Programming in Lua

# 함수

함수는 루아에서 문장이나 표현식을 추상화하는 주요 수단이다. 함수로 특정 작업을 처리하거나(이 경우는 다른 언어에서는 프로시저나 서브루틴이라고 부른다) 계산을 수행하고 결과를 반환할 수 있다. 전자의 경우는 함수 호출을 문장처럼 사용하고, 후자의 경우에는 함수 호출을 표현식처럼 사용한다. 다음 코드를 보자.

```
print(8*9, 9/8)
a = math.sin(3) + math.cos(10)
print(os.date())
```

두 경우 다 괄호로 싸인 인자 목록으로 함수 호출임을 나타낸다. 함수에 인자를 전달하지 않는 경우에도 함수 호출을 나타내기 위해 빈 ()를 써 줘야 한다. 이 규칙에 특별한 예외가 있는데, 함수가 인자 하나를 받고 인자가 상수 문자열이거나 테이블 생성자라면 괄호를 쓰지 않아도 된다.

```
print "Hello World"        <-->    print("Hello World")
dofile 'a.lua'             <-->    dofile ('a.lua')
print [[a multi-line              print([[a multi-line
  message]]                         message]])
f{x=10, y=20}              <-->    f({x=10, y=20})
type{}                     <-->    type({})
```

루아에서는 객체지향 스타일의 호출을 위한 특별한 문법인 콜론 연산자도 제공한다. o:foo(x)와 같은 표현식은 o를 첫 인자에 추가해서 o.foo를 호출하는 단축 표기로, o.foo(o, x)와 같은 뜻이다. 16장 '객체지향 프로그래밍'에서 이런 스타일의 호출과 객체지향 프로그래밍에 대해 더 자세히 다루도록 하겠다.

루아 프로그램에서는 루아로 작성한 함수는 물론, C로 작성한(또는 호스트 애플리케이션에서 사용하는 다른 언어로 작성한) 함수도 쓸 수 있다. 실례로 루아 표준 라이브러리의 모든 함수는 C로 작성한 것이다. 따라서 루아로 작성한 함수든 C로 만든 함수든 호출하는 입장에서는 차이가 없다. 다른 예제에서 이미 봤던 대로 함수를 작성할 때는 다음과 같은 문법을 따른다.

```
-- 순열 'a'에 원소 추가
function add (a)
  local sum = 0
  for i = 1, #a do
    sum = sum + a[i]
  end
  return sum
end
```

이 문법에서 함수 정의는 이름(이 예에서는 add)과 매개변수 목록, 여러 문장으로 된 함수 몸체로 구성된다.

매개변수는 지역 변수와 동일하게 동작하며 함수 호출시 전달되는 인자의 값으로 초기화된다. 매개변수의 개수와 인자의 개수가 다르게 함수를 호출할 수도 있다. 이런 경우 다중 할당문에서와 같은 방법으로 매개변수와 인자를 조정하는데, 남는 인자는 버려지고 인자가 모자란 경우 해당 매개변수는 nil이 된다. 그 예로 다음 함수를 보자.

```
function f (a, b) print(a, b) end
```

동작 결과는 다음과 같다.

```
f(3)              --> 3 nil
f(3, 4)           --> 3 4
f(3, 4, 5)        --> 3 4 (5는 버려짐)
```

이런 기능은 프로그래밍 오류를 유발할 수 있지만, 유용한 점도 있다. 특히 다음 예제처럼 기본 인자로 활용하는 경우 유용하다. 아래는 전역 카운터를 증가시키는 함수다.

```
function incCount (n)
  n = n or 1
  count = count + n
end
```

이 함수는 1을 기본 인자로 쓰고 있다. 무슨 말이냐면, 인자 없이 incCount()로 호출하면 count를 1만큼 증가시킨다는 뜻이다. incCount()로 호출하면 첫 인자인 n은 nil로 초기화된다. 그러면 or 연산에 의해 n의 값은 or 연산의 두 번째 피연산자로 정해지며, 결과적으로 n의 기본값은 1이 된다.

## 5.1 여러 값 반환

루아에서 특이하면서 편리한 점은 함수에서 여러 값을 반환할 수 있다는 것이다. 기본으로 제공하는 함수 중에서도 여러 개의 값을 반환하는 것이 있다. 문자열에서 패턴이 나타난 위치를 반환하는 string.find 함수가 그 예로, 문자열에서 패턴을 찾은 경우 그 시작 위치와 끝 위치에 해당하는 인덱스 2개를 반환한다. 다음과 같이 다중 할당으로 2개의 반환값을 모두 얻을 수 있다.

```
s, e = string.find("hello Lua users", "Lua")
print(s, e)       -->7    9
```

(알고 있겠지만 문자열 첫 글자의 인덱스는 1이다!)

return 키워드 뒤에 반환할 값을 나열하는 방법으로 여러 값을 반환하는 함수를 작성할 수 있다. 그 예로 순열에서 가장 큰 값과 그 값의 위치를 반환하는 함수의 코드는 다음과 같다.

```
function maximum (a)
  local mi = 1            -- 최댓값의 인덱스
  local m = a[mi]         -- 최댓값
  for i = 1, #a do
    if a[i] > m then
      mi = i; m = a[i]
    end
  end
  return m, mi
end

print(maximum({8,10,23,12,5}))     --> 23    3
```

함수의 반환값 개수를 함수 호출 상황에 맞게 항상 맞춰 준다. 문장 형태로 함수를 호출했을 때는 모든 반환값을 버리고, 표현식 형태로 호출했을 때는 첫 반환값만 남긴다. 표현식 목록의 마지막에 호출이 있거나 표현식 목록에 함수 호출만 있는 경우에만 반환값을 모두 얻을 수 있다. 이런 표현식 목록이 생성되는 경

우는 다중 할당, 함수 호출시 전달되는 인자 목록, 테이블 생성자, 반환문 이 4가지 경우이다. 모든 경우를 설명하기 위해 다음과 같은 있다고 가정하자.

```
function foo0 () end                      -- 반환하는 결과가 없음
function foo1 () return "a" end           -- 결과 하나를 반환
function foo2 () return "a", "b" end      -- 결과 두 개를 반환
```

다중 할당에서 호출된 함수가 마지막 표현식이라면, 대응하는 변수에 대입하는 데 필요한 개수에 맞춰 결과가 생성된다.

```
x,y = foo2()              -- x="a", y="b"
x = foo2()                -- x="a", "b"는 버려진다
x,y,z = 10,foo2()         -- x=10, y="a", z="b"
```

함수가 반환하는 값이 없거나 필요한 수만큼 반환하지 않으면 모자란 자리에 nil이 만들어진다.

```
x,y = foo0()              -- x=nil, y=nil
x,y = foo1()              -- x="a", y=nil
x,y,z = foo2()            -- x="a", y="b", z=nil
```

함수 호출이 목록의 끝에 있지 않으면 하나의 값만 결과로 처리된다.

```
x,y = foo2(), 20          -- x="a", y=20
x,y = foo0(), 20, 30      -- x=nil, y=20이고 30은 버림
```

함수 호출 결과가 다른 함수 호출의 마지막 인자로 들어가는 경우, 호출 결과로 반환된 값이 모두 인자로 전달된다. 이전에 print 예제를 통해 이미 봤던 대로 print 함수에 여러 개의 인자를 전달할 수 있기 때문에 print(g()) 코드는 함수 g에서 반환한 값을 모두 출력한다.

```
print(foo0())             -->
print(foo1())             --> a
print(foo2())             --> a       b
print(foo2(), 1)          --> a       1
print(foo2() .. "x")      --> ax (다음 문단의 설명을 보자.)
```

foo2를 호출하는 코드가 표현식 안에 있을 때는 함수에서 반환하는 값의 개수를 하나로 줄여버린다. 그래서 앞 예제의 마지막 줄에서 이어 붙이기 연산에 "a"만 적용된 것이다.

f(g())에서 함수 f의 인자 개수가 정해져 있다면, g가 반환하는 개수가 f에 맞게 맞춰진다(앞에서 계속 설명한 것이다).

테이블 생성자는 함수가 반환하는 값을 개수 조정 없이 모두 받아 간다.

```
t = {foo0()}        -- t = {} (빈 테이블이 됨)
t = {foo1()}        -- t = {"a"}
t = {foo2()}        -- t = {"a", "b"}
```

앞의 경우에서와 마찬가지로 {} 안의 표현식 중 마지막에 있는 함수의 결과만 그렇게 처리하고, 다른 곳에 있는 함수 호출의 결과는 개수를 모두 1개로 조정한다.

```
t = {foo0(), foo2(), 4}    -- t[1] = nil, t[2] = "a", t[3] = 4
```

마지막으로 return f() 형태의 코드는 함수 f가 반환하는 모든 값을 그대로 반환한다. 다음 예제로 확인해 보자.

```
function foo (i)
  if i == 0 then return foo0()
  elseif i == 1 then return foo1()
  elseif i == 2 then return foo2()
  end
end

print(foo(1))      --> a
print(foo(2))      --> a b
print(foo(0))      -- (결과 없음)
print(foo(3))      -- (결과 없음)
```

반환값 중에서 딱 하나를 받으려면 다음 예제처럼 함수 호출을 ()로 감싸면 된다.

```
print((foo0()))    --> nil
print((foo1()))    --> a
print((foo2()))    --> a
```

반환문에서 반환값을 의미 없이 ()로 감싸는 것은 주의해야 한다. 반환 표현식 위치에 있는 괄호는 모두 추가 괄호로 간주한다. 따라서 return (f(x))처럼 쓰면 f(x)가 몇 개의 값을 반환하든지 결국에는 하나의 값만 반환된다. 정말로 하나의 값이 필요할 때만 ()로 감싸야 한다.

table.unpack[1]은 다중 반환을 해주는 특수 함수다. 인자로 받은 배열의 원소를 인덱스 1의 원소부터 모두 다중 반환한다.

---

1 (옮긴이주) 루아 5.1까지는 table.unpack이 아니라 unpack이었다.

```
print(table.unpack{10,20,30})        --> 10 20 30
a,b = table.unpack{10,20,30}         -- a=10, b=20,30은 버려짐
```

unpack을 이용하면 동적으로 어떤 함수든지 임의의 인자로 호출할 수 있다. ANSI C에서는 이런 방식으로 호출하는 코드를 만들 수 없다. 물론, stdarg.h를 써서 가변 개수의 인자를 받는 함수를 선언할 수 있고, 함수 포인터를 써서 동적으로 다른 함수를 호출하게 할 수는 있다. 하지만, C에서는 서로 개수가 다르거나 서로 타입이 다른 인자를 받는 함수를 함수 포인터 하나로 받아서 호출하게 할 방법은 없다. 루아에서는 다음 코드처럼 unpack을 써서 이런 상황을 해결할 수 있다. (여기서 f는 함수 타입의 변수, a는 가변 개수의 인자를 담고 있는 배열이다.)

```
f(table.unpack(a))
```

이렇게 unpack을 호출하면 a에 있는 모든 원소가 다중 반환되어 함수 f의 인자로 들어간다. 다른 예제를 살펴보자.

```
print(string.find("hello", "ll"))
```

위 코드와 똑같이 동작하는 코드를 다음과 같이 동적으로 구성할 수 있다.

```
f = string.find
a = {"hello", "ll"}

print(f(table.unpack(a)))
```

보통 unpack 함수 내부에서는 길이 연산자를 써서 반환할 원소 개수를 정하기 때문에 순수 순열인 경우에만 제대로 동작한다. 순수 순열이 아닌 경우나 특별히 범위를 제한해야 하는 경우, 다음과 같이 명시적으로 길이를 지정해줄 수 있다.

```
print(table.unpack({"Sun", "Mon", "Tue", "Wed"}, 2, 3))   --> Mon Tue
```

이미 라이브러리에 C로 작성된 unpack 함수가 있지만, 다음 코드와 같이 루아로 재귀 호출을 이용해서 작성할 수도 있다.

```
function unpack (t, i, n)
  i = i or 1
  n = n or #t
  if i <= n then
    return t[i], unpack(t, i + 1, n)
  end
end
```

맨 처음, 인자 하나만 넣어서 호출하면 i에는 1이 들어가고, n에는 순열 t의 길이가 들어간다. 그 다음 이 함수를 호출하면 t[1]과 unpack(t, 2, n)의 결과를 반환하고, 이때 unpack(t, 2, n)은 t[2]와 unpack(t, 3, n)을 반환하는 식으로 계속 재귀 호출이 반복되다가 원소 개수인 n 만큼 도달하면 재귀를 멈춘다.

## 5.2 가변 인자 함수

루아 함수는 가변 인자를 받을 수 있다. 즉, 함수를 호출할 때마다 서로 다른 개수의 인자를 넣을 수 있다는 말이다. 이미 print 함수에서 인자 하나를 넣어서 호출할 때도 있었고, 인자를 두 개나 세 개 넣을 때도 있었다. 실제 라이브러리에 포함된 print 함수는 C 언어로 작성된 것이지만, 가변 인자 함수 설명을 위해 다음과 같이 print 함수를 루아로 다시 작성해 보겠다.

```
function add (...)
  local s = 0
  for i, v in ipairs {...} do
    s = s + v
  end
  return s
end

print(add(3, 4, 10, 25, 12))        --> 54
```

함수가 가변 인자를 받게 하려면 매개변수 목록 자리에 점 세 개(...)를 쓰면 된다. 이렇게 가변 인자를 가진 함수를 호출할 때 사용되는 인자는 모두 내부적으로 저장된다. 이렇게 내부적으로 저장된 인자를 추가 인자라고 하자. 이 추가 인자를 함수에서 가져오려면 점 세 개(...)를 표현식 자리에 다시 쓰면 된다. 이전 예제 코드에 나온 표현식 {...}을 계산하면 결과로 추가 인자가 담긴 배열이 나온다. 예제에서는 이렇게 나온 배열을 순회하며 원소의 값을 더해서 모든 인자의 총합을 반환한다.

표현식 ...을 vararg 표현식이라고 한다. 이 표현식은 현재 함수의 모든 추가 인자를 다중 반환하는 함수처럼 동작한다. 예를 들어, print(...) 명령은 현재 함수의 추가 인자 전부를 출력한다. 마찬가지로, 다음 명령은 두 지역 변수를 가변 인자의 처음 두 개의 값으로 초기화한다. 인자가 2개보다 적을 때는 nil로 초기화된다.

```
local a, b = ...
```

사실, 루아의 매개변수 전달 동작 방식을 흉내내어, function foo(a, b, c)를 다음과 같이 달리 쓸 수도 있다.

```
function foo (...)
  local a, b, c = ...
```

펄(Perl) 언어의 매개변수 전달 동작 방식을 좋아하는 사람은 두 번째 형식을 더 즐겨 쓸 수도 있겠다.

아래와 같은 함수는 호출할 때 전달한 인자 전부를 그대로 반환한다.

```
function id (...) return ... end
```

이 함수는 여러 값을 받을 수 있는 항등 함수로도 쓸 수 있다. 다음 foo1 함수는 foo 함수를 호출하기 전에 인자 값을 모두 출력하는 것 빼고는 foo 함수와 똑같이 동작한다.

```
function foo1 (...)
  print("calling foo:", ...)
  return foo(...)
end
```

특정 함수의 호출 내역을 추적할 때 이 방법을 유용하게 쓸 수 있다.

쓸만한 예제를 하나 더 살펴보자. 루아에서는 텍스트를 포맷에 맞추는 함수와 텍스트를 출력하는 함수가 string.format과 io.write로 분리되어 있다. 이를 다음과 같이 가변 인자 함수 하나로 조합해서 쓸 수 있다.

```
function fwrite (fmt, ...)
  return io.write(string.format(fmt, ...))
end
```

... 앞에 고정 매개변수인 fmt가 있음을 유심히 보자. 가변 인자 함수에는 ... 앞에 여러 개의 고정 매개변수가 있을 수 있다. 고정 매개변수에 먼저 인자를 할당하고 남은 것들이 추가 인자로 들어간다. 호출할 때의 인자가 매개변수에 어떻게 들어가는지 다음의 예제로 확인해보자.

| 호출표현식 | 매개변수 |
| --- | --- |
| fwrite() | fmt = nil, 추가 인자 없음 |

| | |
|---|---|
| fwrite("a") | fmt = "a", 추가 인자 없음 |
| fwrite("%d%d", 4, 5) | fmt = "%d%d", 4와 5가 추가 인자로 들어감 |

(string.format이 첫 인자로 문자열을 받아야 하기 때문에 fwrite()라고 호출하면 오류가 발생한다는 점에 유의하자.)

추가 인자에 접근하려면, add 예제에서 했던 것처럼 {...} 표현식으로 추가 인자를 모두 가지고 있는 테이블을 만들면 된다.

드물기는 하지만 nil도 추가 인자로 들어갈 수 있다. 이런 경우 {...}로 만들어지는 테이블은 순수 순열이 아닐 수 있다. 원래부터 마지막 인자로 nil을 붙인 건지 아닌지를 구별할 방법은 없다. 이런 문제는 table.pack 함수를 써서 해결이 가능하다.[2] 이 함수는 임의의 개수의 인자를 받아서, 이 인자들을 모두 담고 있는 테이블을 생성해서 반환한다. {...}로 만들어지는 테이블과 유사하지만, table.pack에서 만들어 주는 테이블은 전체 인자의 개수를 담고 있는 필드 "n"을 추가로 담고 있다는 차이가 있다. 다음 함수처럼 table.pack을 이용해서 원래 인자에 nil이 있었는지 없었는지 알아내는 코드를 만들 수 있다.

```
function nonils (...)
  local arg = table.pack(...)
  for i = 1, arg.n do
    if arg[i] == nil then return false end
  end
  return true
end

print(nonils(2,3,nil))    --> false
print(nonils(2,3))        --> true
print(nonils())           --> true
print(nonils(nil))        --> false
```

하지만 추가 인자에 nil이 들어올 수 없는 경우라면 {...}이 table.pack(...)을 이용하는 것보다 훨씬 깔끔하고 빠르다는 것을 명심하도록 하자.

---

2 이 함수는 루아 5.2에서 추가되었다.

## 5.3 이름 붙인 인자

루아의 매개변수 전달 방식은 인자의 순서에 기반하고 있다. 함수를 호출할 때 인자의 순서에 따라 매개변수에 배정된다. 첫 번째 인자가 첫 번째 매개변수에 전달되고, 두 번째 인자가 두 번째 매개변수에 전달되는 식으로 순서에 맞게 전달된다. 하지만 가끔 인자를 전달 받는 매개변수를 이름으로 지정하는 것이 유용할 때가 있다. os 라이브러리에 있는 os.rename이라는 파일의 이름을 변경하는 함수를 생각해보자. 함수를 쓰다 보면 os.rename 함수의 첫 매개변수가 new였는지 old였는지 헷갈리는 경우처럼 매개변수의 순서를 까먹을 때가 꽤 자주 있다. 이 함수를 쓸 때 헷갈리지 않게 다음처럼 이름 붙인 인자를 받도록 재정의하고 싶다.

```
-- 문법에 맞지 않는 코드
rename(old="temp.lua", new="temp1.lua")
```

하지만 아쉽게도 루아는 이런 문법을 직접 지원하지 않는다. 그래도 구문을 약간 바꿔 주면 결국 같은 효과를 얻도록 할 수 있다. 여기서 소개할 아이디어는 인자들을 모두 한 테이블로 묶고, 이 테이블 하나를 함수에 인자로 전달하자는 것이다. 루아에서 함수를 호출할 때 테이블 생성자 하나가 인자인 경우에는 괄호를 생략할 수 있는 특수한 문법이 있다. 다음 두 함수 호출은 동일하다.

```
rename({old="temp.lua", new="temp1.lua"})
```

```
rename{old="temp.lua", new="temp1.lua"}
```

다음과 같이 매개변수가 하나만 있는 rename 함수를 정의해서 old, new 인자를 os.rename에 전달하면 된다.

```
function rename (arg)
  return os.rename(arg.old, arg.new)
end
```

이런 방식은 함수에 많은 매개변수가 있지만 대부분 특별히 값을 지정하지 않고 기본값을 사용할 수 있는 경우에 도움이 된다. 예를 들어, GUI 라이브러리의 새 창을 생성하는 함수처럼 매개변수가 아주 많지만 대부분이 쓰지 않아도 되는 경우, 이렇게 이름으로 인자를 전달하는 방법이 아주 유용하다.

```
w = Window{ x=0, y=0, width=300, height=200,
        title = "Lua", background="blue", border = true
      }
```

이렇게 하면 Window 함수에서 반드시 있어야 하는 인자도 확인하고, 필수가 아닌 인자에 대해서 기본값을 채워 넣는 등의 작업을 할 수 있다. 새 창을 생성하는 본래의 함수인 _Window가 있다고 하고, 다음 코드 5.1 '이름 붙인 매개변수로 구현한 함수'처럼 Window 함수를 구현할 수 있다.

**코드 5.1 이름 붙인 매개변수로 구현한 함수**

```
function Window (options)
  -- 필수 옵션 확인
  if type(options.title) ~= "string" then
    error("no title")
  elseif type(options.width) ~= "number" then
    error("no width")
  elseif type(options.height) ~= "number" then
    error("no height")
  end

  -- 나머지는 모두 선택 인자

  _Window(options.title,
          options.x or 0,                       -- 기본값은 0
          options.y or 0,                       -- 기본값은 0
          options.width, options.height,
          options.background or "white",        -- 기본값은 "white"
          options.border                        -- 기본값은 거짓 (nil)
         )
end
```

## 연습 문제

**연습 문제 5.1**: 임의 개수의 문자열을 전달 받아서, 받은 문자열을 모두 이어 붙인 문자열을 반환하는 함수를 작성해 보자.

**연습 문제 5.2**: 배열을 인자로 받아서 받은 배열의 모든 원소를 출력하는 함수를 작성하자. 이때 table.unpack 함수를 써서 구현하는 방법의 장점과 단점을 고려해 보자.

**연습 문제 5.3**: 임의 개수의 값을 인자로 받아서 첫 인자를 제외한 나머지 인자를 모두 반환하는 함수를 작성하자.

**연습 문제 5.4:** 배열을 인자로 받아서 받은 배열 원소의 모든 조합을 출력하는 함수를 작성하라. (힌트: 조합에 대한 순환 공식인 C(n, m) = C(n-1, m-1) + C(n-1, m) 을 이용할 수 있다. 전체 n개인 원소에서 m개를 취하는 모든 C(n, m) 조합을 만들기 위해, 첫 원소를 결과에 넣고 남은 원소에 대해 모든 C(n-1, m-1) 조합을 계산한다. 그렇게 한 다음, 결과에서 첫 번째 원소를 제거하고 남은 원소에 대한 모든 C(n-1, m) 조합을 생성하여 빈 슬롯에 넣는다. n이 m 미만이 되면 더 이상의 조합은 없는 것이고, m이 0이면 원소가 없는 조합 하나만 있는 것이다.)

## 6장

Programming in Lua

# 루아 함수의 내부

루아 함수는 순수 정적 유효 범위(lexical scoping)을 지원하며 1급 값으로 취급된다는 특징이 있다.

함수가 '1급 값'으로 취급된다는 것이 무슨 말일까? 이 말은 루아의 함수를 숫자나 문자열 등 다른 평범한 값처럼 값으로 쓸 수 있다는 뜻이다. 함수를 전역이나 지역 변수 또는 테이블에 넣을 수 있고, 함수에 인자로 전달할 수 있으며, 다른 함수로부터 반환 받을 수도 있다.[1]

함수가 '정적 유효 범위'라는 것은 무슨 말일까? 이 말은 함수에서 함수 밖에 정의된 변수에 접근할 수 있다는 뜻이다.[2] 이 별 것 아닌 것 같은 특징 덕분에 함수형 언어에서 쓰이던 아주 유용한 프로그래밍 기법을 루아에서 쓸 수 있게 되었다. (함수형 언어에 대해 전혀 관심이 없다 하더라도 관련 기법을 조금만 배워 두면 간단하고 간결한 코드를 만드는 데 도움이 될 것이다.)

루아의 함수는 여타 다른 값처럼 이름이 없는 익명 요소인데, 갑자기 이름이 없다고 하니 혼란스러울 수 있겠다. 지금까지 print 함수를 부를 때 지칭했던 함수

---

1 (옮긴이주) 프로그래밍 언어에서 객체나 값 또는 어떤 기능 요소가 매개변수로 전달 가능하고 반환 가능하며 변수에 할당도 되는 경우를 1급이라고 한다. 2급은 매개변수로는 전달 가능하나 반환과 할당을 할 수 없는 경우, 3급은 매개변수 전달도 할 수 없는 경우를 말한다. 1급 요소는 실행 시간에 코드로 다룰 수 있는 것이라고 구분하는 게 나을 것이다.

2 이는 루아에서 람다 계산을 제대로 지원한다는 뜻이기도 하다.

이름이 사실은 그 함수 값을 담고 있는 변수의 이름이었다. 어떤 값을 담고 있는 여타 다른 변수들을 다루듯이 함수를 담고 있는 변수를 여러 방법으로 다룰 수 있다. 다음 간단한 예제로 함수를 어떻게 다루는지 살펴보자.

```
a = {p = print}
a.p("Hello World")          --> Hello World
print = math.sin            -- 'print'는 이제 sin 함수를 참조
a.p(print(1))               --> 0.841470
sin = a.p                   -- 'sin'은 이제 print 함수를 참조
sin(10, 20)                 --> 10 20
```

(이런 기능 요소를 유용하게 써먹을 방법에 대해서는 나중에 다뤄 보겠다.)

함수가 값이라면, 함수를 생성하는 표현식도 있지 않을까? 그렇다. 사실 여태껏 함수를 정의하는 데 썼던 아래의 문법은 일종의 단축 문법(syntactic sugar)이다.

```
function foo (x) return 2*x end
```

이 문법은 그저 아래 코드를 보기 좋게 썼던 것 뿐이다.

```
foo = function (x) return 2*x end
```

결국, 함수의 정의문은 '함수' 타입의 값을 생성하여 변수에 할당하는 문장(더 자세히는 할당문)이다. {}를 테이블 생성자로 봤듯이 function (x) body end 표현식을 함수 생성자로 볼 수 있다. 그런 함수 생성자의 결과를 익명 함수라 부르기도 한다. 함수에 이름을 붙여 정의한 것처럼 대체로 함수를 전역 변수에 할당하는 식으로 쓰지만 가끔은 함수를 익명인 상태로 둔 채로 사용하기도 한다. 몇 가지 예를 통해 살펴보도록 하자.

테이블 라이브러리에 있는 table.sort 함수는 테이블을 인자로 받아서 받은 테이블의 원소를 정렬한다. 이런 함수는 정렬 방식에 대한 제한 없이 오름차순, 내림차순, 알파벳 순서, 테이블의 키 순서 등 매우 다양한 방식을 지원해야 한다. 모든 종류를 옵션으로 지정하는 대신에, 정렬 순서를 정의하는 함수를 추가 매개변수로 받아서 처리한다. 이 함수는 비교할 두 항목을 받아서 앞의 것이 정렬된 목록에서 먼저 와야 하는지를 반환한다. 예를 들어 다음과 같은 자료구조가 있다고 할 때,

```
network = {
{name = "grauna", IP = "210.26.30.34"},
{name = "arraial", IP = "210.26.30.23"},
{name = "lua", IP = "210.26.23.12"},
{name = "derain", IP = "210.26.23.20"},
}
```

필드 이름 기준으로 내림차순으로 정렬하려 한다면 이렇게 쓰면 된다.

```
table.sort(network, function (a,b) return (a.name > b.name) end)
```

예제에서만 봐도 익명 함수가 얼마나 편한지 알 수 있다.

sort 함수처럼 다른 함수를 인자로 받는 함수를 고차 함수라고 한다. 고차 함수는 아주 유용한 기법으로, 익명 함수를 생성해서 인자로 사용함으로써 매우 유연한 코드를 작성하게 해준다. 고차 함수라고 특별히 다른 것은 아니고, 그저 루아에서 함수를 1급 값으로 취급한 결과일 뿐이다.

고차 함수에 대해 더 알아보기 위해, 미분 계산을 단순히 고차 함수로 구현하는 코드를 만들어 보자. x 지점에서 함수 f의 미분은 d가 극한으로 작아질 때의 (f(x+d)-f(x))/d의 값과 같다고 할 수 있다. 엄밀한 정의는 아니지만 이런 정의에 따라 미분의 근삿값을 다음과 같은 코드로 계산할 수 있다.

```
function derivative (f, delta)
  delta = delta or 1e-4
  return function (x)
            return (f(x + delta) - f(x))/delta
         end
end
```

derivative(f)를 호출하면 주어진 함수 f에 대한 미분 근삿값을 계산하는 다른 함수를 반환한다.

```
c = derivative(math.sin)
> print(math.cos(5.2), c(5.2))
  --> 0.46851667130038   0.46856084325086
print(math.cos(10), c(10))
  --> -0.83907152907645   -0.83904432662041
```

루아에서는 함수가 1급 값이므로 전역 변수뿐만 아니라 지역 변수나 테이블의 필드에도 함수를 담을 수 있다. 나중에 나올 내용이긴 하지만, 함수를 테이블의 필드로 사용하는 것은 모듈과 객체 지향 프로그래밍 같은 고급 활용에 아주 필수적인 요소이다.

## 6.1 클로저

함수 안에서 다른 함수를 정의할 때 바깥쪽 함수의 모든 지역 변수를 안쪽에 정의하는 함수에서 쓸 수 있다. 이런 기능을 정적 범위 지정이라고 한다. 언뜻 보면 이런 변수 접근 규칙이 당연해 보이겠지만 그렇지 않다. 이를 가능케 하는 개념인 함수의 1급 값 취급과 정적 범위를 지원하는 프로그래밍 언어는 흔하지 않다.

이 기능이 얼마나 유용한지 간단한 예제로 살펴보자. 학생들의 이름을 담고 있는 리스트와 이름에 대한 학점이 저장되어 있는 테이블이 있다고 하자. 이름 리스트를 학점이 높은 순으로 정렬하고자 한다. 이를 다음과 같이 처리할 수 있다.

```
names = {"Peter", "Paul", "Mary"}

grades = {Mary = 10, Paul = 7, Peter = 8}
table.sort(names, function (n1, n2)
  return grades[n1] > grades[n2]       -- 학점 비교
end)
```

처리하는 함수는 다음과 같이 완성할 수 있다.

```
function sortbygrade (names, grades)
  table.sort(names, function (n1, n2)
    return grades[n1] > grades[n2]     -- 학점 비교
  end)
end
```

정렬 순서를 정의하는 익명 함수에서 정렬 함수의 매개변수인 grades에 접근한다는 점을 눈여겨보자. 여기서 grades는 정렬 함수에서 지역 변수이다. 이 익명 함수의 안에서는 grades가 전역 변수도 아니고 지역 변수도 아니다. 이런 변수를 비지역 변수라고 부른다. (여러 이유로, 비지역 변수를 업밸류(upvalue)라고 하기도 한다.)

이것을 눈여겨보라고 한 이유는 함수가 1급 값이기 때문에, 여기서 익명 함수가 사용하는 grades 변수의 원래 유효 범위가 아닌 곳에서 익명 함수가 호출될 수 있기 때문이다. 다음 코드를 살펴보자.

```
function newCounter ()
  local i = 0
  return function ()        -- 익명 함수
      i = i + 1
      return i
    end
end

c1 = newCounter()
print(c1())                 --> 1
print(c1())                 --> 2
```

이 코드에서 익명 함수가 비지역 변수인 i를 참조하고 있다. 그런데 익명 함수가 호출될 무렵에는 변수 i를 가지고 있던 함수 newCounter의 호출이 이미 종료되어 호출 지점으로 복귀한 상황이므로, 이때는 이미 변수 i의 유효범위를 벗어난 상태이다. 그럼에도 불구하고 이런 코드가 제대로 동작하는데, 이는 루아에서 클로저라는 개념을 지원하기 때문이다. 이 클로저라는 것을 간단히 설명하자면, 함수와 그 함수에서 필요로하는 모든 비지역 변수를 포함한 것이라고 할 수 있다. newCounter 함수를 다시 호출하면, 새 지역 변수 i를 다시 만들고 이를 새 클로저로 받아 쓰게 된다. 그래서 다음 코드의 결과와 같이 새 변수로 동작하게 된다.

```
c2 = newCounter()
print(c2())            --> 1
print(c1())            --> 3
print(c2())            --> 2
```

그래서 c1과 c2는 같은 함수에 대한 다른 클로저가 되고, 각자 지역 변수 i로부터 만들어진 다른 인스턴스처럼 동작한다.

사실 루아에서 우리가 함수라 부르며 호출하는 것들은 함수가 아니라 클로저이다. 함수 자체는 클로저의 프로토타입일 뿐이다. 그렇긴 하지만 혼동의 여지가 없는 곳에서는 클로저를 지칭할 때에도 "함수"라는 용어를 계속 쓰도록 하겠다.

클로저는 많은 상황에서 유용하게 활용될 수 있다. 이전 예제에서처럼 sort 같은 고차 함수에 인자를 전달할 때 유용하며, newCounter 예제처럼 다른 함수를 생성하는 함수를 만들 때도 클로저를 유용하게 쓸 수 있다. 이렇게 클로저를 지원하는 덕분에 함수형 언어에서 지원하는 세련되고 수준 높은 프로그래밍 기법을 루아에 포함할 수 있게 되었다. 클로저는 콜백(callback) 함수를 구현할 때도 유용하다. GUI 라이브러리로 버튼을 만들 때를 생각해보자. 눌렀을 때의 동작이 약간씩 다른 버튼을 여러 개 만들어야 하는 상황이다. 예컨대 계산기 같은 경우는 0부터 9까지의 유사한 버튼 10개가 필요하다. 이런 버튼을 다음과 같은 함수로 만들어 낼 수 있다.

```
function digitButton (digit)
  return Button{ label = tostring(digit),
                 action = function ()
                            add_to_display(digit)
                          end
               }
end
```

이 예제 코드에서 Button은 새 버튼을 생성하는 라이브러리 함수이고, label은 버튼에 표시되는 이름, action은 버튼을 눌렀을 때 호출되는 콜백 클로저라고 하자. 콜백 클로저는 digitButton이 버튼을 생성한 한참 뒤에 실행되는데, 그 때는 지역 변수 digit가 유효한 범위를 벗어난 후다. 하지만 클로저에서는 이 변수를 여전히 사용할 수 있다.

클로저는 앞서 말한 경우와 다른 상황에서도 쓸모가 있다. 루아에서는 함수가 그냥 일반 변수에 저장되므로 함수를 재정의하는 것은 쉽다. 심지어 기본 내장 함수까지도 재정의할 수 있다. 이런 것이 가능하기 때문에 언어를 유연하게 사용할 수 있다. 함수를 새로 재정의할 때, 원래의 함수를 새로 구현하는 함수에서 써야 할 경우가 자주 생긴다. 예를 들어, sin 함수의 인자를 라디안 대신 도를 사용하도록 함수를 재정의하는 상황을 생각해 보자. 새 함수는 아마도 다음 코드와 같이 인자를 도에서 라디안으로 변환하고, 변환한 값을 원래의 sin에서 값을 계산하도록 구현할 수 있을 것이다.

```
oldSin = math.sin
math.sin = function (x)
    return oldSin(x*math.pi/180)
end
```

아래와 같이 약간 더 깔끔하게 재정의할 수 있다.

```
do
  local oldSin = math.sin
  local k = math.pi/180
  math.sin = function (x)
      return oldSin(x*k)
  end
end
```

이렇게 하면 새 함수만 접근할 수 있는 내부 변수에 원래의 함수를 두게 된다. 이것과 같은 기법을 활용해서 샌드박스(sandbox)라 부르는 안전한 환경(secure environment)을 만들 수 있다. 인터넷을 통해 서버에서 받은 코드처럼 신뢰할 수 없는 코드를 실행할 때는 안전한 환경이 꼭 필요하다. 예컨대, 프로그램에서 파일을 접근하려 하는 것을 제한하고 싶을 땐 다음과 같이 io.open 함수를 클로저를 이용해서 재정의하면 된다.

```
do
  local oldOpen = io.open
```

```
      local access_OK = function (filename, mode)
        <접근 검사>
      end
      io.open = function (filename, mode)
        if access_OK(filename, mode) then
          return oldOpen(filename, mode)
        else
          return nil, "access denied"
        end
      end
    end
```

이렇게 다시 정의를 하고 나면 새로 정의한 함수에서 호출하는 것 말고는 원래의 제한이 없던 open 함수를 프로그램에서 호출할 방법이 없다. 원래의 제한이 없던 함수는 클로저의 내부 변수에 저장되어, 외부에서는 접근이 불가능해진다. 이런 기법을 적용하면, 단순하고 유연한 장점을 살린 채 샌드박스를 루아만으로 구현할 수 있다. 루아에서는 어디에나 똑같이 적용하는 범용 해법을 제공하기보다는, 보안적인 제한이 필요한 경우에는 딱 맞게 수정해서 쓸 수 있는 방법을 제공하고 있다.

## 6.2 비전역 함수

루아의 함수는 1급 값이므로 함수를 전역 변수에 저장할 수 있을 뿐 아니라, 당연히 테이블의 필드나 지역 변수에도 저장할 수 있다. 이미 여러 예제에서 테이블의 필드에 저장된 함수를 다뤘었다. io.read나 math.sin처럼 대부분의 루아 라이브러리 함수가 이런 방식으로 구현되어 있다. 루아에서 이런 함수를 만들려면 다음 코드처럼 특별한 문법 없이 그냥 함수를 테이블에 넣으면 된다.

```
Lib = {}
Lib.foo = function (x,y) return x + y end
Lib.goo = function (x,y) return x - y end

print(Lib.foo(2, 3), Lib.goo(2, 3))  --> 5    -1
```

당연히 테이블 생성자에서도 가능하다.

```
Lib = {
  foo = function (x,y) return x + y end,
  goo = function (x,y) return x - y end
}
```

이 방법 말고도 이런 함수를 정의할 수 있는 문법이 하나 더 있다.

```
Lib = {}
function Lib.foo (x,y) return x + y end
function Lib.goo (x,y) return x - y end
```

함수를 지역 변수에 저장하면 그 함수는 지역 함수가 된다. 즉, 함수의 유효 범위가 지역으로 제한된다는 말이다. 이렇게 각 범위마다 따로 정의할 수 있다는 점은 패키지를 구성하기 용이하게 해준다. 루아는 청크를 함수처럼 다루기 때문에, 한 청크에서 그 청크 안에서만 보이는 지역 함수를 선언할 수 있다. 정적 유효 범위를 통해 같은 패키지 내의 다른 함수를 이런 지역 함수에서 사용할 수 있다.

```
local f = function (params)
  body
end

local g = function (params)
  <임의의 코드>
  f()                  -- 'f'를 여기서 쓸 수 있음
  <임의의 코드>
end
```

루아에서는 이런 지역 함수 사용을 편하게 할 수 있는 단축 문법을 쓸 수 있다.

```
local function f (params)
  body
end
```

대신 지역 함수를 재귀 호출할 때는 좀 미묘한 문제가 생긴다. 평소에 사용하던 방법이 이 경우에는 통하지 않는다. 이 문제는 다음 예를 통해 살펴보자.

```
local fact = function (n)
  if n == 0 then return 1
  else return n*fact(n-1)         -- 버그 유발
  end
end
```

루아가 함수 안의 fact(n-1)을 컴파일하는 시점에서는 지역 변수인 fact가 아직 정의되기 전이므로, 이 호출 표현식은 지역 fact 대신 전역의 fact를 호출하도록 해석한다. 이 문제는 다음과 같이 지역 변수를 먼저 정의하고 그 다음 함수를 정의하는 방법으로 해결할 수 있다.

```
local fact
fact = function (n)
```

```
        if n == 0 then return 1
        else return n*fact(n-1)
        end
    end
```

이렇게 하면 함수 안의 fact는 지역 변수 fact를 참조한다. 함수가 실행되기 전에는 fact에 지역 함수 정의가 들어 있을 테니, 함수를 정의할 때의 fact 값은 신경 쓰지 않아도 된다. 루아는 지역 함수를 정의한 단축 문법을 풀어서 해석할 때는, 앞서 문제가 생기던 다음 방법은 사용하지 않는다.

```
local function foo (params) body end
```

대신 단축 문법을 이렇게 풀어서 해석한다.

```
local foo; foo = function (params) body end
```

그러므로 단축 문법을 사용하면 앞서 이야기한 문제가 없이 재귀 함수를 정의할 수 있다.[3]

물론 이런 방법에도 한계가 있는데, 간접 재귀가 있는 경우에는 다음과 같이 명시적으로 전방 선언(forward declaration)을 써서 정의해 줘야 한다.

```
    local f, g               -- 전방 선언

    function g ()
      <임의의 코드>    f()    <임의의 코드>
    end

    function f ()
      <임의의 코드>    g()    <임의의 코드>
    end
```

마지막 부분에서 함수 f를 정의할 때 local을 쓰지 않았다는 점에 주의하자. local을 쓰면 새로운 지역 변수 f를 만들어서 g에서 사용하고 있는 원래의 f가 정의되지 않는다.

## 6.3 꼬리 호출

루아 함수의 좋은 점은 기능은 꼬리 호출(tail-call)을 제거해 준다는 것이다. (루아

---

3 (옮긴이주) 대화모드에서는 의도대로 동작하지 않는다. 파일로 작성해서 해보자.

가 꼬리 재귀를 지원한다는 의미이기도 하다. 꼭 재귀와 관련된 문제만은 아닌데, 이 문제에 대해서는 연습 문제 6.3을 보도록 하자.)

꼬리 호출은 호출의 탈을 쓴 goto와 같다. 꼬리 호출은 함수 동작 끄트머리에서 다른 함수를 호출하는 경우 즉, 함수 호출 외 남아 있는 일이 없는 경우에 일어난다. 예를 들어 다음 코드에서 g를 호출하는 것을 꼬리 호출이라고 한다.

```
function f (x) return g(x) end
```

f에서 g를 호출하고 난 다음에는 f에서 달리 할 일이 없다. 이런 상황에선 호출된 함수가 끝났을 때 굳이 호출한 지점으로 돌아올 필요가 없다. 그러므로 꼬리 호출 이후에는 호출한 함수의 정보를 계속 스택에 남겨 두지 않아도 된다. g의 수행이 끝나면 g를 호출한 지점이 아니라 f를 호출한 지점으로 바로 복귀한다. 루아 인터프리터 같은 언어 구현에서는 이런 장점을 살려서 꼬리 호출을 위한 추가 스택 공간을 사용하지 않는다. 이런 구현을 꼬리 호출 제거(tail-call elimination)라고 한다.

꼬리 호출은 호출을 위한 스택 공간이 필요하지 않기 때문에 꼬리 호출을 무한정으로 재귀시킬 수 있다. 예를 들어, 다음의 함수에 아무 숫자나 인자로 전달할 수 있지만, 스택이 넘치는 경우는 절대 발생하지 않는다.

```
function foo (n)
  if n > 0 then return foo(n - 1) end
end
```

꼬리 호출 제거가 일어날 것이라고 가정할 때 미묘한 점은 그 호출이 정말 꼬리 호출이냐는 것이다. 보기엔 명백히 꼬리 호출로 보이지만 호출 후에 실행할 것이 없어야 한다는 기준을 어기는 경우가 있다. 예를 들면 다음 코드에서 g를 호출하는 것은 꼬리 호출이 아니다.

```
function f (x) g(x) end
```

꼬리 호출이 아닌 이유는 g를 호출한 이후에 g에서 반환하는 값을 버리는 일을 해야 하기 때문이다. 유사한 다음과 같은 코드도 꼬리 호출이 아니다.

```
return g(x) + 1     -- 덧셈을 실행해야 함
return x or g(x)    -- 두 결과 중 하나만 남겨야 함
return (g(x))       -- 반환 결과 중 하나만 남겨야 함
```

루아에서는 return func(args)의 호출 형태만 꼬리 호출이 될 수 있다. 하지만 함수가 결과로 나오는 표현식 func나 인자 표현식 args는 복잡한 표현식이 있어도 꼬리 호출이 된다. 함수 호출 전에 다 계산될 수 있기 때문인데, 다음 예제는 꼬리 호출이 될 수 있는 경우이다.

```
return x[i].foo(x[j] + a*b, i + j)
```

## 연습 문제

**연습 문제 6.1:** 함수 f를 입력 받아 그 함수의 적분 함수를 반환하는 integral 함수를 작성하자. 반환하는 함수는 함수 f의 적분 구간을 표현하는 a와 b를 인자로 입력 받아, a에서 b까지의 적분 근삿값을 반환해야 한다.

**연습 문제 6.2:** 연습 문제 3.3에서 테이블로 표현된 다항식과 x 값을 입력 받아 계산한 값을 반환하는 함수를 작성했었다. 그 함수를 커링 함수(curried function)로 다시 작성하자. 새로 작성한 함수는 다항식을 입력 받아서, 그 다항식의 x 값을 인자로 받아 다항식의 값을 반환하는 함수를 반환해야 한다. 다음 예와 같이 동작하는 newploy 함수를 작성해 보자.

```
f = newpoly({3, 0, 1})
print(f(0))  --> 1
print(f(5))  --> 76
print(f(10)) --> 301
```

**연습문제 6.3:** 꼬리 호출은 재귀 호출이 있을 때만 의미가 있다는 주장에 따라 꼬리 재귀 호출이라고 부르기도 한다. 정적 언어에서는 재귀 호출이 없는 경우의 프로그램 최대 호출 깊이를 프로그램 실행 전에 미리 알 수 있기 때문이다.

이런 주장이 루아 같은 동적 언어에는 성립하지 않음을 증명하기 위해, 재귀 호출 없이 실행하기 전에는 함수 호출이 어디까지 이어지는지 알 수 없는 프로그램을 작성해 보자. (8장의 '컴파일' 절에서 힌트를 찾을 수 있다.)

**연습문제 6.4:** 앞서 언급했던 대로 꼬리 호출은 호출을 가장한 goto와 같다. 이 아이디어를 이용해서 4장의 'break, return, goto'절에서 나왔던 미로 게임을 꼬리 호출을 이용한 형태로 재작성해 보자. 각 구역은 새 함수가 되어야 하고 모든 goto는 꼬리 호출이 되어야 한다.

# 7장

Programming in Lua

# 반복자와 일반 for문

이 장에서는 일반 for문을 쓰기 위해 반복자를 어떻게 작성하는지에 대해 다룬다. 간단한 반복자로 시작해서 더 간결하고 더 효율적인 반복자를 작성하여 일반 for문의 모든 기능을 활용하는 방법을 배워 본다.

## 7.1 반복자와 클로저

어떤 컬렉션의 원소를 순회할 수 있게 구성한 코드를 모두 반복자라고 한다. 루아에서는 보통 호출할 때마다 자료구조의 "다음" 원소를 반환하는 함수를 반복자라고 표현한다.

반복자는 함수를 호출할 때마다 현재 위치가 어딘지 그리고 다음 위치로 어떻게 이동하는지를 알 수 있도록 상태를 저장해야 한다. 클로저는 이런 일을 처리하기에 매우 적합한 방식이다. 다시 말하지만, 클로저는 함수와 함수가 사용하는 함수 밖의 지역 변수들을 포함한 것이다. 함수를 호출할 때마다 이런 변수들을 클로저에 저장해 두어 매 순회마다 자신의 위치를 기억하게 할 수 있다. 물론 새 클로저를 생성할 때마다 클로저의 비지역 변수도 같이 생성되므로, 클로저를 구성하기 위해서는 보통 클로저 자신을 표현하는 함수와 클로저와 클로저를 생성하는 팩토리(factory) 함수 두 개가 필요히다.

리스트에 대한 간단한 반복자를 만들어 보자. ipairs와는 달리 이 반복자는 각 원소의 인덱스를 반환하지 않고 원소의 값만 반환한다.

```
function values (t)
  local i = 0
  return function () i = i + 1; return t[i] end
end
```

이 예에서 values는 팩토리 함수다. 이 팩토리를 호출할 때마다 새 클로저인 반복자가 만들어진다. 이 클로저는 외부 변수인 t와 i에 대한 상태를 저장하고 있다. 이 반복자를 호출할 때마다 리스트 t의 다음 원소 값을 반환한다. 마지막 원소를 반환한 다음부터는 반복의 끝이라는 것을 알리는 nil을 반환한다.

while문에서 이 반복자를 다음과 같이 쓸 수 있다.

```
t = {10, 20, 30}
iter = values(t)          -- 반복자 생성
while true do
  local element = iter()  -- 반복자 호출
  if element == nil then break end
  print(element)
end
```

하지만 이렇게 쓰는 것보다는 일반 for문을 쓰는 것이 더 쉬워 보인다. 사실 이 반복자는 다음과 같은 반복문에서 쓰려고 설계한 것이다.

```
t = {10, 20, 30}
for element in values(t) do
  print(element)
end
```

일반 for문은 반복문을 반복하기 위해 필요한 모든 상태를 관리한다. 반복자 함수를 내부에 저장하니 이전 예제의 iter 변수가 필요 없으며, 각 반복마다 반복자를 호출해 주고 반복자가 nil을 반환하면 반복문을 멈추는 일을 한다. (일반 for문이 처리하는 다른 부분에 대해서는 다음 절에서 설명하도록 하겠다.)

더 발전된 예제인 코드 7.1 '입력 파일의 모든 단어를 순회하는 반복자'에서 현재 입력 파일에 있는 모든 단어를 순회하는 반복자 코드를 볼 수 있다.

**코드 7.1 입력 파일의 모든 단어를 순회하는 반복자**

```
function allwords ()
  local line = io.read()       -- 현재 줄
  local pos = 1                -- 이 줄에서의 현재 위치
  return function ()           -- 반복자 함수
```

```
    while line do                              -- 읽을 줄이 있을 때까지 반복
      local s, e = string.find(line, "%w+", pos)
      if s then                                -- 단어를 찾았다면
        pos = e + 1                            -- 다음 위치는 이 단어 이후
        return string.sub(line, s, e)          -- 찾은 단어를 반환
      else
        line = io.read()                       -- 단어를 찾지 못함. 다음 줄에서 찾기 시도
        pos = 1                                -- 첫 위치에서 재시작
      end
    end
    return nil                                 -- 더 이상 읽을 줄이 없으므로 순회 종료
  end
end
```

이렇게 순회하기 위해서는 현재 줄(line 변수)의 내용과 현재 줄에서의 위치(pos 변수), 두 개 값을 저장하고 있어야 한다. 이 데이터가 있으면 계속 다음 단어를 생성해 낼 수 있다. 반복자 함수의 주 내용은 string.find를 호출하는 것이다. 이 함수를 호출해서 현재 줄의 현재 시작 위치에서부터 단어가 있는지 찾는다. '%w+' 패턴은 한 글자 이상의 숫자나 알파벳으로 이뤄지는 "단어"를 의미한다. 패턴에 일치하는 단어를 찾으면 반복자 함수에서 현재 위치를 찾은 단어의 끝 위치에서 한 글자 뒤의 위치로 갱신한다.[1] 단어를 찾지 못한 경우에는 다음 줄을 읽고 단어 패턴의 검색을 반복한다. 마지막 줄까지 읽은 다음에는 반복의 끝을 알리는 nil을 반환한다.

```
for word in allwords() do
  print(word)
end
```

코드 7.1에서 볼 수 있듯이 반복자를 작성하기는 쉽지 않지만 사용하는 것은 쉽다. 그러나 반복자 작성이 어렵다는 것은 그리 큰 문제가 되지 않는다. 루아로 프로그래밍하는 사용자는 제공되는 반복자를 쓰는 경우가 대부분이고, 반복자를 정의하는 일은 거의 없기 때문이다.

## 7.2 일반 for문의 의미

앞 절에서 다뤘던 반복자의 단점 중 하나는 새 반복문을 시작할 때마다 새로운

---

[1] 이렇게 string.sub을 호출하면 line에서 주어진 위치 s와 e 사이의 문자열을 반환한다. 자세한 내용은 21장 '패턴 일치 함수' 절에 있다.

클로저를 생성한다는 점이다. 대부분의 상황에서는 이 것이 실제로 문제가 되진 않는다. 예를 들어, allwords 반복자에서 클로저 하나를 생성하는 비용은 전체 파일을 읽는 비용에 비해 극히 미미한 수준이다. 하지만 이런 추가 비용이 비효율적인 상황도 있다. 이런 경우에는 일반 for문 내부에 반복을 위한 상태를 저장해 둘 수 있다. 이 절에서는 이렇게 상태를 일반 for문에 저장하는 방법에 대해 다루도록 하겠다.

일반 for문이 반복문을 수행하는 동안 반복자 함수를 내부에 저장한다는 점을 앞서 설명했다. 사실은 반복자 말고도 불변 상태와 제어 변수도 내부에 저장해 두는데, 이제 이 부분에 대해 자세히 알아보도록 하자.

일반 for문의 문법은 다음과 같다.

```
for var-list in exp-list do
  body
end
```

여기서 〈var-list〉는 하나 이상의 변수 이름을 쉼표로 구분해서 나열한 것이고, 〈exp-list〉는 하나 이상의 표현식을 쉼표로 구분해서 나열한 것을 말한다. 대체로 〈exp-list〉는 반복자를 생성하는 팩토리 함수를 호출하는 표현식 하나를 쓰는 경우가 많다. 예를 들어, 다음 코드에서 변수 k, v가 〈var-list〉에 해당하고 pairs(t) 표현식 하나가 〈exp-list〉에 해당한다.

```
for k, v in pairs(t) do print(k, v) end
```

다음 반복문 코드처럼 〈var-list〉에 변수 하나만 있는 경우도 자주 있는 편이다.

```
for line in io.lines() do
  io.write(line, "\n")
end
```

〈var-list〉로 나열된 것 중 첫 번째 변수를 제어 변수라고 부른다. 이 제어 변수의 값은 반복문이 끝나는 경우에 nil이 되기 때문에, 반복문이 실행하는 중에 값은 절대 nil이 될 수 없다. 가장 먼저 for문은 in 다음에 오는 표현식들을 계산한다. 이 표현식들을 계산한 결과로는 for문에서 내부적으로 유지하는 반복자 함수, 불변 상태, 제어 변수의 초깃값, 이렇게 세 값이 나와야 한다. 다중 할당문처럼 마지막 표현식만 값 여러 개를 결과로 낼 수 있으며, 표현식을 계산한 값이 3개로 맞춰지므로 남는 값은 버려지고 모자란 값은 nil로 채워진다. 그래서 단순한 반복자를 쓰는 경우, 팩토리 함수는 반복자 함수만 반환하므로 불변 상태와 제어 변수의 값은 nil이 된다.

이런 초기화 단계를 진행한 다음에는 불변 상태와 제어 변수를 인자로 해서 반복자 함수를 호출한다. for문 입장에서 보면 불변 상태에는 전혀 의미가 없다. for문은 초기화 단계에서 받은 불변 상태 값을 반복자 함수에게 그저 전달해 줄 뿐이다. 그 후 반복자 함수가 반환하는 값을 ⟨var-list⟩에서 선언한 변수들에게 할당하고, 반환된 값 중 처음 것(즉, 제어 변수의 값)이 nil이면 반복문을 종료한다. 그 값이 nil이 아니면 for문은 body 부분의 내용을 수행한 다음 반복자 함수를 호출하고 앞의 절차를 반복해서 진행한다.

더 정확하게 말하자면 다음 for 문은,

```
for var_1, ..., var_n in explist do block end
```

아래의 코드와 같은 것이다.

```
do
  local _f, _s, _var = explist
  while true do
    local var_1, ... , var_n = _f(_s, _var)
    _var = var_1
    if _var == nil then break end
    block
  end
end
```

여기서 반복자 함수는 f, 불변 상태는 s, 제어 변수의 초깃값을 $a_0$라고 하면, 반복문을 도는 동안 제어 변수의 값은 $a_1 = f(s, a_0)$, $a_2 = f(s, a_1)$ 식으로 $a_i$가 nil이 아닐 때까지 반복된다. for문의 ⟨var-list⟩에 선언된 다른 변수가 있다면, f 호출에서 반환된 추가 값이 그 변수에 들어간다.

## 7.3 상태가 없는 반복자

상태가 없는 반복자란, 말 그대로 스스로 유지하고 있는 상태가 전혀 없는 반복자를 말한다. 그러므로 다중 반복문에서 같은 상태가 없는 반복자를 사용하면 매 반복문마다 새 클로저를 생성하는 비용을 없앨 수 있다.

방금 설명했던 대로, for문은 불변 상태와 제어 변수를 인자로 반복자를 호출한다. 상태가 없는 반복자는 이 두 값만 써서 다음 반복을 위한 원소를 생성한다. 배열의 모든 원소에 대해 반복하는 ipairs가 반복자의 전형적인 예다.

```
a = {"one", "two", "three"}
for i, v in ipairs(a) do
  print(i, v)
end
```

이 반복문에서 사용하는 상태는 순회하는 대상 테이블(테이블은 반복문에서 바뀌지 않으므로 불변 상태가 된다.)과 현재 인덱스(즉, 제어 변수) 값이다. ipairs의 팩토리 함수와 반복자 함수는 둘 다 꽤 간단하다. 이 두 함수는 다음과 같이 작성할 수 있다.

```
local function iter (a, i)
  i = i + 1
  local v = a[i]
  if v then
    return i, v
  end
end

function ipairs (a)
  return iter, a, 0
end
```

반복문에서 ipairs(a)를 호출하면 iter를 반복자로, a를 불변 상태로, 0을 제어 변수의 초깃값으로 얻게 된다. 그 후 iter(a, 0)를 호출해서 1과 a[1](아직 a[1]이 nil이 아닌 경우)이 결과가 되고, 두 번째 반복에서 iter(a, 1)를 호출하여 2와 a[2]가 결과가 되는 방식을 첫 값이 nil이 될 때까지 반복한다.

테이블의 모든 원소에 대해 반복하는 루아 기본 함수인 pairs도 next 함수를 반복자로 반환하는 것 외에는 ipairs와 유사하다.

```
function pairs (t)
  return next, t, nil
end
```

k가 테이블 t의 키라고 하면 next(t, k)는 임의의 순서로 테이블의 다음 키와 그 키에 해당하는 값을 반환한다. next(t, nil)을 호출하면 첫 위치의 키와 값을 얻을 수 있다. 다음 원소가 없는 마지막 위치에서 next 함수를 호출하면 nil을 반환한다.

pairs 함수를 호출하는 대신 next를 직접 이용하는 것을 더 좋아하는 사람도 있다.

```
for k, v in next, t do
  loop body
end
```

앞서 계속 설명했던 대로 for문의 exp-list 부분의 결과는 항상 3개의 값으로 받게 되므로 얻어지는 값은 next와 t와 nil이다. 알고 보면 이 결과는 pairs(t)를 호출한 결과와 똑같다.

링크드 리스트를 순회하는 반복자도 상태 없는 반복자의 재미난 예가 될 수 있다. (링크드 리스트를 루아에서 쓸 일은 거의 없지만, 가끔은 쓸 일이 생기니 예제로 다루겠다.)

```
local function getnext (list, node)
  if not node then
    return list
  else
    return node.next
  end
end

function traverse (list)
  return getnext, list, nil
end
```

여기서 리스트(traverse 함수의 두 번째 반환값)를 불변 상태로, 현재 노드를 제어 변수로 이용하도록 했다. 반복자 함수 getnext를 처음 호출하면, node는 nil이 될 것이므로 getnext는 첫 노드로 list를 반환한다. 그 다음 호출에서는 node는 nil이 아닐 것이므로 의도대로 node.next를 반환한다. 늘 그랬듯이, 이렇게 만든 반복자를 사용하는 간단한 예를 살펴보고 넘어가자.

```
list = nil
for line in io.lines() do
  list = {val = line, next = list}
end

for node in traverse(list) do
  print(node.val)
end
```

## 7.4 복잡한 반복자

반복자를 만들다 보면 불변 상태와 제어 변수 외에도 다른 상태를 유지해야 할 필요가 자주 있다. 이 경우 클로저를 사용하는 것이 가장 간단한 해결책이나, 그 외에도 반복자에서 필요한 상태를 테이블에 채워 넣고 그 테이블을 반복에 대한 불변 상태로 사용하는 방법도 있다. 테이블을 이용하면 반복자가 반복하는 동안 필요한 만큼 데이터를 유지할 수 있다. 게다가 이 방법을 쓰면 반복하는 동안 데이터를 변경할 수도 있다. 테이블 자체는 변하지 않는 같은 테이블이므로 불변 상태라 하더라도, 테이블의 내용은 반복하는 동안 바꿀 수 있다. 이런 반복자는 상태에 필요한 데이터를 두고 있기 때문에 일반 for문에서 제공하는 두 번째 인자를 일반적으론 쓸 일이 없다.

이전에 작성했던, 파일의 모든 단어를 순회하는 반복자 allwords를 이런 기법의 예제로 다시 작성해 보자. 이번엔 line과 pos 두 필드가 있는 테이블에 반복 상태를 유지할 것이다.

반복을 시작하는 함수가 해야 하는 일은 간단하다. 다음 코드와 같이 반복자 함수와 초기 상태를 반환해야 한다.

```
local iterator                    -- iterator는 나중에 정의
function allwords ()
  local state = {line = io.read(), pos = 1}
  return iterator, state
end
```

실제 일은 다음과 같이 반복자 함수가 하게 된다.

```
function iterator (state)
  while state.line do              -- 각 줄마다 반복

    -- 다음 단어 검색
    local s, e = string.find(state.line, "%w+", state.pos)
    if s then                      --단어를 찾았는가?
      -- 이 단어 다음 위치를 갱신
      state.pos = e + 1
      return string.sub(state.line, s, e)
    else                           -- 단어를 찾지 못한 경우
      state.line = io.read()       -- 다음 줄로...
      state.pos = 1                -- 첫 위치에서 다시...
    end
  end
  return nil                       -- 마지막 줄이면 반복 종료
end
```

되도록이면 for문 자체에 반복에 필요한 것을 저장하는, 상태 없는 반복자를 쓰는 것이 좋다. 그렇게 하면 반복문을 시작할 때 새 객체를 생성할 필요가 없기 때문이다. 반복을 이런 방식으로 처리할 수 없는 경우에는 차선책으로 클로저를 이용하도록 하자. 클로저를 쓰는 것이 깔끔하기도 하거니와 테이블을 쓰는 것보다

더 효율적이기까지 하다. 클로저를 생성하는 방법이 테이블을 생성하는 것보다 비용이 덜 들고, 비지역 변수에 접근하는 방법이 테이블 필드에 접근하는 것보다 더 빠르기 때문이다. 나중에 코루틴을 이용해서 반복자를 작성하는 다른 방법에 대해 하나 더 살펴 볼텐데, 미리 말해 두자면 이 방법은 가장 효과적이긴 하지만 실행 비용이 약간 높다.

## 7.5 진짜 반복자

"반복자"란 이름에는 오해의 소지가 있다. 왜냐면 실제로 반복을 실행하는 것은 for문이지 반복자 함수가 아니기 때문이다. 반복자는 다음 반복을 위한 값을 제공할 뿐이다. 어쩌면 "생성기(generator)"가 더 나은 이름이었을 수 있겠으나 "반복자"가 자바 같은 다른 언어에서 이미 많이 쓰이고 있는 용어라서 "반복자"라고 이름 지었다.

하지만, 반복자를 실제 반복을 실행하는 진짜 반복자로 만드는 대안이 있다. 반복자를 사용할 때는 반복문을 쓰는 대신, 그냥 반복자에 반복마다 해야 하는 일을 기술한 인자를 전달하여 호출하면 된다. 좀 더 상세히 말하자면, 반복자가 반복마다 호출할 함수를 반복자의 인자로 받게 한다는다는 것이다.

allwords 반복자를 이 방식으로 다시 작성한 다음 코드를 보자.

```lua
function allwords (f)
  for line in io.lines() do
    for word in string.gmatch(line, "%w+") do
      f(word)      -- 함수 호출
    end
  end
end
```

이 반복자를 사용하려면 반복문의 본문에 해당하는 내용을 함수로 전달해야 한다. 각 단어를 출력만 하면 된다면, 다음과 같이 그냥 간단히 print 함수를 넘기면 된다.

```lua
allwords(print)
```

흔히 익명 함수를 반복문의 본문에 해당하는 함수로 사용한다. 예를 들어, 다음은 입력 파일에서 "hello"가 나타난 횟수를 세는 코드이다.

```
local count = 0
allwords(function (w)
  if w == "hello" then count = count + 1 end
end)
print(count)
```

다음 코드에서 볼 수 있듯이, 같은 작업을 이전의 반복자 방식으로 작성해도 그리 다르지는 않다.

```
local count = 0
for w in allwords() do
  if w == "hello" then count = count + 1 end
end
print(count)
```

루아에서 for문을 지원하지 않던 예전 버전에서는 진짜 반복자를 많이 썼었다. 생성기 방식의 반복자와 비교해 보면 어떨까? 두 방식 모두 반복마다 함수를 한 번 호출하는 비용이 든다는 점은 거의 같다. 한편으론 진짜 반복자가 작성하기는 더 쉬운 면도 있으나(사실 나중에 다룰 코루틴을 이용하는 방법이 더 쉽긴 하다), 다른 한편으론 생성기 방식은 더 유연한 면이 있다. 생성기 방식으로는 병렬로 여러 반복(예를 들어, 파일 두 개를 열어서 단어마다 비교하는 작업을 처리한다고 생각해 보자.)을 처리할 수 있고, 반복문에서 break나 return문을 쓸 수도 있다. 진짜 반복자 방식으로는 익명 함수에서 반환을 하더라도 한 번의 반복을 처리하는 익명 함수가 끝나는 것이지 반복문을 끝낼 수는 없다. 결국, 보통은 생성기 방식을 추천하게 된다.

## 연습 문제

**연습 문제 7.1:** 다음 두 반복문이 같은 일을 하도록 fromto 반복자를 작성하자.

```
for i in fromto(n, m)
  body
end

for i = n, m
  body
end
```

fromto를 상태 없는 반복자로 작성할 수 있겠는가?

**연습 문제 7.2:** 7.1에서 작성한 반복자에 증감하는 범위인 step 매개변수를 추가해 보자. 이번에도 상태 없는 반복자로 구현할 수 있겠는가?

**연습 문제 7.3:** 입력된 파일에서 반복해서 나오지 않는 모든 단어를 반환하는 반복자 uniquewords를 작성하자. (힌트: 코드 7.1에서 이미 나온 단어를 기억하는 테이블을 추가하는 방식으로 구현할 수 있다.)

**연습 문제 7.4:** 주어진 문자열로 만들 수 있는 모든 부분 문자열(빈 문자열은 제외)을 반환하는 반복자를 작성하자. (string.sub 함수를 써야 할 것이다.)

# 8장

Programming in Lua

# 컴파일과 실행, 오류 처리

루아는 실행 시간에 해석하는 언어라고 이야기했지만, 실행하기 전에 소스 코드를 미리 컴파일해서 쓸 수 있는 언어이기도 하다(다른 인터프리터 언어들도 미리 컴파일이 가능한 경우가 많으니 그리 유별난 특징은 아니다). 컴파일하는 과정이 있기 때문에 루아 같은 언어를 인터프리터 언어가 아니라고 하는 것도 일리는 있지만, 인터프리터 언어냐 아니냐 하는 것을 구분짓는 특징은 미리 컴파일해서 쓰는가 하는 것보다는 실행 코드를 그때그때 생성하는 것이 용이한가에 있다. 그런 기준으로 보면 루아에는 dofile 같은 함수가 있기 때문에 루아를 인터프리터 언어라고 할 수 있다.

## 8.1 컴파일

앞에서 dofile 함수를 루아 코드 청크를 실행하는 기본 동작의 일종으로 이야기했는데, 사실 dofile은 보조 함수로, 실질적인 작업은 loadfile 함수가 처리한다. loadfile은 dofile처럼 파일에서 루아 청크를 읽어 오는 작업만 처리하고 이를 실행하지는 않는다. 그저 청크를 컴파일해서 컴파일된 청크를 함수로 반환하는 역할만 한다. 그리고 dofile과는 다르게 청크에 문제가 있으면 오류를 발생시키는 대신 오류 코드를 반환하여 사용자가 오류를 처리할 수 있도록 해준다. dofile 함수의 정의는 다음과 같다.

```
function dofile (filename)
  local f = assert(loadfile(filename))
  return f()
end
```

loadfile이 실패하면 assert에서 오류를 발생시킨다는 점에 주의하자.

간단한 작업을 할 때는 호출 한 번으로 처리할 수 있는 dofile을 쓰는 것이 편리하지만, loadfile을 쓰는 것이 더 융통성 있게 대처할 수 있다. 오류가 발생하면, loadfile에서 nil과 오류 메시지를 반환하여 각 상황에 맞게 오류를 처리할 수 있다. 게다가 파일의 내용을 여러 번 실행하는 경우, loadfile을 한 번 호출하고 반환받은 함수를 여러 번 호출하게 처리할 수 있다. 이렇게 하면 dofile을 여러 번 호출하는 것에 비해 컴파일을 한 번만 하니 더 효율적이다.

load 함수는 청크를 문자열에서 읽어 온다는 점 외에는 loadfile과 유사한 함수다.[1] 다음 코드를 실행하면 f에는 i = i + 1을 실행하는 함수가 들어간다.

```
f = load("i = i + 1")
```

실행 결과는 다음과 같다.

```
i = 0
f(); print(i)           --> 1
f(); print(i)           --> 2
```

load 함수는 아주 강력한 함수이기 때문에 주의해서 써야 한다. 다른 대안에 비해 실행 비용이 크며 이해하기 힘든 코드를 만들 수 있는 단점이 있다. 그러므로 load 함수를 사용하기 전에 이보다 더 좋은 방법이 없는지 심사숙고하는 게 좋다.

문자열 내용을 그냥 바로 실행하고 싶다면, 다음 코드처럼 load 함수의 결과를 바로 호출하면 된다.

```
load(s)()
```

하지만 문법에 오류가 있는 경우, load는 nil과 마지막 오류 메시지인 "attempt to call a nil value(nil 값으로 호출하려 함)"를 반환한다. 다음처럼 assert를 쓰면 정확한 에러 메시지를 볼 수 있다.

```
assert(load(s))()
```

---

[1] 루아 5.2 이전에는 load 함수 대신 loadstring 함수를 썼었다.

보통은 문자열 상수에 load를 써야 할 이유가 없다. 이 경우에는 그냥 직접 코드로 작성하는 것이 낫다. 다음 두 줄을 보면 각 줄의 결과는 대충 같아 보인다.

```
f = load("i = i + 1")

f = function () i = i + 1 end
```

하지만, 두 번째 줄은 한 번만 컴파일하면 되지만 첫 번째 줄은 실행할 때마다 load에서 매번 컴파일을 한다.

그리고 load로는 정적 범위를 적용 받을 수 없으므로, 앞의 두 코드는 실제로는 같은 코드가 아니다. 다음 예제로 두 코드의 차이를 보도록 하자.

```
i = 32
local i = 0
f = load("i = i + 1; print(i)")
g = function () i = i + 1; print(i) end
f()                 --> 33
g()                 --> 1
```

예상대로 함수 g는 지역 변수 i를 사용했지만, f는 전역 변수 i를 사용했다. load는 청크를 컴파일할 때 항상 전역 환경을 참조한다는 점을 유의해야 한다.

load 함수를 쓰는 가장 일반적인 상황은 외부의 코드를 실행하려 할 때(즉, 프로그램 외부에서 온 코드를 실행하려 할 때)다. 예를 들어, 사용자가 함수 코드를 입력해 주면 그 함수를 실행하는 코드를 만들고 싶을 수 있다. 여기서 load는 입력으로 청크(즉, 문장)가 오는 것으로 간주한다는 점에 주의해야 한다. 만약 표현식을 입력 받아서 계산하는 코드를 만들고 싶다면, 표현식 앞에 return을 붙여서 입력한 표현식을 계산하고 반환하는 문장으로 구성할 수 있다. 다음 예를 보자.

```
print "enter your expression:"
local l = io.read()
local func = assert(load("return " .. l))
print("the value of your expression is " .. func())
```

load에서 반환한 함수는 그냥 보통의 함수이므로, 다음 코드처럼 여러 번 호출할 수 있다.

```
-- "변수 x를 써서 별(*)을 출력할 개수를 반환하는 함수의 정의를 입력하시오."
print "enter function to be plotted (with variable 'x'):"
local l = io.read()
local f = assert(load("return " .. l))
for i = 1, 20 do
```

```
    x = i   -- load에서 반환 받은 함수가 참조할 수 있도록 전역 변수 'x' 정의
    print(string.rep("*", f()))
end
```

(string.rep 함수는 입력 받은 문자열을 입력한 횟수만큼 복제해 준다.)

load에 문자열을 직접 넘겨주는 대신 청크를 읽어서 반환하는 함수를 인자로 전달할 수도 있다. load 함수는 인자로 입력 받은 읽기 함수가 청크의 끝을 의미하는 nil을 반환할 때까지 읽기 함수를 호출해 주므로, 읽기 함수는 실행할 청크의 일부분을 반환하게 작성할 수 있다. 다음 코드는 loadfile를 호출하는 것과 같다.

```
f = load(io.lines(filename, "*L"))
```

22장 '입출력 라이브러리'에서 자세히 보겠지만, io.lines(filename, "*L")는 호출할 때마다 파일의 다음 줄을 읽어서 반환해 주는 반복자 함수를 반환한다.[2] 그래서 load는 파일에 있는 각 줄의 내용을 청크로 읽어 올 수 있다. 다음 코드는 이전과 유사하지만 더 효율적인 코드다.

```
f = load(io.lines(filename, 1024))
```

위 코드에서 io.lines에서 반환한 반복자는 1024 바이트씩 읽어서 반환한다.

모든 개별 청크는 가변 인자를 받는 익명 함수처럼 처리된다. 예를 들어, load("a = 1")은 다음 코드와 동일한 것을 반환한다.

```
function (...) a = 1 end
```

그리고 여타 다른 함수처럼 청크에서 지역 변수를 선언할 수 있다.

```
f = load("local a = 10; print(a + 20)")
f()        --> 30
```

이런 점을 이용해서 이전에 별을 출력하는 예제에서 전역 변수 x를 이용하던 것을 다음과 같이 고칠 수 있다.

```
print "enter function to be plotted (with variable 'x'):"
local l = io.read()
local f = assert(load("local x = ...; return " .. l))
for i = 1, 20 do
  print(string.rep("*", f(i)))
end
```

---

[2] io.lines의 옵션은 루아 5.2에서 추가된 것이다.

청크 앞에 지역 변수 x를 선언하기 위해 "local x = ..." 문자열을 덧붙였다. 이렇게 하면 i를 가변 인자로 해서 f를 호출한다.

load 함수는 오류를 발생시키지 않는다. 입력에 오류가 있는 경우에는 다음 예에서 볼 수 있듯이 nil과 오류 메시지를 반환한다.

```
print(load("i i"))
    --> nil [string "i i"]:1: '=' expected near 'i'
```

그리고 한 가지 더 설명하면, load 계열 함수는 다른 영향을 주지 않는 함수이다. 내부 표현으로 청크를 컴파일하고 그 결과를 익명 함수로 반환하는 일을 할 뿐이다. 보통 청크를 읽어 오는 게 함수를 정의하는 것이라고 오인하는 실수를 많이 한다. 루아에서 함수 정의는 할당문에 의해 이루어진다. 함수는 컴파일 시점이 아니라 실행 시점에 정의된다. 예를 들어, foo.lua 파일에 다음 코드가 있다고 하자.

```
-- file 'foo.lua'
function foo (x)
  print(x)
end
```

그리고 loadfile로 파일의 내용을 실행하면,

```
f = loadfile("foo.lua")
```

foo는 컴파일되었으나 아직 정의된 것은 아니다. foo를 정의하기 위해서는 컴파일된 청크를 다음과 같이 실행해야 한다.

```
print(foo)          --> nil
f()                 -- 'foo'를 정의
foo("ok")           --> ok
```

제품 수준의 프로그램에서 외부 코드를 실행할 때는, 청크를 읽어 올 때 발생하는 오류를 반드시 처리해 줘야 한다. 그리고 문제의 소지가 있는 새 청크가 부작용을 발생시키지 않도록 보호된 환경에서 실행하고 싶을 것이다. 보호된 환경에 대해서는 14장 '환경'에서 자세히 다루도록 하겠다.

## 8.2 미리 컴파일된 코드

이 장의 앞부분에서 언급했던 대로 루아는 실행하기 전에 소스 코드를 미리 컴파

일한다. 그래서 루아 프로그램을 컴파일된 코드 형태로 배포할 수 있다.

컴파일된 파일(루아 쪽 용어로 바이너리 청크라고 함)을 만드는 가장 간단한 방법은 표준 배포판에 들어 있는 luac 프로그램을 이용하는 것이다. 예를 들어 다음 명령을 실행하면 prog.lua 파일을 컴파일한 결과가 prog.lc 파일로 만들어진다.

```
$ luac -o prog.lc prog.lua
```

다음의 명령을 실행하면 루아 인터프리터는 위 명령으로 만들어진 파일도 원래 소스 코드를 실행할 때와 똑같이 실행한다.

```
$ lua prog.lc
```

lua는 소스 코드를 입력 받는 거의 모든 상황에 소스 코드 대신 컴파일된 코드를 입력할 수 있다. 특히, loadfile과 load에도 컴파일된 코드를 입력할 수 있다.

다음 코드처럼, 조악하긴 하지만 루아로 luac를 직접 만들어 볼 수도 있다.

```
p = loadfile(arg[1])
f = io.open(arg[2], "wb")
f:write(string.dump(p))
f:close()
```

여기서 핵심 부분은 string.dump 함수로, 이 함수는 루아 함수를 받아서 함수를 컴파일한 코드 내용을 담은 문자열을 반환한다. 물론 이 문자열은 루아에서 다시 불러올 수 있다.

luac 프로그램에는 특이한 옵션이 있는데, 그 중에서 특히 -l 옵션을 지정하면 주어진 청크를 컴파일한 코드를 출력한다. 코드 8.1 'luac -l의 출력 예'에서 다음 한 줄짜리 파일에 대해 -l 옵션을 써서 luac를 실행한 결과를 예로 볼 수 있다.

```
a = x + y - z
```

**코드 8.1 luac -l의 출력 예**

```
main <stdin:0,0> (7 instructions, 28 bytes at 0x988cb30)
0+ params, 2 slots, 0 upvalues, 0 locals, 4 constants, 0 functions
    1 [1] GETGLOBAL   0 -2  ; x
    2 [1] GETGLOBAL   1 -3  ; y
    3 [1] ADD         0 0 1
    4 [1] GETGLOBAL   1 -4  ; z
    5 [1] SUB         0 0 1
    6 [1] SETGLOBAL   0 -1  ; a
    7 [1] RETURN      0 1
```

(이 책에서는 루아의 내부에 대해서는 다루지 않을 것이다. 이런 실행 코드(opcode)의 자세한 사항에 대해 알고 싶다면 웹에서 'lua opcode'로 검색해서 관련 자료를 얻을 수 있다.)

컴파일된 코드 형식은 원래의 소스 코드보다 크기가 항상 작아지진 않지만 늘 빨리 읽어 올 수는 있다. 또 다른 장점은 소스 코드를 잘못 수정하는 것으로부터 보호된다는 점이다. 하지만 소스 코드와는 달리, 악의적으로 변형된 바이너리 코드는 루아 인터프리터나 인터프리터를 호출한 프로그램까지 죽여버릴 수 있다. 보통의 코드를 실행할 때는 전혀 걱정할 내용이 아니지만, 컴파일된 형식의 코드를 신뢰하지 못하는 경우 실행되지 않게 해야 할 것이다. load 함수에 딱 이런 일을 처리하기 위한 옵션이 있다.

load 함수에는 필수 인자 하나뿐 아니라, 꼭 입력하지 않아도 되는 인자가 3개 더 있다. 두 번째 인자는 청크의 이름으로, 오류 메시지를 만들 때만 쓰인다. 네 번째 인자는 청크가 실행되는 환경에 대한 것으로, 14장 '환경'에서 다룰 내용이다. 세 번째 인자가 여기서 설명할 내용으로, 어떤 종류의 청크만 읽을 수 있게 할 것인지 제어하는 역할을 한다. 세 번째 인자에 문자열 "t"를 입력하면 텍스트로 된 보통의 소스 코드 형태의 청크만 읽어 올 수 있다. 문자열 "b"를 주면 컴파일된 바이너리 형태의 청크만 읽을 수 있다. "bt"는 기본값으로, 두 형식 모두 읽을 수 있게 한다.

## 8.3 C 언어로 작성한 코드

루아로 작성된 코드와 달리, C 언어로 작성한 코드는 사용하기 전에 애플리케이션에 링크되어 있어야 한다. 많이 사용되는 운영체제에서는 동적 링크 기능을 쉽게 쓸 수 있다. 하지만, 이 방법은 C 언어 표준에는 없기 때문에 이식성이 높지는 않다.

일반적으로 표준 C 언어로 구현할 수 없는 부분을 루아에서 지원하는 기능으로 포함하지는 않지만, 동적 링크만은 예외적으로 지원하고 있다. 이 기능은 다른 기능의 모태가 되는 것으로, 이 기능으로 인해 루아에는 없는 기능을 동적으로 포함할 수 있다. 그렇기 때문에 이 경우에 한해, 이식성을 위한 규칙을 어기고 여러 플랫폼을 위한 동적 링크 기능을 따로 구현하고 있다. 표준 루아 구현체에는 윈도우, 맥 OS X, 리눅스, FreeBSD, 솔라리스와 다른 대부분의 유닉스 계열 OS에서 동작하는 동적 링크 기능을 지원하고 있다. 이 기능을 다른 플랫폼에서 동작하도록 확장하는 것은 어렵지 않다. 루아 배포판의 구현 내용을 다음과 같이 확인해보면 된다. 루아 명령창에서 print(package.loadlib("a", "b"))를 실행해서 파일이 존재하지 않는다는 메시지가 나오면 현재 플랫폼을 위한 동적 링크 기능을 배포판에서 지원하고 있는 것이다. 그 외 오류 메시지가 나오는 경우 동적 링크 기능을 지원하지 않거나 관련 요소가 설치되지 않은 것이다.

루아에서 동적 링크를 사용하는 기능은 모두 package.loadlib 함수를 이용하도록 되어 있다. 이 함수는 라이브러리의 절대 경로와 라이브러리의 함수 이름을 인자로 받는다. 이 함수를 호출하는 일반적인 코드는 다음과 같다.

```
local path = "/usr/local/lib/lua/5.1/socket.so"
local f = package.loadlib(path, "luaopen_socket")
```

loadlib 함수는 인자로 주어진 라이브러리를 읽어 와서 루아에 연결한다. 하지만, 해당 라이브러리 함수를 호출하는 루아 함수가 만들어지는 것이 아니라 C 언어 함수를 표현하는 루아 함수를 반환한다. loadlib 함수는 라이브러리를 읽어 오거나 라이브러리에서 함수를 찾는 데 문제가 생기면 nil과 오류 메시지를 반환한다.

loadlib 함수는 아주 저수준의 함수로, 반드시 라이브러리의 절대 경로와 정확한 함수 이름(컴파일러가 함수 이름 앞에 추가하는 _까지 맞춰 줘야 한다.)[3]을 입력해야 한다.

보통 저수준 함수 대신에, C 언어 라이브러리를 읽어 올 때는 require를 쓴다. 이 함수는 라이브러리를 검색하고 loadlib를 이용해서 라이브러리를 초기화하는 함수를 읽어 온다. 읽어 온 함수를 호출하면, 초기화 함수가 라이브러리의 함수를 포함한 테이블을 보통의 루아 라이브러리와 같은 방법으로 만들어 반환한다. require에 대해서는 15장의 'require 함수' 절에서, C 언어 라이브러리에 관한 자세한 내용은 15장의 'C 언어 모듈' 절에서 다루겠다.

---

3 (옮긴이주) name mangling에 의해 원래의 이름에 _가 추가되거나 다른 문자가 추가되기도 한다. 컴파일러 구현마다 다르며, name mangling에 대한 자세한 내용은 http://en.wikipedia.org/wiki/Name_mangling를 참조하자

## 8.4 오류 처리

사람은 잘못을 저지르기 마련이다("Errare humanum est"). 그러므로 할 수 있는 최선의 방법으로 오류를 처리해야 한다. 루아는 확장 언어이기 때문에 다른 애플리케이션에 포함되는 일이 잦으므로 오류가 발생했을 때 그냥 죽어버리거나 비정상적으로 종료하면 안 된다. 대신 언제든 오류가 발생하면 실행하던 청크를 끝내고 호출한 프로그램으로 복귀하도록 되어 있다. 루아 프로그램에서 맞닥뜨릴 수 있는 모든 예기치 못한 조건을 만나면 오류가 발생한다. 프로그램에서 숫자가 아닌 두 값을 더하려 한다거나 함수가 아닌 값을 호출하려 한다거나, 테이블이 아닌 값에 인덱스를 쓴다거나 하면 오류가 발생한다. (나중에 다룰 메타테이블을 이용하면 원래의 동작 대신 다른 동작을 하도록 바꿀 수 있다.) 물론 error 함수를 명시적으로 호출해서 오류를 발생시킬 수도 있다. 보통 error 함수는 다음과 같이 오류를 알리기 위해 사용한다.

```
print "enter a number:"
n = io.read("*n")
if not n then error("invalid input") end
```

이렇게 특정 조건일 때 error 함수를 호출하는 문장 구조는 자주 쓰이는 것이기 때문에 루아에서는 이런 역할을 해주는 함수인 assert가 있다. assert를 쓰면 앞의 코드를 다음과 같이 쓸 수 있다.

```
print "enter a number:"
n = assert(io.read("*n"), "invalid input")
```

assert 함수는 첫 번째 인자가 참이면 인자를 그대로 반환한다. 만약 첫 번째 인자가 거짓이면 assert에서 오류를 발생시킨다. 이때, 두 번째 인자가 있다면 오류 메시지로 출력한다. 여기서 주의할 점은 assert는 일반 함수이기 때문에 첫 번째 인자가 참이든 거짓이든 assert를 호출하기 전에 항상 assert의 인자를 계산한다는 점이다.

```
n = io.read()
assert(tonumber(n), "invalid input: " .. n .. " is not a number")
```

그러므로 앞의 코드에서는 n이 숫자인 경우에도 문자열을 붙이는 연산은 늘 실행된다. 이런 경우에는 따로 if문을 써서 조건을 테스트를 하는 문장 구조를 쓰는 것이 더 현명한 방법일 수 있다.

　함수를 호출할 때 함수에서 수행 중 예기치 못한 상황(예외)이 발생하면, 오류 코드(보통 nil)를 반환하거나 error 함수를 호출해서 오류를 발생시키거나 둘 중 하나의 동작을 취할 것이다. 둘 중 반드시 어떤 동작을 해야 한다고 정해줄 수는 없지만 쉽게 방지할 수 있는 예외에 대해서는 오류를 발생시키고, 아닌 경우는 오류 코드를 반환하는 것이 좋다.

　sin 함수를 예로 들어 보자. 테이블을 sin의 인자로 넣었을 때 어떤 동작을 해야 할까? 아마도 오류 코드를 반환해야 할 것이다. 오류였는지 확인해야 한다면 오류 처리 코드를 쓸 수 있을 것이다.

```
local res = math.sin(x)
if not res then             -- 오류?
  <오류 처리 코드>
```

하지만, 이런 예외 사항은 다음과 같은 코드를 써서 함수를 호출하기 전에 쉽게 검사할 수 있다.

```
if not tonumber(x) then     -- x가 숫자가 아니면
  <오류 처리 코드>
```

　sin 함수를 호출할 때 인자를 검사하거나 결과를 검사하는 코드를 넣는 경우는 흔치 않다. 인자가 숫자가 아니라면 프로그램에 뭔가 문제가 있다는 것이므로, 이런 상황에서는 계산을 멈추고 오류 메시지를 표시하는 것이 가장 간단하고 현실적인 예외 처리 방법이다.

　반면에 파일을 여는 io.open 함수의 경우를 생각해 보자. 읽으려고 하는 파일이 없는 경우에는 어떻게 동작해야 할까? 이 경우에는 예외 상황을 함수 호출 전에 미리 검사하기가 어렵다. 파일이 있는지 없는지 알아보기 위한 방법은 파일을 열어 보는 방법 말고는 없는 경우가 많기 때문이다. 그러므로 파일이 없거나 접근 권한이 없는 경우 같은 외부적인 요인으로 인해 io.open이 파일을 열지 못하는 경우에는 nil과 오류 메시지를 반환하는 것이 좋은 방법일 수 있다. 이렇게 하면 다음의 코드와 같이 사용자에게 다른 파일을 물어보는 것과 같은 적절한 방법으로 예외 상황을 처리할 수 있게 된다.

```
local file, msg
repeat
  print "enter a file name:"
```

```
        local name = io.read()
        if not name then return end        -- 입력이 없는 경우
        file, msg = io.open(name, "r")
        if not file then print(msg) end
until file
```

이런 상황을 처리하고 싶지는 않지만 이후 실행에서 문제가 없게 하려면, 다음과 같이 assert의 인자에 해당 동작을 넣어 주면 된다.

```
file = assert(io.open(name, "r"))
```

io.open이 실패하면 assert에서 오류를 발생시킬 것이다. 이런 코드는 루아에서 많이 쓰는 관용적인 표현이다.

```
file = assert(io.open("no-file", "r"))
    --> stdin:1: no-file: No such file or directory (stdin:1: no-file: 파일이나 디렉터리가 없음)
```

io.open에서 반환하는 두 번째 결과인 오류 메시지가 assert의 두 번째 인자로 들어간다는 점을 알아 두자.

## 8.5 오류 처리와 예외

대부분은 루아 코드를 사용하는 애플리케이션에서 오류를 적절히 처리하기 때문에 루아 코드에서 오류를 처리해 주는 것이 굳이 필요하지 않은 경우가 많다. 보통 애플리케이션에서는 루아를 호출해서 루아 코드를 실행한다. 오류가 발생하면 오류 코드를 호출한 쪽에 반환하고, 애플리케이션에서는 그 오류 코드를 받아서 적절히 처리한다. 독립 실행 인터프리터의 주 반복문에는 오류 메시지를 출력하고 실행을 계속하는 코드가 들어 있다.

하지만 루아로 오류를 처리해야 할 경우에는, 루아 코드를 꼭 pcall(protected call) 함수로 감싸서 사용해야 한다.

루아 코드에서 발생하는 모든 오류를 잡아서 처리하고 싶은 상황을 한번 생각해 보자. 가장 먼저 해야 할 일은 실행할 코드를 함수로 만드는 일이다. 대개 이런 경우는 익명 함수를 써서 처리하는데, 그렇게 한다면 다음과 같이 pcall 함수로 익명 함수를 호출하는 형태가 된다.

```
local ok, msg = pcall(function ()
    <임의의 코드>
```

```
            if unexpected_condition then error() end
        <임의의 코드>
        print(a[i])    -- 잠재 오류: 'a'는 테이블이 아닐 수 있다.
        <임의의 코드>
    end)

if ok then            -- 보호된 코드를(pcall을) 실행하는 동안 오류가 없었다면
    <정상 처리 코드>
else                  -- 보호된 코드(pcall)에서 오류가 발생했다면 적절히 처리
    <오류 처리 코드>
end
```

pcall 함수는 첫 번째 인자로 들어온 함수를 보호 모드로 실행하여 함수가 실행하는 동안 발생하는 오류를 모두 잡는다. 오류가 발생하지 않았다면 pcall이 true와 호출한 함수에서 반환한 값을 반환하고, 오류가 발생한 경우 false와 오류 메시지를 반환한다.

오류 메시지라고 했지만, 꼭 문자열만 오류 메시지가 되는 것은 아니다. pcall은 error 함수가 전달한 값을 모두 반환한다.

```
local status, err = pcall(function () error({code=121}) end)
print(err.code)    --> 121
```

이렇게 동작하기 때문에 루아에서 예외를 처리하는 데 필요한 모든 것을 넘겨줄 수 있다. error 함수로 예외를 던지고 pcall로 예외를 잡는 셈이다. 오류의 종류는 오류 메시지로 식별할 수 있다.

## 8.6 오류 메시지와 역추적

어떤 타입의 값이든 오류 메시지로 써도 되지만, 보통은 무엇이 잘못되었는지를 나타내는 문자열을 오류 메시지로 쓴다. 테이블이 아닌 값에 인덱스를 쓰는 등의 내부 오류가 있는 경우, 루아에서 오류 메시지를 생성한다. 그 외의 경우 error 함수에 전달한 값이 오류 메시지가 된다.

error 함수에 전달하는 값이 문자열이면, 다음 예의 출력 결과처럼 오류가 어디에서 발생했는지를 알 수 있는 정보를 함께 제공한다.

```
local status, err = pcall(function () a = "a"+1 end)
print(err)
    --> stdin:1: attempt to perform arithmetic on a string value
        (stdin:1: 문자열 값에 산술연산을 수행하려 했음)
```

```
local status, err = pcall(function () error("my error") end)
print(err)
    --> stdin:1: my error
```

이처럼 파일 이름과 파일의 몇 번째 줄인지를 위치 정보로 알려 준다(예제에서는 stdin의 첫 번째 줄).

error 함수의 인자에 오류 메시지 외에 인자를 하나 더 넣을 수 있다. 두 번째 매개변수는 오류를 어느 수준에서 보고해야 하는지 즉, 오류의 책임이 누구인지 지정할 때 사용한다. 예를 들어 다음과 같이 자신이 제대로 호출되었는지 먼저 검사하는 함수를 작성한다고 생각해 보자.

```
function foo (str)
  if type(str) ~= "string" then
    error("string expected")
  end
    <보통의 코드>
end
```

그리고 다음 코드처럼 잘못된 인자로 호출해 보자.

```
foo({x=1})
```

이렇게 하면 오류의 위치가 foo 함수로 표시되므로 문제의 원인이 error 함수를 호출하는 함수 foo에 있는 것으로 보일 수 있다. 실제 문제를 일으킨 장본인은 함수 foo가 아니라 함수 foo를 호출한 곳이므로 이를 정정하자면, 오류가 두 번째 호출 단계(호출 단계 1은 그 함수)에서 발생했다고 알려 줘야 한다. 다음 코드와 같이 error 함수의 두 번째 인자에 2를 입력해서 알려 줄 수 있다.

```
function foo (str)
  if type(str) ~= "string" then
    error("string expected", 2)
  end
    <보통의 코드>
end
```

오류가 발생했을 때 오류가 발생한 위치 외에 추가 정보를 필요로 하는 경우가 자주 있다. 최소한 오류가 어느 경로로 발생했는지 알기 위해 호출 내역을 모두 보여 주는 역추적 정보인 호출 스택은 필요하다. 그런데, pcall이 오류 메시지를 반환할 때는 pcall을 호출할 때부터 error를 호출하는 지점까지의 호출 내역을 없애버린다. 그렇기 때문에 역추적을 위해서 필요한 정보를 pcall이 종료되기 전에 만들어 두어야 한다. 이를 위해 루아에서는 xpcall이라는 함수를 제공해 준다. 호출될 함수만 인자로 받는 것이 아니라, 두 번째 인자로 메시지 처리 함수도 받는다. 오류가 발생한 경우 호출 스택을 비우기 전에 이 메시지 처리 함수를 호출해 주는데, 이때 오류에 대한 추가 정보를 디버그 라이브러리를 이용해서 남길 수 있다. 보통 메시지 처리 함수로 debug.debug와 debug.traceback을 자주 쓴다. debug.debug는 오류가 발생했을 때의 상황을 사용자 스스로 조사할 수 있도록 루아 프롬프트를 띄우는 함수고, debug.traceback은 호출 스택 정보를 포함한 오류 메시지를 반환하는 함수다.[4]

## 연습 문제

**연습 문제 8.1:** 청크를 읽어 오고 난 다음에 읽은 코드 앞에 어떤 코드를 덧붙이는 것이 유용할 때가 자주 있다. (이미 이 장에서 읽어 온 표현식 앞에 return을 붙이는 예제가 있었다.) load 함수처럼 청크를 읽어 오고 첫 번째 인자로 받은 문자열을 읽어 온 청크에 덧붙일 수 있는 loadwithprefix 함수를 작성해 보자.

단, loadwithprefix는 원래의 load와 마찬가지로 문자열로 표현한 청크를 인자로 받거나 청크를 읽어 오는 함수를 인자로 받을 수 있어야 한다. 원래의 청크가 문자열인 경우에도 loadwithprefix는 앞에 덧붙일 내용과 청크를 이어서 한 문자열로 만들어서는 안 된다. 앞에 덧붙일 내용을 반환하고, 그 다음 원래의 청크를 반환하는 읽기 함수를 만들고, 그 함수를 인자로 load 함수를 호출하는 식으로 구현하자.

**연습 문제 8.2:** 청크를 읽어 오는 함수의 리스트를 받는 형식으로 loadwithprefix를 일반화한 multiload 함수를 작성하자. multiload 함수는 다음 예처럼 사용할 수 있어야 한다.

```
f = multiload("local x = 10;",
              io.lines("temp", "*L"),
              print(x)")
```

앞의 예에서 multiload는 "local x = 10;"과 temp 파일의 내용과 "print(x)"를 연결한 것과 같은 청크를 load한 것과 같은 동작을 해야 한다. 연습 문제 8.1과 마찬가지로 multiload에서도 문자열을 이어 붙이는 연산은 사용하지 말고 구현해 보자.

**연습 문제 8.3:** 코드 8.2 "문자열 반복"에 있는 stringrep 함수는 입력 받은 문자열 s를 n번 이어 붙이기 위해 이진 곱셈 알고리즘을 이용하고 있다.

---

4 이 라이브러리 함수에 대해서는 24장 '디버그 라이브러리'에서 자세히 다루겠다.

**코드 8.2 문자열 반복**

```
function stringrep (s, n)
  local r = ""
  if n > 0 then
    while n > 1 do
      if n % 2 ~= 0 then r = r .. s end
      s = s .. s
      n = math.floor(n / 2)
    end
    r = r .. s
  end
  return r
end
```

여기서 임의의 상수 n에 대해 특화된 stringrep를 반복문 안의 내용인 r = r .. s와 s = s .. s 문장을 풀어 쓰는 방법으로 다음과 같이 구현할 수 있다.

```
function stringrep_5 (s)
  local r = ""
  r = r .. s
  s = s .. s
  s = s .. s
  r = r .. s
  return r
end
```

주어진 n에 대해 특화된 함수 stringrep_n을 반환하는 함수를 작성해 보자. 클로저를 사용하지 말고 r = r .. s; s = s .. s 문장이 반복되는 문자열을 만들고, load 함수로 만든 문자열을 읽어서 특화된 함수를 반환하도록 구현하자. 그리고 이렇게 구현한 함수의 성능과 일반화된 stringrep 함수나 클로저를 사용한 것의 성능을 비교해 보자.

**연습 문제 8.4:** pcall(pcall, f)를 호출해서 첫 번째 반환값으로 false를 반환하게 하는 인자 값 f를 구해 보자.

# 9장

Programming in Lua

# 코루틴

코루틴은 멀티스레딩에서의 스레드와 유사한 개념이다. 코루틴은 스레드처럼 실행 흐름의 한 줄기로서 코루틴마다 스택과 지역 변수, 실행할 명령어 위치를 가지고 있고, 전역 변수와 다른 것들은 다른 코루틴과 공유해서 쓴다. 하지만 멀티 프로세싱 환경에서 여러 스레드는 동시에 병렬 수행되는 반면, 코루틴은 한 번에 한 코루틴만 수행되고, 수행 중인 코루틴은 명시적으로 수행 중지를 시키는 경우에만 멈춘다는 차이가 있다.

코루틴의 주 사용 방법 중 몇 가지는 복잡하긴 하지만 아주 유용한 개념이다. 처음 이 장을 읽을 때 이해하지 못하는 예제 코드가 있더라도 걱정 말고 다음으로 넘어가고, 나중에 다시 읽어 보자. 들인 시간이 아깝지 않을 것이다.

## 9.1 코루틴의 기초

루아에서는 코루틴과 관련한 함수를 corutine 테이블에 모아 놓았다. create 함수는 새 코루틴을 생성하는 함수로, 코루틴으로 실행할 함수를 인자로 받고 생성한 코루틴을 표현하는 thread 타입의 값을 반환한다. 보통 다음 예처럼 create 함수에는 익명 함수를 전달하는 경우가 많다.

```
co = coroutine.create(function () print("hi") end)
```

```
print(co)    --> thread: 0x8071d98
```

코루틴은 suspended(중지), running(실행 중), dead(종료), normal(일반) 네 가지 상태로 있을 수 있다. 다음처럼 state 함수를 써서 코루틴의 상태를 알 수 있다.

```
print(coroutine.status(co))        --> suspended
```

코루틴을 생성하고 나면 suspended 상태이기 때문에 인자로 전달한 함수를 바로 실행하지 않는다. coroutine.resume 함수는 코루틴을 (재)시작하여 코루틴의 상태를 running으로 바꾼다.

```
coroutine.resume(co)        --> hi
```

첫 예제에서는 코루틴이 그냥 'hi'를 출력하고 종료되어, dead 상태로 코루틴을 빠져나오고 다시 코루틴으로 돌아가지 않는다.

```
print(coroutine.status(co))        --> dead
```

아직까지 코루틴은 함수를 복잡하게 호출하는 방법에 불과해 보인다. 코루틴의 진정한 활용은 yield 함수 사용으로부터 시작된다. yield 함수는 실행 중인 코루틴을 중지하고 나중에 다시 실행할 수 있는 상태로 바꾼다. 다음 간단한 예제를 살펴보자.

```
co = coroutine.create(function ()
      for i = 1, 10 do
      print("co", i)
      coroutine.yield()
      end
    end)
```

그리고 다음과 같이 생성한 코루틴을 실행시켜서, 함수 내용을 실행하기 시작해서 yield 함수를 호출할 때까지 동작한다.

```
coroutine.resume(co)        --> co    1
```

코루틴의 상태를 확인해 보면 코루틴이 중지 상태임을 알 수 있다. 따라서 다음에 다시 실행시킬 수 있다.

```
print(coroutine.status(co))        --> suspended
```

코루틴의 관점에서는 중지되어 있는 동안 일어난 모든 활동은 이 코루틴이 호출한 yield의 안쪽에서 일어나는 것과 같다. 코루틴을 재개하면, yield의 호출이 끝나고 코루틴으로 복귀하여 다음 yield가 호출되거나 끝날 때까지 실행을 계속한다.

```
coroutine.resume(co)        --> co 2
coroutine.resume(co)        --> co 3
...
coroutine.resume(co)        --> co 10
coroutine.resume(co)        --아무것도 출력되지 않음
```

마지막 resume을 호출하는 동안, 코루틴이 실행하는 함수는 반복을 끝내고 아무것도 출력하지 않고 함수를 종료한다. 여기서 한 번 더 resume을 호출하면 다음과 같이 false 값과 오류 메시지를 출력한다.

```
print(coroutine.resume(co))
    --> false    cannot resume dead coroutine
```

resume은 보호 모드로 실행됨을 유념하자. 그러므로 코루틴이 실행하는 함수 안에서 오류가 발생하더라도 밖으로 오류 메시지가 보이지 않는다. 대신 호출된 resume이 오류 메시지를 반환한다.

한 코루틴이 다른 코루틴을 재개시켜도 코루틴이 중지된 것은 아니다. 그래서 이 코루틴을 재개시킬 수는 없다. 하지만, 현재 실행 중인 코루틴은 다른 코루틴이기 때문에 실행 중인 것도 아니다. 그래서 다른 코루틴을 재개시킨 경우의 상태를 일반 상태라고 부른다.

루아에서 쓸 수 있는 유용한 기능으로 resume과 yield를 이용한 데이터 전달이 있다. 처음 resume을 호출할 땐 yield를 하고 대기 중인 것이 없으므로 resume의 추가 인자들을 코루틴이 실행하는 함수의 인자로 전달한다. 다음 코드에서 확인하자.

```
co = coroutine.create(function (a, b, c)
        print("co", a, b, c + 2)
    end)
coroutine.resume(co, 1, 2, 3)      --> co 1 2 5
```

resume의 호출이 끝나고나면, 다음 코드와 같이 오류가 없었음을 뜻하는 true와 yied에 넣은 인자를 resume에서 반환한다.

```
co = coroutine.create(function (a,b)
        coroutine.yield(a + b, a - b)
    end)
print(coroutine.resume(co, 20, 10))  --> true  30  10
```

마찬가지로, 해당 resume에서 추가로 전달한 인자를 yield에서도 반환한다.

```
co = coroutine.create (function (x)
    print("co1", x)
    print("co2", coroutine.yield())
    end)
coroutine.resume(co, "hi")      --> co1  hi
coroutine.resume(co, 4, 5)      --> co2  4  5
```

마지막으로, 코루틴이 끝나면 코루틴이 실행하던 함수에서 반환한 값은 해당 코루틴을 resume한 쪽에서 반환한다.

```
co = coroutine.create(function ()
    return 6, 7
    end)
print(coroutine.resume(co))     --> true  6  7
```

한 코루틴에서 이런 기능을 다 사용하는 일은 드물지만 각 기능마다 나름의 쓰임이 있다.

더 진행하기 앞서, 코루틴에 대한 개념에 대해 명확하게 정리하고 넘어가는 것이 좋겠다. 루아의 코루틴은 비대칭형 코루틴이라고 부른다. 이 말은 코루틴을 중지시키는 함수와 중지된 코루틴을 재개시키는 함수가 따로 있다는 뜻이다. 다른 언어에서 제공하는 대칭형 코루틴은 함수 하나만 써서 코루틴의 실행 제어를 다른 코루틴으로 넘길 수 있다.

어떤 이들은 비대칭 코루틴을 반쪽 코루틴이라고 부르기도 한다. (대칭형 코루틴이 아니면 진짜 코루틴이 아니라고 한다.) 그리고 또 다른 이들은 같은 반쪽 코루틴이라는 용어를 기능이 제한적으로 구현된 코루틴이라는 뜻으로도 사용하기도 한다. 제한적 구현이라는 말은 다른 함수를 호출한 상태가 아닌 경우에만(즉, 제어 스택에 호출이 쌓이지 않은 경우에만) 중지시킬 수 있는 코루틴이라는 의미이다. 달리 말해서 반쪽 코루틴에서 실행하는 함수에서만 yield를 호출할 수 있는 경우를 뜻한다. 파이썬의 생성기(generator)가 이런 의미의 반쪽 코루틴의 예가 될 수 있겠다.

대칭형 코루틴과 비대칭형 코루틴의 차이와는 달리, 코루틴과 파이썬의 생성기는 매우 다르다. 파이썬의 생성기는 제대로된 코루틴으로 구현할 수 있는 구조를 구현하기에는 기능이 떨어진다. 루아에서는 제대로 된 비대칭형 코루틴을 제공하여 진짜 대칭형 코루틴으로 할 수 있는 것을 구현할 수 있으며, 그리 어려운 작업이 아니다. (기본적으론 yield 바로 뒤에 resume이 되게 해서 제어를 넘긴다.)

## 9.2 파이프와 필터

코루틴을 활용하는 가장 전형적인 예 중 하나가 바로 생산자-소비자 문제이다. 끊임없이 값을 만들어 내는 함수(예를 들어 파일을 읽은 내용을 반환하는 함수)가 하나 있고, 끊임없이 값을 소비하는 함수(예를 들어 다른 파일에 값을 쓰는 함수)가 하나 있다고 해보자. 일반적으로 이런 함수는 다음과 같이 작성할 수 있다.

```lua
function producer ()
  while true do
    local x = io.read()    -- 새 값을 생성해서
    send(x)                -- 소비자에게 전달
  end
end

function consumer ()
  while true do
    local x = receive()    -- 생산자로부터 값을 받아서
    io.write(x, "\n")      -- 받은 값을 씀
  end
end
```

(이 구현에서 생산자 함수와 소비자 함수 둘 다 끝나는 일 없이 계속 돌아간다. 더 처리할 데이터가 없다면 함수가 종료되도록 고치는 일은 어려운 일이 아닐 것이다.) 여기서 집중해서 볼 문제는 send와 receive의 짝을 어떻게 맞추는가 하는 점이다. 이 문제는 주 반복문을 어디에 둘지 결정하는 전형적인 문제이다. 생산자와 소비자 둘 다 실행되고 있는 중이고, 두 곳 모두에 각자의 주 반복문이 있으며, 둘 다 서로를 호출해서 쓰는 서비스로 간주할 수 있다. 이 예제에서는 문제를 해결하기 위해 한 함수의 반복문을 풀어 놓고 수동적인 형태가 되도록 구조를 변경하는 것이 용이하다. 하지만 실제로 발생하는 문제에서는 이렇게 구조를 변경하는 것이 결코 쉽지 않을 수 있다.

코루틴은 생산자와 소비자를 맞추는 문제를 해결하는 데 이상적인 도구이다. resume과 yield의 짝을 이용해서 보통의 호출 관계를 뒤집을 수 있기 때문이다. 코루틴이 yield를 호출하면 새 함수로 진입하는 대신에 대기 중인 호출을 반환한다. 유사하게 resume을 호출하면 새 함수를 시작하는 것이 아니라 yield를 호출한 것을 반환한다. 이런 특징은 한쪽은 주, 다른 쪽은 종인 관계로 만들 수 있기

때문에 우리가 send와 receive의 관계를 맞추려고 하는데 딱 들어맞는다.

그래서 즉, receive는 생산자를 재개해서 생산자가 새 값을 만들어 내도록 하고, send는 만들어 낸 값을 소비자에게 돌려주도록 yield를 호출하면 된다. 다음은 receive 함수 코드이다.

```
function receive ()
  local status, value = coroutine.resume(producer)
  return value
end

function send (x)
  coroutine.yield(x)
end
```

물론 생산자를 다음과 같이 코루틴으로 작성해야 한다.

```
producer = coroutine.create(
  function ()
    while true do
      local x = io.read()    -- 새 값 생성
      send(x)
    end
  end)
```

이 설계는 프로그램이 소비자를 호출하는 것으로부터 시작한다. 소비자가 필요한 값이 있으면 생산자를 재개시킨다. 그러면 생산자는 소비자에게 전달할 것을 만들 때까지 실행하고는 소비자가 다시 재개시킬 때까지 동작을 멈추고 기다린다. 그러므로 이런 설계를 소비자 주도 설계(consumer-driven design)라고 할 수 있겠다. 이 프로그램을 또 다른 방식인 생산자 주도 설계(producer-driven design) 방식으로 작성하면 소비자가 코루틴이 된다.

생산자와 소비자 사이에서 데이터 변환 같은 종류의 작업을 수행하는 필터라는 것을 이용해서 이 설계를 확장할 수 있다. 필터는 소비자이자 생산자의 역할을 수행한다. 새 값을 만들기위해 생산자를 재개시키고, yield를 통해 변환된 값을 소비자에게 전달한다. 흔한 예로, 이전 예제에서 읽은 각 줄마다 앞 부분에 줄 번호를 삽입하도록 필터를 추가해 보겠다. 추가한 코드는 코드 9.1 '필터를 사용하는 생산자-소비자'를 참조하자.

코드 9.1 필터를 사용하는 생산자-소비자

```
function receive (prod)
  local status, value = coroutine.resume(prod)
  return value
end

function send (x)
  coroutine.yield(x)
end

function producer ()
  return coroutine.create(function ()
    while true do
      local x = io.read()          -- 새 값 생성
      send(x)
    end
  end)
end

function filter (prod)
  return coroutine.create(function ()
    for line = 1, math.huge do
      local x = receive(prod)        -- 새 값을 가져오고
      x = string.format("%5d %s", line, x)
      send(x)                         -- 변환한 값을 소비자에게 전달
    end
  end)
end

function consumer (prod)
  while true do
    local x = receive(prod)         -- 새 값을 가져와서
    io.write(x, "\n")               -- 가져온 값을 씀
  end
end
```

그리고 다음과 같이 필요한 컴포넌트를 생성해서 연결하고 소비자를 실행시키는 코드만 조금 쓰면 된다.

```
p = producer()
f = filter(p)
consumer(f)
```

어쩌면 다음 코드가 더 나을 수도 있겠다.

```
consumer(filter(producer()))
```

앞의 예제를 보면서 유닉스의 파이프가 떠올랐을 수도 있다. 결국, 코루틴은 일

종의 (비선점형) 멀티스레드이다. 파이프를 이용해서 각 작업이 별도의 프로세스로 수행된다면, 코루틴을 이용해서 각 작업이 별도의 코루틴으로 동작한다고 볼 수 있다. 파이프는 저자(생산자)와 독자(소비자) 사이의 버퍼를 제공하므로 이들 사이의 속도 차이가 별 문제가 되지 않는다. 프로세스 스위칭의 비용이 크기 때문에 파이프를 사용하는 상황에 따라 이 비용이 문제가 될 수 있다. 코루틴을 통한 작업을 전환하는 비용은 함수를 호출하는 비용만큼 저렴하므로 부담 없이 저자와 독자를 필요할 때마다 실행할 수 있다.

## 9.3 반복자로서의 코루틴

반복문의 반복자는 생산자-소비자 패턴의 특수한 예로 볼 수 있다. 반복자가 반복문 안에서 쓰일 값을 만들어 내기 때문이다. 그러므로 반복자를 작성하는 데 코루틴을 이용하는 것이 적절해 보인다. 실제로도 코루틴은 이런 경우에 매우 효과적이다. 다시 말하자면 핵심은 코루틴이 호출 관계를 뒤집을 수 있다는 점이다. 이런 점을 이용해서 다음 반복자 호출까지 어떻게 상태를 유지할 것인지를 고민하지 않고 반복자를 작성할 수 있다.

이러한 사용법을 보여 주기 위해, 주어진 배열의 모든 순열(permutation)의 조합을 순회하는 반복자를 만들어 보겠다. 이러한 반복자를 바로 작성하는 것은 쉬운 일이 아니지만, 배열 요소의 모든 순열 조합을 생성하는 재귀 함수를 작성하는 것은 그리 어렵지 않다. 아이디어는 간단하다. 각 배열의 원소를 마지막 위치에 넣고 재귀적으로 남은 원소에 대한 순열 조합을 생성하면 된다. 코드 9.2 'a에서 앞쪽 n번째까지의 원소에 대한 모든 순열 조합을 생성하는 함수'를 보자.

**코드 9.2 a에서 앞쪽 n번째까지의 원소에 대한 모든 순열 조합을 생성하는 함수**

```
function permgen (a, n)
  n = n or #a          -- n의 기본값은 a의 원소 개수
  if n <= 1 then       -- 더 바꿀 것이 없다면
    printResult(a)
  else
    for i = 1, n do
      -- i번째 원소를 마지막으로
      a[n], a[i] = a[i], a[n]
      -- 나머지 원소들에 대한 모든 순열 조합을 생성
      permgen(a, n - 1)
```

```
        -- i번째 원소를 원래대로
        a[n], a[i] = a[i], a[n]
      end
    end
  end
```

동작을 확인하기 위해 다음과 같이 printResult 함수를 정의하고 원하는 배열을 넣어 permgen을 호출하자.

```
function printResult (a)
  for i = 1, #a do
    io.write(a[i], " ")
  end
  io.write("\n")
end

permgen ({1,2,3,4})
  --> 2 3 4 1
  --> 3 2 4 1
  --> 3 4 2 1
    ...
  --> 2 1 3 4
  --> 1 2 3 4
```

이렇게 생성 함수가 준비되었다면, 생성기 함수를 반복자로 바꾸는 일은 어렵지 않다. 먼저 다음과 같이 printResult를 yield로 대체하자.

```
function permgen (a, n)
  n = n or #a
  if n <= 1 then
    coroutine.yield(a)
  else
    <나머지는 이전과 같음>
```

그 다음 코루틴 안에서 실행되는 생성기를 준비하고 반복자 함수를 생성하는 팩토리 함수를 정의한다. 반복자는 그저 다음 순열 조합을 만들도록 코루틴을 재개시키면 된다.

```
function permutations (a)
  local co = coroutine.create(function () permgen(a) end)
  return function ()    -- 반복자
    local code, res = coroutine.resume(co)
    return res
  end
end
```

이렇게 기계적인 방법을 쓰면, 다음처럼 for 문으로 배열의 모든 순열 조합을 순회하는 일은 아무 일도 아니다.

```
for p in permutations{"a", "b", "c"} do
  printResult(p)
end
  --> b c a
  --> c b a
  --> c a b
  --> a c b
  --> b a c
  --> a b c
```

permutations 함수는 함수 안에서 그 함수에 대응하는 코루틴을 재개하는 코드를 담고 있는, 루아에서는 흔히 쓰는 패턴을 이용하고 있다. 이 패턴은 아주 흔해서 coroutine.wrap처럼 이런 일을 하기 위한 함수가 따로 있을 정도이다. create와 같이 wrap은 새로운 코루틴을 생성하지만, create와는 달리 생성한 코루틴을 스스로 반환하지는 않는다. 그 대신 호출하면 생성한 코루틴을 재개시키는 함수를 반환해 준다. 원래의 resume과는 달리, 반환된 함수는 오류 코드를 첫 반환값으로 반환하진 않는다. 오류 코드를 반환하는 대신 오류 상황일 때 바로 오류를 발생시켜 버린다. wrap을 사용하면 permutations 함수를 다음과 같이 간단하게 작성할 수 있다.

```
function permutations (a)
  return coroutine.wrap(function () permgen(a) end)
end
```

보통 coroutine.wrap을 쓰는 게 coroutine.create를 쓰는 것보다 간단하다. 코루틴을 제어하는 데 딱 필요한 만큼만 만들어서 반환하기 때문이다. 하지만 특정 패턴을 이용하기 위함이다보니 융통성은 부족하다. wrap으로 생성한 코루틴의 상태를 확인해 볼 방법이 없고, 실행 시간에 발생하는 오류도 확인할 수 없다.

## 9.4 비선점형 멀티스레딩

앞서 본 대로 코루틴으로 일종의 협력적인 멀티스레딩이 가능하다. 각 코루틴은 스레드와 같다. yield와 resume의 쌍으로 한 스레드에서 다른 스레드로 제어를 전환한다. 하지만 일반적인 멀티스레딩과는 달리, 코루틴은 비선점형 멀티스레딩이다. 코루틴이 실행되는 동안 외부에서는 실행 중인 코루틴을 멈출 수 없다. 실행 중인 코루틴에서 명시적으로 yield를 호출했을 때만 실행이 중지된다. 일반적인 애플리케이션에서는 별 문제가 되지 않지만, 심각한 문제가 되는 상황도 있다. 선점형이 아닌 경우 훨씬 더 쉽게 프로그래밍을 할 수 있는데, 모든 스레드 사이의 동기화가 프로그램에서 명시적으로 일어나므로, 동기화 버그에 대해 스트레스를 받지 않아도 되기 때문이다. 그저 코루틴이 임계 구역(critical region)의 바깥에서만 yield를 호출하는 것을 보장하기만 하면 된다.

하지만 비선점형 멀티스레딩에서는 실행을 멈출 수 있는 명령[1]을 호출하는 스레드가 있다면, 해당 명령이 끝날 때까지 전체 프로그램이 멈춰 있을 수 있다. 대부분 경우 이런 동작은 받아들일 수 없는 심각한 문제가 되므로, 많은 프로그래머들이 코루틴을 보통의 멀티스레딩을 대체할 수 있는 것으로 여기지 않게 한다. 하지만, 이 장을 다 읽고 나면 이 문제에 대한 명백한 해결책이 있다는 사실을 깨닫게 될 것이다.

보통의 멀티스레딩 상황을 생각해 보자. HTTP를 통해 원격의 여러 파일을 내려받고 싶은 상황이다. 여러 파일을 내려받기 위해서는 우선 파일 하나를 내려받을 수 있는 방법을 알아야 한다. 이 예에서는 Diego Nehab이 만든 LuaSocket 라이브러리를 사용하겠다. HTTP로 파일을 내려받으려면 사이트에 연결하고, 파일 요청을 보내고, 파일을 블록 단위로 받고, 연결을 끊는 절차를 거쳐야 한다. 루아로는 이러한 작업을 다음과 같이 처리할 수 있다. 먼저 LuaSocket 라이브러리를 읽어오는 작업을 처리하자.

```
local socket = require "socket"
```

그 다음, 연결할 호스트와 내려받을 파일을 정의한다. 이 예에서는 W3C 컨소시엄 사이트에서 HTML 3.2 표준 문서를 내려 받도록 하겠다.

```
host = "www.w3.org"
file = "/TR/REC-html32.html"
```

그 다음, 아래 코드를 써서 TCP로 HTTP 연결의 표준 포트인 80번 포트에 연결한다.

```
c = assert(socket.connect(host, 80))
```

---

[1] (옮긴이주) I/O 입력 대기 같은 명령을 말한다.

이렇게 해서 받은 연결 객체를 써서 다음과 같이 파일 요청을 보낸다.

```
c:send("GET " .. file .. " HTTP/1.0\r\n\r\n")
```

그리고 1KB씩 파일을 읽어서 표준 출력에 기록한다.

```
while true do
  local s, status, partial = c:receive(2^10)
  io.write(s or partial)
  if status == "closed" then break end
end
```

receive 함수는 읽은 내용을 문자열로 반환한다. 오류가 발생한 경우에는 nil을 반환하는데, 오류 코드(상태)와 오류가 발생하기 전까지 읽은 부분도 반환해 준다. 호스트에서 연결을 끊으면 남은 입력을 출력하고 수신을 위한 반복문에서 빠져나온다.

파일을 내려받은 후에는 다음 코드로 연결을 종료한다.

```
c:close()
```

이제 파일 한 개를 내려받는 방법을 알았으니, 여러 파일을 내려받는 문제로 돌아가자. 단순한 방법은 한 번에 한 파일씩 내려받는 것이다. 하지만 이런 순차적인 방법으로는 한 파일이 끝나야 다음 파일을 읽을 수 있으므로 너무 느리다. 이렇게 하면 원격의 파일을 읽으려 할 때, 데이터가 도착할 때까지 기다리는 데 대부분의 시간을 쓰게 된다. 좀 더 자세히 말하자면, 대부분의 시간을 receive 함수가 종료될 때까지 중지된 상태로 보내게 된다. 그래서 모든 파일을 동시에 내려받게 하면 프로그램이 훨씬 빨라진다. 한 연결에서 데이터가 준비되는 동안에 다른 연결로부터 파일을 읽을 수 있다. 확실히 코루틴을 쓰면 동시에 파일을 내려받기 위한 구조를 만들기 편리하다. 각 내려받기 작업마다 한 스레드를 만들도록 하자. 한 스레드에서 받을 데이터를 기다려야 하는 경우에는, 다른 스레드를 동작시키는 간단한 디스패처로 제어를 넘기기 위해 yield를 호출하자.

코루틴으로 프로그램을 재작성하기 위해 이전의 내려받기를 위한 코드를 함수로 재작성하자. 결과는 코드 9.3 '웹 페이지를 내려받는 함수'에서 볼 수 있다.

**코드 9.3 웹 페이지를 내려받는 함수**

```
function download (host, file)
  local c = assert(socket.connect(host, 80))
```

```
    local count = 0     -- 읽은 바이트를 기록
    c:send("GET " .. file .. " HTTP/1.0\r\n\r\n")
    while true do
      local s, status = receive(c)
      count = count + #s
      if status == "closed" then break end
    end
    c:close()
    print(file, count)
end
```

내려받을 파일 내용에는 관심이 없기 때문에, 이번에는 파일의 내용을 출력하는 대신에 읽은 파일의 크기를 출력하게 했다. (사실 여러 스레드에서 여러 파일을 읽고 있기 때문에 읽은 파일의 내용을 각자 출력하게 하면 모든 파일의 내용이 섞인 채로 출력된다.)

이번에는 연결된 connection 객체에서 데이터를 받아 오는 보조 함수 receive를 정의했다. 원래의 한 파일씩 읽는 방법에서는 이 함수를 다음과 같이 정의할 수 있었다.

```
function receive (connection)
  local s, status, partial = connection:receive(2^10)
  return s or partial, status
end
```

동시에 여러 파일을 읽기 위해서는, 중지된 상태가 되지 않은 채로 데이터를 받아 와야 한다. 대신에 받아 올 데이터가 충분히 준비되지 않은 경우에는 yield를 호출하게 했다. 새 구현은 다음과 같다.

```
function receive (connection)
  connection:settimeout(0)      -- 중지되지 않게 함
  local s, status, partial = connection:receive(2^10)
  if status == "timeout" then
    coroutine.yield(connection)
  end
  return s or partial, status
end
```

settimeout(0)을 호출하면 connection에 대한 모든 동작이 중지되지 않게 할 수 있다. 명령의 상태가 "timeout"인 경우는 명령을 완료하지 않은 채 반환되었다는 뜻이다. 이 경우에는 yield를 호출하게 했다. yield의 인자로 false가 아닌 값이 전달되면, 디스패처는 이 스레드가 아직 작업을 계속해야 한다는 뜻으로 이해한다.

timeout인 경우에도 timeout으로 종료되기 전까지 읽은 부분을 partial 변수로 반환한다는 점을 눈여겨보자.

코드 9.4 '디스패처'에서 디스패처 함수 구현과 보조 코드를 볼 수 있다.

**코드 9.4 디스패처**

```
threads = {}    -- 남아 있는 모든 스레드의 리스트

function get (host, file)
 -- 코루틴 생성
  local co = coroutine.create(function ()
    download(host, file)
  end)
 -- 리스트에 추가
  table.insert(threads, co)
end

function dispatch ()
  local i = 1
  while true do
    if threads[i] == nil then    -- 남은 스레드가 없는가?
      if threads[1] == nil then break end    -- 리스트가 비었는가?
      i = 1                 -- 반복문을 재시작
    end
    local status, res = coroutine.resume(threads[i])
    if not res then    -- 스레드가 작업을 완료했나?
      table.remove(threads, i)
    else
      i = i + 1    -- 다음 스레드로
    end
  end
end
```

작업 중인 모든 스레드를 디스패처를 위해 threads 테이블에 저장한다. get 함수는 모든 내려받는 동작이 별개의 스레드로 동작함을 보장한다. 디스패처는 모든 스레드를 하나씩 재개시키는 반복문으로 되어 있다. 디스패처는 작업을 마친 스레드를 반드시 리스트에서 제거해야 한다. 더 실행시킬 스레드가 없는 경우, 반복문을 종료한다.

마지막으로 프로그램의 메인 부분에서 필요한 스레드를 생성하고 디스패처를 호출한다. 예를 들어, W3C 사이트에서 4개의 문서를 내려받는 경우, 다음과 같이 코드를 구성할 수 있다.

```
host = "www.w3.org"

get(host, "/TR/html401/html40.txt")
get(host, "/TR/2002/REC-xhtml1-20020801/xhtml1.pdf")
get(host, "/TR/REC-html32.html")
get(host, "/TR/2000/REC-DOM-Level-2-Core-20001113/DOM2-Core.txt")

dispatch()      -- 주 반복문
```

필자는 코루틴으로 4개의 파일을 내려받는 데 6초가 걸렸다. 파일을 하나씩 받도록 구현한 경우, 15초 가량으로 두 배가 넘게 걸렸다.

속도가 나아졌지만 지난 구현을 최적의 구현이라고 하기는 힘들다. 최소한 한 스레드가 읽기 작업을 진행 중이라면 아무 문제가 없다. 하지만 데이터를 읽고 있는 스레드가 하나도 없는 경우, 디스패처는 실행 대기(busy wait) 상태가 되어 아직 읽을 데이터가 없는지 스레드를 계속 확인하는 것을 반복한다. 결과적으로 이 코루틴 구현은 파일을 하나씩 받는 구현보다 CPU를 30배나 더 사용한다.

이번에는 LuaSocket의 select 함수를 써서 이 문제를 해결해 보자. LuaSocket의 select 함수는 여러 소켓의 상태가 변하길 기다리는 동안에는 프로그램 실행을 중지시킨다. 이전 구현에서 바꿀 부분은 별로 없다. 코드 9.5 'select를 이용한 디스패처'의 내용과 같이 디스패처만 수정하면 된다.

**코드 9.5 select를 이용한 디스패처**

```
function dispatch ()
  local i = 1
  local timedout = {}
  while true do
    if threads[i] == nil then    -- 남은 스레드가 없는가?
      if threads[1] == nil then break end
      i = 1                      -- 반복문을 재시작
      timedout = {}
    end
    local status, res = coroutine.resume(threads[i])
    if not res then       -- 스레드가 작업을 완료 했나?
      table.remove(threads, i)
    else                  -- time out
      i = i + 1
      timedout[#timedout + 1] = res
      if #timedout == #threads then    -- 모든 스레드가 읽기 작업 중이면
        socket.select(timedout)
      end
    end
  end
end
```

반복문을 따라가 보면, 새 구현에서는 작업을 완료하지 못하고 나온 스레드를 timedout 테이블에 모아 둔다. (receive에서 이런 연결을 yield로 전달해줘서 resume으로 반환된다는 점을 다시 떠올리자.) 모든 연결이 "timeout"으로 나오는 경우, 디스패처에서 select를 호출해서 연결 상태가 하나라도 바뀔 때까지 대기한다. 이 최종 구현은 이전 구현만큼 빠르게 동작하면서도 실행 대기가 없으므로 순차 구현보다 CPU를 더 적게 사용하는 장점이 있다.

## 연습 문제

**연습 문제 9.1:** 연습 문제 5.4의 함수를 다음의 형태로 사용할 수 있도록 코루틴을 써서 생성기 형태로 재작성하자.

```
for c in combinations({"a", "b", "c"}, 2) do
  printResult(c)
end
```

**연습 문제 9.2:** 비선점형 멀티스레딩 절의 코드를 구현하고 실행해 보자.

**연습 문제 9.3:** 루아로 transfer 함수를 작성해 보자. transfer를 호출하면 실행 중인 코루틴을 중지시키고 인자로 전달한 코루틴을 재개시킨다. resume과 yield의 쌍이 call과 return의 쌍과 유사하다면, transfer는 goto와 비슷하다고 볼 수 있다. (힌트: 코루틴을 제어하는 디스패처 같은 것을 이용해 보자. transfer에서 yield를 호출해서 디스패처에게 다음 실행할 코루틴을 전달하고, 디스패처는 받은 코루틴을 재개하도록 하면 된다.)

# 10장

Programming in Lua

# 종합 예제

루아 언어에 대한 소개를 마치기 전에, 간단하게 완성된 프로그램 세 개를 예로 살펴보자. 먼저 8-여왕말 문제(the eight-queen problem), 그 다음에는 텍스트에서 가장 많이 나오는 단어를 출력하는 단어 수 세기 프로그램, 마지막으로 마르코프 연쇄 알고리즘(Markov chain algorithm)을 살펴보고 1부를 마치겠다.

## 10.1 8-여왕말 퍼즐

첫 예제는 8-여왕말 퍼즐을 푸는 아주 간단한 프로그램이다. 목표는 체스판에 있는 8개의 여왕말을 서로 공격할 수 없는 위치로 배치하는 것이다.

문제 해결의 첫 실마리는 한 행에는 여왕말 하나만 둬야 한다는 점이다. 그러므로 체스판 행의 열 번호를 의미하는 8개의 숫자를 담는 배열로 해답을 표현할 수 있다. 예를 들어, 배열 {3, 7, 2, 1, 8, 6, 5, 4}는 1행 3열, 2행 7열의 위치에 여왕말을 둔다는 것을 뜻한다. (그런데 이 결과는 틀린 답이다. 3행 2열의 여왕말과 4행 1열의 여왕말은 서로 공격할 수 있는 위치에 있기 때문이다.) 정답은 한 열에 여왕말 하나만 있을 수 있도록, 1에서 8까지의 숫자로 구성되는 치환 순열(permutation)이 되어야 한다.

완성된 프로그램은 코드 10.1의 '8-여왕말 문제'를 참조하자.

코드 10.1 8-여왕말 문제

```lua
local N = 8        -- 체스판 크기

-- (n,c)위치가 공격 받지 않는 위치인지 검사
local function isplaceok (a, n, c)
  for i = 1, n - 1 do               -- 모든 여왕말의 위치에 대해
    if (a[i] == c) or               -- 같은 열인가?
       (a[i] - i == c - n) or       -- 대각 위치에 있는가?
       (a[i] + i == c + n) then     -- 대각 위치에 있는가?
      return false                  -- 그렇다면 공격 받을 수 있는 위치
    end
  end
  return true      -- 공격 받지 않는 위치이므로 괜찮음
end

-- 체스판 출력
local function printsolution (a)
  for i = 1, N do
    for j = 1, N do
      io.write(a[i] == j and "X" or "-", " ")
    end
    io.write("\n")
  end
  io.write("\n")
end

-- 체스판 'a'에 크기가 'n'에서 부터 'N'까지의 체스판에 둘 수 있는 여왕말의 위치를 추가
local function addqueen (a, n)
  if n > N then     -- 모든 여왕말을 배치했는가?
    printsolution(a)
  else              -- n번째 여왕말의 위치를 계산
    for c = 1, N do
      if isplaceok(a, n, c) then
        a[n] = c            -- n번째 여왕말을 'c'열로
        addqueen(a, n + 1)
      end
    end
  end
end

-- 프로그램 실행
addqueen({}, 1)
```

가장 먼저 정의한 isplaceok 함수는 주어진 체스판의 위치가 이미 놓여진 다른 여왕말에게 공격 받을 수 있는 위치인지 아닌지를 검사한다. 해답을 표현하는 방법에 의해 한 행에는 여왕말 하나만 기록할 수 있다는 점을 다시 생각해 보면, isplaceok에서는 주어진 위치와 같은 열이나 대각선 방향에 다른 여왕말이 있는지

만 검사하면 된다.

printsolution 함수는 체스판을 출력한다. 전체 체스판을 돌면서 다음과 같이 여왕말의 위치는 X로 표기하고 나머지 빈칸은 -로 표기한다.

```
X - - - - - - -
- - - - X - - -
- - - - - - - X
- - - - - X - -
- - X - - - - -
- - - - - - X -
- X - - - - - -
- - - X - - - -
```

그리고 남은 addqueen 함수는 프로그램의 핵심에 해당하는 부분으로, 백트래킹(backtracking) 방식으로 해답을 찾아낸다. 먼저 해답 찾기가 끝났는지 검사해서 정답을 찾았다면 답을 출력하고, 아직 아닌 경우라면 모든 열을 반복하며 재귀 호출로 남은 여왕말이 공격 받지 않게 둘 자리를 계산한다.

이렇게 만들어진 addqueen을 초기 상태를 인자로 호출하는 것으로 끝난다.

## 10.2 가장 많이 나오는 단어 찾기

이번에 다뤄 볼 예제는 텍스트 파일을 읽어서 파일에서 가장 자주 나오는 단어를 출력하는 간단한 프로그램이다. 이 예제에서는 텍스트에서 읽은 단어와 그 빈도 수를 저장하는 간단한 테이블을 주 자료구조로 사용한다. 이런 자료구조를 활용한다면 프로그램을 크게 다음의 세 작업으로 나눌 수 있다.

- 텍스트를 읽어서 단어마다 나온 횟수를 센다.
- 단어 리스트를 빈도가 높은 순으로 정렬한다.
- 정렬한 리스트에서 n번째까지의 원소를 출력한다.

먼저 텍스트를 읽는 작업을 처리하는 데 7장 '반복자와 클로저' 절에서 이미 구현했던 allwords 반복자를 활용할 수 있다. 다음 코드와 같이 allwords로 받은 단어마다 해당 단어의 횟수를 증가시키면 된다.

```lua
local counter = {}
for w in allwords() do
  counter[w] = (counter[w] or 0) + 1
end
```

초기화되지 않은 counter의 요소를 처리하기 위해 or 연산을 이용한 것을 눈여겨보자.

다음 할 일은 단어 리스트를 정렬하는 일이다. 그런데 주의 깊은 독자들은 눈치챘겠지만 아직 정렬할 단어 리스트가 없는 상태다. 그렇지만 counter 테이블에서 키로 사용하고 있는 것을 리스트로 만들기만 하면 되니 어려울 것은 없다.

```lua
local words = {}
for w in pairs(counter) do
  words[#words + 1] = w
end
```

리스트를 만들었으니 이제 이 리스트를 table.sort 함수를 써서 정렬할 수 있다. table.sort에 대해서는 6장 '루아 함수의 내부'에서 간단히 다뤘다.

```lua
table.sort(words, function (w1, w2)
  return counter[w1] > counter[w2] or
         counter[w1] == counter[w2] and w1 < w2
end)
```

앞의 코드를 실행하면 빈도가 높은 요소가 counter의 앞쪽으로 오게 된다. 횟수가 같은 경우는 단어의 알파벳 순으로 배치된다.

코드 10.2 '단어의 빈도를 세는 프로그램'에서 전체 코드를 볼 수 있다.

### 코드 10.2 단어의 빈도를 세는 프로그램

```lua
local function allwords ()
  local auxwords = function ()
    for line in io.lines() do
      for word in string.gmatch(line, "%w+") do
        coroutine.yield(word)
      end
    end
  end
  return coroutine.wrap(auxwords)
end

local counter = {}
for w in allwords() do
  counter[w] = (counter[w] or 0) + 1
end

local words = {}
for w in pairs(counter) do
  words[#words + 1] = w
end
```

```
    table.sort(words, function (w1, w2)
      return counter[w1] > counter[w2] or
             counter[w1] == counter[w2] and w1 < w2
    end)

    for i = 1, (tonumber(arg[1]) or 10) do
      print(words[i], counter[words[i]])
    end
```

auxwords 반복자 내부의 반복문과 반복자를 사용하는 (그 다음) 반복문의 관계를 반전시키기 위해 코루틴을 사용한 부분을 눈여겨보자. 결과를 출력하는 마지막 반복문에서 상위 몇 개의 결과를 출력할지는 프로그램의 실행 인자로 받기로 했는데, 프로그램 실행 인자가 들어오지 않을 경우에는 기본값으로 10개의 단어를 출력하게 했다.

## 10.3 마르코프 연쇄 알고리즘

이제 마지막으로 마르코프 연쇄 알고리즘 구현 예제를 살펴보자. 이 프로그램은 유사 난수를 이용해서 무작위로 텍스트를 생성하는 데, 읽어 들인 텍스트에서 n개의 단어 뒤에 나오는 단어들을 활용해서 다음에 나올 단어를 결정한다. 이 구현에서는 n을 2로 고정하겠다.

프로그램을 크게 두 부분으로 나눌 수 있는데, 앞 부분에서는 읽은 전체 텍스트에서 이어서 나오는 두 단어(prefix라 한다)를 키로, 해당 키 다음에 나오는 하나의 단어를 모아둔 리스트를 값으로 가지는 테이블을 만든다. 이렇게 테이블을 구성한 다음 이 테이블을 이용해서 무작위로 텍스트를 만든다. 이때, 이어서 나오는 두 단어 뒤에 나오는 단어는 읽어 들인 텍스트에 있는 확률과 동일하게 나온다. 예를 들어 이 책 영문판의 내용을 입력하면 다음과 유사한 텍스트를 출력한다.

"Constructors can also traverse a table constructor, then the parentheses in the following line does the whole file in a field n to store the contents of each function, but to show its only argument. If you want to find the maximum element in an array can return both the maximum value and continues showing the prompt and running the code. The following words are reserved and cannot be used to convert between degrees and radians."

연속한 두 단어를 문자열 하나로 된 키로 만들기 위해 두 단어 사이에 공백을 넣어 이은 문자열을 만들어야 한다. 이 역할을 하는 prefix 함수를 다음과 같이 구현할 수 있다.

```
function prefix (w1, w2)
  return w1 .. " " .. w2
end
```

prefix 단어의 처음과 텍스트의 끝을 표시할 목적으로 새 줄 문자를 값으로 하는 NOWORD 문자열 변수를 정의한다. 예를 들어, 텍스트 'the more we try the more we do'로 테이블을 구성하면 다음과 같은 테이블이 만들어진다.

```
{ ["\n \n"] = {"the"},
  ["\n the"] = {"more"},
  ["the more"] = {"we", "we"},
  ["more we"] = {"try", "do"},
  ["we try"] = {"the"},
  ["try the"] = {"more"},
  ["we do"] = {"\n"},
}
```

이 테이블을 유지하는 변수를 statetab이라 하자. 새 단어를 테이블의 prefix 리스트에 추가하는 작업을 위해 insert 함수를 다음과 같이 정의한다.

```
function insert (index, value)
  local list = statetab[index]
  if list == nil then
    statetab[index] = {value}
  else
    list[#list + 1] = value
  end
end
```

먼저 prefix에 해당하는 값이 있는지를 확인한다. 테이블에 값이 없으면 value를 담은 리스트를 만들어서 값으로 할당한다. 이미 prefix가 있으면 해당하는 리스트에 새 value를 추가한다.

statetab 테이블을 구성하기 위해 가장 최근에 읽은 단어 두 개를 변수 w1과 w2에 저장해 둔다. 새 단어를 읽을 때마다 w1과 w2로 만들어지는 prefix에 해당하는 리스트에 읽은 단어를 추가한 후 w1과 w2를 갱신한다.

테이블을 구성한 뒤에 MAXGEN 단어 수만큼의 텍스트를 생성하기 시작한다. 먼저, w1과 w2를 NOWORD로 다시 초기화한다. 그 다음 모든 prefix마다 해당하는 리스트의 원소 중 하나를 무작위로 선택해서 prefix 다음 단어로 사용한다. 선택한 단어를 출력하고 w1과 w2를 갱신한다. 코드 10.3 '마르코프 프로그램에서 사용하는 보조함수의 정의'와 코드 10.4 '마르코프 프로그램'에서 전체 프로그램 코드를 확인할 수 있다.

**코드 10.3 마르코프 프로그램에서 사용하는 보조함수의 정의**

```lua
function allwords ()
  local line = io.read()           -- 지금 읽은 줄
  local pos = 1                    -- 읽은 줄에서 보고 있는 위치
  return function ()               -- 반복자 함수
    while line do                  -- 더 읽을 줄이 있을 때까지 반복
      local s, e = string.find(line, "%w+", pos)
      if s then                                   -- 어절이 구분된다면
        pos = e + 1                               -- 다음 위치 갱신
        return string.sub(line, s, e)             -- 단어 반환
      else
        line = io.read()           -- 단어를 완성하지 못한 경우 다음 줄 읽음
        pos = 1                    -- 가장 첫 위치부터 재시작
      end
    end
    return nil                     -- 더 이상 읽을 줄이 없음. 반복 종료
  end
end

function prefix (w1, w2)
  return w1 .. " " .. w2
end

local statetab = {}

function insert (index, value)
  local list = statetab[index]
  if list == nil then
    statetab[index] = {value}
  else
    list[#list + 1] = value
  end
end
```

앞에서 나왔던 가장 자주 나오는 단어를 세는 예제와는 달리, 여기서는 클로저를 이용해서 allwords를 구현했다.

코드 10.4 마르코프 프로그램

```
        local N = 2
        local MAXGEN = 10000
        local NOWORD = "\n"

        -- 테이블 구성
        local w1, w2 = NOWORD, NOWORD
        for w in allwords() do
          insert(prefix(w1, w2), w)
          w1 = w2; w2 = w;
        end
        insert(prefix(w1, w2), NOWORD)

        -- 텍스트 생성
        w1 = NOWORD; w2 = NOWORD    -- 다시 초기화
        for i = 1, MAXGEN do
          local list = statetab[prefix(w1, w2)]
          -- 리스트에서 임의의 항목 선택
          local r = math.random(#list)
          local nextword = list[r]
          if nextword == NOWORD then return end
          io.write(nextword, " ")
          w1 = w2; w2 = nextword
        end
```

# 연습 문제

**연습 문제 10.1:** 정답을 출력하고 바로 프로그램을 종료하도록 8-여왕말 프로그램을 수정해 보자.

**연습 문제 10.2:** 8-여왕말 문제를 1에서 8까지의 숫자로 가능한 모든 순열 조합을 만들어서, 각 조합마다 정답인지 검사하는 방법으로 구현할 수도 있다. 이런 식으로 프로그램을 수정해 보자. 새로 고친 프로그램이 예전 것보다 얼마나 빨라졌나? (힌트: 원래의 프로그램에서 isplaceok를 호출하는 횟수와 1에서 8까지의 숫자로 만들어지는 모든 순열 조합의 수를 비교해서 생각해 보자.)

**연습 문제 10.3:** 가장 많이 나오는 단어 찾기 프로그램을 문서 등에 적용해 보면 대체로 관사나 전치사 같은 별 의미 없는 것이 가장 많이 나오는 단어로 출력된다. 4글자보다 적은 단어는 무시하도록 프로그램을 수정해 보자.

**연습 문제 10.4:** 구현한 마르코프 연쇄 알고리즘은 생성할 다음 단어를 2번 이어지는 단어 순열 다음에 오는 단어에서 고르도록 했다. 2번으로 고정하지 않고 임의의 n번을 이용할 수 있도록 프로그램을 일반화해 보자.

2부

# 테이블과 객체

# 11장

Programming in Lua

# 자료구조

루아의 테이블은 여러 자료구조 중 하나가 아니라 유일한 자료구조이다. 다른 언어는 배열, 레코드, 리스트, 큐, 집합 같은 구조를 제공하지만 루아는 이런 모든 자료구조를 오직 테이블을 이용해서 표현하며, 테이블만으로도 모든 자료구조를 효율적으로 구현할 수 있다.

C나 파스칼 같은 기존의 언어에서는 대부분의 자료구조를 배열이나 리스트(리스트=레코드+포인터)를 이용해서 구현한다. 루아의 테이블로도 배열이나 리스트를 구현할 수 있고 그렇게 구현해서 쓰긴 하지만, 배열이나 리스트보다 루아 테이블이 유용하다. 많은 알고리즘은 테이블을 이용하면 훨씬 간단해진다. 예를 들어, 테이블이 모든 타입에 대한 직접적인 접근을 제공하기 때문에 검색 알고리즘을 작성할 일이 거의 없다.

테이블을 효율적으로 사용하는 방법을 익히는 데는 연습이 필요하다. 우선 테이블을 이용해서 자료구조를 구현하고, 사용하는 예를 살펴보자. 다른 자료구조를 구현하는 데 필요하고 대부분의 프로그래머에게 익숙하기도 한 배열과 리스트부터 시작하자. 배열과 리스트를 구현할 때 필요한 기본적인 부분은 대부분 이전 장에서 배웠지만 반복을 통해 익숙해지도록 해보자.

## 11.1 배열

여기서는 간단히 테이블에 정수 인덱스를 사용해서 배열을 구현하려 한다. 따라서 배열이 고정된 크기를 가지고 있지 않고 필요에 따라 커진다. 일반적으로 배열을 초기화하면서 배열의 크기를 간접적으로 지정한다. 크기가 1000인 배열을 0으로 초기화해서 간접적으로 정의해 보자. 다음 코드가 실행된 이후에 1-1000의 범위를 벗어나는 필드에 접근하면 0 대신 nil을 반환한다.

```
a = {}      -- 새로운 배열
for i = 1, 1000 do
    a[i] = 0
end
```

길이를 구하는 연산자인 #이 이런 성질을 이용해서 배열의 크기를 구한다.

```
print(#a)    --> 1000
```

배열의 인덱스는 0이나 1 또는 아무 값에서나 시작할 수 있다.

```
-- 인덱스로 -5부터 5까지 사용하는 배열을 생성한다.
a = {}
for i = -5, 5 do
    a[i] = 0
end
```

하지만 루아에서는 배열의 인덱스가 1부터 시작하는 것이 관례이다. 길이를 구하는 연산자의 예처럼 루아 라이브러리는 이 관례를 잘 따른다. 배열의 인덱스가 1부터 시작하지 않는다면 이런 기능을 사용할 수 없다. 그러니 배열의 인덱스를 1부터 시작하도록 사용하자.

생성자를 이용하면 표현식 하나로 배열을 생성하고 초기화할 수 있다.

```
squares = {1, 4, 9, 16, 25, 36, 49, 64, 81}
```

이런 생성자는 필요에 따라 커질 수 있다. 어림잡아 수백만 개의 원소를 넣을 정도로 커질 수 있다.

## 11.2 행렬과 다차원 배열

루아에서 행렬을 표현하는 데는 크게 두 가지 방법이 있다. 첫째는 배열의 배열을 이용하는 방법으로 테이블의 원소가 다른 테이블인 경우이다. 예를 들어 0을 원소로 갖는 N×M 차원의 행렬을 다음 코드처럼 생성할 수 있다.

```lua
mt={}                  -- 행렬을 생성한다.
for i = 1, N do
  mt[i] ={}            -- 새로운 행을 생성한다.
  for j = 1, M do
    mt[i][j] = 0
  end
end
```

루아에서 테이블은 객체이므로 행렬을 생성하려면 명시적으로 각 행을 생성해야 한다. 사실 C나 파스칼 같은 언어에서 단순히 행렬을 선언하던 것에 비하면 좀 장황하기는 하다. 대신에 훨씬 유연하다는 장점이 있다. 앞의 예제에서 for j=1,M do … end 반복문을 for j=1,i do … end로 바꾸기만 하면 삼각 행렬(triangular matrix)을 만들 수 있다. 이 코드에서 삼각 행렬이 사용하는 메모리 공간은 원래 예제의 절반 밖에 되지 않는다.

행렬을 표현하는 두 번째 방법은 테이블을 하나만 이용하고 대신 인덱스 두 개를 조합해서 하나로 사용하는 것이다. 두 인덱스가 정수라면 첫 번째 인덱스에 적절한 상수를 곱하고 두 번째 인덱스를 더해 줄 수 있다. 다음 코드는 이 방법을 이용해서 0을 원소로 갖는 N×M 차원 행렬 생성 코드를 보여 준다.

```lua
mt={}     -- 행렬을 생성한다.
for i = 1, N do
  for j = 1, M do
    mt[(i - 1)*M + j] = 0
  end
end
```

인덱스가 문자열이라면 인덱스 두 개를 문자 하나로 연결해서 하나의 인덱스처럼 표현할 수 있다. 문자열 s와 t를 인덱스로 이용하는 행렬 m은 m[s..":"..t]과 같이 코드로 표현할 수 있다. 이때, s나 t에는 콜론이 포함되면 안 된다. 그렇지 않다면 ("a:", "b")나 ("a", ":b")가 모두 "a::b"로 표현되면서 망가지게 된다. 이런 상황이라면 \0 같은 제어 문자를 이용해서 인덱스를 구분해도 된다.

애플리케이션에서 희소 행렬(sparse matrix)을 사용할 일이 생각보다 많다. 희소 행렬은 대부분의 원소가 0이나 nil인 행렬이다. 예를 들어, 노드 m과 n간의 비용이 x인 연결을 가진 그래프는 m, n의 위치에 x의 값을 가진 인접 행렬(adjacency matrix)로 표현할 수 있다. 노드 간에 연결이 없다면 m, n 위치 값은 nil이다. 그래프에 1만 개의 노드가 있고, 각 노드가 대략 5개의 이웃을 가지고 있다고 하자. 이 그래프를 표현하려면 1억 개의 항목을 가진 행렬이 필요하다(10000개의 열과 10000개의 행이 필요한 정사각 행렬). 하지만 이 중에서 약 5만 개만 nil이 아닌 값을 가질 것이다(각 노드의 이웃에 대응하는 각 행에 다섯 개의 nil이 아닌 열을 가진). 자료구조를 다루는 많은 책에서 이런 희소 행렬을 구현할 때 400MB의 메모리를 낭비하지 않는 방법을 설명하기 위해 일정 분량을 할애하고 있다. 그러나 루아는 배열이 테이블로 표현되기 때문에 원래부터 이런 메모리 낭비가 없기에 이런 기법이 필요한 경우가 거의 없다. 테이블의 테이블을 활용하는 첫 번째 방식대로라면 1만개의 테이블과 각 테이블에 5개의 원소로 합쳐서 5만개의 항목이 필요하다. 하지만 두 번째 방식을 이용하면 하나의 테이블과 5천 개의 항목이면 충분하다. 어떤 방식을 택하더라도 nil이 아닌 원소에 대해서만 공간이 필요하다.

희소 행렬에는 사용되는 항목 사이에 nil 값을 가진 구멍이 있기 때문에 길이를 구하는 연산자를 사용할 수 없다. 길이를 구하는 연산자를 사용하지 못하는 건 그리 큰 손실이 아니다. 만약 사용할 수 있더라도 사용하지 말아야 한다. 대부분의 연산에서 이렇게 비어 있는 항목들도 순회하는 건 정말 비효율적이다. 대신에 paris를 이용해서 nil이 아닌 원소만 순회할 수 있다. 예를 들어, 모든 행에 상수를 곱하고 싶다면 다음 코드처럼 할 수 있다.

```
function mult (a, rowindex, k)
  local row = a[rowindex]
  for i, v in pairs(row) do
    row[i] = v * k
  end
end
```

주의할 점은 테이블에서 키는 고유한 순서를 가지지 않는다는 점이다. 그러니 pairs를 이용해서 반복하게 되면 차례대로 컬럼을 조회한다고 보장할 수 없다. 앞의 예제 같은 작업에서는 이런 점이 문제가 되지는 않는다. 하지만 링크드 리스트와 같은 경우에는 이런 방식을 이용할 수 없으니 다른 방법을 찾아야 한다.

## 11.3 링크드 리스트

루아의 테이블이 동적인 항목이기 때문에 링크드 리스트를 구현하기는 쉽다. 각 노드는 테이블로 표현되고 링크는 단순히 다른 테이블을 참조하는 테이블의 필드이기만 하면 된다. 각 노드가 next와 value 필드만을 가진 간단한 리스트를 구현한다고 해보자. 다음 변수 list는 리스트의 루트를 나타낸다.

```
list = nil
```

리스트의 시작점에 v라는 값을 가진 원소를 삽입하려면 다음과 같이 할 수 있다.

```
list = {next = list, value = v}
```

이 리스트를 순회하기 위해서 다음과 같은 코드를 작성한다.

```
local l = list
  while l do
    <visit l.value>
  l = l.next
end
```

이중 링크드 리스트(double-linked lists)나 원형 리스트(circular lists) 같은 종류도 구현하기 쉽다. 하지만, 대게는 링크드 리스트를 이용하지 않고도 데이터를 더 쉽게 표현할 수 있는 방법이 있기 때문에 루아에서 이런 자료구조는 잘 사용하지 않는다. 예를 들어 스택을 표현하려면 범위 제한이 없는 배열을 이용하면 된다.

## 11.4 큐와 이중 큐

루아에서 큐는 table 라이브러리의 insert와 remove 함수를 이용하면 간단하게 구현할 수 있다. 이 함수들은 배열의 어떤 위치라도 원소를 삽입하거나 제거할 수 있다. 다른 원소들은 알아서 조정된다. 하지만 이렇게 알아서 위치를 옮겨 가는 연산은 큰 규모인 경우에는 비용이 크다. 좀 더 효율적인 방법은 첫 번째 원소와 마지막 원소를 가리키는 두 개의 인덱스를 이용해서 구현하는 것이다.

```
function ListNew ()
  return {first = 0, last = -1}
end
```

전역 공간을 어지럽히지 않기 위해서 모든 리스트 연산은 List라 이름 붙인 테이블 안에 정의하려 한다.

다시 말해, 모듈을 생성하려 한다(모듈에 대해서는 15장 '모듈과 패키지'에서 설명한다). 마지막 예제를 다음 코드처럼 다시 작성하자.

```
List = {}
function List.new ()
  return {first = 0, last = -1}
end
```

이제 원소를 삽입하고 제거할 때 상수 시간 안에 처리할 수 있다.

```
function List.pushfirst (list, value)
  local first = list.first - 1
  list.first = first
  list[first] = value
end

function List.pushlast (list, value)
  local last = list.last + 1
  list.last = last
  list[last] = value
end

function List.popfirst (list)
  local first = list.first
  if first > list.last then error("list is empty") end
  local value = list[first]
  list[first] = nil    -- 가비지 컬렉션되도록
  list.first = first + 1
  return value
end

function List.poplast (list)
  local last = list.last
  if list.first > last then error("list is empty") end
  local value = list[last]
  list[last] = nil    -- 가비지 컬렉션되도록
  list.last = last - 1
  return value
end
```

이 자료구조를 엄격한 큐 이론 대로 사용한다면 pushlast와 popfirst만 사용하면 된다. 이렇게 사용하면 first와 last 값은 계속 증가한다. 루아에서 배열을 테이블로 표현하기 때문에 1부터 20으로 인덱스를 처리할 수도 있지만, 16777216부터 16777236으로 처리할 수도 있다. 루아는 배정밀도 수를 사용하니 초당 백만 개의 원소를 삽입해서 계속 인덱스가 증가해도 오버플로 문제가 발생하기까지 프로그램은 2백 년 동안 동작한다.

## 11.5 집합과 다중 집합

프로그램 소스에서 사용된 모든 식별자를 나열한다고 해보자. 어떻게든 목록에서 예약어를 필터링해야 한다. C 프로그래머라면 예약어를 문자열 배열로 표현한 다음, 이 배열을 검색해서 주어진 단어가 예약어인지 아닌지를 판단하려고 할 수 있다. 아니면 검색 속도를 높이려고 이진 트리로 표현하려고 할 수도 있다.

루아에서 이런 예약어 집합을 표현하는 효율적이면서 간단한 방법은 예약어를 테이블의 인덱스로 넣는 것이다. 그리고 나서 테이블에서 주어진 원소를 찾기보다는 테이블의 인덱스로 찾아보고 결과가 nil인지 아닌지를 판단하면 된다. 다음과 같은 형태의 코드로 작성할 수 있다.

```lua
reserved = {
  ["while"] = true,    ["end"] = true,
  ["function"] = true, ["local"] = true,
}

for w in allwords() do
  if not reserved[w] then
    <'w'를 이용한 작업>    -- 'w'는 예약어가 아님
  end
end
```

예제에서 사용한 단어는 루아의 예약어이니 식별자로 사용할 수 없다. 예를 들어, while = true 같은 코드를 작성할 수는 없다. 대신 ["while"] = true와 같은 방식으로 표현했다.

예약어 집합을 구성하기 위한 보조 함수를 사용하면 초기화가 좀 더 명확해진다.

```lua
function Set (list)
  local set = {}
  for _, l in ipairs(list) do set[l] = true end
  return set
end

reserved = Set{"while", "end", "function", "local", }
```

다중 집합(백(bag)이라고도 말함)은 각 원소가 여러 번 나올 수 있다는 점에서 일반 집합과는 다르다. 루아에서 다중 집합을 표현하는 방법은 앞에서 집합을 표현한 방식과 유사하다. 다만, 각 키에 개수를 셀 수 있도록 변수를 추가해서 원소가 추가되면 해당 변수의 값을 증가시킨다.

```
function insert (bag, element)
  bag[element] = (bag[element] or 0) + 1
end
```

원소를 제거하려면 앞에서 증가시켰던 변수의 값을 감소시킨다.

```
function remove (bag, element)
  local count = bag[element]
  bag[element] = (count and count > 1) and count - 1 or nil
end
```

이미 추가된 원소는 이 변수의 값만 잘 유지하고 0보다 큰지 확인하면 된다.

## 11.6 문자열 버퍼

문자 조각을 조금씩 이어 붙여서 문자열을 만든다고 가정해 보자. 이를테면 파일을 한 줄씩 읽는다고 생각해 보자. 대개 다음과 같은 방식으로 코드를 작성한다.

```
local buff = ""
for line in io.lines() do
  buff = buff .. line .. "\n"
end
```

별 문제가 없어 보이지만 루아에서 이런 식으로 코드를 작성하면 파일이 큰 경우 성능 하락이 두드러진다. 실제로 오래된 펜티엄 PC에서 1MB 파일을 읽을 때 1.5분 정도 걸렸다.[1]

문제가 뭘까? 문제를 이해하기 위해서 지금 파일을 읽고 있는 중이라고 가정해 보자. 각 줄은 20바이트이고 이미 2500줄을 읽었다면 buff는 50KB의 문자열일 것이다. 루아에서 buff..line.. "\n"를 이어 붙일 때 50020바이트의 새로운 문자열을 할당해서 buff에서 50000바이트를 이 새로운 문자열로 복사한다. 다시 말해 새로운 줄을 읽을 때마다 매번 50KB 정도의 메모리를 움직이며 이는 점점 커진다. 게다가 이 알고리즘은 시간복잡도가 $O(n^2)$이다. 100줄을 읽었을 때 2KB 밖에 되지 않지만 실제로는 이미 5MB의 메모리가 이동했다. 350KB의 파일을 읽고 나면 약 50GB 정도를 움직인다. 특이하게 루아에만 있는 문제는 아니다. 문자열을 변경할 수 없

---

[1] 여기서 사용된 펜티엄 PC는 단일 코어의 32비트 펜티엄 3GHz 모델이다. 이 책에서 제시한 모든 성능 데이터는 이 컴퓨터를 이용해서 측정했다.

는 다른 언어도 비슷한 문제가 있으며 자바가 가장 유명한 예다.

계속 진행하기 전에 다시 짚어 봐야 할 것은 이게 흔히 있는 문제는 아니라는 점이다. 문자열이 작은 경우에는 위의 반복문 구조도 괜찮다. 그리고 파일 전체를 읽을 때는 파일을 한번에 읽는 io.read("*a")를 쓰면 된다. 그럼에도 이런 문제를 직접 다뤄야 할 때가 있는데, 자바는 이 문제를 개선하려고 StringBuffer를 제공한다. 루아에서는 테이블을 문자열 버퍼로 사용할 수 있다. 이 방법의 핵심은 주어진 리스트의 모든 문자열을 이어 붙여서 반환하는 table.concat 함수를 이용하는 데 있다. 이전 반복문 구조를 concat 함수를 이용해서 다음과 같이 바꿀 수 있다.

```
local t = {}
for line in io.lines() do
  t[#t + 1] = line .. "\n"
end
local s = table.concat(t)
```

원래 코드에서는 거의 1분 가까이 걸리던 작업이지만 이 알고리즘을 이용하면 똑같은 파일을 읽는 데 0.5초보다 적은 시간이 든다. 참고로 이렇게 시간이 단축되었지만 전체 파일을 읽는 작업은 io.read에 "*a" 옵션을 이용하는 게 더 빠르다.

좀 더 개선해 볼 수 있다. concat 함수는 필요에 따라서 두 번째 인자로 이어 붙이는 문자열 사이에 추가될 구분자를 지정할 수 있다. 구분자를 이용하면 줄마다 줄 바꿈 문자를 추가하지 않아도 된다.

```
local t = {}
for line in io.lines() do
  t[#t + 1] = line
end
s = table.concat(t, "\n") .. "\n"
```

concat 함수가 문자열 사이에 줄 바꿈 문자를 추가해 주지만 마지막 줄 바꿈 문자는 따로 추가해야 한다. 마지막에 줄 바꿈 문자를 추가하면서 결과 문자열이 복제되는데, 문자열이 꽤 길 수 있다. concat 함수에는 마지막에 구분자를 추가로 넣기 위한 옵션이 없으니 t에 빈 문자열을 하나 추가하는 꼼수로 넘어갈 수 있다.

```
t[#t + 1] = ""
s = table.concat(t, "\n")
```

이렇게 하면 예상대로 concat 함수에서 마지막 빈 문자열을 추가하기 전에 줄 바꿈 문자를 추가한다.

## 11.7 그래프

다른 언어들처럼 루아에서도 그래프를 구현하는 여러 가지 방법이 있다. 각 구현 방식마다 특정 알고리즘에 최적화되어 있다. 여기서 보여 주려는 방식은 간단한 객체지향 구현으로 각 노드를 객체(물론 실제로는 테이블이다)로 표현하고 간선은 노드 간의 참조로 표현한다.

각 노드를 두 개의 필드를 가진 테이블로 표현하려 한다. 두 필드는 노드의 이름을 나타내는 name과 인접한 노드의 목록을 표현하는 adj이다. 그래프를 텍스트 파일에서 읽으려 하기 때문에 이름으로 특정 노드를 찾을 수 있는 방법이 필요하다. 그래서 이름과 노드를 연결시켜 줄 추가 테이블을 이용하려 한다. name2node 함수에 이름을 전달하면 대응하는 노드를 반환한다.

```
local function name2node (graph, name)
  local node = graph[name]
  if not node then
    -- 노드가 없다면 새로 하나 만든다.
    node = {name = name, adj = {}}
    graph[name] = node
  end
  return node
end
```

코드 11.1 '파일에서 그래프 읽기'는 그래프를 구성하는 함수를 보여 준다.

**코드 11.1 파일에서 그래프 읽기**

```
function readgraph ()
  local graph = {}
  for line in io.lines() do
    -- 줄을 이름 두 개로 분리
    local namefrom, nameto = string.match(line, "(%S+)%s+(%S+)")
    -- 대응하는 노드 찾기
    local from = name2node(graph, namefrom)
    local to = name2node(graph, nameto)
    -- 'from'의 인접 노드 목록에 'to'를 추가
    from.adj[to] = true
  end
  return graph
end
```

이 함수는 파일을 한 줄씩 읽는다. 파일의 한 줄에는 두 노드의 이름이 있는데 앞의 노드에서 두 번째 노드로 이어지는 간선이 존재한다는 의미이다. 한 줄씩 읽으면서 string.match를 이용해서 두 이름을 나누고 이름에 해당하는 노드를 찾은 후(필요하면 노드를 생성한다), 둘을 연결한다.

코드 11.2 '두 노드 사이의 경로 찾기'는 경로 찾기 알고리즘을 보여 준다.

#### 코드 11.2. 두 노드 사이의 경로 찾기

```lua
function findpath (curr, to, path, visited)
  path = path or {}
  visited = visited or {}
  if visited[curr] then       -- 이미 방문한 노드인가?
    return nil                -- 더 이상의 경로는 없다
  end
  visited[curr] = true        -- 노드를 '방문함(visited)'으로 표시
  path[#path + 1] = curr      -- 노드를 경로에 추가
  if curr == to then          -- 마지막 노드인가?
    return path
  end
  -- 모든 인접한 노드에 시도
  for node in pairs(curr.adj) do
    local p = findpath(node, to, path, visited)
    if p then return p end
  end
  path[#path] = nil           -- 노드를 경로에서 제거한다.
end
```

findpath 함수는 깊이 우선 순회를 이용해서 두 노드 사이의 경로를 탐색한다. 첫 번째 매개변수는 현재 노드이고, 두 번째 노드는 목표로 하는 노드이다. 세 번째 매개변수는 시작 지점에서 현재 노드까지의 경로를 유지한다. 마지막 매개변수는 이미 방문한 노드의 집합이다. 반복을 피하기 위해서 사용한다. 이 알고리즘에서 이름을 사용하지 않고 노드를 직접 조작하는 방법을 참고하자. visited는 노드의 집합이지 노드 이름의 집합이 아니다. 마찬가지로 경로도 노드의 목록이다.

이 코드를 테스트하기 위해 경로를 출력하기 위한 함수도 추가하고 실행하는 코드도 추가했다. 다음을 보자.

```lua
function printpath (path)
  for i = 1, #path do
    print(path[i].name)
  end
end
```

```
g = readgraph()
a = name2node(g, "a")
b = name2node(g, "b")
p = findpath(a, b)
if p then printpath(p)   end
```

## 연습 문제

**연습 문제 11.1:** 큐의 구현을 수정해서 큐가 비어 있을 때는 두 개의 인덱스 모두 0을 반환하도록 수정해 보자.

**연습 문제 11.2:** 연습 문제 10.3을 다시 풀어 보자. 길이를 기준으로 단어를 무시하지 말고, 프로그램이 무시할 단어를 텍스트 파일에서 읽어 오도록 해보자.

**연습 문제 11.3:** 그래프 구조를 수정해서 각 간선이 레이블을 가지도록 해 보자. 각 간선이 두 개의 필드를 가진 객체로 표현되어야 한다. 레이블과 연결된 노드를 가리키는 필드이다. 인접한 집합 대신 각 노드는 해당 노드에서 시작하는 간선을 포함하는 incident 집합을 관리한다.

    readgraph 함수를 수정해서 입력 파일의 각 줄에서 두 노드의 이름뿐 아니라 레이블도 얻도록 하자. 레이블은 숫자라고 가정한다.

**연습 문제 11.4:** 이전 예제의 그래프 표현에서 각 간선의 레이블이 노드 간의 거리를 표시한다고 가정하자. 두 노드 사이의 최소 거리를 가지는 경로를 찾는 함수를 작성해 보자. (힌트: 다익스트라(Dijkstra) 알고리즘을 이용하면 된다.)

# 12장

Programming in Lua

# 데이터 파일과 영속성

데이터 파일을 다루는 작업을 할 때, 대체로 파일에서 데이터를 다시 읽어 오는 작업보다 파일에 데이터를 쓰는 작업이 훨씬 수월하다. 파일에 기록할 때는 원하는 대로 기록할 수 있지만, 파일을 읽을 때는 파일에 어떤 내용이 있을지 장담할 수 없다. 견고한 프로그램이라면 제대로 된 파일에 포함될 수 있는 모든 종류의 데이터를 처리하면서, 잘못된 파일도 프로그램에 문제가 발생하지 않도록 처리해야 한다. 그러니 견고한 입력 루틴을 작성하는 건 언제나 어렵다.

이 장에서는 데이터를 읽기 위한 코드를 작성할 필요 없이 데이터를 쓰고 읽는 방법에 대해서 알아본다. 데이터를 적절한 형식으로 작성하는 방법만 배우면 된다.

## 12.1 데이터 파일

테이블 생성자가 파일 형식의 대안이 될 수 있다. 데이터를 파일에 적을 때 약간의 수고를 더 하면 파일을 읽는 작업이 굉장히 사소한 일이 된다. 이 기법은 데이터 파일을 루아 코드 형태로 작성하고, 데이터 파일을 읽을 때 내용을 실행해서 데이터를 읽어 오는 것이다. 테이블 생성자를 이용하면 이런 청크도 일반 데이터 파일과 거의 유사해 보이도록 할 수 있다.

예제를 통해서 이해해 보자. 데이터 파일이 CSV(콤마로 구분된 값)나 XML 같이 미리 정의된 형식을 사용해야 한다면, 아쉽지만 선택의 여지가 거의 없다. 하지만 내부적으로만 사용하려고 파일을 만드는 것이라면 루아 생성자를 파일 형식으로 사용할 수 있다.

```
Donald E. Knuth,Literate Programming,CSLI,1992
Jon Bentley,More Programming Pearls,Addison-Wesley,1990
```

위와 같이 작성하는 방법 대신 각 데이터 레코드를 루아 생성자로 표현해서 다음과 같은 형식으로 작성한다.

```
Entry{"Donald E. Knuth",
   "Literate Programming",
   "CSLI",
   1992}

Entry{"Jon Bentley",
   "More Programming Pearls",
   "Addison-Wesley",
   1990}
```

다시 말하지만 Entry{code}와 Entry({code})는 같다. 그러니 앞의 데이터 조각은 테이블을 인자로 전달해서 Entry 함수를 호출하는 루아 프로그램이다. 이 파일을 읽으려면 파일을 실행하기만 하면 된다. 예를 들어, 다음은 데이터 파일에 포함된 항목의 수를 세는 프로그램이다.

```
local count = 0
function Entry () count = count + 1 end
dofile("data")
print("number of entries: " .. count)
```

그리고 다음 프로그램은 파일에 있는 모든 저자의 이름을 집합에 모아서 출력한다. 출력 순서는 파일에 들어 있는 순서와 다를 수 있다.

```
local authors = {}      -- 저자명을 모으기 위한 집합
function Entry (b) authors[b[1]] = true end
dofile("data")
for name in pairs(authors) do print(name) end
```

이 프로그램에서 나타난 이벤트 구동(event-driven) 접근 방식에 주목하자. Entry 함수는 dofile 중에 데이터 파일의 각 항목마다 호출되는 콜백 함수처럼 동작한다.

파일의 크기가 중요한 고려 사항이 아니라면 다음처럼 이름-값 쌍을 이용해서 표현할 수도 있다.[1]

```
Entry{
  author = "Donald E. Knuth",
  title = "Literate Programming",
  publisher = "CSLI",
  year = 1992
}

Entry{
  author = "Jon Bentley",
  title = "More Programming Pearls",
  year = 1990,
  publisher = "Addison-Wesley",
}
```

이런 형식을 자기 서술적인 데이터 형식이라고 한다. 각 데이터 조각이 데이터의 의미를 나타내는 짧은 설명에 덧붙여지는 방식이라 그렇게 부른다. 자기 서술적인 데이터는 CSV나 다른 압축된 형태의 표기법에 비해서 사람이 읽기에 더 쉽다. 자기 서술적인 데이터는 필요할 때 사람이 직접 편집하기 쉽고, 데이터 파일을 통째로 변경하지 않고도 기본 형식을 수정하기가 쉽다. 예를 들어, 만약 새로운 필드를 하나 추가한다면, 추가하려는 필드가 없을 때 기본값을 제공하도록 프로그램을 조금만 수정하면 된다.

이름-값 형식을 이용해서 저자의 이름을 모으는 프로그램은 다음과 같다.

```
local authors = {}         -- 저자명을 모으기 위한 집합
function Entry (b) authors[b.author] = true end
dofile("data")
for name in pairs(authors) do print(name) end
```

이제 필드의 순서는 상관이 없어졌다. 저자 정보가 없는 항목이 몇 개 있다고 해도 Entry 함수를 조금 수정하면 대응할 수 있다.

```
function Entry (b)
  if b.author then authors[b.author] = true end
end
```

루아는 실행도 빠르고 컴파일도 빠르다. 저자를 나열하는 앞의 프로그램은 1MB의 데이터를 10초 안에 처리할 정도이다.[2] 이런 결과는 우연이 아니다. 루아를 만들 때부터 데이터를 설명하는 이런 활용 방식이 주요 응용 분야 중의 하나였기에 큰 프로그램에서도 컴파일러가 빠르게 동작하도록 고려되었다.

---

1 BibTeX가 떠오를 수도 있는데 우연이 아니다. BibTeX는 루아의 생성자 문법에 영향을 준 것 중 하나이다.
2 필자의 펜티엄 머신에서 측정했다.

## 12.2 직렬화

데이터를 직렬화할 일이 종종 있다. 다시 말해, 데이터를 바이트나 문자의 스트림으로 변환해서 파일에 저장하거나 네트워크 연결을 통해 전송할 일이 생긴다. 이럴 때 필요한 직렬화된 데이터를 루아 코드로 표현할 수 있다. 루아 코드 형식으로 데이터를 직렬화하면, 직렬화된 데이터를 읽을 때 코드가 실행되면서 저장된 값이 프로그램의 일부가 된다.

보통 전역 변수의 값을 복원하는 코드는 varname = exp 같은 형태이다. 여기서 exp는 값을 생성하는 루아 코드라고 하자. varname 부분은 쉬운 부분이니 값을 생성하는 코드를 작성하는 방법을 보자. 숫자 값을 생성하는 일이라면 생각보다 쉽다. 다음처럼 숫자를 적기만 하면 된다.

```
function serialize (o)
  if type(o) == "number" then
    io.write(o)
  else <다른 조건>
  end
end
```

파일에 10진수 형식으로 기록되기 때문에 정밀도가 떨어질 수 있는 문제가 있는데, 루아 5.2에서는 다음과 같이 16진수 형식을 이용해서 이런 문제를 피할 수 있다.

```
if type(o) == "number" then
  io.write(string.format("%a", o))
```

("%a") 형식을 이용하면 읽어 들일 숫자가 원본과 동일한 비트로 구성된다. 그리고 문자열 값이라면 일단은 다음과 같이 적을 수 있다.

```
if type(o) == "string" then
  io.write("'", o, "'")
```

하지만 문자열에 따옴표나 개행 문자 같이 특수 문자가 포함된 경우 결과로 나온 코드가 유효한 루아 프로그램 코드가 아닐 수 있다.

따옴표를 다음과 같이 바꿔서 이 문제를 해결하려는 유혹에 빠지기 쉽지만 주의해야 한다.

```
    if type(o) == "string" then
      io.write("[[", o, "]]")
```

악의적인 사용자가 프로그램이 "]]..os.execute('rm *')..[[" 같은 내용을 저장하면 (주소를 입력하는 필드에 이런 내용을 입력할지도 모른다), 최종 결과물은 다음과 같다.

```
varname = [[ ]]..os.execute('rm *')..[[ ]]
```

이 데이터를 읽으면 당황스러운 결과를 보게 된다.

안전하게 문자열을 전달할 간단한 방법은 string.format 함수에 '%q' 옵션을 이용하는 것이다. 이 옵션을 이용하면 문자열을 큰따옴표로 감싸고 문자열에 포함된 큰따옴표나 개행 문자 같은 특수문자를 적절한 방법으로 치환해 준다.

```
a = 'a "problematic" \\string'
print(string.format("%q", a))    --> "a \"problematic\" \\string"
```

이 기능을 활용한 직렬화 함수는 다음과 같다.

```
function serialize (o)
  if type(o) == "number" then
    io.write(o)
  elseif type(o) == "string" then
    io.write(string.format("%q", o))
  else <다른 조건>
  end
end
```

루아 5.1 버전부터는 임의의 문자열을 인용할 때 안전한 방식으로 사용할 수 있도록 [=[...]=] 표기법도 제공하지만, 이 표기법은 주로 코드를 손으로 작성할 때 이용한다. 그러니까, 문자열 상수를 어떤 방식으로든 변경하지 않는 경우이다. 코드를 자동으로 생성하는 경우에는 string.format의 '%q' 옵션을 이용해서 문제가 되는 문자를 치환하는 방식이 더 쉽다.

그럼에도 자동으로 생성되는 코드에 구간 문자열 표기법을 사용하기를 원한다면 다음 경우를 주의해야 한다. 먼저 등호의 개수를 반드시 알맞게 선택해야 한다. 제대로 된 등호의 개수는 원본 문자열에 있는 등호보다 한 개 더 많은 것이다. 문자열이 길게 연속된 등호를 포함하는 것이 드문 일은 아니다(예를 들어, 소스 코드에서 주석 영역을 표시하는 연속된 등호 표기). 대신 여기서는 닫는 대괄호로 둘러쌓인 연속된 등호에만 집중하면 된다. 닫는 대괄호와 상관없이 등호가 연속해서 나오는 경우에는 문자열이 중간에 끝나는 오류가 발생할 가능성이 없다. 그리고 루아에선 구간 문자열의 시작에 있는 새로운 줄은 무시한다는 점을 주의해야 한다. 이 문제는 새로운 줄을 앞에 하나 추가해서 무시되게 하면 간단히 해결된다.

코드 12.1 '임의의 문자열 상수 인용하기'의 quote 함수는 앞의 내용을 정리한 결과이다.

**코드 12.1 임의의 문자열 상수 인용하기**

```
function quote (s)
  -- 연속된 등호의 최대 길이를 찾는다
  local n = -1
  for w in string.gmatch(s, "]=*]") do
    n = math.max(n, #w - 2)   -- ']'를 제외한 등호의 수만 세기 위해 -2
  end

  -- 등호가 n보다 1개 더 많도록 문자열을 생성
  local eq = string.rep("=", n + 1)

  -- 따옴표로 감싼 문자열 만들기
  return string.format(" [%s[\n%s]%s] ", eq, s, eq)
end
```

이 함수는 임의의 문자열을 전달 받아 구간 문자열 형식을 적용한 문자열을 반환한다. string.gmatch를 호출하면 패턴 ']=*]'을 모두 순회하는 반복자를 생성한다. 풀어서 말하면 문자열 s에서 닫는 대괄호 뒤에 0개에서 다수 개의 등호가 오고, 그 다음 다시 닫는 대괄호가 오는 경우를 모두 찾는다.[3] 반복문에서 지금까지의 최대 등호의 개수로 n을 갱신한다. 반복문이 끝난 다음 string.rep를 이용해서 등호를 n + 1번 복제한다. 최대 개수보다 1개 더 많은 수 이다. 마지막으로 string.format으로 s를 두 쌍의 대괄호로 감싼다. 이때, 대괄호 사이에 앞에서 복제한 등호를 넣는다. 감싼 문자열 앞뒤로는 공백을 하나씩 추가하고, 원본 문자열이 시작하기 전에 개행 문자를 추가한다.

---

[3] 패턴 일치에 대해서는 21장 '문자열 라이브러리'에서 알아본다.

### 12.2.1 순환 구조가 없는 테이블 저장하기

이제 테이블을 저장하려 한다. 이전보다 조금 더 어려운 작업이다. 테이블 구조에 어떤 제약이 있는지에 따라 여러 저장 방법이 있다. 모든 경우에 적합한 하나의 알고리즘은 없다. 단순한 테이블을 저장한다면 알고리즘이 더 간단해야 할 뿐 아니라 결과로 나온 파일의 내용도 더 보기 좋을 수 있다.

먼저 코드 12.2 '순환 구조가 없는 테이블 직렬화하기'에서 순환 구조가 없고 간단히 테이블을 저장하는 코드를 볼 수 있다.

**코드 12.2 순환 구조가 없는 테이블 직렬화하기**

```
function serialize (o)
  if type(o) == "number" then
    io.write(o)
  elseif type(o) == "string" then
    io.write(string.format("%q", o))
  elseif type(o) == "table" then
    io.write("{\n")
    for k,v in pairs(o) do
      io.write("  ", k, " = ")
      serialize(v)
      io.write(",\n")
    end
    io.write("}\n")
  else
    error("cannot serialize a " .. type(o))
  end
end
```

이 함수는 간단하지만 필요한 일을 제대로 한다. 테이블 안에 다른 테이블이 포함된 형태의 중첩된 테이블도 처리한다. 단, 트리 구조인 경우에만 지원된다(공유되는 하위 테이블이나 순환 구조가 없다는 얘기이다). 중첩된 테이블인 경우 들여쓰기까지 처리해서 약간이나마 보기에도 좋다.

이전 함수는 테이블의 모든 키가 유효한 식별자라고 가정한다. 테이블이 숫자 키나 루아 식별자로는 문법적으로 유효하지 않은 문자열 키를 가진 경우 문제가 된다. 이런 문제는 각 키를 적을 때 다음처럼 간단한 방법을 이용하면 해결할 수 있다.

```
io.write("  ["); serialize(k); io.write("] = ")
```

이렇게 변경함으로써 결과 파일이 보기에는 좋지 않지만 함수가 더 견고해졌다. 이 함수를 다음과 같이 호출해 보자.

```
serialize{a=12, b='Lua', key='another "one"'}
```

다음 두 번째 버전의 함수 호출 결과와 비교해 보자.

serialize 함수의 첫 번째 버전에서의 출력 결과는 다음과 같다.

```
{
  a = 12,
  b = "Lua",
  key = "another \"one\"",
}
{
  ["a"] = 12,
  ["b"] = "Lua",
  ["key"] = "another \"one\"",
}
```

경우에 따라서 대괄호가 필요한지 아닌지를 판단해서 처리하면 견고하면서도 보기에도 좋은 결과를 얻을 수 있다. 이를 개선하는 것은 연습 문제로 남겨 둔다.

### 12.2.2 순환 구조를 가진 테이블 저장하기

앞에서 다룬 제약이 없는 일반적인 구조를 가진 테이블을 다룰 때는 다른 방법으로 저장해야 한다. 다시 말해, 테이블이 순환 구조를 가지거나 공유하는 하위 테이블이 있다면 다른 방법으로 처리해야 한다. 생성자는 이런 테이블을 표현할 수 없으니 사용하지 않는다. 순환 구조를 표현하려면 이름이 필요하다. 예제로 구현할 함수는 저장하려는 값과 함께 이름을 함수의 인자로 전달하려 한다. 그리고 순환 구조가 발견되면 다시 사용할 수 있도록 이미 저장된 테이블의 이름도 추적해야 한다. 이미 저장된 테이블을 추적하는 용도로 별도의 테이블을 이용하려 한다. 추적 테이블은 테이블을 인덱스로 가지고, 인덱스로 이용된 테이블의 이름을 값으로 가지는 구조를 이용할 것이다.

코드 12.3 '순환 구조를 가진 테이블 저장하기'에서 결과를 볼 수 있다.

**코드 12.3 순환 구조를 가진 테이블 저장하기**

```
function basicSerialize (o)
  if type(o) == "number" then
```

```lua
      return tostring(o)
    else   -- 문자열이라고 가정
      return string.format("%q", o)
    end
end

function save (name, value, saved)
    saved = saved or {}                     -- 초깃값
    io.write(name, " = ")
    if type(value) == "number" or type(value) == "string" then
      io.write(basicSerialize(value), "\n")
    elseif type(value) == "table" then
      if saved[value] then                  -- 값이 이미 저장되었는가?
        io.write(saved[value], "\n")        -- 기존 이름을 사용한다.
      else
        saved[value] = name                 -- 다음 번을 위해 이름을 저장
        io.write("{}\n")                    -- 새로운 테이블 생성
        for k,v in pairs(value) do          -- 테이블의 필드 저장
          k = basicSerialize(k)
          local fname = string.format("%s[%s]", name, k)
          save(fname, v, saved)
        end
      end
    else
      error("cannot save a " .. type(value))
    end
end
```

저장하려는 테이블이 문자열이나 숫자 값만 키로 사용한다는 제약은 아직 남아 있다. basicSerialize 함수는 기본 타입에 대해서 직렬화하고 결과를 반환한다. 어려운 작업은 다음에 볼 save 함수에서 처리한다. saved 매개변수는 테이블로 이미 저장된 테이블을 추적하는 용도로 사용된다. 이해를 돕기 위해 다음과 같은 테이블을 만들었다고 해보자.

```lua
a = {x=1, y=2; {3,4,5}}
a[2] = a        -- 순환구조
a.z = a[1]      -- 공유되는 하위 테이블
```

그리고 나서 save("a", a)를 호출하면 다음처럼 결과를 저장한다.

```lua
a = {}
a[1] = {}

a[1][1] = 3
a[1][2] = 4
a[1][3] = 5

a[2] = a
```

```
a["y"] = 2
a["x"] = 1
a["z"] = a[1]
```

테이블 순회에 의존하는 방식이니 할당된 실제 순서는 다를 수 있다. 그렇지만 이 알고리즘은 새로운 정의에 필요한 기존 노드는 이미 정의되어 있음을 보장한다.

공유되는 부분이 있는 여러 값을 저장하려 한다면, save를 호출할 때 동일한 saved 테이블을 넘길 수 있다. 다음 두 테이블을 보자.

```
a = {{"one", "two"}, 3}
b = {k = a[1]}
```

a와 b를 독립적으로 저장하면 결과에는 공통된 부분이 없다.

```
save("a", a)
save("b", b)

--> a = {}
--> a[1] = {}
--> a[1][1] = "one"
--> a[1][2] = "two"
--> a[2] = 3
--> b = {}
--> b["k"] = {}
--> b["k"][1] = "one"
--> b["k"][2] = "two"
```

하지만 save를 호출할 때 동일한 saved 테이블을 이용하면 결과는 공통된 부분을 공유한다.

```
local t = {}
save("a", a, t)
save("b", b, t)

--> a = {}
--> a[1] = {}
--> a[1][1] = "one"
--> a[1][2] = "two"
--> a[2] = 3
--> b = {}
--> b["k"] = a[1]
```

루아가 원래 그렇듯 다음처럼 여러 대안이 있다. 먼저, 청크가 지역 값을 구성해서 반환하도록 하면 전역 이름을 할당하지 않고도 값을 저장할 수 있다. 또한 각 함수와 이름을 연관 짓는 보조 테이블을 이용하면 함수도 다룰 수 있다. 루아로 새로운 기법을 만드는 것은 그리 어렵지 않다.

## 연습 문제

**연습 문제 12.1:** 코드 12.2 '순환 구조가 없는 테이블 직렬화하기'의 코드를 중첩된 테이블은 들여쓰기 하도록 수정하자. (힌트: 들여쓰기 문자열을 이용해서 직렬화하도록 매개변수를 추가해 보자.)

**연습 문제 12.2:** 코드 12.2 '순환 구조가 없는 테이블 직렬화하기'의 코드를 '순환 구조가 없는 테이블 저장하기' 절에서 제안한 방법대로 ["key"]=value의 문법을 사용하도록 수정해 보자.

**연습 문제 12.3:** 이전 연습 문제의 코드를 수정해서 ["key"]=value 문법은 필요한 경우에만 이용하도록 해보자. 다시 말해, 키가 문자열이지만 유효한 식별자가 아닌 경우에만 이 문법을 이용하도록 수정하자.

**연습 문제 12.4:** 이전 연습 문제의 코드를 수정해서 리스트에 대해서는 되도록이면 생성자 문법을 이용하도록 해보자. 예를 들어, 테이블 {14, 15, 19}를 직렬화하면 {[1] = 14, [2] = 15, [3] = 19}가 아니라 {14, 15, 19}이 나오게 해보자. (힌트: 키로 1, 2, ... 순으로 시작해서 nil이 나올 때까지 먼저 값을 저장해 보자. 이렇게 처리하고 나서 테이블의 나머지를 다룰 때 다시 저장되지 않도록 신경 쓰자.)

**연습 문제 12.5:** 순환 구조를 가진 테이블을 저장할 때 생성자를 피하고 보는 방식은 너무 과하다. 일반적인 경우에는 생성자를 사용하면 좀 더 익숙한 형식으로 테이블을 저장할 수 있다. 그리고 나서 공유되는 부분과 반복 구조는 나중에 할당하는 방식으로 수정할 수 있다.
  이 방식을 이용해서 save 함수를 다시 작성해 보자. 그리고 같은 방식을 앞의 (들여쓰기, 레코드 문법, 리스트 문법) 연습 문제에도 적용해 보자.

# 13장

## 메타테이블과 메타메서드

루아에서 어떤 값으로 수행할 수 있는 연산은 대부분 뻔하다. 숫자를 더하거나, 문자열을 이어 붙이고, 테이블에 키-값 쌍을 삽입하는 등의 일을 할 수 있다. 테이블에 테이블을 더하거나, 함수를 서로 비교하거나, 문자열을 호출할 수는 없다. 메타테이블을 이용하기 전까지는 말이다.

메타테이블을 이용하면 정의되지 않은 연산을 처리할 수 있도록 값의 행위를 변경할 수 있다. 예를 들어, 메타테이블을 이용하면 테이블 a와 테이블 b에 대해 a+b 같은 표현식을 계산하는 방법을 정의할 수 있다. 루아에서 두 테이블을 더하려 할 때, 둘 중에 메타테이블을 가진 테이블이 있는지 확인한 다음 이 메타테이블이 __add 필드를 가지고 있는지 확인한다. __add 필드를 확인하면 (메타메서드라 부르며 함수 형태를 가지는) 이 값을 호출해서 합을 계산한다.

루아의 모든 값은 연관된 메타테이블을 가질 수 있다. 모든 테이블과 유저데이터에는 각각 메타테이블이 따로 있고, 다른 타입의 값은 타입당 하나의 메타테이블을 공유한다. 그리고 새로운 테이블을 생성하면 항상 메타테이블이 없이 생성된다. 다음 코드로 확인해 보자.

```
t = {}
print(getmetatable(t))   --> nil
```

모든 테이블은 setmetatable을 이용해서 메타테이블을 설정하거나 변경할 수 있다.

```
t1 = {}
setmetatable(t, t1)
print(getmetatable(t) == t1)   --> true
```

루아 코드로는 테이블의 메타테이블만 설정할 수 있다. 다른 타입의 메타테이블을 조작하려면 직접 C 코드를 이용해야 한다.[1] 21장 '문자열 라이브러리'에서 보겠지만 문자열 라이브러리는 문자열을 다루기 위한 메타테이블을 사용한다. 그 외 다른 타입들은 모두 기본적으로 메타테이블을 가지지 않는다.

```
print(getmetatable("hi"))      --> table: 0x80772e0
print(getmetatable("xuxu"))    --> table: 0x80772e0
print(getmetatable(10))        --> nil
print(getmetatable(print))     --> nil
```

그리고 모든 테이블은 어떤 값의 메타테이블이 될 수 있다. 연관된 일련의 테이블이 공통된 행위를 기술하는 하나의 메타테이블을 공유할 수 있다. 그리고 테이블은 자신의 메타테이블이 될 수도 있는데, 이때는 자신의 행위를 기술하는 데 사용된다. 모든 구성 방법이 유효하다.

## 13.1 산술 메타메서드

이 절에서는 메타테이블을 사용하는 방법을 간단한 예제를 통해서 설명하겠다. 집합을 표현하는 데 테이블을 사용한다고 가정하자. 이 테이블은 코드 13.1 '간단한 집합 구현'의 코드와 같이 합집합과 교집합을 구하는 함수를 가지고 있다.

### 코드 13.1 간단한 집합 구현

```
Set = {}
-- 지정된 리스트의 값을 이용해서 새로운 집합을 생성
function Set.new (l)
  local set = {}
  for _, v in ipairs(l) do set[v] = true end
  return set
end

function Set.union (a, b)
```

---

[1] 이런 제한이 있는 가장 큰 이유는 타입을 가리지 않고 적용되는 메타테이블의 남용을 억제하기 위해서이다. 이렇게 전역적인 설정에 의존하게 만들면 재사용하기 어려운 코드가 만들어진다는 사실을 이전 버전 루아에서의 경험으로 터득했기 때문이다.

```lua
    local res = Set.new{}
    for k in pairs(a) do res[k] = true end
    for k in pairs(b) do res[k] = true end
    return res
end

function Set.intersection (a, b)
    local res = Set.new{}
    for k in pairs(a) do
      res[k] = b[k]
    end
    return res
end

-- 집합을 문자열로 표현
function Set.tostring (set)
    local l = {}       -- 집합의 모든 원소를 담아 둘 리스트
    for e in pairs(set) do
      l[#l + 1] = e
    end
    return "{" .. table.concat(l, ", ") .. "}"
end

-- 집합을 출력한다.
function Set.print (s)
    print(Set.tostring(s))
end
```

 전역 변수로 지저분하게 흩어져 있지 않도록 Set이라는 이름의 테이블에 함수를 저장한다.

 이제 두 집합의 합집합을 구할 때 덧셈 연산자(+)를 사용하려 한다. 이를 위해 집합을 표현하는 모든 테이블이 하나의 메타테이블을 공유하도록 할 것이다. 이 메타테이블에서 덧셈 연산자를 어떻게 처리해야 하는지에 대해서 정의해야 한다. 먼저 보통의 테이블을 만들어서, 이 테이블을 집합에 대한 메타테이블로 사용할 것이다.

```lua
    local mt = {}      -- 집합에 대한 메타테이블
```

 다음 단계로, 집합을 생성하는 Set.new 함수를 수정하자. 새로운 버전에는 mt를 생성할 테이블의 메타테이블로 설정하는 한 줄이 추가되었다.

```lua
function Set.new (l)      -- 두 번째 버전
    local set = {}
    setmetatable(set, mt)
    for _, v in ipairs(l) do set[v] = true end
```

```
    return set
end
```

이후로는 Set.new로 생성하는 모든 집합이 같은 테이블을 메타테이블로 가진다.

```
s1 = Set.new{10, 20, 30, 50}
s2 = Set.new{30, 1}
print(getmetatable(s1))    --> table: 00672B60
print(getmetatable(s2))    --> table: 00672B60
```

마지막으로 메타테이블에 덧셈을 처리하는 방법을 설명하는 메타메서드인 __add를 추가한다.

```
mt.__add = Set.union
```

이제부터 두 집합을 더하면 Set.union 함수가 호출된다. 두 피연산자가 함수의 인자가 된다.

메타메서드가 준비된 덕분에 다음과 같이 합집합에 덧셈 연산자를 이용할 수 있다.

```
s3 = s1 + s2
Set.print(s3)    --> {1, 10, 20, 30, 50}
```

동일한 방식으로 곱셈 연산자(*)를 이용해서 교집합을 구하도록 할 수도 있다.

```
mt.__mul = Set.intersection
Set.print((s1 + s2)*s1)    --> {10, 20, 30, 50}
```

메타테이블에는 산술 연산자에 대응하는 필드명이 있다. __add와 __mul 외에도 뺄셈을 위한 __sub, 나눗셈을 위한 __div, 부정 연산을 위한 __unm, 나머지 연산을 위한 __mod, 지수 연산을 위한 __pow가 있다. 이외에 이어 붙이기 연산을 위한 __concat 필드도 정의할 수 있다.

두 집합을 더할 때는 같은 메타테이블을 가지고 있을테니 둘 중에 어떤 것이 선택되는지 신경 쓰지 않아도 된다. 하지만 다음과 같이 다른 메타테이블을 가진 두 값을 섞어서 사용하는 경우에는 어떻게 될까?

```
s = Set.new{1,2,3}
s=s+8
```

메타메서드를 선택할 때 루아는 다음 단계를 거친다. 만약 첫 번째 값의 메타테이블에 __add 필드가 있다면 두 번째 값의 메타테이블에 상관없이 이 필드를 메타메서드로 이용한다. 반대로, 첫 번째에는 없고 두 번째 값의 메타테이블에 __add 필드가 있다면 이 필드를 메타메서드로 이용한다. 둘 다 아니라면 오류가 발생한다. 이 단계를 따라 앞의 예제는 Set.union을 호출한다. 10 + s와 "hello" + s도 마찬가지로 Set.union을 호출한다.

루아는 타입을 섞어서 사용했는지 고려하지 않는다. 하지만, 우리가 구현해 놓은 코드에서는 문제가 된다. s = s + 8를 실행하면 Set.union 함수 안에서 다음과 같은 오류가 발생한다.

```
bad argument #1 to 'pairs' (table expected, got number)
-- 'pairs'의 #1번째 인자가 잘못됨 (테이블이 필요하지만 숫자가 넘어옴)
```

좀 더 이해하기 쉬운 오류 메시지가 필요하다면 연산을 수행하기 전에 피연산자의 타입을 명시적으로 확인해야 한다.

```
function Set.union (a, b)
  if getmetatable(a) ~= mt or getmetatable(b) ~= mt then
    error("attempt to 'add' a set with a non-set value", 2)
  end
  -- <전과 같음>
```

error 함수의 두 번째 인자로 2를 이용해서 연산자를 호출한 쪽의 문제라고 가리키는 것도 잊지 말자.

## 13.2 관계 메타메서드

메타테이블을 이용하면 관계 연산자에도 의미를 부여할 수 있다. 메타메서드 __eq는 동등을, __lt는 보다 작음을, __le는 보다 작거나 같음을 표현한다. 반대가 되는 세 개의 관계 연산자는 별도의 메타메서드로 제공되지는 않는다. 대신 루아는 a ~= b를 not (a == b)로, a > b는 b < a로, a >= b는 b <= a로 취급한다.

루아 4.0까지는 모든 순서 연산자를 a <= b는 not (b < a)로 바꿔서 하나로 해석했는데, 부분 순서를 가진 경우에는 옳지 않다. 예를 들어, 부동소수점은 대부분의 장치에서 완전 순서가 아니다. NaN(Non a Number, 숫자가 아님)이 있기 때문이다. IEEE 754 표준대로라면 NaN은 0/0의 결과 값처럼 정의되지 않은 값을 나타낸다. 표준에서는 NaN을 포함한 비교는 거짓을 반환해야 한다고 명시한다. 이 말은 NaN <= x는 항상 false이지만, NaN < x도 항상 false라는 말이다. 이 경우에

는 a <= b를 not (b < a)로 해석하는 것이 옳지 않다는 말이 된다.

집합을 이용한 우리 예제에서도 유사한 문제가 있다. 집합에서 <= 연산자를 포함 관계를 나타내는 데 사용하는 것이 직관적이면서 편리하다. a <= b는 a가 b의 부분 집합임을 표현한다. 다시 한번 말하지만 이런 정의에서는 a <= b와 b < a 모두 false일 수 있다. 그러니 __le(보다 작거나 같음)와 __lt(보다 작음)의 구현을 따로 해야 한다.

```
mt.__le = function (a, b)         -- 집합 포함 관계
  for k in pairs(a) do
    if not b[k] then return false end
  end
  return true
end

mt.__lt = function (a, b)
  return a <= b and not (b <= a)
end
```

마지막으로 집합의 포함 관계를 이용해서 동등성을 평가하도록 정의할 수 있다.

```
mt.__eq = function (a, b)
  return a <= b and b <= a
end
```

정의를 마쳤으니 이제 집합을 비교해 보자.

```
s1 = Set.new{2, 4}
s2 = Set.new{4, 10, 2}
print(s1 <= s2)         --> true
print(s1 < s2)          --> true
print(s1 >= s1)         --> true
print(s1 > s1)          --> false
print(s1 == s2 * s1)    --> true
```

완전 순서를 가진 타입이라면 __le 메타메서드를 정의할 필요가 없다. 루아는 __le가 없으면 __lt 항목을 대신 이용한다.

동등성 비교에는 몇 가지 제한이 있다. 두 객체의 기본 타입이 다르거나 서로 다른 메타메서드를 가진다면 동등 연산자는 메타메서드를 호출하지 않고 false를 반환한다. 그러므로 메타메서드에 어떻게 설명했는지와는 상관없이 집합은 항상 숫자와 다르다.

## 13.3 라이브러리에 정의된 메타메서드

지금까지 알아본 메타메서드는 모두 루아의 기본에 포함되는 것이었다. 어떤 값에 필요한 메타메서드를 가진 메타테이블이 있는지는 가상 머신이 판단한다. 메타테이블도 보통의 테이블이기에 어느 곳에서나 이용할 수 있다. 라이브러리를 만들면서 라이브러리에서 사용하는 필드를 메타테이블에 정의하는 방법은 일반적인 기법이다.

tostring 함수가 좋은 예이다. 앞에서 봤지만 tostring은 테이블을 다음과 같이 다소 간단한 형식으로 표현한다.

```
print({})     --> table: 0x8062ac0
```

print 함수는 항상 tostring을 호출해서 형식에 맞춰 출력한다. 어떤 값의 형식을 맞추려고 할 때 tostring은 먼저 __tostring 메타메서드가 있는지 확인한다. __tostring이 있다면 tostring이 작업을 처리하기 위해 메타메서드를 호출하고, 메타메서드를 호출할 때는 해당 객체를 인자로 전달한다. 이 메타메서드에서 반환하는 값이 tostring의 결과가 된다.

이전 집합 예제에서 집합을 문자열로 표현하기 위한 함수를 미리 정의했었다. 그러니 메타테이블의 __tostring 필드를 설정하기만 하면 된다.

```
mt.__tostring = Set.tostring
```

이렇게 하면 집합을 인자로 print를 호출했을 때, print는 tostring을 호출해서 Set.tostring을 호출한다.

```
s1 = Set.new{10, 4, 5}
print(s1)     --> {4, 5, 10}
```

setmetatable과 getmetatable 함수도 메타테이블의 필드를 이용하는데, 이때는 메타테이블을 보호하기 위해서 사용한다. 사용자가 집합의 메타테이블을 보거나 수정하지 못하도록 보호하려고 한다고 해보자. 메타테이블에 __metatable 필드를 설정하면 getmetatable은 이 필드의 값을 반환한다. 그리고 setmetatable을 호출하면 오류가 발생한다.

```
mt.__metatable = "not your business"
s1 = Set.new{}
```

```
print(getmetatable(s1))    --> not your business
setmetatable(s1, {})
   stdin:1: cannot change protected metatable
   (stdin:1: 보호된 메타테이블을 변경할 수 없음.)
```

루아 5.2에서는 pairs와 ipairs도 메타테이블을 이용한다. __pairs나 __ipairs 메타메서드를 이용해서 순회하는 방법을 변경할 수 있고, 심지어는 테이블이 아닌 객체도 순회할 수 있다.

## 13.4 테이블 접근 메타메서드

산술 연산이나 관계 연산에서 정의한 메타메서드는 정의되지 않았던 행위를 표현하는 데 사용했다. 이런 메타메서드는 언어의 기본적인 행위를 변경하지는 않는다. 하지만, 루아는 테이블에 없는 필드를 조회하거나 수정할 수 있도록 하기 위해 테이블의 행위를 변경할 수 있는 방법도 제공한다.

### 13.4.1 __index 메타메서드

테이블이 존재하지 않는 필드에 접근하면 결과는 nil이라는 것을 앞서 언급했다. 사실이지만 완전히 맞는 말은 아니다. 실제로는 존재하지 않는 필드에 접근하면 인터프리터가 __index 메타메서드를 찾아보기 때문이다. 대부분의 경우는 __index 메서드가 없을테니 결과도 nil이다. __index 메타메서드가 있다면 메타메서드가 결과 값을 제공한다.

가장 전형적인 예제는 상속이다. 창을 묘사하는 다수의 테이블을 만든다고 생각해 보자. 각 테이블은 위치, 크기, 색상표와 같은 창에 대한 여러 매개변수를 다뤄야 한다. 대부분의 매개변수에는 기본값이 있으니 기본값을 가지지 않은 매개변수만 제공해서 창 객체를 만들고 싶다. 기본값이 없는 필드를 채워 주는 생성자를 만드는 방법도 있지만, 새로운 창이 부족한 필드 값을 프로토타입 창에서 상속받도록 하는 방법도 있다. 먼저, 프로토타입을 선언하고 메타테이블을 공유하는 새로운 창을 생성하는 생성자 함수를 추가한다.

```
-- 기본값을 가진 프로토타입을 생성한다.
prototype = {x = 0, y = 0, width = 100, height = 100}
mt = {}    -- 메타테이블을 생성한다.
-- 생성자 함수를 선언한다.
```

```
function new (o)
  setmetatable(o, mt)
  return o
end
```

이제 \_\_index 메타메서드를 정의한다.

```
mt.__index = function (_, key)
  return prototype[key]
end
```

이 코드를 추가하면 이후에 새로운 창을 생성하고 나서, 존재하지 않는 필드의 값을 질의해도 값을 얻을 수 있다.

```
w = new{x=10, y=20}
print(w.width)    --> 100
```

루아는 요청한 width 필드가 w에 없지만, \_\_index 필드를 가진 메타테이블이 있다는 사실을 탐지한다. 그래서 루아는 \_\_index 메타메서드를 w(테이블)와 "width"(없는 필드)를 인자로 호출한다. 메타메서드는 프로토타입에서 전달된 key를 찾아서 결과를 반환한다.

\_\_index 메타메서드를 상속에 이용하는 것은 아주 일반적이라 더 간단한 방법도 있다. 메서드라고 불리지만 \_\_index 메타메서드가 꼭 함수일 필요는 없다. 함수 대신 테이블일 수도 있다. \_\_index 메타메서드가 함수라면, 루아는 해당 테이블과 존재하지 않는 필드를 인자로 함수를 호출한다. 앞에서 본 방식이다. 그리고 \_\_index 메타메서드가 테이블이라면, 루아는 다시 이 테이블에서 해당 필드를 찾아본다. 그러니 이전 예제에서 \_\_index를 간단히 다음처럼 선언해도 된다.

```
mt.__index = prototype
```

이제 루아가 메타테이블의 \_\_index 필드를 찾으면, prototype의 값인 테이블을 얻는다. 그리고 다시 이 테이블에 접근한다. 다시 말해, prototype["width"]와 유사한 동작을 실행해서 원하는 결과를 얻게 된다.

테이블을 \_\_index 메타메서드로 이용하면 빠르고 쉽게 단일 상속을 구현할 수 있다. 반면에, 함수를 \_\_index 메타메서드로 사용하면 번거롭기는 하지만 좀 더 유연한 사용이 가능하다. 다중 상속이나 캐시(cache) 외에도 상속 기법을 활용하는 여러 가지를 구현할 수 있다. 이런 상속 기법에 대해서는 16장 '객체지향 프로그래밍'에서 살펴보겠다.

테이블에 접근할 때 __index 메타메서드를 호출하고 싶지 않다면 rawget 함수를 이용하면 된다. rawget(t, k)를 호출하면 메타테이블을 거치지 않고 테이블 t에 직접 접근해서 k를 키로 값을 찾는다. 하지만 함수 호출 비용이 이런 이점을 다 상쇄하기 때문에 이렇게 테이블에 직접 접근한다고 해서 속도가 빨라지지는 않는다. 그렇지만 때로는 직접 테이블에 접근해야 하는데, 이 경우는 이후에 다루겠다.

### 13.4.2 __newindex 메타메서드

__newindex 메타메서드는 __index가 테이블 접근에 관여하듯이 테이블 갱신에 관여한다. 테이블의 존재하지 않는 인덱스에 값을 할당하려 하면, 인터프리터는 __newindex 메타메서드를 찾는다. __newindex가 있다면 인터프리터는 값을 할당하는 대신 이 메타메서드를 호출한다. __index처럼 __newindex가 테이블이라면, 인터프리터는 원본 테이블에 값을 할당하는 대신 이 테이블에 값을 할당한다. __newindex도 메타메서드를 거치지 않고 직접 접근하는 rawset(t, k, v) 함수가 있다. 메타메서드를 호출하지 않고 v라는 값에 k를 키로 이용해서 테이블 t에 설정한다.

__index와 __newindex 메타메서드를 혼용하면 다양한 용도로 활용할 수 있다. 읽기 전용 테이블, 기본값을 가지는 테이블, 객체지향 프로그래밍을 위한 상속 등을 구현할 수 있다. 여기서는 이 중에서 몇 가지만 보려고 한다. 객체지향 프로그래밍은 16장을 보도록 하자.

### 13.4.3 기본값을 가진 테이블

일반적인 테이블은 모든 필드의 기본값이 nil이다. 메타테이블을 이용하면 이 기본값을 쉽게 변경할 수 있다.

```
function setDefault (t, d)
  local mt = {__index = function () return d end}
  setmetatable(t, mt)
end

tab = {x=10, y=20}
print(tab.x, tab.z)    --> 10 nil
setDefault(tab, 0)
print(tab.x, tab.z)    -->10 0
```

setDefault를 호출하고 나서 tab에 없는 필드에 접근하면 __index 메타메서드를 호출한다. 예제에서 __index는 이 메타메서드의 d 값에 해당하는 0을 반환한다.

setDefault 함수는 새로운 클로저를 만들고, 기본값이 필요한 모든 테이블에 대해 새로운 메타테이블을 생성한다. 기본값을 필요로 하는 테이블이 많아지면 이렇게 새로운 테이블을 매번 만드는 비용도 만만치 않다. 메타테이블이 메타메서드와 엮인 기본값 d를 가지고 있기에 하나의 메타테이블을 모든 테이블이 이용할 수도 없다. 하나의 메타테이블을 다른 기본값을 가지는 테이블 간에 공유하려면, 테이블 자신이 전용 필드를 이용해서 기본값을 보관하면 된다. 이름이 겹치는 문제를 고민하지 않아도 된다면 '___' 같은 키를 전용 필드로 이용할 수 있다.

```
local mt = {__index = function (t) return t.___ end}
function setDefault (t, d)
  t.___ = d
  setmetatable(t, mt)
end
```

mt 테이블은 setDefault 함수 밖에서 한 번만 생성됐음을 확인하자. 이름이 겹칠까봐 걱정이라면 이렇게 특수한 용도로 사용하는 키 값의 유일함을 보장하는 쉬운 방법이 있다. 새로운 테이블을 만들고 해당 테이블을 키로 사용하면 된다.

```
local key = {}     -- 고유 키
local mt = {__index = function (t) return t[key] end}
function setDefault (t, d)
  t[key] = d
  setmetatable(t, mt)
end
```

모든 테이블이 각자 기본값을 가지도록 하는 대안으로, 기본값을 필요로 하는 테이블을 인덱스로 이용하고, 값으로 각 테이블의 기본값들을 가지고 있는 별도의 테이블을 이용할 수 있다. 하지만 이 접근법을 제대로 구현하려면 약한 참조 테이블(weak table)이라는 특별한 종류의 테이블이 필요하다. 17장 '약한 참조 테이블과 마무리하기'에서 이 주제를 다시 다루기로 하고 넘어가자.

동일한 기본값을 가지는 테이블이 같은 메타테이블을 재사용하도록 메타테이블을 기억해 두는 방법도 있다. 이 방법도 약한 참조 테이블이 필요하기는 마찬가지이니 17장에서 다시 보도록 하자.

### 13.4.4 테이블 접근 추적하기

__index와 __newindex는 테이블에 지정한 인덱스가 없는 경우에만 의미가 있다. 모든 접근을 추적하는 유일한 방법은 테이블을 비워 두는 것 밖에 없다. 그러니 모든 접근을 모니터링하고 싶다면 실제 테이블에 대한 프록시(proxy)를 만들어야 한다. 프록시는 __index와 __newindex 메타메서드를 이용해서 모든 접근을 추적하고 원본 테이블로 다시 돌려주는 비어 있는 테이블이다. 우리가 추적하고자 하는 원본 테이블을 t라고 하자. 프록시는 다음과 같이 작성할 수 있다.

```lua
t = {}    -- (어딘가에서 생성된) 원본 테이블

-- 원본 테이블을 직접 접근하지 않기 위해 보관한다.
local _t = t

-- 프록시를 생성한다.
t = {}

-- 메타테이블을 생성한다.
local mt = {
  __index = function (t, k)
    print("*access to element " .. tostring(k))
    return _t[k]     -- 원본 테이블에 접근
  end,

  __newindex = function (t, k, v)
    print("*update of element " .. tostring(k) ..
          " to " .. tostring(v))
    _t[k] = v    -- 원본 테이블 갱신
  end
}
setmetatable(t, mt)
```

이 코드는 t로의 모든 접근을 추적한다.

```
> t[2] = "hello"
*update of element 2 to hello
> print(t[2])
*access to element 2
hello
```

이 테이블을 순회하려면 프록시에 __pairs 항목을 정의해야 한다.

```lua
mt.__pairs = function ()
  return function (_, k)
    return next(_t, k)
  end
end
```

필요하면 __ipairs도 추가하면 된다.

여러 테이블을 관찰하려고 할 때, 모두 별도의 메타테이블을 가질 필요는 없다. 대신 프록시와 자신의 원본 테이블의 관계를 지정하고, 모든 프록시를 위한 하나의 공통 메타테이블을 공유하면 된다. 앞 절에서 기본값을 제공하기 위해 테이블의 관계를 지정하던 문제와 유사하다. 예를 들어 프록시에 테이블마다 고유한 키를 이용하는 필드를 두고 원본 테이블을 추적할 수 있다. 결과는 다음 코드와 같다.

```lua
local index = {}            -- 내부에서 사용할 인덱스 생성

local mt = {                -- 메타테이블 생성
  __index = function (t, k)
    print("*access to element " .. tostring(k))
    return t[index][k]      -- 원본 테이블에 접근
  end,

  __newindex = function (t, k, v)
    print("*update of element " .. tostring(k) ..
          " to " .. tostring(v))
    t[index][k] = v         -- 원본 테이블 갱신
  end,

  __pairs = function (t)
    return function (t, k)
      return next(t[index], k)
    end, t
  end
}

function track (t)
  local proxy = {}
  proxy[index] = t
  setmetatable(proxy, mt)
  return proxy
end
```

이제부터 테이블 t를 관찰하고 싶다면 t = track(t)를 실행하면 된다.

### 13.4.5 읽기 전용 테이블

프록시 개념을 도입하면 읽기 전용 테이블을 만드는 건 어렵지 않다. 테이블을 갱신하려는 시도를 추적해서 오류를 발생시키기만 하면 된다. 이전 절의 예제처럼 조회 정보를 추적할 필요는 없으니 __index 메타메서드로 함수를 사용하기보다는 원본 테이블을 사용할 수 있다. 더 간단하기도 하고 모든 질의를 바로 원본 테

이블로 전달하니 더 효율적이기도 하다. 하지만 이 방법은 __index가 원본 테이블을 가리키기 때문에 읽기 전용 프록시마다 새로운 메타테이블이 필요하다.

```
function readOnly (t)
  local proxy = {}
  local mt = {     -- 메타테이블 생성
    __index = t,
    __newindex = function (t, k, v)
      error("attempt to update a read-only table", 2)
    end
  }

  setmetatable(proxy, mt)
  return proxy
end
```

요일에 대한 읽기 전용 테이블을 생성하는 사용 예를 보자.

```
days = readOnly{"Sunday", "Monday", "Tuesday", "Wednesday",
                "Thursday", "Friday", "Saturday"}

print(days[1])    --> Sunday
days[2] = "Noday"
stdin:1: attempt to update a read-only table
```

## 연습 문제

**연습 문제 13.1:** 두 집합의 차집합을 반환하도록 __sub 메타메서드를 정의해 보자. (a – b로 표현하는 집합은 a에는 있지만 b에는 없는 원소를 가진다.)

**연습 문제 13.2:** 집합에 __len 메타메서드를 정의해서 #s가 집합 s에 포함된 원소의 개수를 반환하도록 해보자.

**연습 문제 13.3:** 13.4.4 '테이블 접근 추적하기' 절의 프록시 구현에 __ipairs 메타메서드를 추가해서 완성해 보자.

**연습 문제 13.4:** 읽기 전용 테이블을 만드는 다른 방법은 __index로 함수를 이용하는 것이다. 이 방법은 필드에 접근하는 비용이 증가하지만, 하나의 메타테이블을 모든 읽기 전용 테이블에서 공유하니 읽기 전용 테이블을 만드는 비용은 저렴해진다. readOnly 함수가 이 방법을 이용하도록 다시 작성해 보자.

## 14장

Programming in Lua

# 환경

루아는 모든 전역 변수를 전역 환경이라 불리는 평범한 테이블에 저장한다. 사실 좀 더 엄밀히 얘기하면 루아는 모든 '전역' 변수를 여러 개의 환경에 저장하는데, 당분간은 여럿인 것 자체는 중요하지 않으니 무시하도록 하자. 이런 구조 덕분에 루아 내부 구현에서 전역 변수를 위한 별도의 자료구조가 필요 없으므로, 단순하다는 장점이 있다. 또한 전역 변수가 저장된 테이블을 기존의 다른 테이블과 같은 방식으로 조작할 수 있다는 장점도 있다. 이렇게 기존의 테이블과 같은 방식으로 조작할 수 있도록 루아는 이런 환경 변수를 _G 전역 변수에 저장한다. 아래는 _G를 사용해서 전역 환경에 정의된 모든 전역 변수의 이름을 출력하는 코드이다.

```
for n in pairs(_G) do print(n) end
```

14장에서는 전역 환경을 다루는 여러 가지 유용한 기법을 보려 한다.

## 14.1 전역 변수와 동적 이름

대개는 전역 변수에 접근하거나 값을 설정하는 데 할당문으로 충분하다. 하지만, 조작하려는 전역 변수의 이름이 다른 변수에 저장되어 있거나 해당 이름을 실행 시점에 계산해서 얻어야 한다면 일종의 메타프로그래밍이 필요하다. 이런 변수의 값을 얻는 코드를 작성할 때, 다음과 같은 형태로 하고 싶은 유혹에 빠지기 쉽다.

```
value = loadstring("return " .. varname)()
```

예를 들어, varname이 x라고 하면, 이어 붙인 결과는 "return x"가 되고, 실행하면 원하는 결과를 얻을 수 있다. 하지만 이 방식은 새로운 청크를 만들고 컴파일하기 때문에 꽤 무겁다. 이것보다는 아래 코드처럼 작성하는 게 동일한 결과를 더 효율적으로 얻을 수 있는 방법이다.

```
value = _G[varname]
```

이처럼 환경도 보통의 테이블이므로 원하는 키(변수 명)를 이용해서 값을 얻을 수 있다.

마찬가지로 이름이 동적으로 결정되는 전역 변수에도 값을 할당할 수 있다. _G[varname] = value처럼 코드를 작성하면 된다. 이런 멋진 기능에 조금 흥분해서 _G["a"] = _G["var1"]과 같은 식으로 코드를 작성하는 프로그래머들도 있는데, 단지 a = var1을 복잡하게 작성했을 뿐이라는 사실을 잊지 않도록 주의하자.

이전 문제를 일반화해 보면 'io.read'나 'a.b.c.d'처럼 동적인 필드 명을 허용하는 것은 문제가 된다. _G["io.read"]처럼 코드를 작성한다고 해서 io 테이블의 read 필드를 얻어 오지는 않기 때문이다. 이렇게 사용하기 위해 getfield 함수를 작성해서, getfield("io.read")를 실행하면 io 테이블의 read 필드를 얻어 오도록 해보자. 이 함수는 반복문이 대부분인 함수로, _G에서 시작해서 필드를 따라 들어가는 구조이다.

```
function getfield (f)
  local v = _G    -- 전역 테이블에서 시작
  for w in string.gmatch(f, "[%w_]+") do
    v = v[w]
  end
  return v
end
```

f에 있는 모든 단어를 순회하기 위해서 문자열 라이브러리에 있는 gmatch를 이용했다. 여기서 "단어"란 하나 이상의 문자나 숫자 또는 밑줄로 연결된 표현을 말한다.

getfield 함수에 대응하는 setfield 함수를 작성해서 필드 값을 설정하는 작업은 좀 더 복잡하다. 할당문 a.b.c.d = v는 다음 코드와 동일하다.

```
local temp = a.b.c
temp.d = v
```

보다시피 마지막 이름까지 조회하고 이 마지막 이름만 별도로 처리해야 한다. 아래 있는 setfield 함수에서 이런 작업을 처리한다. 중간에 존재하지 않는 경로가 있으면 테이블을 생성하는 작업도 한다.

```lua
function setfield (f, v)
    local t = _G                          -- 전역 테이블에서 시작
    for w, d in string.gmatch(f, "([%w_]+)(%.?)") do
        if d == "." then                  -- 마지막 이름이 아닌가?
            t[w] = t[w] or {}             -- 존재하지 않으면 테이블을 만든다
            t = t[w]                      -- 테이블을 얻는다
        else                              -- 마지막 이름
            t[w] = v                      -- 할당한다
        end
    end
end
```

이 패턴은 필드명을 변수 w에 보관하고, 변수 d에 이어서 나오는 점(.)을 보관한다.[1] 필드명 뒤에 점이 없다면 이게 마지막 이름이다.

앞에서 작성한 두 함수를 올바른 위치에 두고 다음 코드를 호출하면 전역 테이블 t와 포함된 테이블 t.x를 생성하고 t.x.y에 10을 할당한다.

```lua
setfield("t.x.y", 10)

print(t.x.y)              --> 10
print(getfield("t.x.y"))  --> 10
```

## 14.2 전역 변수 선언

루아에서는 전역 변수를 별도로 선언할 필요가 없다. 작은 프로그램에서는 편리하지만, 프로그램의 규모가 커지면 사소한 오타가 찾기 어려워지는 버그를 만들곤 한다. 대신에 필요하면 이런 행위를 변경할 수 있다. 루아에서 전역 변수가 보통의 테이블에 보관되니, 전역 변수에 접근하는 행위를 메타테이블을 이용해서 변경하면 된다.

가장 먼저 해볼 수 있는 방법은 전역 테이블에 없는 키에 접근하는 것을 감지하는 일이다.

---

[1] 패턴 일치에 대해서는 21장 '문자열 라이브러리'에서 많은 분량을 할애해 두었다.

```
setmetatable(_G, {
  __newindex = function (_, n)
    error("attempt to write to undeclared variable " .. n, 2)
  end,
  __index = function (_, n)
    error("attempt to read undeclared variable " .. n, 2)
  end,
})
```

이 코드를 추가한 이후에는 존재하지 않는 전역 변수에 접근하면 다음과 같은 오류가 발생한다.

```
> print(a)
stdin:1: attempt to read undeclared variable a
 (선언되지 않은 변수 a에 접근하려 함)
```

그렇다면 새로운 변수는 어떻게 선언해야 할까? 다음 코드처럼 메타메서드를 무시하고 건너뛰는 rawset을 이용하는 것도 한 가지 방법이다.

```
function declare (name, initval)
  rawset(_G, name, initval or false)
end
```

(or false 구문을 이용해서 새로운 전역 변수가 항상 nil이 아닌 값을 가진다는 것을 보장한다.)

더 간단한 방법은 함수 안에서는 새로운 전역 변수에 할당하지 못하도록 제한하고, 함수의 청크 외부에서는 전역 변수에 자유롭게 할당할 수 있도록 하는 것이다. 구현 방법을 보도록 하자.

메인 청크에서 할당을 시도했는지 아닌지를 판단하기 위해서 디버그 라이브러리를 이용할 수 있다. debug.getinfo(2, "S")를 호출하면 테이블을 반환하는데, 이 테이블에 메타메서드를 호출한 게 메인 청크인지, 아니면 그냥 루아 함수인지, 또는 C 함수인지를 판단하는 필드가 들어 있다(debug.getinfo는 24장 '디버그 라이브러리'에서 더 자세히 알아본다). 이 함수를 이용하면 __newindex 메타메서드는 다음과 같은 형태가 된다.

```
__newindex = function (t, n, v)
  local w = debug.getinfo(2, "S").what
  if w ~= "main" and w ~= "C" then
    error("attempt to write to undeclared variable " .. n, 2)
  end
  rawset(t, n, v)
end
```

이 방법은 C 코드에서의 할당도 허용한다. C 언어 같은 언어들은 대부분 진짜 할당하려 한 것인지 아닌지를 쉽게 알 수 있다. nil인 경우에는 오류가 발생하도록 해두었기에, 변수가 존재하는지 확인할 때 단순히 nil인지 아닌지를 확인해서는 안 된다. 대신에 메타메서드를 피해가도록 rawget을 이용한다.

```
if rawget(_G, var) == nil then
  -- 'var'이 선언되지 않음
  ...
end
```

앞에서 nil 값을 가지는 전역 변수는 허용되지 않도록 했기 때문에 nil인 경우 자동으로 선언되지 않은 것으로 취급된다. 이 문제를 해결하는 일은 그리 어렵지 않다. 선언된 변수의 이름을 유지하는 보조 테이블 하나만 추가하면 된다. 메타메서드가 호출되면 이 보조 테이블을 이용해서 해당 변수가 선언되었는지 아닌지를 확인하면 되는 것이다. 코드로 작성하면 코드 14.1 '전역 변수의 선언 확인하기'와 비슷한 형태가 된다.

**코드 14.1 전역 변수의 선언 확인하기**

```
local declaredNames = {}

setmetatable(_G, {
  __newindex = function (t, n, v)
    if not declaredNames[n] then
      local w = debug.getinfo(2, "S").what
      if w ~= "main" and w ~= "C" then
        error("attempt to write to undeclared variable "..n, 2)
      end
      declaredNames[n] = true
    end
    rawset(t, n, v)   -- do the actual set
  end,

  __index = function (_, n)
    if not declaredNames[n] then
      error("attempt to read undeclared variable "..n, 2)
    else
      return nil
    end
  end,
})
```

이렇게 하면 x = nil처럼 할당해도 전역 변수를 선언한 것으로 받아들인다.

두 가지 해결 방법 모두 성능 문제는 무시해도 될 정도이다. 첫 번째 해결법에서 메타메서드는 정상적인 연산 과정에서는 절대로 호출되지 않는다. 두 번째 해결법에선 프로그램에서 nil을 가지고 있는 변수에 접근할 때만 메타메서드가 호출된다.

루아 배포판에는 방금 우리가 본 전역 변수를 확인하는 코드를 구현해 둔 strict.lua 모듈이 포함되어 있다. 루아 코드를 작성할 때 이 모듈을 활용하는 것은 좋은 습관이다.

## 14.3 비전역 변수

환경은 전역 값이기 때문에 모든 수정 사항이 프로그램의 다른 부분 전체에 영향을 준다는 문제가 있다. 예를 들어 전역 접근을 제어하기 위해 메타테이블을 등록하면 전체 프로그램에서 이 지침을 따라야 한다. 별도의 선언 없이 전역 변수를 사용하는 라이브러리라도, 사용하려면 어찌할 수 없는 상황이 된다.

그러나 루아의 전역 변수가 꼭 진짜 전역일 필요는 없다. 심지어 루아에는 전역 변수가 없다고 얘기할 수도 있다. 이 책에서 지금까지 전역 변수를 계속 사용해왔으면서 이런 말을 하고 있으니 이상하게 들리겠지만, 루아는 프로그래머들에게 전역 변수라는 착시 효과를 제공하기 위해 많은 일을 한다. 루아에서 이런 착시 효과를 만드는 과정을 보도록 하자.[2]

먼저 자유로운 이름이라는 개념에서 시작하자. 자유로운 이름은 명시적 선언에 묶이지 않은 이름을 말한다. 다시 말해 자유로운 이름은 지역 변수, for 변수, 매개 변수의 범위 안에 있지 않다. 예를 들어 다음 코드에서 var1과 var2는 자유로운 이름이다.

```
var1 = var2 + 3
```

이전에 얘기한 것과는 다르지만 자유로운 이름이라고 해서 전역 변수를 말하지는 않는다(적어도 직접적으로는 아니다). 대신 루아 컴파일러는 자유로운 이름 var를 _ENV.var로 해석한다. 그러니 앞에서 나온 코드는 다음 코드와 같다.

---

[2] 이 기법은 루아 5.1에서 5.2로 넘어오면서 가장 많이 변경된 부분 중 하나이다. 계속해서 나오는 설명은 루아 5.2를 참조하고 있고, 이전 버전에서는 거의 적용되지 않는다.

```
_ENV.var1 = _ENV.var2 + 3
```

그럼 갑자기 등장한 _ENV는 무엇일까? _ENV는 전역 변수가 될 수 없다. 전역 변수가 된다면 앞서 제기한 문제가 그대로 남게 된다. 여기서 다시 컴파일러의 속임수가 등장한다. 이전에 언급했지만 루아는 모든 청크를 익명 함수로 취급한다. 따라서 루아 컴파일러는 원본 코드를 다음 코드로 컴파일한다.

```
local _ENV = <임의의 값>
return function (...)
  _ENV.var1 = _ENV.var2 + 3
end
```

다시 말해 루아가 모든 청크를 _ENV라는 이름의 미리 정의된 업밸류가 있는 상태에서 컴파일한다는 얘기이다.[3]

보통은 이런 코드 청크를 불러올 때 load 함수가 미리 정의된 업밸류를 전역 환경으로 초기화한다. 그래서 원본 코드는 다음과 같게 된다.

```
local _ENV = <전역 환경>
return function (...)
  _ENV.var1 = _ENV.var2 + 3
end
```

이런 모든 처리 방식을 반영한 결과로 전역 환경의 var1은 var2 필드에 3을 더한 값을 가지게 된다.

처음 보는 내용이라면 전역 변수를 조금 난해한 방법으로 다루고 있는 것처럼 보일 것이다. 가장 간단한 방식이라고 얘기할 수는 없겠지만, 간단한 구현 방법으로는 얻을 수 없는 유연함을 제공한다.

더 진행하기 전에 루아 5.2에서 전역 변수를 다루는 법을 정리해 보자.

- 루아는 모든 코드 청크를 _ENV라는 업밸류가 미리 정의된 상태에서 컴파일한다.
- 컴파일러는 모든 자유로운 이름의 변수 var를 _ENV.var의 형식으로 해석한다.
- load(또는 loadfile) 함수는 코드 청크의 첫 번째 업밸류를 전역 환경으로 초기화한다.

---

3 (옮긴이주) 업밸류는 6장에서 클로저를 다룰 때 언급했다. 익명 함수 입장에서 자신의 지역 변수가 아니면서 전역 변수도 아닌 변수를 비지역 변수(non-local variable) 또는 업밸류라고 말한다고 설명했다.

결국에는 그리 복잡한 작업이 아니다.

어쩌면 이 같은 처리 방법으로 다른 마법 같은 일을 기대했기 때문에 헷갈리는 사람이 있을 수 있다. 하지만 어떤 마법도 존재하지 않는다. 사실 처음 두 규칙은 완전히 컴파일러에 의해서 수행된다. 컴파일러가 미리 정의한다는 것만 제외하면 _ENV는 평범한 보통의 변수일 뿐이다. 컴파일 과정 밖에서 보면 _ENV라는 이름은 루아에서 아무런 의미도 없다.[4] 마찬가지로 var를 _ENV.var로 해석하는 것도 아무런 숨겨진 의미가 없는 평범한 문법적 해석일 뿐이다. 특히 청크를 이렇게 해석한 이후에는 표준 가시성 규칙을 따라서 _ENV를 참조해도 코드에서 해당 시점에 접근이 가능한 _ENV를 그대로 참조한다.

## 14.4 _ENV 이용하기

이 절에서는 _ENV를 도입함으로써 얻게 된 이점을 몇 가지 살펴보려고 한다. 이 절에 나오는 대부분의 예제를 하나의 청크로 실행해야 한다는 사실에 유념하자. 대화형 모드에서 코드를 한 줄씩 입력하면, 각 줄이 별개의 청크가 되어서 서로 다른 _ENV 변수를 가진다. 코드 조각을 하나의 청크로 실행하려면 파일로 저장해서 실행하거나 대화형 모드에서 do-end 짝으로 묶어서 실행하면 된다.

_ENV도 보통의 변수이니 다른 변수처럼 값을 할당하거나 값에 접근할 수 있다. _ENV에 nil을 할당하면 이후에 모든 전역 변수로의 직접적인 접근이 무효화된다. 코드에서 사용할 변수를 제어할 목적이라면 유용할 수 있다.

```
local print, sin = print, math.sin
_ENV = nil
print(13)            --> 13
print(sin(13))       --> 0.42016703682664
print(math.cos(13)) -- error!
```

자유로운 이름에 뭔가를 할당하면 마찬가지로 오류가 발생한다.

다음과 같이 _ENV를 이용해서 지역 변수를 무시하고 전역 변수에 접근할 수 있다.

---

[4] 솔직히 말하면 루아에서 오류 메시지를 처리할 때 _ENV를 사용하고 있다. 그래서 전역 변수 x와 관련된 오류는 _ENV.x의 값으로 오류를 보고한다.

```
a = 13                  -- 전역
local a = 12
print(a)                --> 12 (지역)
print(_ENV.a)           --> 13 (전역)
```

물론 _ENV를 사용하는 주요 목적은 특정 코드 조각에서 사용하는 환경을 변경하기 위해서이다. 환경을 변경하고 나면 모든 전역 접근은 변경된 새로운 테이블을 사용한다.

```
-- 현재 환경을 새로운 빈 테이블로 변경
_ENV = {}
a = 1                   -- _ENV에 필드 생성
print(a)
--> stdin:4: attempt to call global 'print' (a nil value)
--> (전역 변수 'print'에 접근하려 함 (nil 값임))
```

새로운 환경이 비어 있다면 print를 포함한 모든 전역 변수도 함께 잃는다. 그래서 먼저 유용한 값들은 옮겨 줘야 한다. 이전 환경이 적절해 보인다.

```
a=15                    -- 전역 변수 생성
_ENV={g=_G}             -- 현재 환경을 변경
a=1                     -- _ENV 필드 생성
g.print(a)              --> 1
g.print(g.a)            --> 15
```

이제 "전역" g에 접근하면 이전 환경을 얻을 수 있다. 여기에서 print 함수도 찾을 수 있다.

앞의 예제를 g 대신 _G라는 이름으로 사용하도록 다시 작성할 수 있다.

```
a=15                    -- 전역 변수 생성
_ENV={_G=_G}            -- 현재 환경을 변경
a=1                     -- _ENV 필드 생성
_G.print(a)             --> 1
_G.print(_G.a)          --> 15
```

루아에서 _G도 다른 변수처럼 그냥 이름이다. 다른 점이라면 루아가 초기 전역 테이블을 만들 때 이 전역 테이블을 변수 _G에 할당한다는 것이다. 루아는 이 변수가 가지고 있는 현재 값에 대해서는 고려하지 않는다. 하지만 전역 환경을 참조할 때 이렇게 같은 이름을 쓰는 게 관례이기 때문에, 이전 예제를 다시 작성했다.

새로운 환경을 조작하기 위해서 상속을 이용하는 방법도 있다.

```
a=1
local newgt = {}              -- 새로운 환경 생성
setmetatable(newgt, {__index = _G})
_ENV = newgt                  -- 설정한다
print(a)                      --> 1
```

이 코드에서 새로운 환경을 print와 a를 이전 환경으로부터 상속 받는다. 그리고 이후에 할당하려고 하면 새로운 테이블로 할당된다. 전역 환경에 있는 변수가 실수로 바뀔까 걱정하지 않아도 된다. 물론 _G를 통해서는 변경할 수 있다.

```
-- 이전 코드에서 이어짐
a = 10
print(a)        --> 10
print(_G.a)     --> 1
_G.a = 20
print(_G.a)     --> 20
```

똑같은 변수이기 때문에 _ENV도 일반적인 범위 규칙을 따른다. 특히, 청크 내부에서 정의된 함수는 다른 외부 변수에 접근하는 것처럼 _ENV에 접근할 수 있다.

```
_ENV = {_G = _G}
local function foo ()
  _G.print(a)   -- '_ENV._G.print(_ENV.a)'로 컴파일 됨
end
a = 10          -- _ENV.a
foo()           --> 10
_ENV = {_G = _G, a = 20}
foo()           --> 20
```

_ENV라는 이름으로 새로운 지역 변수를 정의하면 자유로운 이름에 대한 참조는 새로운 _ENV 변수로 묶인다.

```
a= 2
do
  local _ENV = {print = print, a = 14}
  print(a)      --> 14
end
print(a)        --> 2 (원래 _ENV로 돌아감)
```

이런 특징을 활용하면 자신만을 위한 환경을 가지는 함수를 정의하는 일은 그리 어렵지 않다.

```
function factory (_ENV)
  return function ()
    return a    -- "전역" a
  end
end
```

```
f1 = factory{a = 6}
f2 = factory{a = 7}
print(f1())          --> 6
print(f2())          --> 7
```

factory 함수는 자신의 전역 변수 a의 값을 반환하는 간단한 클로저를 만든다. 클로저가 생성될 때 가시성을 가진 _ENV 변수는 전체를 감싸고 있는 factory 함수의 매개변수인 _ENV이다. 그래서 클로저는 이 외부 변수를 자유로운 이름을 접근하는 데 사용한다.

일반적인 범위 지정 규칙을 사용하니 환경을 여러 가지 방법으로 조작할 수 있다. 예를 들어, 여러 함수가 하나의 공통 환경을 공유하도록 할 수도 있고, 환경을 변경하는 함수가 다른 함수들 간에 공유되도록 할 수도 있다.

## 14.5 _ENV와 load

앞에서 언급했지만 load 함수는 기본적으로 읽고 있는 청크의 _ENV 업밸류를 전역 환경으로 초기화한다. 하지만 load 함수의 필수가 아닌 네 번째 매개변수를 이용해서 _ENV의 값을 제공할 수 있다. loadfile 함수에도 유사한 매개변수가 있다.

초기 예제로 다음과 같이 흔한 형태의 설정 파일이 있다고 해보자. 이 설정 파일에서는 여러 상수와 프로그램에서 사용될 함수를 정의하고 있다.

```
-- 파일 'config.lua'
width = 200
height = 300
...
```

이 설정 파일은 다음과 같은 코드로 불러올 수 있다.

```
env = {}
f = loadfile("config.lua", "t", env)
f()
```

설정 파일에 있는 전체 코드가 빈 환경인 env에서 실행된다. 그리고 설정 파일에 정의된 모든 것이 이 환경에 들어간다. 설정 파일이 실수라도 다른 것에 영향을 줄 수 있는 방법은 없다. 악의적인 코드가 심어져 있어도 큰 타격을 입지 않는다. DoS(서비스 거부) 공격을 해서 CPU 시간과 메모리를 낭비할 수는 있어도 그 외에는 영향을 받지 않는다.

때로는 같은 청크를 매번 다른 환경 테이블로 여러 번 실행하고자 할 수도 있다. 이런 경우에는 load 함수에 인자를 전달하는 방식은 유용하지 않다. 대신에 두 가지 다른 대안이 있다.

첫 번째 방법은 디버그 라이브러리에 있는 debug.setupvalue 함수를 이용하는 것이다. 이름에서 알 수 있듯이 setupvalue 함수는 전달되는 함수의 어떤 업밸류라도 변경할 수 있다. 다음 코드에서 setupvalue 함수를 이용하는 방법을 보여 준다.

```
f = loadfile(filename)
...
env = {}
debug.setupvalue(f, 1, env)
```

setupvalue를 호출할 때 첫 인자는 함수이고, 두 번째 인자는 업밸류의 인덱스, 그리고 세 번째 인자는 해당 업밸류에 대한 새로운 값이다. 이런 용도로 사용할 때는 두 번째 인자는 항상 1로 정해져 있다. 함수가 load나 loadfile의 결과인 경우, 하나의 업밸류만 가지고 있으며 그게 _ENV이다.

이 방법은 디버그 라이브러리에 대한 의존성이 생긴다는 작은 결점이 있다. 이 라이브러리는 프로그램에 대한 기본적인 가정을 몇가지 무시한다. debug.setupvalue는 지역 변수는 어휘 범위 밖에서 접근할 수 없다는 루아의 가시성 규칙을 어긴다.

다른 방법은 하나의 청크를, 여러 다른 환경으로 동작하도록 하는 청크를 불러올 때 약간 조작하는 것이다. 다음 코드를 청크를 불러오기 전에 넣었다고 생각해 보자.

```
_ENV = ...;
```

8장의 '컴파일' 절에서 루아가 가변 인자를 받는 함수로 청크를 컴파일한다는 사실을 배웠다. 따라서 위에서 추가한 코드는 청크의 첫 인자가 되어 _ENV 변수에 할당되어 이 청크의 환경으로 설정된다. 청크를 불러온 다음 원하는 환경을 첫 번째 인자로 함수를 호출한다. 다음 코드에서 지금까지 설명한 기법을 대략적으로 보여 준다. 여기서는 8장의 연습 문제에서 사용한 loadwithprefix 함수를 사용한다.

```
f = loadwithprefix("local _ENV = ...;", io.lines(filename, "*L"))
...
env = {}
f(env)
```

## 연습 문제

**연습 문제 14.1:** 이 장의 앞에서 정의한 getfield는 너무 느슨해서 like?math나 string!!!gsub 같은 필드도 허용한다. 함수를 다시 작성해서 이름을 구분할 때는 점(.)만 사용하도록 해보자. (21장 '문자열 라이브러리'에서 배울 내용이 조금 필요할 수 있다.)

**연습 문제 14.2:** 다음 프로그램을 실행하면 어떤 일이 일어나는지 그리고 출력 결과가 무언지 자세히 설명해 보자.

```
local foo
do
  local _ENV = _ENV
  function foo ()  print(X) end
end
X = 13
_ENV = nil
foo()
X=0
```

**연습 문제 14.3:** 다음 프로그램을 실행하면 어떤 일이 일어나는지 그리고 출력 결과가 무언지 자세히 설명해 보자.

```
local print = print
function foo (_ENV, a)
  print(a + b)
end
foo({b = 14}, 12)
foo({b = 10}, 1)
```

# 15장

Programming in Lua

# 모듈과 패키지

대체로 루아에는 지켜야 할 정책이 없다. 대신에 개발자들이 자신에게 가장 알맞는 정책을 구현할 수 있도록, 충분히 효과적인 방법을 제공한다. 하지만 이런 접근은 모듈에서 만큼은 예외이다. 모듈 시스템의 가장 핵심 목표는 서로 다른 그룹간에 코드를 공유하도록 하는 것인데, 공통된 정책이 없다면 이런 공유가 원활하게 이루어지지 못하기 때문이다.

루아 버전 5.1부터 모듈과 패키지(패키지는 모듈의 모음이다)에 대해서 일련의 정책을 정의했다. 이런 정책 때문에 언어에 추가된 요소는 없다. 지금까지 사용한 테이블, 함수, 메타테이블, 환경을 이용해서 모듈과 패키지를 구현한다. 물론 프로그래머 마음대로 다른 정책을 사용해도 되지만, 대신에 다른 구현을 사용하면 외부에서 작성된 모듈을 사용할 수 없고, 자신이 작성한 모듈을 다른 사람의 프로그램에서 사용할 수 없게 된다.

사용자 입장에서 모듈이란, require를 호출해서 불러오고, 그 결과로 테이블을 생성해서 반환하는 루아나 C로 작성된 코드를 말한다. 함수나 상수 같이 모듈에서 내보내는 모든 것은 네임스페이스로 사용되는 테이블 안에서 정의된다.

모든 표준 라이브러리는 모듈이다. 예를 들어, 수학 라이브러리를 다음과 같이 사용할 수 있다.

```
local m = require "math"
print(m.sin(3.14))
```

그런데 우리가 수학 라이브러리를 이렇게 사용하지 않는 이유는 독립 실행형 인터프리터가 다음과 유사한 형태의 코드를 이용해서 모든 표준 라이브러리를 미리 불러 두었기 때문이다.

```
math = require "math"
string = require "string"
...
```

이렇게 미리 불러 두었기에 math.sin 같이 익숙한 표현을 사용할 수 있다.

모듈을 구현할 때 테이블을 이용해서 얻을 수 있는 장점은 명백하다. 모듈을 다른 테이블을 다루듯이 조작할 수 있고, 루아가 제공하는 모든 추가적인 기능을 그대로 사용할 수 있다는 것이 장점이다. 대부분의 언어에서는 모듈은 1급(first-class) 값이 아니다. 이런 언어에서는 모듈을 변수에 저장할 수 없고 함수의 인자로도 전달할 수 없다. 그래서 모듈에 뭔가 추가적인 기능을 제공하려면 특별한 기법이 필요하다. 하지만, 루아에서는 모듈을 위한 추가적인 기능을 별도의 작업 없이도 쓸 수 있다.

예를 들어, 모듈에 포함된 함수를 호출하는 여러 가지 방법이 있다. 다음 코드가 가장 일반적인 방법이다.

```
local mod = require "mod"
mod.foo()
```

지역 변수로 사용하는 모듈의 이름은 마음대로 사용할 수 있다.

```
local m = require "mod"
m.foo()
```

다음과 같이 함수마다 다른 이름을 지정해서 사용할 수도 있다.

```
local m = require "mod"
local f = mod.foo
f()
```

이 방법의 좋은 점은 특별한 언어의 지원이 필요 없다는 것이다. 단지 언어가 이미 지원하는 그대로를 이용했을 뿐이기 때문이다.

require를 사용해서 모듈을 불러올 때 인자를 전달할 수 없다는 불만을 자주 듣는다. 예를 들어, 다음과 같이 수학 모듈을 불러올 때 각도를 이용할지 라디안을 이용할지 선택할 수 있도록 해주는 게 가능했을지 모른다.

```
-- 잘못된 코드
local math = require("math", "degree")
```

require의 주요 목표는 같은 모듈을 여러 번 불러오지 않도록 하는 것인데, 이런 방식은 문제가 된다. 한 번 모듈을 불러오면 해당 모듈은 프로그램의 다른 영역에서 재사용되어야 한다. 그런데 같은 모듈을 여러 매개변수로 불러오면 이런 목표와 맞지 않는다.

```
-- 잘못된 코드
local math = require("math", "degree")
-- 같은 프로그램 어딘가의 다른 코드
local math = require("math", "radians")
```

정말 모듈이 매개변수를 받도록 하고 싶다면 명시적으로 매개변수를 설정하는 함수를 제공하는 편이 좋다. 다음 코드를 보자.

```
local mod = require"mod"
mod.init(0, 0)
```

초기화 함수가 다시 모듈을 반환하도록 하면 다음과 같은 코드로 작성할 수도 있다.

```
local mod = require"mod".init(0, 0)
```

모듈이 초기화 함수를 반환하도록 하고 이 초기화 함수에서만 모듈 테이블을 반환하도록 하는 방법도 있다.

```
local mod = require"mod"(0, 0)
```

어떤 방법을 사용하더라도 오직 한번만 모듈을 불러온다는 사실을 기억하자. 모듈을 여러 가지 방식으로 초기화하고 싶다면 모듈에서 이런 방법을 제공해야 한다.

## 15.1 require 함수

require 함수로 모듈을 공개하기 위해서 지켜야 할 사항은 많지 않다. require 입장에서 모듈은 어떤 값(함수나 함수를 가지고 있는 테이블)을 정의하는 코드일 뿐이다. 일반적으로 이 코드에서 모듈의 함수를 가지고 있는 테이블을 반환한다.

하지만 테이블을 반환하는 작업을 require에서 하는 것이 아니라 모듈 코드에서 수행하기 때문에, 모듈에 따라서 다른 값을 반환할 수도 있고, require를 통해 불러올 때 다른 값에 영향을 주거나 하는 부수 효과가 있을 수도 있다.

모듈을 불러오려면 그냥 간단하게 require 'modname'의 형식으로 호출하면 된다. require는 먼저 package.loaded 테이블을 확인해서 해당 모듈이 이미 불려왔는지 확인한다. 해당 모듈을 이미 부른 적이 있다면 require는 해당 값을 반환한다. 즉, 모듈은 한 번 불리고 나면 동일한 모듈을 다시 require해도 코드를 다시 실행하지 않고 같은 값을 반환한다.

모듈이 아직 불러오지 않았다면 require는 모듈 이름으로 루아 파일을 찾는다. 루아 파일을 찾았다면 loadfile로 해당 모듈을 불러온다. loadfile을 호출하면 '로더라고 부르는 함수를 결과로 반환한다. 로더는 호출되면 모듈을 불러오는 함수이다.

require가 모듈 이름으로 루아 파일을 찾지 못하면, 그 이름으로 C 라이브러리를 찾는다. C 라이브러리를 찾으면 package.loadlib로 불러오고 luaopen_modname 함수를 찾는다.[1] 이 경우에 로더는 loadlib의 결과가 된다. 즉, luaopen_modname이 표현하는 루아 함수가 된다. package.loadlib는 27장의 'C 코드' 절에서 다루겠다.

모듈은 루아 파일이나 C 라이브러리 어디에서 찾아도 그에 맞는 로더 함수가 준비되어 있다. 모듈을 불러오는 작업을 마무리 짓도록 require는 모듈 이름과 로더를 얻게 된 파일 이름을 인자로 이용해서 로더를 호출한다(대부분의 경우에는 모듈에서 이렇게 전달된 값을 사용하지 않는다). 로더가 어떤 값을 반환하면, require는 이 값을 반환하면서, 나중에 같은 모듈이 필요하면 반환할 수 있도록 package.loaded 테이블에 저장한다. 로더가 아무런 값도 반환하지 않으면 require는 모듈이 true를 반환한 것으로 취급한다. 이런 작업이 없다면 나중에 require를 다시 호출했을 때 모듈이 다시 실행됐을 것이다.

require가 같은 모듈을 두 번 불러오도록 강제하려면 단순히 package.loaded에서 해당 라이브러리의 항목을 지우면 된다.

```
package.loaded.<modname> = nil
```

---

[1] 27장의 'C 모듈' 절에서 C 라이브러리를 작성하는 방법에 대해서 다룬다.

이후에 모듈이 필요해지면 require는 지금까지의 작업을 처음부터 다시 한다.

### 15.1.1 모듈 이름 변경하기

보통은 모듈을 이용할 때 원래 이름을 그대로 사용하지만, 이름이 겹치는 문제를 피하기 위해서 모듈의 이름을 변경해야 할 때도 있다. 테스트를 목적으로 같은 모듈의 여러 버전을 불러와야 하는 상황이 대표적인 예다. 루아의 모듈 이름은 내부적으로 고정된 값이 아니라서 보통은 .lua 파일의 이름을 바꾸는 것으로 충분하다. 하지만 luaopen_* 함수의 이름을 변경하기 위해서 바이너리 라이브러리를 수정할 수는 없다. 이런 모듈의 이름을 변경하기 위해서는 require에서 약간의 꼼수를 이용한다. 모듈 이름에 하이픈(-)이 포함됐다면, require는 luaopen_* 함수 이름을 만들 때 모듈 명에서 하이픈까지의 접두사를 잘라낸 이름을 사용한다. 예를 들어 모듈 명이 a-b였다면, require는 읽어 오는 함수로 luaopen_a-b가 아닌 luaopen_b를 찾는다(사실 luaopen_a-b는 C에서 유효한 이름도 아니다). 만약 mod라는 이름의 모듈이 두 개 있다면, 그중 하나를 이를테면 v1-mod과 같은 이름으로 변경할 수 있다. m1 = require "v1-mod"를 호출하면 require는 이름이 변경된 v1-mod 파일을 찾고, 이 파일에서 원본 이름과 같은 luaopen_mod 함수를 찾는다.

### 15.1.2 경로 탐색하기

루아 파일을 찾을 때 require가 사용하는 경로는 일반적인 경로와는 조금 다르다. 일반적으로는 파일을 찾아볼 디렉터리의 목록을 경로로 지정하면 되지만, 루아가 실행되는 추상 플랫폼인 ANSI C에는 디렉터리라는 개념이 없다. 그래서 require는 디렉터리 대신에 경로를 나타내는 템플릿을 사용한다. 각 템플릿은 require의 인자로 전달된 모듈 명을 파일 명으로 변환하는 데 사용된다. 경로에 포함된 각 템플릿은 파일의 이름을 나타내며, 물음표를 포함하고 있을 수 있다. require는 각각의 템플릿에 포함된 ?를 대상 모듈의 이름으로, 치환한 결과가 찾으려는 파일이 맞는지 비교한다. 치환한 결과가 찾으려는 파일이 아니라면 계속해서 다음 템플릿을 비교해 본다. 경로에서 각 템플릿은 세미콜론으로 구분한다. 세미콜론은 대부분의 운영체제에서 파일 명으로는 거의 사용되지 않는다. 탐색 경로의 예를 보자.

```
?;?.lua;c:\windows\?;/usr/local/lua/?/?.lua
```

그리고 나서 require "sql"을 호출하면 아래처럼 루아 파일을 열려고 시도한다.

```
sql
sql.lua
c:\windows\sql
/usr/local/lua/sql/sql.lua
```

require 함수는 세미콜론(템플릿 구분자)과 물음표만을 고려하고, 디렉터리 구분자나 파일 확장자 같은 나머지는 모두 경로에 지정된 그대로 따른다.

require는 루아 파일을 찾기 위해 package.path 변수의 현재 값을 경로로 이용한다. 루아가 시작하면 package.path 변수는 LUA_PATH_5_2 환경 변수의 값으로 초기화된다. LUA_PATH_5_2 환경 변수가 정의되어 있지 않으면 대신 LUA_PATH 환경 변수를 이용한다. 두 환경 변수가 모두 정의되어 있지 않으면 컴파일 당시 지정된 기본 경로를 이용한다.[2] 환경 변수의 값을 이용할 때 루아는 ';;' 문자를 기본 경로로 대치한다. 예를 들어, LUA_PATH_5_2를 'mydir/?.lua;;'로 설정하면 결과로 나온 경로는 'mydir/?.lua' 템플릿 뒤에 기본 경로가 따라오는 값이 된다.

C 라이브러리를 찾을 때 사용하는 경로도 정확히 똑같은 방식으로 동작한다. package.path 대신에 package.cpath 변수를 사용한다는 차이만 있다. 같은 방식으로 초깃값도 환경 변수 LUA_CPATH_5_2나 LUA_CPATH를 이용한다. package.cpath 변수는 UNIX에서 다음과 유사한 형태의 값을 가진다.

```
./?.so;/usr/local/lib/lua/5.2/?.so
```

경로에 파일 확장자가 포함되어 있으니 주의하자. UNIX에서는 모든 템플릿에서 .so를 이용했지만 윈도우라면 다음과 같은 형태일 것이다.

```
.\?.dll;C:\Program Files\Lua502\dll\?.dll
```

package.searchpath 함수에서 지금까지 설명한 규칙에 따라 라이브러리를 찾는다. 이 함수는 모듈 이름과 경로를 인자로 받아서, 앞에서 설명한 규칙을 따르는 파일이 있는지 확인한다. 이 함수는 가장 먼저 찾은 일치하는 파일을 반환한다. 파일을 찾지 못하면 nil과 함께 지금까지 시도했던 파일의 목록을 오류 메시지로

---

2 루아 5.2에서는 실행 옵션인 -E를 이용하면 이런 환경 변수의 사용을 막고 기본값을 사용하도록 강제할 수 있다.

반환한다. 오류 메시지는 다음과 같은 형태가 된다.

```
> path = ".\\?.dll;C:\\Program Files\\Lua502\\dll\\?.dll"
> print(package.searchpath("X", path))
nil
    no file '.\X.dll'
    no file 'C:\Program Files\Lua502\dll\X.dll'
```

### 15.1.3 서처: 라이브러리 찾기

실제 상황에서 require는 앞에서 설명한 것보다 좀 더 복잡하다. 루아 파일을 찾 거나 C 라이브러리를 찾는 과정은 서처(searcher)라는 개념의 두 가지 예일 뿐이 다. 서처는 모듈의 이름을 받아서 해당 모듈을 불러올 수 있는 로더를 반환하거 나, 찾을 수 없다면 nil을 반환하는 함수이다.

require는 package.searchers 배열을 이용해서 서처의 목록을 얻는다. require는 서처 중 하나라도 모듈을 불러오기 위한 로더를 찾을 때까지 각 서처에 모듈의 이 름을 전달하면서 찾는다. require는 모든 목록을 뒤져도 모듈을 찾을 수 없다면 오류를 발생시킨다.

모듈을 찾기 위해 서처 목록을 이용하면 require시 큰 유연성을 얻을 수 있다. 예를 들어, 모듈을 압축된 zip 파일에 저장해 두고 싶다고 해보자. 압축된 모듈을 찾을 수 있는 서처를 만들고 목록에 서처 목록에 추가하기만 하면 된다. 하지만, 이렇게 직접 서처를 추가하기 보단 package.searchers의 기본값을 변경하지 않고 이용하는 것이 일반적이다. 기본값에선 루아 파일을 찾는 서처가 목록의 두 번째 서처이고, C 라이브러리를 찾는 서처는 세 번째 서처이다. 가장 앞엔 preload 서처 가 있다.

preload 서처에는 모듈을 불러오기 위한 임의의 함수를 정의할 수 있다. package.preload 테이블을 이용해서 모듈의 이름과 로더 함수를 연결한다. preload 서처는 모듈의 이름을 찾을 때 단순히 테이블에서 지정된 이름을 찾는다. 테이블에서 함수를 찾으면 이 함수를 모듈의 로더로 반환하고, 함수를 찾지 못하 면 nil을 반환한다. preload 서처는 몇 가지 평범하지 않은 상황을 다룰 수 있는 포괄적인 방법을 제공한다. 예를 들어, 루아에 정적으로 링크된 C 라이브러리의 luaopen_ 함수를 preload 테이블에 등록해서, 사용자가 이 모듈을 require로 요 청했을 때만 호출되도록 할 수 있다. 이 방식을 이용하면 정적으로 링크된 라이브러리를 미리 등록해서 사용하므로, 경로에 있는 라이브러리 목록을 검색하지 않아도 돼서 시간을 낭비하지 않을 수 있다.

package.searchers의 기본값은 하위 모듈을 위한 네 번째 함수도 가지고 있는데, 이 함수는 15.4 '하위 모듈과 패키지' 절에서 보도록 하자.

## 15.2 루아에서 모듈을 작성하기 위한 기본 방법

루아를 이용해서 가장 간단히 모듈을 작성하겠다고 마음 먹으면 정말 쉽게 만들 수 있는 방법이 있다. 테이블을 하나 만들고, 모듈로 내보내려는 모든 함수를 테이블에 집어 넣은 다음, 테이블을 반환하면 된다. 코드 15.1 '간단한 복소수 모듈'에서 이 방법을 보여 준다.

**코드 15.1 간단한 복소수 모듈**

```lua
local M = {}
function M.new (r, i) return {r=r, i=i} end
  -- 상수 정의
M.i = M.new(0, 1)

function M.add (c1, c2)
  return M.new(c1.r + c2.r, c1.i + c2.i)
end

function M.sub (c1, c2)
  return M.new(c1.r - c2.r, c1.i - c2.i)
end

function M.mul (c1, c2)
  return M.new(c1.r*c2.r - c1.i*c2.i, c1.r*c2.i + c1.i*c2.r)
end

local function inv (c)
  local n = c.r^2 + c.i^2
  return M.new(c.r/n, -c.i/n)
end

function M.div (c1, c2)
  return M.mul(c1, inv(c2))
end

function M.tostring (c)
  return "(" .. c.r .. "," .. c.i .. ")"
end

return M
```

청크에서 함수 앞에 local을 붙이는 방법을 이용하여 inv를 내부에서만 사용하는 함수로 만들었다.

사람에 따라서 마지막에 있는 return문이 마음에 들지 않을 수 있다. 그럴 땐 다음과 같이 모듈 테이블을 package.loaded에 직접 할당하는 방법으로 return문을 없앨 수 있다.

```
local M = {}
package.loaded[...] = M
    <이전과 같음>
```

require가 로더를 호출할 때 모듈 명을 첫 인자로 전달한다는 사실은 이미 배웠다. 인덱스에 쓰인 가변 인자 표현식인 ...는 모듈 명을 표시한다. package.loaded에 할당하고 나면 모듈의 마지막에서 M을 반환하지 않아도 된다. 모듈에서 값을 반환하지 않으면 require는 package.loaded[modname]의 현재 값이 nil이 아닌 경우 이 값을 반환한다. 어쨌든 개인적으로는 마지막에 return 문을 작성하는 편이 더 명확하게 보이기 때문에 선호하는 방식이다.

모듈을 작성할 때 모든 함수를 지역 함수로 선언한 다음, 마지막에 반환할 테이블을 구성하는 변형된 방식도 있다. 코드 15.2 '내보내기 목록을 이용한 모듈'에서 이 방법을 설명한다.

### 코드 15.2 내보내기 목록을 이용한 모듈

```
local function new (r, i) return {r=r, i=i} end
-- 상수 i 정의
local i = new(0, 1)

    <다른 함수도 이런 방식으로 작성>

return {
  new = new,
  i =i,
  add = add,
  sub = sub,
  mul = mul,
  div = div,
  tostring = tostring,
}
```

이 방법의 이점은 무엇일까? 이름 앞에 M.과 같은 표현을 붙이지 않아도 된다는 점이다. 대신에 명시적으로 내보내는 목록이 있다. 그리고 내보낼 함수와 내부에서만 사용하는 함수를 모듈 내에서 모두 동일한 방식으로 정의하고 사용한다. 그럼 단점은 무엇일까? 내보낼 목록이 모듈의 앞이 아니라 가장 뒤에 있으므로, 문서를 대신해 훑어보는 용으로 사용하기에는 불편하다. 그리고 같은 이름을 두 번씩 적어 줘야 하니 불필요한 작업을 하게 된다. 이 단점은 모듈의 내부와 외부에서 함수에 다른 이름을 지정할 수 있어서 장점이 되기도 하는데, 프로그래머들이 그리 선호하는 방식은 아닌 것 같다. 사람에 따라 다르겠지만 개인적으로 좋아하는 방식이다.

어떤 방식으로 모듈을 정의해도 사용자들이 표준 방식으로 사용할 수 있다.

```
local cpx = require "complex"
print(cpx.tostring(cpx.add(cpx.new(3,4), cpx.i)))
  --> (3,5)
```

## 15.3 환경 이용하기

지금까지 알아 본 모듈을 생성하는 기본적인 방법의 한가지 문제점은 전역 공간을 어지럽히기가 너무 쉽다는 점이다. 예를 들어, 내부에서만 사용할 선언에 실수로 local을 빼먹었다고 생각해 보자.

환경을 이용하면 이 문제를 해결하면서 모듈을 만들 수 있다. 모듈의 메인 청크가 전용 환경을 가지게 되면 모듈의 모든 함수가 이 테이블을 공유할 뿐 아니라 모듈에서 사용하는 모든 전역 변수도 이 테이블에 할당된다. 따라서 모든 공개 함수를 전역 변수로 선언할 수 있고, 알아서 독립된 테이블에 할당된다. 모듈에서 처리할 일이라곤 이 테이블을 _ENV 변수에 할당하는 것뿐이다. 다음 예제를 보자. _ENV 변수에 테이블 M을 할당한 다음 add라는 함수를 선언하면 알아서 M.add가 된다.

```
local M = {}
_ENV = M
function add (c1, c2)
  return new(c1.r + c2.r, c1.i + c2.i)
end
```

게다가 같은 모듈에 있는 다른 함수를 호출할 때 앞에 모듈의 이름을 붙이지 않아도 된다. 앞의 예제에서 add는 new를 호출하지만 환경에서 얻어 오기 때문에 결국 M.new가 호출된다.

이 방법은 모듈을 효과적으로 지원하면서도 프로그래머가 추가로 해야 할 일은 거의 없는 방법이다. 더 이상 이름 앞에 모듈의 이름을 붙이지 않아도 된다. 그리고 모듈로 내보낼 함수를 호출할 때와 내부에서만 사용하는 함수를 호출하는 데도 차이가 없다. 프로그래머가 실수로 local을 앞에 붙이지 않아도 전역 이름 공간을 오염시키지 않는다. 내부에서만 사용하려던 함수가 외부로 공개될 뿐이다.

이런 장점이 있더라도, 개인적으로는 결과 코드가 더 명확해 보인다는 점에서 조금 번거롭지만 이전 절에서 나왔던 두 가지 방식 중 하나를 사용하는 것을 더 선호한다. 실수로 전역 공간을 어지럽히는 것을 막기 위해 _ENV에 nil을 할당하는 간단한 방법을 사용할 수 있다. 이렇게 해두면 전역 이름에 할당하려고 시도하면 오류가 발생한다.

물론, _ENV에 nil을 할당하면 다른 모듈에 대한 접근 정보를 잃게 된다. _ENV의 값을 바꾸면 모든 이전 전역 변수에 대한 접근을 잃는다. 이 접근을 되돌리는 여러 가지 방법이 있으며 각기 장단점이 있다.

한 가지 방법은 상속을 이용하는 것이다. 다음을 보자.

```
local M = {}
setmetatable(M, {__index = _G})
_ENV = M
```

_ENV를 할당하기 전에 setmetatable을 호출해야 한다. 왜 그런지는 각자 생각해 보자. 이제 모듈에서 어떤 전역 식별자라도 직접 접근할 수 있다. 전역 식별자에 접근할 때 메타테이블을 이용하니 약간의 비용이 발생한다. 이 해결법을 이용하면 개념적으로는 이제 모듈이 모든 전역 변수를 포함하게 된다는 점이 독특하다. 예를 들어, 이 모듈을 사용하는 누구라도 complex.math.sin(x)처럼 작성하면 표준 sin 함수를 호출할 수 있다. (펄의 패키지 시스템도 이런 특이점을 가지고 있다.)

다른 모듈에 접근하기 위해 지역 변수를 선언해서 원본 환경을 가지고 있도록 하는 방법도 있다. 다음 코드를 보자.

```
local M = {}
local _G = _G
_ENV = M        -- 또는 _ENV = nil
```

이때 전역 이름에 접근하려면 반드시 _G를 앞에 붙여야 한다는 점이 불편하긴 하지만 메타메서드가 관여하지 않으니 조금 더 빠르다.

좀 더 제대로 사용하려면 필요한 함수나 모듈만 지역 변수로 선언해 두고 사용하는 방법이 있다.

```
-- 모듈 설정
local M = {}
-- 가져오기 영역
-- 이 모듈에서 필요한 외부의 것을 모두 선언
local sqrt = math.sqrt
local io = io
-- 이 지점 이후에는 외부에 대한 접근은 허용되지 않음
_ENV=nil -- 또는 _ENV=M
```

이 기법은 작업이 좀 더 필요하지만 모듈의 의존성을 잘 보여 준다. 그리고 이 방법으로 작성한 코드는 지역 변수를 활용하므로 앞의 방식으로 작성한 코드보다 조금 더 빠르다.

## 15.4 하위 모듈과 패키지

루아의 모듈 명은 계층 구조를 허용한다. 구두점(.)을 이용하면 이름의 단계를 지정할 수 있다. 예를 들어, mod.sub라는 이름은 mod의 하위 모듈이다. 루아에서 패키지는 이렇게 계층 구조를 이루는 연관된 모듈 전체를 표현하는 배포 단위이다.

require로 mod.sub라는 모듈을 불러오면 require는 먼저 원래 모듈의 이름인 'mod.sub'를 키로 package.loaded를 찾아보고, 그 다음 package.preload를 찾아본다. 이때는 모듈 이름에 있는 구두점이 모듈 이름의 다른 문자처럼 이름을 구성하는 하나의 문자일 뿐이다.

이 방식으로 모듈을 찾지 못하면 이제는 구두점을 하위 모듈의 구분자로 취급한다. 보통은 시스템의 디렉터리 구분자(유닉스에선 /로, 윈도우에선 \)로 취급한다. require는 구두점을 치환한 이름으로 다른 이름과 동일하게 검색한다. 예를 들어, /이 디렉터리 구분자이고 다음 경로를 가지고 있다고 해보자.

```
./?.lua;/usr/local/lua/?.lua;/usr/local/lua/?/init.lua
```

이제 require "a.b"를 호출하면 다음 파일을 열려고 시도한다.

```
./a/b.lua
/usr/local/lua/a/b.lua
/usr/local/lua/a/b/init.lua
```

이런 방식 덕분에 패키지의 모든 모듈이 하나의 디렉터리 안에 있을 수 있다. 예를 들어, 패키지가 모듈 p, p.a, p.b를 가지고 있다고 해보자. 차례대로 p/init.lua, p/a.lua, p/b.lua 파일로, 모두 경로상의 디렉터리 p에 있을 수 있다.

루아가 사용하는 디렉터리 구분자는 컴파일 시점에 설정되고, 어떤 문자라도 될 수 있다. 다시 말하지만 루아는 디렉터리에 대해서는 알지 못한다. 그래서 계층적인 디렉터리 구조를 가지지 않는 시스템이라면 밑줄(_)을 디렉터리 구분자로 사용할 수 있다. 이렇게 하면 require "a.b"는 a_b.lua 파일을 찾게 된다.

C에서는 이름이 구두점을 포함할 수 없으므로 하위 모듈 a.b에 대한 C 라이브러리는 luaopen_a.b 함수를 내보낼 수 없다. 여기선 require가 구두점을 밑줄(_)로 대체한다. 그래서 a.b라는 이름을 가진 C 라이브러리는 초기화 함수로 luaopen_a_b를 사용한다. 여기서도 하이픈을 이용한 꼼수를 사용할 수 있지만, 미묘한 결과의 차이가 생긴다. 예를 들어, C 라이브러리 a를 mod의 하위 모듈로 만들고 싶다고 해보자. 파일명을 mod/v-a로 변경하면, require "mod.v-a"처럼 작성해서 require가 이름을 바꿔둔 파일인 mod/v-a도 제대로 찾고, 이 파일에 있는 luaopen_a 함수도 올바르게 찾는다.

추가적인 기능으로 require는 C 하위 모듈을 불러오기 위한 서처도 하나 가지고 있다. 하위 모듈의 루아 파일이나 C 파일을 찾지 못하면 이 마지막 서처가 C 경로를 다시 한 번 탐색한다. 대신 이번에는 패키지 이름으로 탐색한다. 예를 들어 프로그램에서 하위 모듈 a.b.c가 필요하다면 이 서처는 a를 찾는다. a라는 이름으로 C 라이브러리를 찾으면, require는 이 라이브러리에 적절한 불러오는 함수가 있는지 찾아본다. 이 예제에서는 luaopen_a_b_c를 찾는다. 이런 기능을 통해 여러 하위 모듈을 하나의 C 라이브러리로 묶어서 한 번에 배포할 수 있다. 각 하위 모듈은 자신만의 불러오는 함수를 가진다.

루아 입장에서는 패키지의 하위 모듈 간에는 명시적인 관계가 없다. a 모듈을 불러왔다고 해서 하위 모듈도 같이 불러오는 건 아니다. 마찬가지로 a.b를 불러온다고 해서 a를 자동으로 불러오진 않는다. 물론 패키지를 만들면서 이런 관계를 미리 연결해 두는 것은 마음대로 할 수 있다. 특정 모듈 하나를 불러오면 나머지 하위 모듈의 일부나 전부를 명시적으로 불러오도록 해 둘 수 있다.

## 연습 문제

**연습 문제 15.1:** 코드 13.1 '간단한 집합 구현'을 제대로 된 모듈로 다시 작성해 보자.

**연습 문제 15.2:** 경로가 물음표가 없이 고정된 이름으로 되어 있다면 라이브러리를 찾을 때 어떤 일이 생길까? 이런 동작은 유용한가?

**연습 문제 15.3:** 루아 파일과 C 라이브러리를 동시에 찾는 서처를 작성해 보자. 예를 들어, 이 searcher는 다음과 같은 경로를 이용할 수 있다.

    ./?.lua;./?.so;/usr/lib/lua5.2/?.so;/usr/share/lua5.2/?.lua

(힌트: package.searchpath를 이용해서 적절한 파일을 찾은 다음 불러와 보자. 먼저 loadfile로 시도하고 그 다음 package.loadlib를 이용한다.)

**연습 문제 15.4:** 테이블 package.preload에 __index 메타테이블을 설정하면 어떤 일이 생길까? 이런 동작은 유용한가?

# 16장

Programming in Lua

# 객체지향 프로그래밍

루아의 테이블은 여러 가지 면으로 볼 때 객체가 맞다. 테이블도 객체처럼 상태 (state)를 가진다. 그리고 테이블도 객체처럼 자신의 값과 식별자를 가지며, 식별자로 self를 이용한다. 같은 값을 가진 두 객체(테이블)는 서로 다른 객체이고, 하나의 객체는 서로 다른 시점에 다른 값을 가지고 있을 수 있다. 테이블도 객체처럼 누가 만들었는지, 어디에서 생성 되었는지와 관계없는 생명주기를 가진다.

객체는 자신만의 연산을 갖고 있고, 테이블도 마찬가지로 연산을 가질 수 있다. 다음 코드를 보자.

```
Account = {balance = 0}
function Account.withdraw (v)
  Account.balance = Account.balance - v
end
```

이 정의는 새로운 함수를 생성하고 Account 객체의 withdraw 필드에 저장한다. 그리고 다음처럼 호출할 수 있다.

```
Account.withdraw(100.00)
```

이런 종류의 함수는 객체지향 프로그래밍에서 메서드라고 부르는 것과 거의 비슷하다. 하지만 함수 안에서 전역 이름인 Account를 사용하는 것은 좋지 않은 프로그래밍 습관이다. 먼저 이 함수는 특정 객체에서만 동작한다. 그리고 이 특정 객체만 지원하면서도 객체가 Account라는 특정 전역 변수에 저장된 동안에만 제대로 동작한다. 객체의 이름을 변경하면 withdraw는 더 이상 동작하지 않는다. 다음 코드를 보자.

```
a, Account = Account, nil
a.withdraw(100.00)        -- 오류!
```

이런 동작은 객체가 독립적인 생명주기를 가져야 한다는 원칙을 위반한다. 해당 연산의 피연산자를 받는 것이 더 유연한 방식이다. 이렇게 동작하려면 메서드에 피연산자의 값을 매개변수로 추가해서 전달해야 한다. 이런 매개변수는 보통 self 나 this 같은 이름을 가진다.

```
function Account.withdraw (self, v)
  self.balance = self.balance - v
end
```

이제 이 메서드를 호출할 때 메서드가 동작할 객체를 지정해야 한다.

```
a1 = Account; Account = nil
...
a1.withdraw(a1, 100.00)  -- OK
```

self 매개변수를 추가함으로써 동일한 메서드를 여러 객체에 사용할 수 있게 되었다.

```
a2 = {balance=0, withdraw = Account.withdraw}
...
a2.withdraw(a2, 260.00)
```

이렇게 self 매개변수를 사용하는 방법은 모든 객체지향 언어에서 핵심이다. 대부분의 객체지향 언어는 이런 기법을 프로그래머 몰래 숨겨 놓고, 직접 매개변수로 선언하지 않아도 되게 해 두었다. 그래서 직접 선언하지는 않지만 self나 this 같은 이름을 메서드 안에서 사용할 수 있다. 루아도 콜론 연산자를 이용해서 이 매개변수를 숨기는 방법을 제공한다. 이전 메서드는 아래처럼 다시 작성할 수 있다.

```
function Account:withdraw (v)
  self.balance = self.balance - v
end
```

그리고 호출할 때도 다음과 같이 축약할 수 있다.

```
a:withdraw(100.00)
```

콜론을 사용하면 감춰진 매개변수를 메서드 정의에 추가하고, 메서드를 호출할 때 추가로 인자를 전달한다. 콜론은 문법적으로 편의를 제공하는 것이기에 편하기는 하지만 새로울 것은 없다. 구두점을 이용해서 함수를 정의하고 콜론 문법으로 호출하는 것도 가능하고 반대의 경우도 가능하다. 추가로 전달되는 매개변수를 적절히 처리하기만 하면 된다.

```
Account = { balance=0,
            withdraw = function (self, v)
                         self.balance = self.balance - v
                       end
          }

function Account:deposit (v)
  self.balance = self.balance + v
end

Account.deposit(Account, 200.00)
Account:withdraw(100.00)
```

지금까지 객체의 식별자와 상태 그리고 상태를 변경하는 연산에 관해서 알아보았다. 아직 클래스 시스템이나, 상속, 내부 상태 보호에 대해서는 다루지 않았다. 먼저 첫 번째 문제부터 해결하자. 비슷한 행위를 가진 객체를 여러 개 만들려면 어떻게 해야 할까? 계좌를 여러 개 만든다고 생각해 보자.

## 16.1 클래스

클래스는 객체를 생성하기 위한 틀로, 대부분의 객체지향 언어에서 클래스의 개념을 제공한다. 이런 언어에서는 각 객체가 특정 클래스의 인스턴스가 된다. 하지만, 루아에는 클래스라는 개념이 없다. 각 객체가 자신의 행위를 정의하고 자신만의 형태를 가진다. 루아에는 클래스가 없지만 흉내내는 게 어렵지는 않다. Self나 NewtonScript 같은 프로토타입 기반 언어에서 사용하는 방식을 이용하면 된다. Self 같은 언어에서도 객체를 만들기 위한 클래스는 없다. 클래스 대신에 각 객체는 알지 못하는 연산을 만나면 찾아보는 프로토타입이라는 보통의 객체를 가진다. 프로토타입 기반 언어에서는 클래스를 표현하기 위해 다른 객체(그러니까 인스턴스)의 프로토타입으로만 사용되기 위한 객체를 만든다. 클래스나 프로토타입 모두 여러 객체가 공유할 행위를 정의하는 역할을 한다.

루아에서 프로토타입은 14장의 '__index 메타메서드' 절에서 다뤘던 상속 기법을 이용해서 구현할 수 있다. 예를 들어, a와 b 두 객체가 있고, b를 a에 대한 프로토타입으로 만들고 싶다면 다음처럼 코드를 작성하면 된다.

```
setmetatable(a, {__index = b})
```

이 코드를 실행하면 a에 없는 연산은 b에서 찾아본다. 용어는 다르지만 b를 객체 a에 대한 클래스로 봐도 별 무리가 없다.

다시 은행 계좌 예제를 생각해 보자. Account와 행위가 유사한 다른 계좌를 만들기 위해 새로운 객체가 __index 메타메서드를 이용해서 Account에서 연산을 상속 받도록 하려 한다. 약간 최적화를 해서 계좌 객체를 위해 별도의 메타테이블을 만들지 않고 Account 테이블 자체를 이 용도로 사용한다.

```
function Account:new (o)
    o = o or {} -- 사용자가 테이블을 전달하지 않았다면 하나 만든다.
    setmetatable(o, self)
    self.__index = self
    return o
end
```

(Account:new를 호출할 때 self는 Account와 같기에 self를 이용하는 대신 직접 Account를 이용해도 된다. 하지만, 다음 절에서 클래스 상속에 대해서 설명할 때는 self가 딱 들어맞는다.) 이 코드 이후에 다음처럼 새로운 계좌를 만들고 그 계좌의 메서드를 호출하면 어떤 일이 일어날까?

```
a = Account:new{balance = 0}
a:deposit(100.00)
```

이렇게 새로운 계좌를 만들면 a는 Account를 자신의 메타테이블로 갖는다(Account:new를 호출할 때 self를 메타테이블로 설정한다). 그리고 나서 a:deposit(100.00)을 호출하면 a.deposit(a, 100.00)을 호출한 것과 동일하게 동작한다. 다시 말하지만 콜론은 문법적으로 편하게 사용하도록 만들어 뒀을 뿐이다. 여기서는 테이블 a에서 'deposit' 항목을 찾을 수 없으니 메타테이블의 __index 항목을 찾아본다. 이제 실제 호출된 코드는 다음과 유사하다.

```
getmetatable(a).__index.deposit(a, 100.00)
```

a의 메타테이블은 Account이고, (new 메서드에서 self.\_\_index = self로 설정했으니) Account.\_\_index도 Account이다. 그래서 앞의 표현식을 Account.deposit(a, 100.00)으로 줄여서 표현할 수 있다.

다시 말해 원본 deposit 함수를 호출하지만 a를 self 매개변수로 전달한다. 그래서 새로운 계좌인 a는 Account에서 deposit 함수를 상속받았다. 이런 식으로 Account에서 모든 필드를 상속받는다.

상속은 메서드뿐 아니라 새로운 계좌에 없는 다른 모든 필드에서도 동작한다. 이렇게 클래스는 메서드뿐 아니라 인스턴스 필드에 대한 기본값도 제공할 수 있다. 앞에서 처음 Account를 정의할 때 balance 필드를 0 값으로 초기화했다. 그래서 초깃값을 지정하지 않으면 계좌의 잔액으로 0을 상속받는다.

```
b = Account:new()
print(b.balance)    --> 0
```

b의 deposit 메서드를 호출하면 다음 코드의 동작을 실행한다. (self가 b이니 그렇다.)

```
b.balance = b.balance + v
```

표현식 b.balance는 0으로 계산되고 이 값을 b.balance으로 값으로 할당한다. 이어서 다시 b.balance에 접근하면 b가 이미 balance 필드를 가지고 있기에 다시 \_\_index 메타메서드를 호출하지는 않는다.

## 16.2 상속

클래스도 객체이기에 클래스도 다른 클래스의 메서드를 가질 수 있다. 루아의 이런 특징 덕분에 객체지향에서 말하는 상속을 꽤 쉽게 구현할 수 있다.

다음과 같이 Account 기본 클래스가 있다고 가정해 보자.

```
Account = {balance = 0}

function Account:new (o)
  o = o or {}
  setmetatable(o, self)
  self.__index = self
  return o
end
```

```
function Account:deposit (v)
  self.balance = self.balance + v
end

function Account:withdraw (v)
  if v > self.balance then error"insufficient funds" end
  self.balance = self.balance - v
end
```

이 클래스로부터 SpecialAccount라는 하위 클래스를 만들려고 한다. SpecialAccount는 고객 계좌의 잔액보다 큰 금액을 출금할 수 있다. 기본 클래스로부터 상속을 받는 비어 있는 클래스를 만드는 것부터 시작해 보자.

```
SpecialAccount = Account:new()
```

아직까지는 SpecialAccount는 Account의 인스턴스일 뿐이다. 이제부터 진짜 하위 클래스가 된다.

```
s = SpecialAccount:new{limit=1000.00}
```

SpecialAccount는 new 메서드도 다른 메서드처럼 Account에서 상속받는다. 하지만 new가 실행될 때 self 매개변수는 SpecialAccount를 가리킨다. 그러므로 s의 메타테이블은 SpecialAccount가 된다. SpecialAccount의 __index 필드의 값도 물론 SpecialAccount이다. 그러니 s는 Account로부터 상속받은 SpecialAccount를 상속받는다.

```
s:deposit(100.00)
```

위의 코드를 실행하면 루아는 s에서 deposit 필드를 찾을 수 없으니 SpecialAccount를 찾아보고, 여기서도 deposit 필드를 찾지 못하니 Account를 찾는다. 이렇게 deposit에 대한 원본 구현을 찾는다.

부모 클래스에서 상속 받은 모든 메서드를 재정의할 수 있기에 SpecialAccount가 특별해 질 수 있다. 새로운 메서드를 작성하기만 하면 된다. 다음 코드를 보자.

```
function SpecialAccount:withdraw (v)
  if v - self.balance >= self:getLimit() then
    error"insufficient funds"
  end
  self.balance = self.balance - v
end
```

```
function SpecialAccount:getLimit ()
    return self.limit or 0
end
```

이제 s:withdraw(200.00)을 호출하면 루아는 새로운 withdraw 메서드를 SpecialAccount에서 먼저 찾으므로 Account를 찾아보지 않는다. s.limit 값이 1000.00이므로(앞에서 s를 생성할 때 이 값을 설정했다), 이 프로그램은 지정된 금액을 출금하고 s의 잔고를 마이너스로 남겨 둔다.

흥미로운 점은 루아의 객체는 새로운 행위를 정의하기 위해서 꼭 새로운 클래스를 만들 필요가 없다는 것이다. 하나의 객체에만 특별한 행위가 필요하다면 해당 객체에 직접 행위를 정의할 수 있다. 예를 들어, 계좌 s의 고객에게 특별히 항상 자신의 잔고의 10%까지 마이너스 출금이 가능하도록 한다면, 다음과 같이 해당 계좌에 대해서만 행위를 변경할 수 있다.

```
function s:getLimit ()
    return self.balance * 0.10
end
```

이렇게 선언하고 나면 s:withdraw(200.00)를 호출했을 때 SpecialAccount에 정의된 메서드를 사용하지만, withdraw에서 self:getLimit를 호출할 땐 방금 정의한 getLimit을 호출한다.

## 16.3 다중 상속

루아에서 객체는 기본 타입이 아니기 때문에 여러 가지 방법으로 객체지향 프로그래밍을 지원하도록 구현할 수 있다. 지금까지 사용한 __index 메타테이블을 이용하는 방식은 단순하면서도 성능도 보장되고 유연한 최선의 조합이다. 그렇지만 몇몇 특별한 상황에 필요한 다른 구현 방식도 있다. 이 절에서는 다중 상속을 구현하기 위해 기존과 다른 구현 방식을 보려 한다.

여기서 알아보려는 다중 상속 방식 구현의 핵심은 __index 메타필드로 함수를 사용하는 데 있다. 이전에 설명한 대로 메타테이블의 __index 필드가 함수인 경우, 원본 테이블에서 키(key)를 찾지 못할 때 이 함수를 호출한다. 그러고 나면 __index에서 필요에 따라 여러 부모를 뒤져가면서 이 키를 찾을 수 있다.

다중 상속이란 말은 하나의 클래스가 여러 부모 클래스를 가질 수 있다는 의미이다. 여러 부모가 필요하니 하나의 부모 클래스의 메서드를 호출해서 하위 클래스를 생성할 수는 없다. 대신에 여러 부모 클래스를 상속 받는 클래스를 만드는 목적으로 createClass라는 함수를 만들어서 인자로 새로운 클래스의 부모 클래스의 목록을 받아서 처리하려 한다. 코드 16.1 "다중 상속의 구현"에서 볼 수 있듯이, 이 함수는 새로운 클래스를 표현하는 테이블을 만들고, 다중 상속을 처리하는 \_\_index 메타메서드를 가진 메타테이블을 설정한다. 여러 클래스에서 상속 받았지만 각 객체는 모든 메서드를 찾을 수 있는 하나의 클래스에 속한다. 그래서 이전과는 달리 클래스와 부모 클래스의 관계는 클래스와 인스턴스와의 관계와는 다르다. 그리고 클래스는 자신의 인스턴스의 메타테이블이면서 부모 클래스의 메타테이블이 될 수 없다. 코드 16.1 '다중 상속의 구현'에서는 클래스가 자신의 인스턴스의 메타테이블이 되도록 했고, 클래스의 메타테이블이 될 테이블을 별도로 만들었다.

**코드 16.1 다중 상속의 구현**

```
    -- 테이블의 목록 'plist'에서 'k'를 찾는다.
    local function search (k, plist)
      for i = 1, #plist do
        local v = plist[i][k]  -- 'i'번째 부모 클래스에서 찾는다.
        if v then return v end
      end
    end

    function createClass (...)
      local c = {}    -- 새로운 클래스
      local parents = {...}

      -- 메서드를 부모의 목록에서 찾는다.
      setmetatable(c, {__index = function (t, k)
        return search(k, parents)
      end})

      -- 'c'가 자신의 인스턴스의 메타테이블 되도록 준비
      c.__index = c

      -- 이 새로운 클래스의 생성자 정의
      function c:new (o)
        o = o or {}
        setmetatable(o, c)
        return o
      end

      return c        -- 새로운 클래스 반환
    end
```

간단한 예제로 createClass의 사용법을 보도록 하자. 앞에서 만들었던 Account 클래스와 setname과 getname 두 개의 메서드를 가지는 Named라는 새로운 클래스를 이용하려고 한다.

```
Named = {}
function Named:getname ()
  return self.name
end

function Named:setname (n)
  self.name = n
end
```

Account와 Named 모두의 하위 클래스인 NamedAccount 클래스를 새로 만들려면 다음처럼 createClass를 호출하면 된다.

```
NamedAccount = createClass(Account, Named)
```

그리고 NamedAccount의 인스턴스는 다음처럼 만들고 사용할 수 있다.

```
account = NamedAccount:new{name = "Paul"}
print(account:getname())    --> Paul
```

이 마지막 문장이 동작하는 과정을 따라가 보자. 루아는 account에서 'getname' 필드를 찾을 수 없다. 그래서 account의 메타테이블인 NamedAccount의 __index 필드를 찾아본다. __index 필드가 함수이니 이 함수를 호출한다. 이 함수에서는 먼저 Account에서 'getname'을 찾아본다. 여기서 찾을 수 없으니 그 다음 Named 에서 찾아보고, 이제 nil이 아닌 값을 발견했으므로 이 값이 검색 결과가 된다.

물론 복잡하게 검색하는 과정이 있기 때문에 다중 상속의 성능은 단일 상속 때와는 같지 않다. 성능을 높이는 간단한 해결책으로 상속받은 메서드를 하위 클래스로 복사하는 방법이 있다. 이 기법을 이용하는 클래스의 __index 메타메서드는 다음과 같다.

```
setmetatable(c, {__index = function (t, k)
    local v = search(k, parents)
    t[k] = v       -- 다음 접근을 위해서 저장해 둠
    return v
end})
```

이 꼼수를 이용하면 상속받은 메서드에 접근하는 것은 (초기에 한 번은 느리지

만) 자신의 메서드를 이용하는 것만큼 빠르다. 물론 단점도 있는데 이 방법을 이용하면 시스템이 동작하고 있는 중에는 메서드 정의를 변경하기가 어렵다. 메서드 정의를 변경한다고 해서 계층 구조를 따라 내려가면서 전파되지 않기 때문이다.

## 16.4 내부 상태 보호

많은 사람들이 내부 상태를 드러내지 않는 것을 객체지향 언어에 필수적인 요소로 생각한다. 객체의 상태는 외부에서 알 필요가 없는 내부 사정일 뿐이다. C++나 자바와 같은 객체지향 언어에서는 객체의 필드(인스턴스 변수라고도 부름)나 메서드가 객체 외부에서 볼 수 있는지 없는지를 제어할 수 있다. 객체지향 언어를 대중에게 알린 스몰토크(Smalltalk)는 모든 변수를 내부(private)용으로 사용하고, 모든 메서드를 공개(public)한다. 최초의 객체지향 언어인 시뮬라(Simula)는 어떤 종류의 보호 기법도 제공하지 않는다.

앞에서 봤던 루아의 객체 설계에서는 이런 내부 상태를 보호하는 기법을 제공하지 않는다. 범용 자료 구조인 테이블로 객체를 표현했기 때문이다. 객체 내부에 있는 정보에 접근하는 것이 싫다면 그냥 사용하지 않으면 된다. 루아에는 불필요하게 인공적인 제약 사항을 두지 않았다.

알다시피 루아는 가능한 유연하게 대처하도록 설계된 언어이기에 프로그래머가 메타프로그래밍 기법을 이용해서 다른 기법을 구현하는 것도 가능하다. 루아의 기본 객체 설계에서는 내부 상태를 보호하는 기법을 제공하지 않지만 접근 제어가 가능하도록 다른 방식으로 구현할 수 있다. 여기서 사용하는 방식은 그리 자주 활용되지는 않지만 이전 방식과 함께 알아 두는 편이 좋다. 루아 언어를 재치 있게 사용하는 방식으로 다른 문제에 직면했을 때 활용할 수 있을 것이다.

객체를 두 개의 테이블로 표현하는 것이 이 설계의 핵심이다. 하나의 테이블은 객체의 상태를 위해서 사용하고, 다른 테이블을 객체의 연산이나 인터페이스를 위해서 사용한다. 객체에 접근할 때는 인터페이스인 두 번째 테이블의 연산을 이용한다. 승인되지 않은 접근을 허용하지 않기 위해 객체의 상태를 나타내는 테이블은 다른 테이블의 필드로 저장하지 않는다. 대신에 객체의 상태를 나타내는 테이블은 메서드의 클로저에만 보관된다. 앞의 계좌 예제를 새로운 설계를 이용해서 보자. 다음 팩토리 함수를 실행해서 새로운 객체를 만들 수 있다.

```
function newAccount (initialBalance)
  local self = {balance = initialBalance}

  local withdraw = function (v)
    self.balance = self.balance - v
  end

  local deposit = function (v)
    self.balance = self.balance + v
  end

  local getBalance = function () return self.balance end

  return {
    withdraw = withdraw,
    deposit = deposit,
    getBalance = getBalance
  }
end
```

먼저 이 함수는 객체의 내부 상태를 보관하기 위한 테이블을 만들고, 지역 변수 self에 보관한다. 그리고 나서 이 함수는 객체의 메서드를 만든다. 마지막으로 이 함수는 외부로 공개할 객체를 만들어서 반환한다. 이 객체는 메서드 명과 실제 메서드 구현을 연결시켜 준다. 메서드들이 self를 매개변수로 받지 않는다는 것이 이 구현의 핵심이다. 매개변수로 받지 않는 대신에 self에 직접 접근한다. self가 인자로 전달되지 않으니 객체를 조작할 때도 콜론 문법을 사용하지 않는다. 객체의 메서드를 호출할 때도 다음과 같이 보통의 함수처럼 호출한다.

```
acc1 = newAccount(100.00)
acc1.withdraw(40.00)
print(acc1.getBalance())     --> 60
```

이렇게 하면 self 테이블에 저장하는 모든 것이 보호된다. newAccount가 객체를 생성해서 반환한 다음에는 self 테이블에 접근할 수 있는 방법은 없다. newAccount 안에서 생성한 함수를 통해서만 접근할 수 있다. 예제에서는 오직 한 개의 인스턴스 변수만 이 테이블에 저장했지만, 외부로 공개할 생각이 없는 모든 것을 보관할 수 있다. 내부에서만 사용할 메서드를 정의하는 것도 가능하다. 공개 메서드와 동일하지만 인터페이스에만 넣지 않으면 된다. 다시 계좌 예제로 돌아와서 일정 금액 이상의 잔고를 가진 계좌에만 10%의 신용 한도를 주고 싶다고 해보자. 그렇지만 프로그램의 사용자에게는 신용 한도를 어떻게 계산하는지는 모르도록 하고 싶다. 다음과 같이 구현할 수 있다.

```
function newAccount (initialBalance)
  local self = {
    balance = initialBalance,
    LIM = 10000.00,
  }

  local extra = function ()
    if self.balance > self.LIM then
      return self.balance*0.10
    else
      return 0
    end
  end

  local getBalance = function ()
    return self.balance + extra()
  end

  <이전과 같음>
```

이렇게 하면 누구라도 extra 함수에 직접 접근할 수 없다.

## 16.5 단일 메서드 접근법

내부 상태를 보호하는 객체지향 프로그래밍 접근법의 특별한 형태로 객체가 하나의 메서드만 가지는 경우가 있다. 이런 경우에는 인터페이스 테이블을 만들 필요가 없다. 대신에 이 하나의 메서드를 객체로 반환하면 된다. 조금 이상하게 들리겠지만 7장의 '반복자와 클로저' 절에서 배운 내용을 생각해 보자. 반복자 함수가 클로저처럼 상태를 유지하도록 만드는 방법을 배웠었다. 상태를 가지는 반복자는 단일 메서드의 객체와 다를 것이 없다.

단일 메서드 객체가 인자에 따라서 다른 작업을 수행하는 디스패치 메서드인 경우는 조금 더 흥미롭다. 디스패치 메서드를 가진 객체를 다음처럼 구현할 수 있다.

```
function newObject (value)
  return function (action, v)
    if action == "get" then return value
    elseif action == "set" then value = v
    else error("invalid action")
    end
  end
end
```

사용법도 간단하다.

```
d = newObject(0)
print(d("get"))   --> 0
d("set", 10)
print(d("get"))   --> 10
```

평범하지 않는 구현 방식이지만 꽤 효과적이다. 이상하긴 하지만 d("set", 10)와 같은 문법은, 흔히 사용하는 d:set(10) 문법보다 두 글자가 많을 뿐이다. 하나의 객체는 하나의 클로저를 이용한다. 객체 하나가 테이블 하나로 표현되는 것보다 저렴한 방식이다. 상속은 없지만 내부 상태는 보호된다. 객체의 상태에는 유일한 메서드를 통해서만 접근할 수 있다.

Tcl/TK에서 위젯(widget)을 만들 때도 유사한 방법을 이용한다. TK에서 위젯의 이름은 위젯 커맨드 함수를 나타내고, 이 함수로 위젯에 대한 모든 종류의 조작이 가능하다.

## 연습 문제

**연습 문제 16.1:** Stack 클래스를 구현해 보자. Stack 클래스에는 push, pop, top, empty 메서드가 있어야 한다.

**연습 문제 16.2:** 앞에서 만든 Stack 클래스의 하위 클래스로 StackQueue를 구현해 보자. 상속 받은 메서드 외에 스택의 가장 아래 원소를 추가하는 insertbottom을 추가해 보자. 이 메서드를 추가하면 클래스의 객체를 큐로도 이용할 수 있다.

**연습 문제 16.3:** 프록시를 이용해도 객체의 내부 상태를 보호하도록 구현할 수 있다(13장의 '테이블 접근 추적하기' 절 참고). 이 방법에서는 각 객체를 비어 있는 프록시로 표현하고, 내부 테이블이 프록시와 객체 상태를 가진 테이블의 관계를 관리한다. 이 내부 테이블은 외부에서 접근할 수 없지만, 메서드에서는 self 매개변수를 실제 테이블로 해석해서 이용할 수 있다. 앞에서 봤던 Account 예제를 프록시를 이용해서 구현해 보자. 어떤 장점과 단점이 있나?
(이 방법에는 조금 문제가 있다. 어떤 문제가 있는지 생각해 보자. 17장의 '객체 속성' 절에서 해결책을 설명하고 있다.)

## 17장

약한 참조 테이블과 마무리하기

루아는 메모리 관리를 자동으로 한다. 프로그램에서 테이블이나 스레드 같은 객체를 만들지만, 이를 삭제하기 위한 함수는 없다. 대신 가비지 콜렉션을 이용해서 더 이상 쓰이지 않는 객체를 알아서 찾아서 삭제한다. 따라서 메모리 관리의 부담에서 해방될 수 있다. 그리고 더 중요한 점은 메모리를 관리하려고 하면 마주치게 되는 버그들로부터 자유로울 수 있다는 것이다. 더 이상 유효하지 않은 객체를 가리키는 포인터(dangling pointer) 문제나 메모리 누수로 인한 버그가 생기지 않는다.

가비지 컬렉터를 이용한다는 말은 루아에는 순환 참조 문제가 없다는 의미이다. 순환 구조를 가진 자료 구조를 이용할 때 특별히 처리해야 할 일은 없다. 순환 구조를 가진 객체도 일반 데이터처럼 수거된다. 그렇지만 이렇게 똑똑한 가비지 컬렉터도 완벽하진 않다. 어떤 가비지 컬렉터도 쓰지 않는 메모리를 계속 참조하고 있는 경우나 외부 자원에 대한 자원 관리 문제는 해결해 줄 수 없다.

약한 참조 테이블과 마무리하기를 이용하면 가비지 컬렉터가 이런 자원을 처리할 수 있도록 한다. 약한 참조 테이블을 이용하면 프로그램에서 아직 유효하게 접근 가능한 객체도 수거될 수 있도록 한다. 반면에 마무리하기는 가비지 컬렉터가 직접 알지 못하는 외부 객체를 수거할 수 있도록 한다. 이 장에서는 이 두 가지 기법을 모두 알아보려 한다.

## 17.1 약한 참조 테이블

가비지 컬렉터는 쓰레기라고 확신하는 자원만 수거한다. 가비지 컬렉터는 프로그래머가 쓰레기라고 판단하는 자원을 추측하지 못한다. 흔한 예로 스택을 배열과 최상단을 나타내는 인덱스로 구현하는 경우를 생각해 보자. 프로그래머는 배열에서 최상단으로 지정한 부분 이후로만 유효한 객체라는 사실을 알 수 있지만, 루아는 알 수 없다. 단순히 맨 윗값을 감소시켜서 어떤 원소를 빼냈다면, 이 원소는 아직 배열에 남아 있기에 루아 입장에서는 쓰레기가 아니다. 마찬가지로 전역 변수에 저장된 특정 객체를 프로그램에서 이후에 다시는 사용하지 않는다고 해도 루아가 보기에는 쓰레기가 아니다. 두 경우 모두 더 이상 사용되지 않을 때 nil 값을 할당해서 수거될 수 있도록 해줘야 한다.

하지만 이렇게 단순히 참조를 없애는 것만으로는 항상 충분하지 않다. 프로그램과 가비지 컬렉터가 서로 협력해야 해결할 수 있는 문제들도 있다. 프로그램에서 열린 파일 같이 특정 종류의 활성화된 객체를 모두 콜렉션에 넣어서 관리한다고 생각해 보자. 흔한 상황이고, 하려는 일 자체는 간단해 보인다. 새로운 객체를 만들면 관리하는 콜렉션에 넣어 주면 된다. 하지만 객체가 콜렉션의 일부가 되면, 절대로 나중에 수거되지 않는다. 사용되고 있는 곳은 없지만 콜렉션에는 들어 있기 때문이다. 루아 입장에서는 이 콜렉션에 들어 있는 참조는 객체를 수거할 때 고려하지 않아도 된다는 사실을 알 수 없다. 루아에게 이 참조는 고려하지 않아도 된다고 알려 주면 어떨까?

약한 참조 테이블은 루아에게 이 테이블에 포함된 객체의 참조는 수거할지 말지 판단할 때 고려하지 않아도 된다고 알려 준다. 그러니까 약한 참조는 객체에 대한 참조이지만 가비지 컬렉터가 신경 쓰지 않는다. 어떤 객체에 대한 참조가 모두 약한 참조라면 객체는 수거될 것이고, 어떻게든 모든 약한 참조는 제거된다. 루아는 약한 참조 테이블을 이용해서 약한 참조를 구현한다. 약한 참조 테이블은 테이블에 포함된 모든 항목들이 약한 참조를 갖는다. 즉, 어떤 객체가 약한 참조 테이블에만 보관되어 있다면 결국 루아가 이 객체를 수거한다.

테이블은 키와 값을 갖고, 모든 종류의 객체가 테이블의 키나 값이 될 수 있다. 보통은 접근 가능한 테이블의 키나 값으로 사용되는 객체는 가비지 컬렉터가 수거하지 않는다. 따라서 키와 값 모두 강한 참조로 참조되고 있는 객체가 수거되는 것을 막는다. 약한 참조 테이블에서는 키와 값 모두 약한 참조가 될 수 있다. 약한 참조 테이블은 약한 참조 키를 가지는 테이블, 약한 참조 값을 가지는 테이블, 약한 참조 키와 값을 가지는 테이블 이렇게 세 가지 종류가 있다. 모든 약한 참조 테이블은 키나 값 중 하나라도 수거되면 테이블에서 항목 자체가 빠진다.

약한 참조 테이블의 종류는 메타테이블의 __mode 필드에 문자열로 지정한다. 문자열 'k'는 키가 약한 참조인 테이블을 의미하고, 'v'는 값이 약한 참조인 테이블을 의미한다. 'kv' 값을 가지면 키와 값 모두 약한 참조인 테이블이 된다. 다소 인위적이긴 하지만 다음 예제는 약한 참조 테이블의 기본 동작을 보여 준다.

```
a = {}
b = {__mode = "k"}
setmetatable(a, b)          -- a는 약한 참조 키를 갖는다
key={}                      -- 첫 번째 키 생성
a[key] = 1
key={}                      -- 두 번째 키 생성
a[key] = 2    collectgarbage()   -- 가비지 컬렉션 강제로 실행되도록 함
for k, v in pairs(a) do print(v) end
  --> 2
```

이 예제에서 두 번째 할당할 때 key = {}로 첫 번째 키의 참조를 덮어 썼다. 그리고 collectgarbage를 호출해서 가비지 컬렉터를 강제로 실행했다. 첫 번째 키에 대한 다른 참조가 없기 때문에 이 키는 삭제되고, 테이블에서 키에 대한 항목도 제거된다. 두 번째 키는 아직 변수 key와 연결되어 있기 때문에 수거되지 않았다.

그리고 약한 참조 테이블에서는 객체만 수거될 수 있다는 사실을 알아 두자. 숫자나 불리언 값은 수거되지 않는다. 예를 들어, 이전 예제의 테이블 a에 숫자 키를 삽입했다면 가비지 컬렉터가 이를 제거하지 않는다. 물론, 약한 참조 값을 가진 테이블에서 숫자 키에 대응하는 값이 수거되면 테이블에서 해당 항목 전체가 제거된다.

여기서 문자열은 약간 난해한 점이 있다. 구현 관점에서 보면 문자열은 수거 가능하지만, 다른 객체와는 조금 다르다. 테이블이나 스레드 같은 다른 객체는 명시적으로 생성이 된다. 예를 들어, 루아는 표현식 {}를 실행하면 새로운 테이블을 생성한다. 그렇지만 'a'..'b'를 실행해서 새로운 문자열을 만드는 과정은 어떤가? 시스템에 이미 'ab' 문자열이 있다면 어떻게 해야 할까? 그래도 새로운 객체를 만들까? 프로그램이 실행되기 전에 컴파일러가 이 문자열을 만들까? 아무래도 상관이 없다. 이런 건 구현의 세부사항일 뿐, 프로그래머 관점에서는 문자열은 값이지 객

체가 아니다. 그러므로, 문자열 키에 대응하는 값이 수거되지 않는 이상 문자열도 숫자나 불리언처럼 약한 참조 테이블에서 제거되지 않는다.

## 17.2 기억해 두기

흔히 사용되는 프로그래밍 기법으로 시간을 절약하기 위해 메모리 공간을 사용하는 방법이 있다. 결과를 저장해 두면 함수를 동일한 인자로 호출했을 때 이전 결과를 재사용해서 속도를 높일 수 있다.

루아 코드 문자열이 포함된 요청을 처리하는 범용 서버가 있다고 생각해 보자. 이 서버는 매번 요청이 들어오면 요청으로 들어온 문자열에 load를 호출하고, 결과 함수를 호출한다. load는 무거운 함수이고, 서버에 들어오는 명령 중에는 빈도수가 높은 것도 있을 것이다. load를 매번 부르는 대신에 'closeconnection()' 같이 자주 사용되는 명령어에 대해서, load를 수행하고 난 결과를 보조 테이블에 저장해 둘 수 있다. 이렇게 결과를 저장해 두면 load를 호출하기 전에 이 보조 테이블에 해당 요청에 대한 결과가 있는지 먼저 확인해서 불필요하게 load를 호출하지 않도록 할 수 있다. 보조 테이블에서 이 요청에 대한 결과를 찾을 수 없을 때는, load를 호출하고 이 결과를 보조 테이블에 저장한다. 다음 예제처럼 이런 동작을 별도의 함수로 만들 수 있다.

```
local results = {}
function mem_loadstring (s)
  local res = results[s]
  if res == nil then         -- 결과가 없다면
    res = assert(load(s))    -- 새로운 결과를 만들고,
    results[s] = res         -- 다음에 재사용할 수 있도록 저장
  end
  return res
end
```

이 방법으로 저장한 결과물의 크기가 엄청나게 커질 수 있다. 계속해서 반복되는 명령어도 있겠지만, 많은 명령어들은 단 한 번만 사용된다. 점차적으로 서버가 지금까지 받은 모든 명령어와 그 명령어가 load된 결과가 보조 테이블에 누적된다. 시간이 꽤 지나면 서버의 메모리가 남아나질 않게 될 것이다. 이럴 때 약한 참조 테이블을 이용하면 이 문제를 쉽게 해결할 수 있다. 결과 테이블이 약한 값 참조 테이블이면, 가비지 컬렉션 실행 주기마다 그 당시에 사용 중이 아닌 저장 내용

을 모두 지운다(사실상 모두 지워진다).

```
local results = {}
setmetatable(results, {__mode = "v"})    -- 값을 약한 참조로 만든다.
function mem_loadstring (s)
   <전과 동일>
```

사실 인덱스는 항상 문자열이기 때문에 이 테이블 자체를 완전히 약한 테이블로 만들어도 된다. 원한다면 다음처럼 만들 수 있다.

```
setmetatable(results, {__mode = "kv"})
```

결과는 바뀌지 않는다.

이렇게 기억해 두는 기법은 특정 종류의 객체가 하나만 있도록 만들 때도 유용하게 사용할 수 있다. 색상을 테이블로 표현하는 경우를 생각해 보자. 테이블에는 일정 범위의 값을 가지는 red, green, blue 필드가 있다. 다음 코드처럼 단순한 색상을 만드는 팩토리는 새로운 요청을 받을 때마다 새로운 색상을 생성한다.

```
function createRGB (r, g, b)
   return {red = r, green = g, blue = b}
end
```

기억해 두는 기법을 이용하면 동일한 색상은 동일한 테이블을 재사용하도록 할 수 있다. 각 색상마다 고유한 키를 만들기 위해 간단하게 r, g, b 값을 구분자로 이어 붙였다. 다음 예제를 보자.

```
local results = {}
setmetatable(results, {__mode = "v"})    -- 값이 약한 참조를 가지도록
function createRGB (r, g, b)
   local key = r .. "-" .. g .. "-" .. b
   local color = results[key]
   if color == nil then
     color = {red = r, green = g, blue = b}
     results[key] = color
   end
   return color
end
```

이 구현은 사용자가 색상을 기본 동등 연산자로 비교할 수 있는 장점도 있다. 동일한 색상이 두 개 있어도 같은 테이블을 참조하고 있기 때문에 비교가 가능하다. 특정 색상이 다른 테이블로 표현되는 경우는 서로 다른 시점에 사용될 때 뿐이다. 시간이 지나면서 가비지 컬렉터가 결과 테이블을 초기화한 다음에는 다시

다른 테이블로 만들어질 수 있다. 그렇지만, 해당 색상이 사용 중이라면 결과에서 제거되지 않는다. 그래서 색상을 새로운 색상과 비교하기 위해서 유지하고 있다면, 해당 색상에 대한 표현은 다시 재사용될 수 있도록 유지된다.

## 17.3 객체 속성

약한 참조 테이블은 객체와 연관된 속성에도 중요하게 사용된다. 객체에 끝없이 속성을 추가하는 상황을 생각해 보자. 함수에 이름을 붙이고, 테이블에 기본값을 주고, 배열의 크기를 할당하는 등의 작업 말이다.

객체가 테이블이라면 객체의 속성은 테이블 자신에게 적절한 고유 키를 이용해서 저장할 수 있다. 앞에서도 봤지만 간단하면서도 오류로부터 안전하게 고유 키를 만드는 방법은 새로운 객체(보통은 테이블)를 생성해서 키로 이용하는 것이다. 그렇지만 객체가 테이블이 아니라면 자신의 속성을 직접 보관할 수 없다. 객체가 테이블이라고 해도 원본 객체에 속성을 저장하고 싶지 않은 상황도 있다. 예를 들어, 속성은 내부에서만 접근할 수 있도록 비공개로 하고 싶을 수도 있고, 테이블을 순회할 때 속성값이 걸리적거리지 않았으면 할 수도 있다. 이런 경우에는 객체에 연관된 속성을 다른 방법으로 관리해야 한다.

물론, 객체와 연관된 속성에 외부 테이블을 이용하는 것이 이상적이다. 이런 점 때문에 테이블을 연관 배열이라고도 부르기도 한다. 객체를 키로 사용하고 객체의 속성을 값으로 사용한다. 루아의 테이블은 모든 타입의 객체를 키로 이용할 수 있으니, 외부 테이블은 타입에 상관없이 객체의 속성을 저장할 수 있다. 게다가 외부 테이블에 저장된 속성들은 다른 객체가 접근하지 못하도록 내부에서만 사용될 수 있다. 외부 테이블 자체를 비공개로 유지할 수 있기 때문이다.

하지만 이렇게 그럴싸해 보이는 해결책에도 큰 문제가 있다. 객체를 테이블의 키로 사용해버리면 객체가 무조건 존재하는 상태가 된다. 키로 사용되고 있는 객체는 수거되지 않는다. 함수와 함수의 이름을 연관 짓는 데 일반 테이블을 이용하면 이 함수들은 절대로 수거되지 않는다. 이제 눈치챘겠지만, 바로 약한 테이블을 이용하면 이런 문제를 피할 수 있다. 이번에는 약한 참조 키가 필요하다. 약한 참조 키를 이용하면 키에 대한 다른 참조가 없을 때 수거되는 것을 막지 않는다. 그렇지만, 이 테이블은 약한 참조 값을 가져서는 안 된다. 그렇지 않으면 활성화된 객체의 속성이 수거되어 버린다.

## 17.4 기본값을 가진 테이블 다시 보기

13장의 '기본값을 가진 테이블' 절에서 nil 값이 아닌 기본값을 가진 테이블을 구현하는 방법을 알아봤다. 13장에서 한 가지 구현 기법을 봤었고, 나머지 두 기법은 약한 참조 테이블이 필요하니 나중에 보겠다고 미뤄 두었다. 이제 다시 그 주제를 다뤄 보도록 하자. 구현 기법을 보면 알겠지만, 이 절에서 알아볼 두 가지 기본값을 구현하는 기법은 앞에서 배운 객체 속성과 기억해 두기 기법을 활용한다.

먼저 첫 해결법은, 약한 참조 테이블을 각 테이블과 기본값을 연결하는 용도로 사용한다.

```
local defaults = {}
setmetatable(defaults, {__mode = "k"})
local mt = {__index = function (t) return defaults[t] end}
function setDefault (t, d)
  defaults[t] = d
  setmetatable(t, mt)
end
```

defaults 테이블이 약한 참조 키를 가지지 않으면 기본값을 가진 모든 테이블이 영구적으로 남게 된다.

두 번째 해결법은 서로 다른 기본값에 대해서는 서로 다른 메타테이블을 이용하고, 같은 기본값을 계속 사용할 때는 동일한 메타테이블을 재사용하는 것이다. 예제에서 기억해두기 기법을 활용했다.

```
local metas = {}
setmetatable(metas, {__mode = "v"})
function setDefault (t, d)
  local mt = metas[d]
  if mt == nil then
    mt = {__index = function () return d end}
    metas[d] = mt    -- 기억해 두기
  end
  setmetatable(t, mt)
end
```

이 경우에는 약한 참조 값을 이용해서 더 이상 사용되지 않는 메타테이블이 수거될 수 있도록 했다.

두 가지 기본값 구현 기법 중에서 어떤 게 더 좋은 방법인지는 상황에 따라서 다르다. 둘 다 복잡도와 성능은 비슷하다. 첫 번째 구현 방법은 기본값에 대한 테이블(defaults에 포함된 항목)마다 어느 정도의 메모리 공간을 사용한다. 두 번째 구현 방법은 앞의 구현보다는 기본값마다 메모리 공간을 더 많이 사용한다(새로운 테이블, 새로운 클로저, metas 항목만큼). 그러니 애플리케이션이 몇 가지 기본값으로 수천 개의 테이블을 생성하는 경우라면 두 번째 구현 방법이 좋은 게 당연할 테고, 기본값이 서로 다른 경우가 많다면 첫 번째 구현을 선택하는 것이 좋다.

## 17.5 쓰고 버리는 테이블

약한 참조 키를 가지는 테이블을 사용할 때 테이블의 값이 자신의 키를 가리키면 미묘한 상황이 생긴다.

생각보다 흔히 볼 수 있는 상황인데 함수를 생성해 주는 팩토리를 예제로 보려고 한다. 이 팩토리는 객체를 인자로 받고, 호출되면 이 객체를 반환하는 함수를 생성해서 반환한다.

```
function factory (o)
  return function () return o end
end
```

팩토리는 기억해 두기 기법을 적용하기에 적절해 보인다. 기억해 두기 기법을 적용하면 같은 클로저가 이미 있을 때 다시 생성하지 않아도 된다.

```
do
  local mem = {}
  setmetatable(mem, {__mode = "k"})
  function factory (o)
    local res = mem[o]
    if not res then
      res = function () return o end
      mem[o] = res
    end
    return res
  end
end
```

그런데 여기에 숨겨진 문제가 있다. 객체와 연관된 값인 객체를 반환하는 함수에서 다시 키로 사용된 객체 자신을 참조하고 있다. mem에서 테이블의 키가 약한 참조를 가지지만 값은 약한 참조가 아니다. 값이 약한 참조가 아니기 때문에 값으로 사용되는 함수에는 항상 강한 참조가 있다. 이런 함수에서 자신에 대응하는 객체를 참조하고 있기 때문에 결국 모든 객체는 강한 참조를 가진다. 약한 참조 테이블의 해석대로라면 기억해 둔 테이블에서 아무것도 제거되지 않는다. 약한 참조 키를 가졌지만 객체는 수거되지 않는다.

이렇게 엄격하게 해석하는 것이 그리 유용하지는 않다. 대부분의 사람들이 테이블의 값은 대응하는 키를 통해서만 접근하리라고 예상한다. 그래서 위 예제를 클로저는 객체를 참조하고 객체는 기억해두기 기법을 이용해서 다시 클로저를 참조하는, 일종의 순환 참조로 볼 수 있다.

루아 5.2에서 이 문제는 '쓰고 버리는 테이블(ephemeron table)'의 개념을 도입해서 해결한다. 루아 5.2에서는 약한 참조 키와 강한 참조 값을 가지는 테이블은 쓰고 버리는 테이블이다. 쓰고 버리는 테이블에서는 키에 대한 접근성이 대응하는 값에 대한 접근성을 제어한다. 쓰고 버리는 테이블의 (k, v) 항목을 생각해 보자. v에 대한 참조는 k에 대한 강한 참조가 존재하는 동안에만 강한 참조를 가진다. 그렇지 않다면 이 항목은 v가 직접이든 간접이든 k를 참조하더라도 결과적으로 테이블에서 제거된다.

## 17.6 마무리하기

가비지 컬렉터의 목적이 루아 객체를 수거하는 것이지만, 루아 객체 외에도 외부 자원을 해제하는 데도 이용할 수 있다. 외부 자원을 해제하는 용도로 사용하기 위해 많은 프로그래밍 언어에서 마무리 함수(finalizer)를 지원한다. 마무리 함수는 객체에 연결된 함수로 객체가 수거되려 할 때 호출된다.

루아에서는 메타메서드인 __gc로 마무리 함수를 구현한다. 다음 예제를 보자.

```
o = {x = "hi"}
setmetatable(o, {__gc = function (o) print(o.x) end})
o = nil
collectgarbage()    --> hi
```

이 예제에서 먼저 테이블을 만들고 __gc 메타메서드를 가진 메타테이블을 할당했다. 그리고 나서 전역 변수 o에 유일하게 할당되었던 테이블의 참조를 지워버리고, collectgarbage를 호출해서 가비지 컬렉션이 강제로 수행되도록 했다. 가비지 컬렉션 중에 앞에서 만들었던 테이블이 더 이상 접근할 수 없다는 것을 발견하고, 마무리 함수인 __gc 메타메서드를 호출한다.

마무리 가능한 객체를 만드는 데는 약간 미묘한 문제가 있다. 객체의 메타테이블의 __gc 메타메서드가 nil이 아닌 값을 가지면 마무리 대상으로 기록된다. 그런데 이렇게 마무리 대상으로 기록되지 않은 객체는 마무리되지 않는다. 대부분의 경우에는 별 무리 없이 자연스럽게 동작하지만 다음처럼 좀 이상한 상황이 생길 수 있다.

```
o = {x = "hi"}
mt = {}
setmetatable(o, mt)
mt.__gc = function (o) print(o.x) end
o = nil
collectgarbage()--> (아무것도 출력되지 않는다)
```

이 예제에선 o에 설정한 메타테이블에는 __gc 메타메서드가 없기 때문에 객체 o는 마무리 대상으로 기록되지 않는다. 비록 메타테이블에 __gc 필드를 나중에 설정했지만, 이렇게 할당했다고 해서 마무리 함수를 설정했다고 생각하지는 않기 때문에 마무리 대상으로 기록되지 않는다. 그렇지만, setmetatable을 이용해서 메타테이블을 설정한 이후에 메타메서드를 변경하는 일은 거의 없기 때문에 별로 문제가 되지는 않는다.

메타메서드를 나중에 설정하는 것이 정말로 필요하다면, 다음 코드처럼 임시로 __gc 필드에 아무 값이나 제공하면 된다.

```
o = {x = "hi"}
mt = {__gc = true}
setmetatable(o, mt)
mt.__gc = function (o) print(o.x) end
o = nil
collectgarbage()   --> hi
```

여기서는 메타테이블이 __gc 필드를 가지고 있기 때문에 o는 마무리 대상으로 기록된다. 마무리 함수는 제대로 된 함수인 경우에만 호출되기 때문에 메타메서드를 이렇게 대충 넣어 두고 나중에 설정하지 않는다고 해도 문제가 되지 않는다.

가비지 컬렉터가 한번에 여러 객체의 마무리 함수를 호출할 때는, 마무리 대상이 기록된 역순으로 호출된다. 마무리 함수를 가진 링크드 리스트 예제를 보자.

```
mt = {__gc = function (o) print(o[1]) end}
list = nil
for i = 1, 3 do
  list = setmetatable({i, link = list}, mt)
end
list = nil
collectgarbage()
  --> 3
  --> 2
  --> 1
```

마무리되는 첫 객체는 마지막에 마무리 대상으로 기록된 '객체 3'이다.

수거되는 객체간의 참조가 마무리되는 순서에 영향을 준다는 오해를 하기 쉽다. 예를 들어, 이전 예제에서 '객체 2'가 '객체 1'을 참조하고 있으니 반드시 '객체 1' 보다 먼저 마무리되리라 생각하는 것이다. 그렇지만, 참조는 순환 구조를 가지고 있을 수도 있기 때문에, 이런 관계는 마무리 함수가 불리는 순서에 어떤 영향도 주지 않는다.

마무리 함수의 조금 특이한 점 중 다른 하나는 되돌림(resurrection)이다. 마무리 함수가 호출되면 마무리 함수의 매개변수로 마무리되는 객체가 전달된다. 그래서 최소한 마무리되는 동안에는 객체가 다시 살아 있게 된다. 이런 현상을 일시적인 되돌림이라고 하자. 그리고 마무리 함수가 실행되는 동안에 객체를 전역 변수에 저장한다던가 해서 다시 객체가 접근 가능한 상태로 만드는 것을 막을 방법은 없다. 이렇게 접근 가능한 상태가 되는 것은 영구적인 되돌림이라고 하자.

되돌림은 반드시 이행성(transitivity)을 가져야 한다. 다음 코드를 보자.

```
A = {x = "this is A"}
B = {f = A}
setmetatable(B, {__gc = function (o) print(o.f.x) end})
A, B = nil
collectgarbage()   --> this is A
```

B의 마무리 함수에서 A에 접근하기 때문에 A는 B가 마무리되기 전에는 수거될 수 없다. 그래서 B뿐 아니라 A도 마무리 함수가 불리기 전에 되돌려져야 한다.

되돌림이 있기 때문에 마무리 함수를 가진 객체는 두 단계에 걸쳐서 수거된다. 가비지 컬렉터가 처음 마무리 함수를 가진 객체에 더 이상 접근이 가능하지 않다고 판단하면, 객체를 되돌리고 마무리 대상 큐에 넣는다. 마무리 함수가 실행되면 객체를 마무리됨으로 기록해 둔다. 그리고 나서 다음 번에 가비지 컬렉터가 해당 객체가 접근 가능하지 않다고 다시 판단할 때 객체를 지운다. 그렇기 때문에 프로그램에서 실제로 메모리를 완전히 해제하려면 collectgarbage를 두 번 호출해야 한다. 두 번째 호출했을 때 첫 번째 호출에서 마무리했다고 기록된 객체를 지운다.

각 객체의 마무리 함수는 정확히 한 번만 호출되는데, 루아가 마무리된 객체를 기록해 두기 때문이다. 객체가 프로그램이 종료될 때까지 수거되지 않았다면, 루아 상태(Lua state)가 완전히 닫힌 후에 마무리 함수가 호출된다. 이렇게 호출되는 마무리 함수는 프로그램이 종료되기 직전에 호출되는 atexit 함수의 일종으로 볼 수 있다. 마무리 함수를 가진 테이블을 생성한 다음 전역변수 같은 곳에 연결해 두기만 하면 된다.

```
_G.AA = {__gc = function ()
  -- 'atexit' 코드를 여기에 작성한다
  print("finishing Lua program")
end}
setmetatable(_G.AA, _G.AA)
```

그리고 가비지 컬렉션이 완료될 때마다 호출되는 함수를 만들어 볼 수 있다. 마무리 함수는 한번만 호출되기 때문에 마무리 함수가 호출되면 다음에 다시 마무리 함수가 호출될 수 있도록 새 객체를 만든다.

```
do
  local mt = {__gc = function (o)
    -- 원하는 동작을 처리하고,
    print("new cycle")
    -- 다음 가비지 컬렉션이 완료되면 호출되도록 새 객체를 만든다
    setmetatable({}, getmetatable(o))
  end}
  -- 첫 객체를 만든다
  setmetatable({}, mt)
end
collectgarbage()  --> new cycle
collectgarbage()  --> new cycle
collectgarbage()  --> new cycle
```

마무리 함수를 가진 객체와 약한 참조 테이블간의 상호 작용에도 좀 미묘한 구석이 있다. 가비지 컬렉터는 약한 참조 테이블의 값을 되돌리기 전에 지운다. 하지만, 약한 참조 테이블의 키는 되돌린 후에 지운다. 다음 코드에서 이런 동작을 보여 준다.

```
  -- 약한 참조 키를 가진 테이블
wk = setmetatable({}, {__mode = "k"})
  -- 약한 참조 값을 가진 테이블
wv = setmetatable({}, {__mode = "v"})
o = {}    -- 새 객체
wv[1] = o; wk[o] = 10    -- 객체를 양쪽 테이블에 모두 추가
setmetatable(o, {__gc = function (o)
  print(wk[o], wv[1])
end})
o = nil; collectgarbage()    --> 10    nil
```

객체의 마무리 함수가 실행되면 wk 테이블에서 객체를 찾을 수 있지만, wv 테이블에서는 찾을 수 없다. 이렇게 설계한 이유는 약한 참조 키를 가진 테이블은 객체의 속성을 보관하는 용도로 많이 사용되고(17.3 '객체 속성' 절에서 배웠다), 마무리 함수에서 이런 속성에 접근해야 할 필요가 있기 때문이다. 하지만, 약한 참조 값을 가진 테이블은 활성화된 객체를 재사용하는 용도로 사용되며, 이 경우에 이미 마무리된 객체는 더 이상 필요하지 않다.

## 연습 문제

**연습 문제 17.1:** 루아가 실제로 쓰고 버리는 테이블을 구현하고 있는지 확인하는 코드를 작성해 보자. (가비지 컬렉터가 동작하도록 collectgarbage를 호출해야 한다.) 그리고 가능하다면 루아 5.1과 5.2에서 모두 실행해 보고 차이를 보도록 하자.

**연습 문제 17.2:** 17.6 '마무리하기' 절의 첫 번째 예제를 다시 보자. 이 예제는 마무리 함수를 가진 테이블을 만들었고, 마무리 함수가 실행되면 단순히 메시지만 출력했다. 그렇다면 프로그램이 가비지 컬렉션이 호출되지 않고서 종료되면 어떻게 될까? os.exit을 호출해서 프로그램을 종료하면 어떻게 될까? 또한 오류 때문에 강제로 프로그램이 종료되면 어떻게 되나?

**연습 문제 17.3:** 문자열 키와 문자열 값을 가진 기억해 두기 테이블을 구현한다고 생각해 보자. 약한 참조 테이블은 문자열을 수거 가능한 객체로 보지 않기 때문에 약한 참조 테이블로 만들어도 테이블의 항목이 제거되지 않는다. 이런 상황이라면 기억해 두기 기법을 어떻게 구현해야 할까?

**연습 문제 17.4:** 다음 프로그램을 실행해 보고 출력 결과가 왜 그런지 설명해 보자.

```
local count = 0
local mt = {__gc = function () count = count - 1 end}
```

```
local a = {}
for i = 1, 10000 do
  count = count + 1
  a[i] = setmetatable({}, mt)
end
collectgarbage()
print(collectgarbage"count" * 1024, count)
a = nil
collectgarbage()
print(collectgarbage"count" * 1024, count)
collectgarbage()
print(collectgarbage"count" * 1024, count)
```

3부

# 표준 라이브러리

# 18장

Programming in Lua

# 수학 라이브러리

이 장부터는 표준 라이브러리를 설명한다. 모든 함수를 완벽히 설명하려고 하기보다는 각 라이브러리에서 어떤 종류의 기능을 제공하는지를 보여 주려 한다. 명확한 설명을 위해서 미묘한 옵션이나 동작 차이는 제외하겠다. 호기심을 자극해서 나중에 루아 참조 매뉴얼을 찾아보게 하는 데 목적이 있다.

    math 라이브러리는 표준 수학 함수들로 구성되어 있다. 이를테면 삼각함수를 다루기 위한 sin, cos, tan, asin, acos 함수, 지수와 로그를 다루는 exp, log, log10 함수, 반올림이나 올림을 다루는 floor, ceil 함수와 최댓값, 최솟값을 위한 max, min 함수 그리고 유사 난수(psedudo-random) 생성을 위한 random, randomseed 함수, 거기에다 원주율 값을 나타내는 pi나 표현할 수 있는 가장 큰 수를 가리키는 huge 같은 변수도 제공한다(huge는 플랫폼에 따라서는 무한을 나타내는 특수한 값을 가질 수도 있다).

    모든 삼각함수에서 사용하는 단위는 라디안이다. deg와 rad 함수를 이용해서 각도와 라디안을 서로 변환할 수 있다. 각도를 이용해서 작업하려면 다음처럼 삼각함수를 재정의해도 된다.

```
do
    local sin, asin, ... = math.sin, math.asin, ...
    local deg, rad = math.deg, math.rad
    math.sin = function (x) return sin(rad(x)) end
```

```
            math.asin = function (x) return deg(asin(x)) end
            ...
       end
```

math.random 함수는 유사 난수를 생성한다. 이 함수를 세 가지 방법으로 호출할 수 있다. 아무런 인자 없이 호출하면 [0,1) 사이로 균일 분포(uniform distribution)된 실수를 반환한다. n이라는 정수 하나를 인자로 전달하면 $1 \leq x \leq n$인 유사 난수 정수인 x를 반환한다. 예를 들어, 주사위를 던지는 행위는 random(6)로 다룰 수 있다. 마지막으로, random을 두 개의 정수 인자 lower과 upper를 전달해서 호출하면 결과로 나오는 유사 난수인 정수 x는 $lower \leq x \leq upper$이다.

randomseed 함수를 이용해서 유사 난수 생성기의 시드(seed) 값을 설정할 수 있다. randomseed 함수는 시드 값을 인자로 받는다. 대개 프로그램의 시작 부분에서 난수 생성기를 초기화한다. 이때 난수 생성기를 고정된 시드로 초기화하면 프로그램을 시작할 때마다 동일한 순서의 유사 난수가 발생한다. 디버깅을 위해서라면 순서가 유지되는 편이 좋지만, 게임이라면 항상 동일한 시나리오만 반복되는 문제가 있다. 흔히 쓰는 해결책으로 고정된 값 대신 시스템 시간을 이용해서 초기화하는 방법이 있다. math.randomseed(os.time())을 이용하면 된다. os.time 함수는 현재 시간을 표현하는 숫자를 반환한다. 보통은 특정 시점으로부터 얼마나 지났는지를 초로 반환한다.

math.random 함수는 표준 C 라이브러리의 rand 함수를 이용한다. C 라이브러리의 rand 함수는 구현체에 따라서 통계적으로 그다지 좋지 않은 숫자를 생성하기도 한다. 이 경우에는 별도로 배포되는 더 좋은 유사 난수 생성기를 찾아봐도 좋다. (표준 루아 배포판은 저작권 문제 때문에 이런 생성기를 포함하고 있지 않다. 루아 배포판에는 루아를 만든 사람들에 의해 작성된 코드만 포함되어 있다.)

## 연습 문제

**연습 문제 18.1:** 주어진 수가 2의 거듭제곱인지 판단하는 함수를 작성해 보자.

**연습 문제 18.2:** 직원뿔의 부피를 계산하는 함수를 작성해 보자. 원뿔의 높이와 모점과 축 사이의 각도를 인자로 받도록 하자.

**연습 문제 18.3:** 더 나은 random 함수를 루아로 구현해 보자. 좋은 알고리즘을 검색해 봐도 좋다. (비트 연산이 필요할지도 모른다. 19장 '비트 연산 라이브러리'를 참고하자.)

**연습 문제 18.4:** math.random을 이용해서 표준정규 분포를 따르는 유사 난수를 생성하는 함수를 작성해 보자.

**연습 문제 18.5:** 주어진 목록을 무작위로 섞는 함수를 작성하자. 무작위로 섞은 결과가 동등하게 분포됨을 확인하자.

# 19장

Programming in Lua

# 비트 연산 라이브러리

그동안 루아는 비트 연산을 지원하지 않는다는 불평을 계속 들었다. 루아가 비트 연산을 지원하지 않는 것은 그냥 우연히 빠진 게 아니라, 부동 소수에 대한 비트 연산을 구현하는 것이 그리 쉬운 문제가 아니기 때문이다.

몇 가지 비트 연산은 산술 연산으로 표현할 수 있다. 예를 들어, 왼쪽 이동(shift)은 2의 거듭제곱으로 곱하는 것과 같고, 오른쪽 이동은 나눗셈과 같다. 그렇지만 비트 AND나 비트 OR 연산은 이런식으로 표현할 수 없다. 이런 연산은 정수의 2진수 표현에 대해 정의된 연산이기 때문에, 부동 소수에도 이런 연산을 적용하는 것은 불가능해 보인다. 간단한 연산 조차도 부동 소수에 적용하기에는 부적절하다. 0.0의 보수는 무엇일까? -1이어야 하나? 아니면 0xFFFFFFFF(루아에선 4294967295)이어야 할까? -1과는 꽤 다른 값이다. 아니면 $2^{64}-1$(double로 정확히 표현할 수 없는 수)일지도 모른다.

이런 불일치 문제 때문에 루아 5.2는 비트 연산을 언어에 기본 정의된 연산자로 제공하는 대신 라이브러리로 제공한다. 이렇게 라이브러리의 인터페이스로 제공함으로써 비트 연산이 루아 숫자의 고유한 연산이 아님을 분명하게 알려주면서, 숫자를 가지고 비트 연산을 처리할 수 있도록 했다. 게다가, 이런 방식을 이용하면 다른 라이브러리를 사용해서 비트 연산을 처리하는 것도 가능하다. 예를 들어, 32비트 이상을 허용해야 하는 경우는 해석이 바뀌어야 한다.

이 장에서 사용하는 대부분의 예제는 결과를 해석하기 쉽게 16진수 표기법을 사용한다. 그리고 MAX는 0xFFFFFFFF(즉, $2^{32}$-1)를 의미하고, 앞으로 예제에서 사용할 보조 함수 printx는 다음과 같이 정의한다.

```
function printx (x)
  print(string.format("0x%X", x))
end
```

루아 5.2의 비트 연산 라이브러리를 bit32라고 한다. 이름에서 분명하게 알 수 있듯이 32비트 숫자를 처리한다. and, or, not이 루아의 예약어이기 때문에 band, bor, bnot을 대신 사용한다. 이름의 일관성을 맞추기 위해 배타적 논리합(exclusive-or)은 연산자 이름으로 bxor를 사용한다.

```
printx(bit32.band(0xDF, 0xFD))  --> 0xDD
printx(bit32.bor(0xD0, 0x0D))   --> 0xDD
printx(bit32.bxor(0xD0, 0xFF))  --> 0x2F
printx(bit32.bnot(0))           --> 0xFFFFFFFF
```

band, bor, bxor 함수는 인자의 개수에 제한이 없다.

```
printx(bit32.bor(0xA, 0xA0, 0xA00))     --> 0xAAA
printx(bit32.band(0xFFA, 0xFAF, 0xAFF)) --> 0xAAA
printx(bit32.bxor(0, 0xAAA, 0))         --> 0xAAA
printx(bit32.bor())                     --> 0x0
printx(bit32.band())                    --> 0xFFFFFFFF
printx(bit32.bxor())                    --> 0x0
```

(계산 결과는 모두 주어진 수의 순서와 상관없고 결합 방식과도 무관하다.)

비트 연산 라이브러리는 부호 없는 정수(unsigned integer)로 동작한다. 비트 연산 라이브러리에 포함된 함수들은 인자로 전달된 모든 숫자를 0-MAX 범위에 있는 정수로 변환한다. 먼저, 정수가 아닌 수는 시스템의 구현에 따라서 반올림된다. 둘째, 0-MAX 범위를 벗어난 숫자는 나머지 연산을 통해서 이 범위로 맞춰진다. 범위 밖의 정수 n은 n % $2^{32}$의 값으로 처리된다. 이 연산은 정수를 2의 보수로 표현하고, 낮은 자리 32비트를 가져오는 것과 결과가 같다. 짐작대로 -1은 MAX가 된다. 숫자를 정규화하는 데(그러니까, 0-MAX 범위에 맞추는 데) 다음 연산을 이용할 수 있다.

```
printx(bit32.bor(2^32))   --> 0x0
printx(bit32.band(-1))    --> 0xFFFFFFFF
```

물론 루아에선 n % (2^32)를 하는 것이 더 쉽다.

달리 언급하지 않으면 라이브러리의 모든 연산은 0-MAX 사이의 결과를 가진다. 하지만, 비트 연산의 결과를 보통의 숫자로 취급할 때는 주의해야 한다. 루아의 숫자 타입이 표준 배포판과 다른 타입을 사용하도록 컴파일되었을지 모른다. 특정 환경에서 사용되는 제약을 가진 시스템에서는 32비트 정수를 루아의 수로 사용할 수 있다. 이런 시스템에서는 MAX가 -1과 같다. 마찬가지로 따로 사용하는 비트 연산 라이브러리가 다른 타입을 사용하도록 컴파일되어 있을지 모른다. 그래서 비트 연산의 결과를 숫자로 취급해야 할 때는 주의해서 사용해야 한다. 비교 연산은 피하도록 하자. x < 0 대신에 bit32.btest(x, 0x80000000)처럼 작성하자(btest는 나중에 설명한다). 다음 예제처럼 동등성 비교를 하기 전에 비교 대상 상수도 비트 연산 라이브러리를 이용해서 정규화하도록 한다.

```
if bit32.bor(a, b) == bit32.bor(-1) then
    <나머지 코드>
```

비트 연산 라이브러리는 비트의 이동(shift)과 회전(rotate)을 위한 연산을 제공한다. lshift는 왼쪽으로 이동하고, rshift나 arshift(산술 이동)는 오른쪽으로 이동한다. 그리고 lrotate는 왼쪽으로 회전하고, rrotate는 오른쪽으로 회전한다. 산술 이동을 제외하고 모든 이동 연산은 비어 있는 비트를 0으로 채운다. 산술 이동은 왼쪽의 비어 있는 비트를 마지막 비트(시그널 비트)의 복사본으로 채운다.

```
printx(bit32.rshift(0xDF, 4))          --> 0xD
printx(bit32.lshift(0xDF, 4))          --> 0xDF0
printx(bit32.rshift(-1, 28))           --> 0xF
printx(bit32.arshift(-1, 28))          --> 0xFFFFFFFF
printx(bit32.lrotate(0xABCDEF01, 4))   --> 0xBCDEF01A
printx(bit32.rrotate(0xABCDEF01, 4))   --> 0x1ABCDEF0
```

이동이나 회전 연산에 이동량으로 음수 값을 주면 반대 방향으로 이동하거나 회전한다. 예를 들어, 오른쪽 방향으로 -1비트 이동하는 것은 왼쪽으로 1비트 이동하는 것과 동일하다. 31비트 이상 이동하면 원래 가지고 있던 모든 비트는 이동하고 없기 때문에 결과는 0이나 MAX가 된다.

```
printx(bit32.lrotate(0xABCDEF01, -4))   --> 0x1ABCDEF0
printx(bit32.lrotate(0xABCDEF01, -36))  --> 0x1ABCDEF0
printx(bit32.lshift(0xABCDEF01, -36))   --> 0x0
printx(bit32.rshift(-1, 34))            --> 0x0
printx(bit32.arshift(-1, 34))           --> 0xFFFFFFFF
```

이런 표준 함수 외에도 비트 연산 라이브러리는 세 개의 편의를 위한 함수도 제공한다. btest 함수는 band와 동일하게 동작하지만 결과가 0과 다른지를 판단하는 불리언 값을 반환한다.

```
print(bit32.btest(12, 1))      --> false
print(bit32.btest(13, 1))      --> true
```

다른 연산으로는 숫자에서 비트 필드를 추출하는 연산이 있다. 보통은 나머지 비트를 가리고(mask), 비트를 이동해서 비트를 추출한다. 비트 연산 라이브러리에서는 이런 두 가지 동작을 하나의 함수로 제공한다. bit32.extract(x, f, w)를 호출하면 x에서 f 비트부터 시작해서 w 비트를 반환한다.

```
printx(bit32.extract(0xABCDEF01, 4, 8))     --> 0xF0
printx(bit32.extract(0xABCDEF01, 20, 12))   --> 0xABC
printx(bit32.extract(0xABCDEF01, 0, 12))    --> 0xF01
```

이 함수는 0부터 31비트까지만 처리한다. 그리고 w 값을 제공하지 않으면 기본 값으로 1을 사용한다.

```
printx(bit32.extract(0x0000000F, 0))   --> 0x1
printx(bit32.extract(0xF0000000, 31))  --> 0x1
```

extract와 반대되는 함수로 특정 비트를 주어진 값으로 치환하는 replace 함수가 있다. 첫 매개변수는 원래 값이고, 두 번째 매개변수는 변경될 값이다. 다음 두 매개변수인 f와 w는 bit32.extract와 동일한 의미를 가진다. 그리고 이 함수는 다음과 같이 원본을 변경하지 않고 치환된 값을 반환한다.

```
printx(bit32.replace(0xABCDEF01, 0x55, 4, 8))   --> 0xABCDE551
printx(bit32.replace(0xABCDEF01, 0x0, 4, 8))    --> 0xABCDE001
```

모든 유효한 x, f, w에 대해서 항상 다음과 같은 공식이 성립된다.

```
assert(bit32.replace(x, bit32.extract(x, f, w), f, w) == x)
```

## 연습 문제

**연습 문제 19.1:** 주어진 정수가 2의 거듭제곱인지 판단하는 함수를 작성해 보자.

**연습 문제 19.2:** 주어진 정수의 해밍 무게(Hamming weight)를 계산하는 함수를 작성하

자. (해밍 무게는 주어진 수의 이진 표현에서 1의 개수를 말한다.)

**연습 문제 19.3:** 숫자의 이진 표현이 앞에서부터 읽거나 뒤에서부터 읽으나 똑같은 대칭 구조인지 검사하는 함수를 작성하자.

**연습 문제 19.4:** 산술 연산자를 사용하지 않고, 비트의 이동 연산을 정의해 보자.

**연습 문제 19.5:** UTF-8로 인코딩된 문자열을 전달 받아서 첫 코드 값을 숫자로 반환하는 함수를 작성해 보자. 이 함수는 문자열이 유효한 UTF-8 구성이 아니라면 nil을 반환해야 한다.

# 20장

Programming in Lua

# 테이블 라이브러리

테이블 라이브러리에는 테이블을 배열로 다룰 때 필요한 보조 함수가 있다. 리스트에 원소를 삽입하고 제거하기 위한 함수, 배열의 원소를 정렬하기 위한 함수, 배열의 모든 문자열을 이어 붙이기 위한 함수를 제공한다.

## 20.1 원소의 삽입과 제거

table.insert 함수는 배열의 지정된 위치에 원소를 삽입한다. 이때, 다른 원소를 비어있는 공간으로 밀어낸다. t를 {10, 20, 30}의 배열이라고 하자. table.insert(t, 1, 15)를 호출하면 t는 {15, 10, 20, 30}이 된다. 배열의 위치를 지정하지 않으면 배열의 끝에 원소를 삽입한다. 당연히 다른 원소의 이동도 없다. 자주 사용되는 방식이기에 특별히 위치를 지정하지 않아도 처리해 준다. 다음은 프로그램의 입력을 한 줄씩 읽어서 모든 줄을 배열에 저장하는 코드이다.

```
t = {}
for line in io.lines() do
  table.insert(t, line)
end
print(#t)  --> (읽은 줄 수)
```

루아 5.0에서는 이런 방식을 이용하는 게 일반적이었지만, 개인적으로 최신 버전부터는 리스트에 원소를 추가할 때 t[#t + 1] = line처럼 쓰는 것을 더 선호한다.

table.remove 함수는 배열에서 지정된 위치의 원소를 제거하고, 제거한 원소를 반환한다. 이때, 빈 공간은 뒤에 있는 원소를 당겨서 채운다. 위치를 지정하지 않으면 배열의 마지막 원소를 제거한다.

이 두 함수를 이용하면 스택, 큐, 이중 큐를 구현하는 작업은 별 일 아니다. 이런 자료구조를 먼저 t = {}처럼 초기화한 다음, 원소를 밀어 넣는 푸시 연산에 table.insert(t, x)를 사용하고, 원소를 빼내는 팝 연산에 table.remove(t)를 이용할 수 있다. table.insert(t, 1, x)를 호출하면 자료구조의 반대쪽 끝(그러니까 시작점)에 원소를 삽입할 수 있고, table.remove(t, 1)는 반대쪽 끝 원소를 제거한다. 이 두 연산은 원소를 밀어내거나 당기기 때문에 그다지 효율적이지는 않지만, 테이블 라이브러리는 이 두 함수를 C로 구현했기 때문에 반복 과정이 지나치게 느리지는 않다. 작은 배열이라면 이 구현을 그대로 사용해도 충분하다. 대략 수백 개 정도는 문제가 없다.

## 20.2 정렬

배열을 다룰 때 table.sort()도 유용하게 쓰이는 함수이다. 이 함수는 정렬할 배열을 받고, 필요에 따라서는 정렬 방법을 지정하는 함수도 받는다. 정렬 방법을 지정하는 함수는 두 개의 인자를 전달받는데, 앞의 인자가 정렬된 배열에서 앞에 오게 하려면 true를 반환하면 된다. 이 함수가 없으면 기본값으로 '《(…보다 작은)'연산자를 사용한다.

테이블의 인덱스를 정렬하려고 할 때 헷갈리는 경우가 많다. 테이블의 인덱스는 집합 구조를 이용하고 있고 순서도 없다. 인덱스를 순서대로 정렬하고 싶으면 먼저 인덱스를 배열에 복사한 다음 배열을 정렬해야 한다. 예제를 통해서 이해해 보자. 소스 파일을 읽어서 각 함수의 이름과 함수가 정의된 위치를 가지고 있는 테이블을 만들려 한다. 대략 다음과 같은 구조라고 생각하자.

```
lines = {
  luaH_set = 10,
  luaH_get = 24,
  luaH_present = 48,
}
```

이제 함수들의 이름을 알파벳 순서대로 출력하려고 한다. pairs를 이용해서 함수를 순회하면 이름이 제멋대로 보인다. 함수의 이름이 테이블의 키로 사용되고 있어서 이름을 바로 정렬하지는 못한다. 하지만 이름을 배열에 집어 넣는다면 정렬할 수 있다. 먼저 함수의 이름을 가지고 배열을 만들고 정렬한 다음 마지막으로 결과를 출력한다.

```
a = {}
for n in pairs(lines) do a[#a + 1] = n end
table.sort(a)
for _, n in ipairs(a) do print(n) end
```

여기서 헷갈릴 수도 있는데, 루아에서는 배열도 테이블이기 때문에 배열에도 결국에는 순서가 없다. 하지만 숫자를 증가시키면서 인덱스 순서대로 배열에 접근하면 순서가 있는 것처럼 취급할 수 있다. 배열을 순회할 때는 pairs 대신에 ipairs를 이용해야 하는 이유가 여기에 있다. ipairs는 1, 2, ... 숫자 순서대로 키를 사용한다고 가정하지만, pairs는 원래의 제멋대로인 순서를 사용한다.

좀 더 고급 해결책으로 키의 순서를 따라서 테이블을 순회하는 반복자를 작성할 수 있다. 다른 정렬 방식을 이용할 수 있도록 매개변수 f를 필요에 따라 지정한다. 이 함수는 먼저 키를 배열로 정렬하고 그 다음 배열을 순회하며, 각 반복 단계마다 원본 테이블에서 키와 값을 반환한다.

```
function pairsByKeys (t, f)
  local a = {}
  for n in pairs(t) do a[#a + 1] = n end
  table.sort(a, f)
  local i = 0            -- 반복자 변수
  return function ()     -- 반복자 함수
    i=i+1
    return a[i], t[a[i]]
  end
end
```

이렇게 하면 앞 예제의 함수 이름을 알파벳 순서대로 출력하기 쉽다.

```
for name, line in pairsByKeys(lines) do
  print(name, line)
end
```

## 20.3 이어 붙이기

'문자열 버퍼' 절에서 이미 table.concat를 보았다. 이 함수는 문자열의 리스트를 받아서 모두 이어 붙인 문자열을 반환한다. 리스트의 문자열 사이에 붙는 구분자를 나타내는 두 번째 인자는 필요에 따라서 사용할 수 있다. 이 함수는 이어 붙일 문자열의 첫 번째 인덱스와 마지막 인덱스를 지정하는 세 번째와 네 번째 인자도 필요한 경우 사용이 가능하다.

다음 함수는 table.concat를 이용해서 중첩된 문자열의 리스트를 허용하는 구현을 보여 준다.

```
function rconcat (l)
  if type(l) ~= "table" then return l end
  local res = {}
  for i = 1, #l do
   res[i] = rconcat(l[i])
  end
  return table.concat(res)
end
```

중첩된 리스트가 있는지 확인해서 이어 붙이기 위해 rconcat는 리스트의 모든 원소에 대해 재귀 호출을 수행한다. 그리고 나서 원래의 table.concat를 호출해서 모든 부분 결과를 이어 붙인다.

```
print(rconcat{{"a", {" nice"}}, " and", {{" long"}, {" list"}}})
  --> a nice and long list
```

## 연습 문제

**연습 문제 20.1:** rconcat 함수를 다시 작성해서 table.concat 함수처럼 구분자를 이용할 수 있도록 하자.

```
print(rconcat({{{"a", "b"}, {"c"}}, "d", {}, {"e"}}, ";"))
  --> a;b;c;d;e
```

**연습 문제 20.2:** table.sort는 정렬이 안정적(stable)이지 않다는 문제가 있다. 다시 말해 비교 함수에서 같다고 판단한 두 원소는 정렬된 배열에서 원래의 순서대로 있다고 보장되지 않는다. 루아에서 안정된 정렬을 구현하려면 어떻게 해야 할까?

**연습 문제 20.3:** 지정한 테이블이 차례대로 인덱스를 사용하는 리스트인지 확인하는 함수를 작성해 보자.

# 21장

Programming in Lua

# 문자열 라이브러리

루아 인터프리터가 직접 제공하는 문자열 조작 기능은 제한이 꽤 많다. 프로그램에서 문자열 상수를 만들고, 이어 붙이고, 문자열의 길이를 구할 수는 있지만, 부분 문자열을 만들거나 문자열의 내용을 검사하는 일은 할 수 없다. 루아에서 문자열을 제대로 다루려면 문자열 라이브러리가 필요하다.

문자열 라이브러리의 함수는 string 모듈로 제공된다. 루아 5.1부터는 문자열 타입의 메서드로도 제공된다(해당 타입의 메타테이블을 이용해서 제공). 예를 들어, 문자열을 대문자로 변경하려면 string.upper(s)나 s:upper()를 모두 사용할 수 있다. 취향대로 선택하면 된다.

## 21.1 기본 문자열 함수

문자열 라이브러리에는 매우 간단한 함수도 있다. string.len(s)을 호출하면 #s와 동일하게 문자열 s의 길이를 반환한다. string.rep(s, n)이나 s:rep(n)을 호출하면 문자열 s가 n번 반복된 문자열을 반환한다. string.rep("a",2^20)을 실행하면 1MB 크기의 문자열을 만들어 볼 수 있다. string.lower(s)는 모든 대문자가 소문자로 변환된 문자열 s의 복사본을 반환한다. 모든 대문자를 소문자로 바꾸며 다른 내용은 변경하지 않는다. 반대로 함수 string.upper는 소문자를 대문자로 변환한다. 대소문자에 관계 없이 문자열의 배열을 정렬하고 싶다면 다음처럼 작성한다.

```
table.sort(a, function (a, b)
  return a:lower() < b:lower()
end)
```

string.sub(s, i, j)를 호출하면 문자열 s의 i번째부터 j번째까지의 부분 문자열을 추출한다. 루아에서 문자열의 첫 문자에 해당하는 인덱스 번호는 1이다. 인덱스 값으로 음수를 이용하면 문자열의 뒤에서부터 센다. 인덱스 -1은 문자열의 마지막 문자를, -2는 마지막 바로 이전 문자를 나타낸다. 그래서 string.sub(s, 1, j)나 s:sub(1, j)을 호출하면 문자열 s의 앞에서부터 길이가 j인 문자열을 얻을 수 있다. 마찬가지로, string.sub(s, j, -1)나 s:sub(j)(마지막 인자는 기본값이 -1이라 생략 가능하다)을 호출하면 j번째부터 끝까지를 문자열로 얻을 수 있다. 그리고 string.sub(s, 2, -2)을 호출하면 앞뒤로 문자 하나가 제거된 문자열을 얻을 수 있다.

```
s = "[in brackets]"
print(s:sub(2, -2))    --> in brackets
```

루아에서 문자열은 변경이 불가능하다는 사실을 잊지 말자. string.sub와 같은 함수는 문자열의 값을 바꾸지 않고, 새로운 문자열을 반환한다. s:sub(2, -2)와 같이 작성해 두고 s의 값이 바뀌었을 것이라고 생각하는 실수를 하는 경우가 많다. 해당 변수의 값을 바꾸고 싶다면 다음 코드처럼 새로운 값을 다시 할당해야 한다.

```
s = s:sub(2, -2)
```

string.char나 string.byte 함수는 문자와 문자의 내부 숫자 표현을 서로 변환한다. string.char 함수는 여러 개의 정수를 인자로 받아서 각 정수를 문자로 변환하고, 모든 변환된 문자를 이어 붙인 문자열을 반환한다. 정수를 입력하지 않으면 빈 문자열을 반환한다. string.byte(s, i) 함수는 문자열 s의 i번째 문자가 표현하는 내부 숫자 표현을 반환한다. 두 번째 인자는 필수가 아니다. string.byte(s)처럼 호출하면 문자열 s의 첫 번째 문자의 내부 숫자 표현을 반환한다. 다음 예제를 보자 (모두 ASCII 문자라고 가정했다).

```
print(string.char(97))              --> a
i = 99;print(string.char(i, i+1, i+2)) --> cde
print(string.byte("abc"))           --> 97
print(string.byte("abc", 2))        --> 98
print(string.byte("abc", -1))       --> 99
```

예제의 마지막 줄에서 앞에서 설명한 대로 문자열의 마지막 문자에 접근하기 위해서 음수 인덱스를 이용했다.

루아 5.1부터 string.byte에 필요에 따라 전달할 수 있는 세 번째 인자가 생겼다. string.byte(s, i, j)처럼 호출하면 인덱스 i와 j(j도 범위에 포함) 사이 모든 문자의 숫자 표현을 다중 값으로 반환한다. 다음 코드를 보자.

```
print(string.byte("abc", 1, 2))          --> 97 98
```

j의 기본값은 i이기 때문에 j 인자를 전달하지 않으면 i번째 문자의 값만 반환한다. {s:byte(1, -1)}와 같은 관용 표현을 이용해서 문자열의 모든 문자의 코드를 테이블로 만들 수 있다. 이 테이블을 이용해서 string.char(table.unpack(t))처럼 호출하면 원본 문자열을 다시 만들 수 있다. 다만, 이 기법은 루아의 함수가 반환할 수 있는 값의 개수에 제한이 있기 때문에 (대략 1MB보다 큰) 아주 긴 문자열에는 동작하지 않는다.

string.format 함수는 문자열 형식을 맞추는 데 유용하고, 출력 형식을 맞출 때 많이 사용한다. 이 함수는 형식 문자열이라고 부르는 첫 번째 인자와 가변 인자를 이용해서 형식에 맞게 문자열을 만들어 반환한다. 형식 문자열에는 표준 C의 printf 함수와 유사한 규칙이 적용된다. 형식 문자열은 일반 텍스트와 지시어로 이루어진다. 지시어는 각 인자를 형식 문자열의 어디에 어떻게 맞춰서 놓을지를 제어한다. 지시어는 %d와 같이 % 문자와 뒤이어 나오는 추가 문자로 구성되는데, % 뒤에 나오는 추가 문자가 형식을 지정한다. d는 10진수, x는 16진수, o는 8진수, f는 부동소수점, s는 문자열을 나타낸다. 이것 외에도 몇 가지 변형된 형태가 있다. 그리고 %와 형식을 지정하는 추가 문자 사이에 세부 사항을 제어하는 다른 옵션이 추가될 수 있다. 예를 들어 다음 예제처럼 부동 소수점의 자릿수를 정하는 숫자가 올 수 있다.

```
print(string.format("pi = %.4f", math.pi))      --> pi = 3.1416
d = 5; m = 11; y = 1990
print(string.format("%02d/%02d/%04d", d, m, y)) --> 05/11/1990
tag, title = "h1", "a title"
print(string.format("<%s>%s</%s>", tag, title, tag))
  --> <h1>a title</h1>
```

위의 첫 예제에서 %.4f는 부동 소수점의 소수점 이후에 네 자리까지 표현하라는 의미이다. 두 번째 예제의 %02d는 두 자리가 되지 않는 십진수 수는 0으로 채워 넣으라는 의미이다. 0을 빼고 %2d처럼 사용하면 공백으로 위치를 맞춘다. 이런 지시어에 대한 전체 설명을 보고 싶다면 루아 참조 매뉴얼을 찾아보도록 하자. 루아는 이런 까다로운 작업을 직접 하기보다는 표준 C 라이브러리를 호출해서 처리하므로 C 매뉴얼을 찾아보면 좋을 것이다.

## 21.2 패턴 일치 함수

문자열 라이브러리에서 가장 유용한 함수는 find, match, gsub(Global Substitution, 전역 치환), gmatch(Global Match, 전역 일치)이다. 이 함수들은 모두 패턴을 이용한다.

다른 스크립트 언어와는 다르게 루아는 패턴을 다룰 때 POSIX 정규식이나 Perl 정규표현식을 이용하지 않는다. 두 가지를 이용하지 않는 가장 큰 이유는 크기이다. POSIX 정규표현식의 일반적인 구현은 코드가 4000줄이 넘는다. 이 정도면 루아의 모든 표준 라이브러리를 합쳐 놓은 분량이다. 루아의 패턴 일치 구현은 600줄이 채 안 된다. 이렇게 적은 양의 코드로 구현했기에 루아에서 패턴을 다룰 때 POSIX 구현에서 제공하는 모든 작업을 할 수는 없다. 그렇지만 루아의 패턴 구현은 여전히 유용하고, 표준 POSIX 구현에서는 다루기 어려운 작업을 도와주는 기능도 일부 갖고 있다.

### 21.2.1 string.find 함수

string.find 함수는 대상 문자열에서 패턴을 검색한다. 패턴의 가장 간단한 형태는 일반 단어이다. 단어를 패턴으로 사용하면 해당 단어와 정확히 같은 경우에만 일치된다. 예를 들어, 'hello'를 패턴으로 사용하면 대상 문자열에서 'hello'가 들어간 하위 문자열을 찾는다. find가 패턴을 찾으면 어디에서부터 어디까지 일치하는지 표현하는 두 인덱스를 반환한다. 일치하지 않으면 nil을 반환한다. 다음 예제를 보자.

```
s = "hello world"
i, j = string.find(s, "hello")
print(i, j)                     --> 1   5
print(string.sub(s, i, j))      --> hello
```

```
print(string.find(s, "world"))    --> 7    11
i, j = string.find(s, "l")
print(i, j)                       --> 3    3
print(string.find(s, "lll"))      --> nil
```

일치하면 대상 문자열에서 string.find의 결과로 반환된 인덱스를 이용해서 string.sub를 호출해서 패턴과 일치하는 부분 문자열을 얻을 수 있다. 단어와 같이 단순한 패턴이라면 이 결과는 패턴 자신과 같다.

string.find 함수에는 필요에 따라 사용할 수 있는 세 번째 매개변수가 있다. 세 번째 인덱스로 대상 문자열에서 검색을 시작할 위치를 지정할 수 있다. 이 매개변수는 지정된 패턴이 나오는 모든 인덱스를 처리할 때 유용하다. 패턴과 일치하는 문자열을 계속해서 찾을 때마다 이전에 찾은 위치의 다음부터 시작하면 된다. 다음 코드는 문자열에 포함된 모든 줄바꿈 문자의 위치를 저장하는 테이블을 만드는 예제이다.

```
local t = {} -- 인덱스를 저장하기 위한 테이블
local i = 0
while true do
  i = string.find(s, "\n", i+1) -- 다음 줄바꿈 문자 찾기
  if i == nil then break end
  t[#t + 1] = i
end
```

사실 string.gmatch 반복자를 이용하면 더 간단하게 해결할 수 있다. string.gmatch를 사용하는 방법은 나중에 설명하겠다.

### 21.2.2 string.match 함수

string.match 함수는 문자열에서 패턴을 찾는다는 점에서는 string.find와 유사하다. 하지만 찾은 위치를 반환하는 대신에 다음과 같이 패턴과 일치한 대상 문자열의 부분을 반환한다.

```
print(string.match("hello world", "hello")) --> hello
```

'hello'처럼 고정된 패턴의 경우에는 별 의미가 없어 보이지만, 다음 예제처럼 가변 패턴을 이용할 때 진정한 가치가 나타난다.

```
date = "Today is 17/7/1990"
d = string.match(date, "%d+/%d+/%d+")
print(d)   --> 17/7/1990
```

다음 절에서 '%d+/%d+/%d+' 패턴의 의미와 string.match의 고급 사용법에 대해서 알아보겠다.

### 21.2.3 string.gsub 함수

string.gsub 함수는 대상 문자열, 패턴, 대체 문자열을 필수 인자로 받는다. 이 함수의 기본적인 기능은 대상 문자열에서 패턴과 일치하는 모든 영역을 대체 문자열로 치환하는 것이다. 다음 코드를 보자.

```
s = string.gsub("Lua is cute", "cute", "great")
print(s)         --> Lua is great
s = string.gsub("all lii", "l", "x")
print(s)         --> axx xii
s = string.gsub("Lua is great", "Sol", "Sun")
print(s)         --> Lua is great
```

string.gsub은 선택적으로 네 번째 인자를 지정할 수 있고, 최대 치환 횟수를 지정하는 데 이용된다.

```
s = string.gsub("all lii", "l", "x", 1)
print(s)         --> axl lii
s = string.gsub("all lii", "l", "x", 2)
print(s)         --> axx lii
```

string.gsub 함수의 두 번째 반환값은 치환한 횟수이다. 예를 들어, 문자열에 포함된 공백의 개수를 세는 방법은 다음처럼 간단하다.

```
count = select(2, string.gsub(str, " ", " "))
```

### 21.2.4 string.gmatch 함수

string.gmatch 함수는 문자열에서 패턴과 일치하는 모든 것을 순회하는 반복자 함수를 반환한다. 다음 예제는 대상 문자열 s에 포함된 모든 단어를 수집한다.

```
words = {}
for w in string.gmatch(s, "%a+") do
  words[#words + 1] = w
end
```

곧 다루겠지만 '%a+' 패턴은 하나 이상의 연속된 알파벳(즉, 단어)을 나타낸다. 그래서 for 반복문에서 대상 문자열의 모든 단어를 순회하며 words 리스트에 저장한다.

다음 예제는 package.searchpath와 유사한 함수를 gmatch와 gsub를 이용해서 구현한 것이다.

```
function search (modname, path)
  modname = string.gsub(modname, "%.", "/")
  for c in string.gmatch(path, "[^;]+") do
    local fname = string.gsub(c, "?", modname)
    local f = io.open(fname)
    if f then
      f:close()
      return fname
    end
  end
  return nil      -- 찾지 못함
end
```

첫 단계에서 모든 점(.)을 디렉터리 구분자로 바꾼다. 예제에서는 디렉터리 구분자로 /만 고려했다. 뒤에서 보겠지만 점은 패턴에서 특별한 의미를 가지고 있기 때문에 문자 그대로의 점과 일치하고 싶다면 '%.'처럼 작성해야 한다. 예제는 모든 점을 디렉터리 구분자로 바꾼 다음, 경로의 모든 요소를 순회한다. 각 요소는 세미콜론이 나오기 전까지의 값이다. 각 요소에 대해서 물음표를 모듈 명으로 치환해서 최종 파일의 이름을 얻는다. 그 후 실제로 해당 파일이 존재하는지를 확인한다. 파일이 존재한다면 그 파일을 다시 닫고, 파일의 이름을 반환한다.

## 21.3 패턴

문자 클래스를 이용하면 패턴을 좀 더 유용하게 만들 수 있다. 패턴에 문자 클래스를 이용해서 문자 클래스 집합에 정의된 항목 중에서 일치하는 것이 있으면 일치한다고 취급한다. 예를 들어 %d 클래스는 모든 숫자와 일치한다. 숫자와 일치한다는 점을 활용해서 dd/mm/yyyy 형식의 날짜를 찾는 데 '%d%d/%d%d/%d%d%d%d' 패턴을 이용할 수 있다.

```
s = "Deadline is 30/05/1999, firm"
date = "%d%d/%d%d/%d%d%d%d"
print(string.sub(s, string.find(s, date)))   --> 30/05/1999
```

다음 표는 모든 문자 클래스의 목록이다.

| . | 모든 문자 |
|---|---|
| %a | 알파벳 문자 |
| %c | 제어 문자 |
| %d | 숫자 |
| %g | 공백을 제외한 출력 가능한 문자 |
| %l | 소문자 |
| %p | 구두점 문자 |
| %s | 공백 문자 |
| %u | 대문자 |
| %w | 알파벳이나 숫자 문자 |
| %x | 16진수 수 |

이 문자 클래스의 대문자 표현은 모두 반대의 의미를 나타낸다. 예를 들어, '%A'는 알파벳이 아닌 모든 문자를 표현한다.

```
print(string.gsub("hello, up-down!", "%A", "."))
  --> hello..up.down.   4
```

출력 결과에서 숫자 4는 결과 문자열의 일부가 아니다. gsub의 두 번째 결과로 치환된 횟수를 나타낸다. 이후 예제부터는 gsub의 출력 결과에서 이 두 번째 출력은 생략하겠다.

다음 몇 가지 문자는 패턴에서 사용될 때 특별한 의미를 가진다.

```
().%+-*?[]^$
```

% 문자를 함께 사용하면 앞의 특별한 문자의 효과를 없앨 수 있다. 그래서 '%.'이 점(.)과 일치했던 것이다. '%%'는 % 문자와 그대로 일치한다. % 문자는 이런 특수한 문자뿐 아니라 알파벳과 숫자를 제외한 모든 문자에 이스케이프(escape) 문자로 동작한다. 불확실하다면 안전하게 이스케이프 문자를 사용하자.

루아 입장에서는 패턴도 일반 문자열이다. 그래서 특별히 취급되지 않고 다른 문자열과 동일한 규칙이 적용된다. 패턴 안에 인용문을 넣고 싶다면 다른 문자열에 인용문을 넣는 것과 같은 방식으로 넣으면 된다. 예를 들어, 루아의 이스케이프 문자인 \를 이용해서 인용문을 넣을 수 있다.

문자 집합을 이용하면 자신만의 문자 클래스를 만들 수 있다. 대괄호안에 여러 문자 클래스나 문자들을 넣어서 한꺼번에 묶는다. 예제를 보자. 문자 집합 '[%w_]'은 알파벳과 숫자 그리고 언더스코어(_)와 일치한다. 그리고 문자 집합 '[01]'은 2진수와 일치하고, 문자 집합 '[%(%)]'은 대괄호와 일치한다. 다음은 문자 집합을 활용해서 텍스트에서 모음의 개수를 세는 코드이다.

```
nvow = select(2, string.gsub(text, "[AEIOUaeiou]", ""))
```

문자 집합에는 문자의 범위도 넣을 수 있다. 범위에 포함되는 첫 문자와 마지막 문자를 적고 그 사이에 하이픈(-)을 넣으면 된다. 대부분의 유용한 범위는 이미 문자 클래스로 정의되어 있기 때문에, 개인적으로는 범위를 직접 넣는 경우는 드물다. 예를 들어 '[0-9]'는 '%d'와 같고, '[0-9a-fA-F]'는 '%x'와 같다. 그렇지만 8진수 수가 필요하다면 명시적으로 '[01234567]'를 전부 지정하는 대신에 '[0-7]'를 사용할 수 있다.

모든 문자 집합은 ^으로 시작해서 반대의 의미로 사용할 수 있다. '[^0-7]'는 8진수 수를 제외한 모든 문자를 찾고, '[^\n]'은 줄바꿈 문자가 아닌 모든 문자와 일치한다. 기본 문자 클래스의 경우에는 대문자를 이용하면 반대의 의미로 사용할 수 있다는 사실을 감안하자. '%S'가 '[^%s]'보다 간단하다.

패턴에 수식어(modifier)를 붙이면 반복을 표현하거나 반드시 나오지 않아도 되는 부분을 표시할 수 있다. 루아의 패턴은 네 개의 수식어를 지원한다.

| | |
|---|---|
| + | 1개 이상 반복 |
| * | 없거나 1개 이상 반복 |
| - | 없거나 1개 이상 최소 반복 |
| ? | 필수가 아님 (나오지 않거나 한 번 나옴) |

+ 수식어는 원본 클래스의 1개 이상의 문자와 일치한다. + 수식어가 포함된 패턴은 일치하는 가장 긴 영역을 가져온다. 예를 들어 '%a+'는 1개 이상의 알파벳이나 단어를 의미하고 다음과 같이 일치된다.

```
print(string.gsub("one, and two; and three", "%a+", "word"))
  --> word, word word; word word
```

'%d+'는 1개 이상의 숫자(정수)와 일치한다. 다음을 보자.

```
print(string.match("the number 1298 is even", "%d+")) --> 1298
```

\* 수식어는 + 수식어와 유사하지만 문자 클래스가 한 번도 나오지 않는 것도 허용한다. 패턴의 일부분 사이에 공백 문자가 있을 수도 있는 상황에 사용하는 것이 가장 일반적인 예이다. 그러니까 ()나 ( )과 같이 빈 괄호와 일치하고 싶다면 '%(%s*%)' 패턴을 이용할 수 있다. '%s*'는 공백이 없거나 한 개 이상의 연속된 공백 문자와 일치한다. 괄호도 패턴에서 특별한 의미가 있기에 이스케이프 문자로 처리했다. 다른 예제로 '[_%a][_%w]*' 패턴을 이용하면 루아 프로그램의 식별자와 일치한다. 루아 식별자는 문자나 언더스코어로 시작하고 이어서 언더스코어나 알파벳 또는 숫자가 올 수 있다.

- 식별자도 * 식별자처럼 원본 클래스의 문자에서 나오지 않거나 한 번 이상 나오는 것과 일치한다. 하지만, * 식별자는 가장 길게 일치한 영역을 찾는 반면에, - 식별자는 가장 짧은 식별 영역을 찾는다. 경우에 따라서는 *와 -에 차이가 없을 수도 있지만, 일반적으로는 상당히 다른 결과를 보여 준다. 예를 들어, '[_%a][_%w]-' 패턴으로 식별자를 찾으려고 하면 항상 첫 글자하고만 일치한다. '[_%w]-'가 항상 빈 순열과 일치하기 때문이다. 반대로 C 프로그램의 주석을 찾는다고 해 보자. 많은 사람들이 처음에는 '/%*.*%*/' 같은 패턴을 시도하는 경우가 많은데 ("/*"부터 "*/"까지의 내용을 이스케이프 문자로 처리한 형태), 그렇게 하면 '.*'가 끝까지 확장될 수 있어서 프로그램의 첫 "*/"는 마지막 "*/"을 자신의 닫는 주석으로 판단하므로 문제가 된다.

```
test="intx;/*x*/ inty;/*y*/"
print(string.match(test, "/%*.*%*/"))
  -->/*x*/ inty;/*y*/
```

'.*' 대신에 '.-' 패턴을 이용하면 처음 "*/"까지만 확장되기 때문에 원하는 결과를 얻을 수 있다.

```
test="intx;/*x*/ inty;/*y*/"
print(string.gsub(test, "/%*.-%*/", ""))
  --> int x;   int y;
```

마지막으로 ? 수식어는 반드시 나오지 않아도 되는 문자를 표시하는 데 사용한다. 예를 들어, 텍스트에서 정수를 찾는다고 해보자. 그런데 정수에 부호가 있을 수도 있다. '[+-]?%d+' 패턴을 이용하면 이런 수를 찾을 수 있다. '-12', '23', '+1009'과 모두 일치한다. '[+-]' 문자 클래스는 +나 - 부호와 일치하고, ?는 부호가 필수 항목이 아니라고 표시한다.

다른 시스템과는 다르게 루아의 수식어는 문자 클래스에만 적용된다. 패턴을 그룹으로 묶어서 수식어가 일괄 적용되게 할 수 없다. 그래서 한 글자로 된 단어가 아닌 이상, 단어가 있어도 되고 없어도 되는 경우를 표현하는 패턴은 없다. 몇 가지 고급 기법을 이용하면 이런 제한도 피해 갈 수 있다. 이 장의 마지막에 알아보겠다.

패턴이 ^으로 시작하면 대상 문자열의 시작 부분하고만 일치한다. 마찬가지로 패턴이 $으로 끝나면 대상 문자열의 마지막 부분하고만 일치한다. 이 두 문자를 이용해서 찾으려는 패턴에 제한을 걸거나 위치를 고정할 수 있다. 예를 들어, 다음 테스트는 문자열 s가 숫자로 시작하는지를 확인한다.

```
if string.find(s, "^%d") then ...
```

그리고 다음 코드로 문자열의 앞과 뒤에 다른 문자가 없이 순수하게 정수를 나타내는지를 확인한다.

```
if string.find(s, "^[+-]?%d+$") then ...
```

^ 문자와 $ 문자는 패턴의 시작과 끝에 있을 때만 이런 효과를 가지며, 그렇지 않은 경우에는 일반 문자로 취급되어 실제 ^ 문자와 $ 문자와 일치한다.

그리고 '%b' 패턴이 있다. 이 패턴은 짝을 이루는 문자열과 일치하며 '%bxy'의 형식으로 사용한다. 여기서 x와 y는 서로 다른 문자이다. x가 여는 문자로, y는 닫는 문자로 사용된다. 예를 들어, '%b()' 패턴은 '('로 시작해서 ')'로 끝나는 문자열의 부분과 일치한다. 다음 코드를 보자.

```
s = "a (enclosed (in) parentheses) line"
print(string.gsub(s, "%b()", ""))    --> a  line
```

일반적으로 이 패턴은 '%b()', '%b[]', '%b{}', '%b<>'와 같이 사용한다. 하지만, 구분자가 서로 다르기만 하면 어떤 방식으로 사용해도 무방하다.

마지막으로 '%f[문자-집합]'은 경계 패턴이다. 이 패턴은 이전 문자는 문자-집합에 포함되지 않으면서 다음 문자가 집합에 포함되는 경계(빈 문자열)와 일치한다. 예제를 보자.

```
s = "the anthem is the theme"
print(s:gsub("%f[%w]the%f[%W]", "one"))
  --> one anthem is one theme
```

'%f[%w]' 패턴은 알파벳/숫자가 아닌 문자와 알파벳/숫자 문자의 경계와 일치하고, '%f[%W]'는 알파벳/숫자와 알파벳/숫자가 아닌 문자의 경계와 일치한다. 그렇기 때문에 위 패턴은 문자열 "the"가 온전한 단어인 경우에만 일치한다. 한 가지 주의할 점은 문자 집합이 한 글자인 경우라도 대괄호 안에 적어야 한다는 것이다.

대상 문자열의 첫 위치 이전과 마지막 위치 다음 문자는 null 문자(ASCII 코드 0)로 취급된다. 앞의 예제에서 처음 나온 "the"는 null 문자('[%w]'에 포함되지 않는다.)와 t('[%w]' 집합에 포함) 사이의 경계에서 시작한다.

경계 패턴은 루아 5.1에서도 구현되어 있었지만 문서화되지 않았다. 공식적으로는 루아 5.2부터 지원한다.

## 21.4 캡처

캡처는 대상 문자열에서 일치하는 부분을 나중에 사용하기 위한 기법이다. 패턴을 작성할 때 캡처하려는 영역을 소괄호 안에 넣으면 된다.

패턴에 캡처 영역이 있다면 string.match 함수는 캡처된 값을 개별 결과로 반환한다. 다시 말해, 문자열을 캡처된 영역으로 쪼개서 반환한다. 다음 예제를 보자.

```
pair = "name = Anna"
key, value = string.match(pair, "(%a+)%s*=%s*(%a+)")
print(key, value)   --> name    Anna
```

예제에서 사용한 '%a+' 패턴은 비어 있지 않은 문자의 순열을 나타내고, '%s*'은 공백이 있다면 이어지는 공백 모두와 일치한다. 그래서 이 예제의 패턴은 문자의 순열 뒤에 공백이 나오고, 그 다음 =이 오고, 다시 이어서 공백이 오고, 다시 문자의 순열이 나오는 경우를 나타낸다. 그리고 각 문자의 순열은 소괄호로 싸여있어서 일치하는 영역이 발견되면 캡처된다. 다음 코드도 비슷한 예제이다.

```
date = "Today is 17/7/1990"
d, m, y = string.match(date, "(%d+)/(%d+)/(%d+)")
print(d, m, y)   --> 17   7   1990
```

패턴에서 '%n' 형식(여기서 n는 한자리 숫자)을 사용하면, n번째 캡처의 복사본과 일치한다. 문자열 안에 작은 따옴표나 큰 따옴표에 감싸인 부분 문자열을 찾는다고 해보자. 따옴표 뒤에 내용이 있고 다시 따옴표가 나오는 형태의 '["'].-["']'같은 패턴을 생각하겠지만 "it's all right."과 같은 문자열에서는 문제가 된다. 이 문제를 해결하려면 처음 나온 따옴표를 캡처하고, 이 첫 따옴표로 다른 영역을 캡처하면 된다.

```
s = [[then he said: "it's all right"!]]
q, quotedPart = string.match(s, "([\"'])(.-)%1")
print(quotedPart)   --> it's all right
print(q)            --> "
```

첫 번째 캡처는 따옴표 자신이고, 두 번째 캡처는 '.-'에 일치하는 부분 문자열로 인용되는 본문이다.

비슷한 예로 루아의 구간 문자열과 일치하는 패턴은 다음과 같다.

```
%[(=*)%[(.-)%]%1%]
```

이 패턴은 여는 대괄호 다음에 0개 이상의 등호가 오고, 다시 여는 대괄호와 문자열 본문이 오고, 다음에 닫는 대괄호가 오고, 앞에서 나온 것과 같은 수의 등호와 다른 닫는 대괄호가 오는 문자열과 일치한다.

```
p = "%[(=*)%[(.-)%]%1%]"
s = "a = [=[[ something ]] ]==] ]=]; print(a)"
print(string.match(s, p))   --> =      [[ something ]] ]==]
```

첫 캡처는 0개 이상의 등호로, 예제에서는 한 개의 등호만 사용했다. 두 번째 캡처는 본문이 된다.

캡처를 활용한 세 번째 사용법으로 gsub의 문자열 치환을 보겠다. 패턴에서와 마찬가지로 치환 문자열도 "%n" 형식을 이용할 수 있다. 실제 치환이 이뤄질 때 대응하는 캡처의 내용으로 바뀐다. 그리고 특별히 "%0"는 일치된 내용 전체를 나타낸다. (조금 다른 얘기지만, 치환 문자열에 있는 %도 "%%"로 이스케이프 문자를 붙여서 처리해야 한다.) 다음 명령어는 문자열의 모든 문자에 대해 '문자-문자'형식으로 치환한다.

```
print(string.gsub("hello Lua!", "%a", "%0-%0"))
  --> h-he-el-ll-lo-o L-Lu-ua-a!
```

그리고 다음은 인접한 문자를 서로 교환하는 예제이다.

```
print(string.gsub("hello Lua", "(.)(.)", "%2%1")) --> ehll ouLa
```

좀 더 유용한 예제로 다음처럼 LaTeX 스타일로 작성된 명령어 문자열을 XML 스타일로 변경하는 파일 형식 변환기를 작성하려 한다.

```
\command{some text} --> <command>some text</command>
```

LaTex 명령어가 중첩되어 있지 않다면 다음처럼 string.gsub을 호출하면 제대로 동작한다. 중첩된 명령어를 처리할 수 있는 방법은 다음 절에서 알아보겠다.

```
s = [[the \quote{task} is to \em{change} that.]]
s = string.gsub(s, "\\(%a+){(.-)}", "<%1>%2</%1>")
print(s)
  --> the <quote>task</quote> is to <em>change</em> that.
```

다른 예제로 문자열의 공백을 잘라 주는 trim 함수를 만들어 보자.

```
function trim (s)
  return (string.gsub(s, "^%s*(.-)%s*$", "%1"))
end
```

이 예제에서는 패턴 형식을 신중하게 선택했다. 먼저, ^과 $을 이용해서 전체 문자열을 다룬다고 지정한다. '.-'는 가능한 최소한만 확장하기 때문에, '%s*'는 양쪽 끝에 있는 모든 공백과 일치한다. 그리고 gsub이 두 개의 값을 반환하기에 괄호 처리해서 추가로 넘어오는 치환한 횟수 값을 버렸다.

## 21.5 치환하기

string.gsub의 세 번째 매개변수로 문자열 대신 함수나 테이블이 올 수 있다. 세 번째 매개변수를 함수로 지정하고 호출하면, string.gsub는 일치하는 영역을 찾을 때마다 그 함수를 호출한다. 함수를 호출할 때 캡처를 인자로 전달하고, 함수의 반환값은 치환될 문자열로 이용된다. 테이블을 전달해서 호출하면, 첫 번째 캡처를 키로 테이블을 찾아보고, 연결된 값이 치환될 문자열이 된다. 함수의 반환값이 nil이거나, 테이블의 연결된 값이 nil이라면 gsub은 문자열을 치환하지 않고 그대로 둔다.

첫 예제인 다음 함수는 변수 치환을 보여 준다. 문자열에서 $varname 형식을 발견하면 전역 변수 varname으로 치환한다.

```
function expand (s)
  return (string.gsub(s, "$(%w+)", _G))
end

name = "Lua"; status = "great"
print(expand("$name is $status, isn't it?"))
  --> Lua is great, isn't it?
```

'$(%w+)' 패턴(달러 표시 뒤에 이름이 나오는 형식)에 일치할 때마다 gsub는 캡처된 이름을 _G 전역 테이블에서 찾아본다. 테이블에 해당 키가 없다면 치환하지 않는다.

```
print(expand("$othername is $status, isn't it?"))
  --> $othername is great, isn't it?
```

치환될 대상 변수가 문자열인지 확실치 않다면 tostring을 적용할 수 있다. 이 경우에는 다음처럼 치환 값으로 함수를 이용하면 된다.

```
function expand (s)
  return (string.gsub(s, "$(%w+)", function (n)
      return tostring(_G[n])
    end))
end

print(expand("print = $print; a = $a"))
  --> print = function: 0x8050ce0; a = nil
```

이제 '$(%w+)' 패턴과 일치할 때마다 gsub는 캡처된 이름을 인자로 함수를 호출한다. 일치된 영역이 함수의 반환값으로 치환된다.

마지막으로 다시 이전 절의 파일 형식을 변환하는 예제로 돌아가 보자. 이전과 마찬가지로 LaTeX 스타일(\example{text})로 작성된 명령어를 XML 스타일(〈example〉text〈/example〉)로 변환하려고 한다. 이번에는 중첩된 명령어도 변환이 가능하도록 해보자. 다음 함수는 재귀를 이용해서 중첩된 변환도 처리할 수 있다.

```
function toxml (s)
  s = string.gsub(s, "\\(%a+)(%b{})", function (tag, body)
      body = string.sub(body, 2, -2)   -- 중괄호 제거
      body = toxml(body)               -- 중첩된 명령어 처리
      return string.format("<%s>%s</%s>", tag, body, tag)
```

```
        end)
    return s
end

print(toxml("\\title{The \\bold{big} example}"))
  --> <title>The <bold>big</bold> example</title>
```

### 21.5.1 URL 인코딩

다음 예제로 URL 인코딩을 사용하려고 한다. URL 인코딩은 HTTP에서 URL의 매개변수를 전송할 때 전송 가능한 형식으로 변환하는 것이다. URL 인코딩은 =, &, + 등의 특수 문자를 "%xx" 형식으로 변환한다. 여기서 xx는 16진수로 표시한 문자 코드이다. 이렇게 인코딩하고나서 공백 문자는 +로 치환한다. 예를 들어, "a+b = c"는 "a%2Bb+%3D+c"로 인코딩된다. 마지막으로 각 매개변수의 이름을 쓰고, 등호 다음에 값을 넣고, 각 이름과 값 쌍을 앰퍼샌드(&)로 연결한다. 예를 들어, name = "al"; query = "a+b = c"; q="yes or no"는 다음처럼 인코딩 된다.

```
"name=al&query=a%2Bb+%3D+c&q=yes+or+no"
```

그럼 이렇게 인코딩된 URL을 디코딩해서 각 값을 테이블에 저장한다고 해보자. 값에 대응하는 이름을 인덱스로 이용한다. 다음 함수는 기본적인 디코딩 방식을 보여 준다.

```
function unescape (s)
    s = string.gsub(s, "+", " ")
    s = string.gsub(s, "%%(%x%x)", function (h)
          return string.char(tonumber(h, 16))
        end)
    return s
end
```

첫 문장에서는 문자열에서 모든 +를 공백 문자로 변경한다. 두 번째 gsub은 % 다음에 오는 두 자리의 16진수 수와 일치하고, 일치할 때마다 익명 함수를 호출한다. 이 익명 함수에서 tonumber에 16을 기수로 사용하여 16진수 표현을 숫자로 변환한 다음, string.char을 이용해서 대응하는 문자를 반환한다. 동작 방식은 다음과 같다.

```
print(unescape("a%2Bb+%3D+c"))  --> a+b = c
```

그리고 name=value 짝을 디코딩하기 위해서 gmatch를 이용했다. 이름이나 값에는 &나 =가 포함될 수 없기 때문에 '[^&=]+'를 패턴으로 이용해서 이름과 값을 얻을 수 있다.

```
cgi = {}
function decode (s)
  for name, value in string.gmatch(s, "([^&=]+)=([^&=]+)") do
    name = unescape(name)
    value = unescape(value)
    cgi[name] = value
  end
end
```

gmatch를 호출해서 name=value 형식의 모든 이름-값 쌍을 구하고, 반복자는 각 이름-값 쌍에 대응하는 캡처를 반환한다. 캡처는 패턴에서 괄호로 표현되었고, 첫 캡처는 이름을, 두 번째 캡처는 값을 나타낸다. 반복문의 내부에서는 이름과 값에 대해서 각각 unescape를 호출한 다음, cgi 테이블에 결과로 나온 이름을 인덱스로 값을 저장한다.

그럼 이제 디코딩된 값을 인코딩하는 코드를 작성해 보자. 먼저 escape 함수를 작성하자. 이 함수는 모든 특수 문자를 % 다음에 16진수 문자 코드로 인코딩하고, 공백 문자를 +로 변경한다. 여기서 사용한 "%02X"는 16진수 수를 0을 채워서 두 자리로 표현한다.

```
function escape (s)
  s = string.gsub(s, "[&=+%%c]", function (c)
      return string.format("%%%02X", string.byte(c))
    end)
  s = string.gsub(s, " ", "+")
  return s
end
```

encode 함수는 인코딩 대상 테이블을 순회하면서 결과 문자열을 구성한다.

```
function encode (t)
  local b = {}
  for k,v in pairs(t) do
    b[#b + 1] = (escape(k) .. "=" .. escape(v))
  end

  return table.concat(b, "&")
end

t={name="al", query="a+b=c",q="yesorno"}
```

```
print(encode(t))
  --> q=yes+or+no&query=a%2Bb+%3D+c&name=al
```

### 21.5.2 위치 캡처

'()'같은 빈 캡처는 루아에서 특별한 의미가 있다. 아무 쓸모 없는 캡처를 하는 대신에, 대상 문자열에서 자신의 위치를 숫자로 캡처한다. 예제를 보자.

```
print(string.match("hello", "()ll()"))  --> 3  5
```

이 예제 결과는 string.find의 결과와 같지 않다. 두 번째 빈 캡처의 위치가 일치하는 영역 뒤에 있기 때문이다.

위치 캡처를 활용한 예제로 문자열의 탭을 공백 문자로 바꿔 보자.

```
function expandTabs (s, tab)
    tab = tab or 8        -- 탭 크기 (기본값  8)
    local corr = 0
    s = string.gsub(s, "()\t", function (p)
        local sp = tab - (p - 1 + corr)%tab
        corr = corr - 1 + sp
        return string.rep(" ", sp)
      end)
    return s
end
```

gsub 패턴은 문자열의 모든 탭에 일치하고, 탭의 위치를 캡처한다.

각 탭 문자에 대해서 익명 함수는 이 위치를 이용해서 다중 탭을 치환하는 데 필요한 공백 문자의 개수를 계산한다. 위치 값에서 1을 빼서 0을 기준으로 만들고, 이전 탭을 보정하기 위해서 corr을 더한다.

각 탭을 공백 문자로 치환하고 나면 다음 탭의 위치에도 영향을 준다. 그래서 다음 탭의 위치를 보정한다. 현재 지워진 탭에 대해서 위치 값을 하나 빼 주고, 추가된 공백 문자를 고려해 sp만큼 더해 준다. 마지막으로 알맞은 수의 공백 문자로 치환된 문자열을 반환한다.

예제를 마무리하는 차원에서 반대로 공백 문자를 탭으로 변경하는 연산도 만들어 보자. 마찬가지로 처음 할 일은 비어 있는 캡처를 이용해서 위치를 얻어 오는 것이다. 하지만, 더 간단한 해결책이 있다. 정해진 수(기본값은 여덟 개)의 공백 문자마다 뒤에 표시 문자를 추가한다. 그리고 나서 연속된 공백 문자 다음에 표시 문자가 있다면, 연속된 공백 문자와 표시를 탭으로 치환한다.

```
function unexpandTabs (s, tab)
  tab = tab or 8
  s = expandTabs(s, tab)
  local pat = string.rep(".", tab)
  s = string.gsub(s, pat, "%0\1")
  s = string.gsub(s, " +\1", "\t")
  s = string.gsub(s, "\1", "")
  return s
end
```

이 함수에 이미 탭이 있을지 모르니 탭을 모두 공백 문자로 바꾸고 시작한다. 그러고 나서 연속해서 나오는 공백 문자와 일치하는 보조 패턴을 이용해서 스페이스 뒤에 표시 문자(제어 문자 \1)를 넣는다. 그 다음 연속된 공백 문자 뒤에 표시 문자가 오는 경우를 찾아서 탭을 넣고, 마지막으로 (당연히 앞에 공백 문자가 없는) 표시 문자를 지운다.

## 21.6 알아두기

패턴은 문자열을 조작하는 정말 멋진 도구이다. 복잡한 연산들도 string.gsub를 몇 번 호출하고 나면 말끔히 처리되곤 한다. 하지만 강력한 만큼 조심해서 사용해야 한다.

패턴을 이용하는 것이 알맞은 구문 분석기(parser)를 대체하지는 못한다. 빠르게 결과를 확인하는 용도로 막 만드는 프로그램에서야 소스 코드를 조작하는 정도로 사용하면 유용하겠지만, 좋은 품질을 가진 제품을 만들기는 어렵다. 앞에서 C 프로그램의 주석과 일치시키기 위해서 사용했던 '/%*.-%*/' 패턴이 좋은 예제이다. 프로그램에 "/*"를 포함한 문자열이 있다면, 제대로 된 결과를 얻지 못한다.

```
test = [[char s[] = "a /* here";  /* a tricky string */]]
print(string.gsub(test, "/%*.-%*/", "<COMMENT>"))
  --> char s[] = "a <COMMENT>
```

문자열에 이런 문자가 포함되는 경우는 드물고, 자신이 만든 프로그램에서 사용하는 것이라면 이 패턴을 사용해도 제대로 동작할 것이다. 하지만, 이런 결함이 있는 프로그램을 배포해서는 안 된다.

그리고 보통은 루아 프로그램에서 패턴을 이용하는 것은 충분히 효율적이다. 저자의 오래된 펜티엄 컴퓨터에서도 4.4MB(85만 개의 단어)의 텍스트에 포함된 모든 단어와 패턴을 일치시키는 데 0.3초도 걸리지 않는다. 하지만 미리 조심해서 나쁠 것은 없다. 패턴은 가능한 구체적이어야 한다. 느슨한 패턴은 구체적인 패턴보다 느리다. 극단적인 예로 문자열에서 첫 번째 달러 기호가 나올 때까지 모든 텍스트를 구하는 '(.-)%$'이 있다. 대상 문자열에 달러 기호가 있다면 다행이지만, 문자열에 달러 기호가 없다면 어떻게 될까? 이 알고리즘은 문자열의 첫 위치부터 시작해서 이 패턴에 일치시키려고 시도한다. 전체 문자열을 차례대로 보면서 달러 기호를 찾는다. 문자열 끝까지 달러 기호를 찾지 못하면 패턴은 문자열의 첫 위치에서 일치하는 데 실패한다. 그리고 나서 문자열의 두 번째 위치부터 다시 전체 검색을 실행한다. 물론 이번에도 실패하니 계속해서 다시 검색을 반복한다. 그래서 $O(n^2)$ 시간 복잡도를 가진다. 10만 개의 문자로 구성된 문자열의 경우 저자의 오래된 펜티엄 컴퓨터에서 4분 이상의 시간이 걸린다. 이 문제는 패턴을 문자열의 시작부터 일치하도록 '^(.-)%$'로 만들어서 해결할 수 있다. 문자열의 시작부터 일치하도록 알려줬기에 첫 위치에서 일치에 실패하면 더 이상 찾는 작업을 중단한다. 이렇게 바꿨을 뿐인데 100분의 1초 정도면 실행이 된다.

    그리고 빈 패턴을 주의해야 한다. 다시 말해, 빈 문자열과 일치하는 패턴은 조심해야 한다. 예를 들어, '%a*' 패턴을 이용해서 이름에 일치시키면, 모든 곳에서 이름을 찾았다고 판단해버린다.

```
i, j = string.find(";$%  **#$hello13", "%a*")
print(i,j)    --> 1  0
```

예제에서 string.find는 문자열의 시작 부분에 있는 빈 문자열을 제대로 찾는다. 그리고 수식어 -로 시작하거나 끝나는 패턴은 빈 문자열하고만 일치하기 때문에 의미가 없다. - 수식어는 함께 사용될 조건이 있어야 어디까지 확장할지 결정할 수 있기 때문이다. 마찬가지로 '.*'를 포함하는 패턴도 의도치 않게 한없이 확장되기 때문에 별 의미가 없다.

    패턴을 코드에서 동적으로 생성하는 것이 필요한 경우도 있다. 공백 문자를 탭으로 변경하는 함수에서 이미 이 기법을 사용했었다. 텍스트에서 70개의 문자 이상으로 길이가 긴 줄을 찾는다고 해보자. 길이가 긴 줄은 줄바꿈 문자를 제외하고 70개 이상의 문자가 있다. 줄바꿈 문자를 제외한 문자 하나는 '[^\n]' 패턴에 일치한다. 그러니 긴 줄과 일치시킬 때 이렇게 줄바꿈 문자가 아닌 한 문자와 70번 반복해서 일치하고, 이후에 줄바꿈이 아닌 문자가 0개 이상 오는 패턴을 쓰면 된다. 이런 패턴을 하나씩 손으로 입력하기보다는 string.rep를 이용해서 다음과 같이 작성할 수 있다.

```
pattern = string.rep("[^\n]", 70) .. "[^\n]*"
```

대소문자 구별하지 않고 검색하는 예제를 보자. 이렇게 검색하려면 패턴에서 문자 x를 '[xX]'처럼 바꾸면 된다. 원본 문자의 대문자와 소문자를 모두 포함시키는 클래스를 이용하는 이 동작도 다음 함수처럼 자동화할 수 있다.

```
function nocase (s)
  s = string.gsub(s, "%a", function (c)
      return "[" .. string.lower(c) .. string.upper(c) .. "]"
    end)
  return s
end

print(nocase("Hi there!"))   --> [hH][iI] [tT][hH][eE][rR][eE]!
```

이번 예제는 모든 문자를 패턴에서 사용하는 특수한 문자가 아니라 그냥 문자 그대로 취급해서, 문자열 s1이 발견되면 문자열 s2로 바꾸려 한다. 문자열 s1과 s2가 문자열 상수라면 문자열을 작성할 때 적당한 이스케이프 문자를 사용해서 처리하면 된다. 하지만, 문자열이 코드에서 생성된다면 gsub를 추가해서 이스케이프 문자를 넣어 줄 수 있다.

```
s1 = string.gsub(s1, "(%W)", "%%1")
s2 = string.gsub(s2, "%%", "%%%%")
```

검색 문자열에서 모든 알파벳이나 숫자가 아닌 문자(그래서 대문자 W를 사용했다)에 이스케이프 문자를 추가했다. 치환 문자열에서는 %만 이스케이프 문자로 처리하면 된다.

실제 패턴을 다루기 전에 대상 문자열을 미리 처리하는 것이 유용한 경우도 있다. 텍스트에서 모든 인용 문자열을 대문자로 바꾼다고 생각해 보자. 편의상 인용 문자열을 큰따옴표(")로 감싸여 있다고 하자. 단, 다음처럼 이스케이프 문자로 처리된 큰 따옴표("\"")가 문자열에 있을 수 있다.

```
follows a typical string: "This is \"great\"!".
```

이런 문제를 위해서 텍스트에서 문제가 될 부분을 미리 다른 문자로 인코딩해서 처리해 두는 것도 한 가지 방법이다. 예를 들어, "\""를 "\1"로 인코딩할 수 있다.

물론 원본 문자열에 "\1"가 이미 포함되어 있다면 문제가 된다. 인코딩하면서 이런 문제를 피할 수 있는 방법은 모든 "\x" 형식의 문자를 "\ddd" 형식으로 인코딩하는 것이다. 여기서 ddd는 문자 x에 대한 정수 표현이다.

```
function code (s)
  return (string.gsub(s, "\\(.)", function (x)
    return string.format("\\%03d", string.byte(x))
  end))
end
```

이제 인코딩된 문자열에서 모든 "\ddd"는 인코딩된 문자를 표현한다. 원본 문자열에 "\ddd"가 있었더라도 역시 인코딩되니 혼동될 일은 없다. 그래서 디코딩도 다음처럼 처리할 수 있다.

```
function decode (s)
  return (string.gsub(s, "\\(%d%d%d)", function (d)
    return "\\" .. string.char(tonumber(d))
  end))
end
```

이제 작업을 마무리해 보자. 인코딩된 문자열에는 이스케이프 처리된 인용문인 ("\"")가 포함되어 있지 않으니 인용 문자열을 단순히 '".-"'으로 검색하면 된다.

```
s = [[follows a typical string: "This is \"great\"!".]]
s = code(s)
s = string.gsub(s, '".-"', string.upper)
s = decode(s)

print(s)  --> follows a typical string: "THIS IS \"GREAT\"!".
```

아니면 좀 더 축약해서 다음처럼 쓸 수 있다.

```
print(decode(string.gsub(code(s), '".-"', string.upper)))
```

## 21.7 유니코드

현재까지 루아의 문자열 라이브러리는 명시적으로 유니코드(unicode)를 지원하지 않는다. 그렇지만, UTF-8로 인코딩된 유니코드 문자열을 이용해서 별도의 라이브러리 없이도 간단하고 유용한 작업을 수행하는 것이 가능하다.

UTF-8은 웹에서 압도적으로 많이 사용되는 유니코드 인코딩이다. ASCII와의 호환성이 있기 때문에 UTF-8은 루아에서도 이상적이다. 이런 호환성 덕분에 ASCII 문자열에서 동작하던 많은 문자열 조작 기법을 수정하지 않고도 UTF-8 문자열에서 사용할 수 있다.

UTF-8은 모든 유니코드 문자가 같은 크기로 표현되지 않는다. 예를 들어, A는 1바이트인 65로 표현되고, 유니코드에서 1488 코드인 히브리어 알레프(Aleph)는 각 바이트가 215-144인 2바이트로 표현된다. UTF-8은 ASCII 범위 안에 있는 모든 문자는 ASCII로 표현한다. 다시 말해 128보다 작은 1바이트 값은 ASCII로 표현된다. UTF-8은 ASCII 범위를 벗어나는 문자를 여러 바이트로 표현한다. ASCII 범위를 벗어나는 문자를 표현할 때 첫 바이트의 범위는 194~244이고, 그 다음 바이트부터는 범위가 128~191이다. 여기서 2바이트 문자인 경우에는 첫 바이트의 범위가 194~223이고, 3바이트 문자의 첫 바이트의 범위는 224~239, 4바이트 문자의 첫 바이트의 범위는 240~244이다. 이렇게 범위를 나눠서 다른 문자를 표현하는 코드 순서는 한 문자의 코드 범위 안에 포함되어 나타나는 것을 방지한다. 128보다 작은 바이트는 항상 다중 바이트의 연속된 순서로 표현되지 않는다. 항상 대응하는 ASCII 문자로 표현된다.

루아는 8비트 문자 인코딩을 처리할 수 있기 때문에 (8비트 클린이라 한다) UTF-8 문자열도 보통의 문자열처럼 읽거나 쓸 수 있다. 문자열 상수에도 UTF-8 데이터가 포함될 수 있다. 물론, 이때는 소스 코드도 UTF-8 파일로 저장해야 한다. 문자열을 이어 붙이는 연산은 UTF-8 문자열에서 제대로 동작한다. 문자열의 순서를 정하는 (보다 작은, 작거나 같은 등의) 연산에서는 UTF-8 문자열을 유니코드 문자 코드의 순서대로 비교한다.

운영체제 라이브러리와 I/O 라이브러리는 주로 운영체제와 연결해 주는 인터페이스 역할로 사용된다. 그래서 이 두 라이브러리의 UTF-8 문자열 지원도 하부의 운영체제에 달려 있다. 예를 들어, 리눅스에서는 UTF-8 파일 이름을 쓸 수 있지만, 윈도우는 UTF-16을 사용한다. 그렇기 때문에 윈도우에서 유니코드 파일 이름을 다루기 위해서는 외부의 라이브러리를 이용하거나 표준 루아 라이브러리를 변경해야 한다.

이제부터 문자열 라이브러리의 함수에서 UTF-8 문자열을 다루는 방법에 대해서 알아보겠다.

먼저, string.reverse, string.byte, string.char, string.upper, string.lower 함수는

UTF-8 문자열에서 동작하지 않는다. 이 함수들은 모두 한 글자가 1바이트라고 가정한다.

그리고 string.format 함수와 string.rep 함수는 UTF-8 문자열을 이용해도 별 문제 없이 동작한다. 단, 문자열 형식 옵션으로 '%c'를 이용하는 경우에는 한 글자를 1바이트라고 가정하기에 제대로 동작하지 않는다. string.len, string.sub는 UTF-8 문자열에서도 제대로 동작한다. 이때, 인덱스는 문자의 수로 보는게 아니라 바이트의 수를 본다. 대부분의 경우에는 바이트의 수를 보는 게 옳은 동작이다. 물론 UTF-8 문자열의 문자의 수를 셀 수도 있는데 곧 살펴보도록 하자.

패턴과 관련된 함수를 UTF-8 문자에 적용 가능한지는 패턴에 따라서 다르다. 문자열 상수 패턴은 별 문제가 없이 동작한다. UTF-8에서는 문자를 인코딩한 값이 다른 문자의 인코딩된 값에 중복해서 표현되는 문제가 없기 때문이다. 문자 클래스와 문자 집합은 ASCII 문자에 대해서만 동작한다. 예를 들어, '%s'는 UTF-8 문자열에서 동작하지만 ASCII 공백 문자하고만 일치한다. 유니코드에 있는 공백 문자인 줄 바꿈 없는 공백(U+00A0), 문단 구분자(U+2029), 몽골어 모음 구분자(U+180E)와는 일치하지 않는다.

몇몇 패턴은 UTF-8만의 성질을 이용해서 부족한 기능을 채울 수 있다. 예를 들어, 문자열의 문자 수를 세고 싶다면 다음 표현식을 이용할 수 있다.

```
#(string.gsub(s, "[\128-\191]", ""))
```

gsub를 이용해서 문자열에서 한 문자를 구성하기 위해서 이어서 나오는 바이트를 없애서 1바이트 문자나, 다중 바이트 문자의 첫 바이트만 남겼다. 그래서 1 바이트는 한 문자를 의미하게 된다.

다음 예제는 비슷한 개념을 활용해서 UTF-8 문자열의 각 문자를 반복하는 방법을 보여 준다.

```
for c in string.gmatch(s, ".[\128-\191]*") do
  print(c)
end
```

코드 21.1 '루아를 이용해서 UTF-8을 조작하는 예제'는 UTF-8 문자열을 조작하는 몇 가지 기법을 보여 준다.

코드 21.1 루아를 이용해서 UTF-8을 조작하는 예제

```
local a = {}
a[#a + 1] = "Nähdään"
a[#a + 1] = "ação"
a[#a + 1] = "ÃøÆËÐ"

local l = table.concat(a, ";")
print(l, #(string.gsub(l, "[\128-\191]", "")))
  --> Nähdään;ação;ÃøÆËÐ      18

for w in string.gmatch(l, "[^;]+") do
  print(w)
end
  --> Nähdään
  --> ação
  --> ÃøÆËÐ

for c in string.gmatch(a[3], ".[\128-\191]*") do
  print(c)
end
  --> Ã
  --> ø
  --> Æ
  --> Ë
  --> Ð
```

물론 이 예제는 print 함수가 UTF-8을 인식하는 플랫폼에서 실행해 볼 수 있다. 아쉽지만 더 이상 루아가 제공하는 것은 없다. 유니코드를 충분히 지원하려면 방대한 양의 테이블이 필요한데 작은 크기가 장점인 루아에는 어울리지 않는다. 유니코드에는 특이 사항이 너무 많다. 특정 언어의 개념을 추상화하는 것은 사실상 불가능하다. 유니코드로 표현된 문자와 자소간에 1대 1로 일치하지도 않기 때문에 문자라는 개념조차 모호하다. (예를 들어, 발음 구별 부호도 있고, "완전히 무시"되는 문자도 있다.) 듣자 하니 무엇이 글자인지를 정의하는 등의 기본적인 개념조차 언어에 따라서 바뀐다고 한다.

루아에서 지원해야 하지만 빠진 기능은 UTF-8 문자열과 유니코드 코드간의 변환과 UTF-8 문자열의 검증이다. 아마도 다음 버전 루아에는 포함될 것이라고 생각한다. 이보다 더 나은 지원이 필요하다면 slnunicode 라이브러리 같은 외부 라이브러리를 사용할 것을 추천한다.

## 연습 문제

**연습 문제 21.1:** 문자열과 구분자를 전달 받아서 원본 문자열을 구분자로 나눈 목록을 청크로 반환하는 split 함수를 작성해 보자. 단, 구분자는 패턴으로 입력 받는다. 다음 코드처럼 동작하도록 해보자.

```
t = split("a whole new world", " ")
-- t = {"a", "whole", "new", "world"}
```

구현한 함수에서 빈 문자열을 어떻게 다루고 있는가? 비어 있는 목록을 반환하도록 했는가? 아니면 빈 문자열 하나를 가진 목록을 반환하도록 처리 했는가?

**연습 문제 21.2:** 패턴 '%D'와 '[^%d]'는 동일하다. 그렇다면 패턴 '[^%d%u]'와 '[%D%U]'는 어떤가? 설명해 보자.

**연습 문제 21.3:** transliterate 함수를 작성해 보자. 이 함수는 문자열을 첫 번째 인자로 받아서 문자열의 각각의 문자를 다른 문자로 치환한다. 문자열의 치환은 이 함수의 두 번째 인자로 전달된 테이블을 이용한다. 테이블에서 a와 b를 연결해 놨다면, 이 함수는 모든 a를 b로 치환해야 한다. 테이블에서 a를 false 값과 연결해 뒀다면 결과 문자열에서 모든 a를 제거해야 한다.

**연습 문제 21.4:** UTF-8 문자열을 거꾸로 뒤집는 함수를 작성해 보자.

**연습 문제 21.5:** 앞의 transliterate 함수가 UTF-8을 지원하도록 다시 작성해 보자.

# 22장

Programming in Lua

# 입출력(I/O) 라이브러리

입출력(I/O) 라이브러리는 파일을 조작하는 두 가지 모델을 제공한다. 먼저, 단순 모델은 하나의 현재 입력 파일과 하나의 현재 출력 파일이 있다고 가정하고, 모든 입출력 연산을 두 개 파일에 수행한다. 그리고 완전 모델은 명시적인 파일 핸들을 이용한다. 완전 모델은 객체지향 스타일을 따라서 모든 연산을 파일 핸들의 메서드 형태로 제공한다.

단순 모델은 간단한 작업을 할 때 편리하다. 그래서 책에서 지금까지 사용해 온 방식이기도 하다. 하지만 여러 파일을 동시에 읽고 쓰는 것처럼 더 복잡한 작업에는 충분하지 않다. 이런 작업을 하려면 완전 모델이 필요하다.

## 22.1 단순 입출력 모델

단순 모델은 모든 연산을 현재 입력과 현재 출력 파일에 수행한다. 단순 모델 라이브러리는 현재 입력 파일을 프로세스 표준 입력(stdin)으로, 현재 출력 파일을 프로세스 표준 출력(stdout)으로 초기화한다. 따라서 io.read()를 실행하면 표준 입력에서 한 줄을 읽어 온다.

현재 입력과 현재 출력은 io.input과 io.ouput 함수를 이용해서 변경할 수 있다. io.input(filename)과 같이 호출하면 해당 파일을 읽기 모드로 열고, 현재 입력 파일로 설정한다. 현재 입력 파일을 설정하면 다시 바꾸기 전까지는 모든 입력을 이 파일에서 읽는다. io.ouput은 출력에 대해 이와 유사한 동작을 한다. 읽거나 쓰는 도중에 문제가 발생하면 두 함수 모두 오류를 발생시킨다. 오류를 직접 다루고 싶다면 완전 모델을 이용해야 한다.

쓰는 작업이 읽는 것보다는 쉬우니 먼저 보도록 하자. io.write 함수는 임의의 개수 문자열을 인자로 받아서 현재 출력 파일에 쓴다. 숫자는 일반적인 변환 규칙을 적용해서 문자열로 만드는데, 문자로 변환하는 규칙을 제어하고 싶다면 직접 string.format 함수를 이용하면 된다.

```
> io.write("sin (3) = ", math.sin(3), "\n")
  --> sin (3) = 0.14112000805987
> io.write(string.format("sin (3) = %.4f\n", math.sin(3)))
  --> sin (3) = 0.1411
```

가급적 io.write(a..b..c) 같이 문자열을 합치는 작업을 피하고 대신 io.write(a, b, c)와 같이 호출하자. 동일한 효과를 적은 자원으로 얻을 수 있다.

빨리 만들어 보고 결과를 확인하는 프로그램을 만들 때, 프로그램을 디버깅하는 용도로 print 함수를 사용하고는 한다. 출력문을 완전히 제어하는 작업이 필요하다면 대신 write 함수를 사용한다.

```
> print("hello", "Lua"); print("Hi")
  --> hello   Lua
  --> Hi

> io.write("hello", "Lua"); io.write("Hi", "\n")
  --> helloLuaHi
```

print와는 다르게 write는 출력에 탭이나 줄바꿈 문자를 추가하지 않는다. 그리고 print는 항상 표준 출력을 이용하지만, write는 출력을 다른 방향으로 돌릴 수 있다. 마지막으로 print는 인자에 tostring을 적용한다. 디버깅을 할 때는 알아서 tostring을 적용해주니 편하지만, 출력문에 주의하지 않으면 버그를 모르고 지나칠 수도 있다.

io.read 함수는 현재 입력 파일에서 문자열을 읽는다. 읽는 내용을 제어하는 io.read 함수의 인자는 다음과 같다.

"*a"    파일 전체를 읽는다.

"*l"    다음 한 줄을 읽는다. (줄바꿈 문자는 제외)

| | |
|---|---|
| "*L" | 다음 한 줄을 읽는다. (줄바꿈 문자 포함) |
| "*n" | 숫자 하나를 읽는다 |
| num | num 개의 문자를 읽어서 문자열로 만든다. |

io.read("*a")를 호출하면 현재 입력 파일의 현재 위치부터 전체를 읽는다. 현재 파일의 끝에 있거나, 파일이 비어 있다면 빈 문자열을 반환한다.

루아는 긴 문자열도 효율적으로 처리하기에 루아를 이용해서 파일의 내용을 필터링하려고 할 때 간단한 기법을 적용할 수 있다. 전체 파일을 문자열로 읽어 온 다음, 문자열을 처리하고 나서(일반적으로는 gsub을 이용), 문자열을 출력에 적는다.

```
t = io.read("*a")       -- 전체 파일을 읽는다
t = string.gsub(t, ...) -- 처리할 일은 처리하고,
io.write(t)             -- 파일에 적는다.
```

예를 들어, 다음 코드 청크는 파일의 내용을 MIME의 QP(Quoted-Printable) 인코딩으로 변환하는 프로그램이다. 이 인코딩 방식은 ASCII 바이트가 아닌 코드를 =xx 형식(xx는 해당 바이트의 16진수 값)으로 변환한다. 인코딩의 일관성을 위해서 = 문자도 인코딩 한다.

```
t = io.read("*a")
t = string.gsub(t, "([\128-\255=])", function (c)
    return string.format("=%02X", string.byte(c))
  end)
io.write(t)
```

gsub에서 사용된 패턴에서 128~255 사이의 값을 가진 모든 바이트와 등호를 찾아낸다.

io.read("*l")를 호출하면 현재 입력 파일에서 다음 한 줄을 읽어서 반환한다. 줄바꿈 문자는 포함되지 않는다. io.read("*L")도 비슷하게 동작하지만 줄바꿈 문자가 파일에 있다면 버리지 않고 유지한다. 파일의 끝에 도달하면 더 이상 다음 줄이 없기 때문에 nil을 반환한다. 그리고 "*l" 패턴은 read 함수의 기본값으로 이용된다. 알고리즘에서 파일을 한 줄씩 처리하는 경우가 아니라면 *a나 구역을 이용해서 전체 파일을 한번에 읽는 것을 선호한다. 구역을 이용해서 전체 파일을 읽는 방법은 뒤에서 설명한다.

이런 패턴을 활용하는 간단한 예제를 보자. 다음은 현재 입력을 현재 출력으로 복사하면서 각 줄의 앞에 줄 번호를 붙이는 프로그램이다.

```
for count = 1, math.huge do
  local line = io.read()
  if line == nil then break end
  io.write(string.format("%6d  ", count), line, "\n")
end
```

사실 이렇게 전체 파일을 한 줄씩 읽어서 처리하는 일은 io.lines 반복자를 이용하는 것이 더 낫다. io.lines 반복자를 이용해서 파일의 전체 줄을 정렬하는 프로그램을 다음과 같이 작성할 수 있다.

```
local lines = {}
-- 모든 줄을 읽어서 lines 테이블에 넣는다
for line in io.lines() do  lines[#lines + 1] = line end
-- 정렬
table.sort(lines)
-- lines의 모든 내용을 쓴다
for _, l in ipairs(lines) do io.write(l, "\n") end
```

io.read("*n")은 현재 입력 파일에서 숫자를 읽는다. read 함수에서 문자열 대신 숫자를 반환하는 유일한 사용법이다. 프로그램이 파일에서 많은 숫자를 읽어야 할 때, 중간에 문자열을 한 번 거치지 않기 때문에 성능이 향상된다. *n 옵션은 숫자 앞에 있는 공백은 다 무시하고 -3, +5.2, 1000, -3.4e-23과 같은 숫자 포맷을 허용한다. 잘못된 형식이나 파일의 끝이라 현재 파일 위치에서 숫자를 찾을 수 없다면 nil을 반환한다.

read 함수는 여러 옵션을 함께 사용해서 호출할 수 있다. read 함수가 각 인자에 대해서 각각 대응하는 결과를 반환한다. 다음처럼 한 줄에 숫자가 세 개씩 있는 파일을 읽는다고 생각해 보자.

```
6.0     -3.23    15e12
4.3      234     1000001
...
```

이제 각 줄의 최댓값을 출력하고 싶다고 해보자. 다음처럼 read를 한 번만 호출해서 세 개의 숫자를 모두 읽을 수 있다.

```
while true do
  local n1, n2, n3 = io.read("*n", "*n", "*n")
  if not n1 then break end
```

```
    print(math.max(n1, n2, n3))
end
```

기본적인 읽기 방식 외에도 read를 호출할 때 숫자 n을 인자로 넘길 수 있다. 숫자를 인자로 이용하면 read는 입력 파일에서 n개의 문자를 읽으려고 시도한다. 아무런 문자도 읽을 수 없다면(파일의 끝) nil을 반환한다. 읽을 수 있다면 최대 n개의 문자로 구성된 문자열을 반환한다. 숫자를 인자로 사용한 예제로 다음 프로그램은 파일을 stdin으로부터 stdout으로 복사하는 효율적인 방법을 보여 준다.

```
while true do
    local block = io.read(2^13)   -- 8K 크기의 버퍼
    if not block then break end
    io.write(block)
end
```

파일의 끝인지를 확인하는 특별한 용도로 io.read(0)를 사용할 수 있다. 더 읽을 내용이 있다면 빈 문자열을 반환하고, 없다면 nil을 반환한다.

## 22.2 완전 입출력 모델

완전 모델을 이용하면 좀 더 마음대로 입력과 출력을 제어할 수 있다. 완전 모델의 기본 개념은 파일 핸들이다. C의 streams (FILE *)과 동일한 역할을 한다. 파일 핸들은 열린 파일과 현재 위치를 표현한다.

io.open 함수를 이용해서 파일을 열 수 있다 (C의 fopen 함수를 따라서 만들었다). 이 함수는 열려고 하는 파일의 이름과 모드 문자열을 인자로 받는다. 모드 문자열은 "읽기"에는 r, "쓰기"에는 w(파일의 이전 내용은 다 지운다), "추가"에는 a를 사용하고, 바이너리 파일인 경우에는 여기에 b를 추가할 수 있다. open 함수는 파일의 핸들을 반환한다. 파일을 여는 과정에서 오류가 발생하면 nil과 오류 메시지 그리고 오류 번호를 반환한다.

```
print(io.open("non-existent-file", "r"))
   --> nil    non-existent-file: No such file or directory    2
print(io.open("/etc/passwd", "w"))
   --> nil    /etc/passwd: Permission denied    13
```

오류 번호는 시스템에 따라서 해석이 달라진다.

다음과 같은 방식으로 오류를 확인할 수 있다.

```
local f = assert(io.open(filename, mode))
```

파일을 여는 데 실패하면 오류 메시지가 assert의 두 번째 인자가 되므로, assert는 해당 오류 메시지를 보여 준다.

파일을 열고 나면 read/write 메서드를 이용해서 파일을 읽거나, 파일에 쓸 수 있다. 앞에서 본 read/write 함수와 유사하지만 콜론 문법을 이용해서 파일 핸들의 메서드로 호출한다. 파일을 열고 파일의 내용을 읽는 코드를 보자.

```
local f = assert(io.open(filename, "r"))
local t = f:read("*a")
f:close()
```

입출력 라이브러리는 미리 정의된 C 스트림인 표준 입력, 표준 출력, 표준 오류를 io.stdin, io.stdout, io.stderr로 다룰 수 있다. 그래서 다음 코드처럼 작성해서 직접 오류 스트림으로 메시지를 보낼 수 있다.

```
io.stderr:write(message)
```

그리고 완전 모델과 단순 모델을 섞어서 사용할 수도 있다. io.input()을 인자 없이 호출하면 현재 입력 파일 핸들을 얻을 수 있다. 이 핸들을 io.input(handle)로 다시 설정할 수도 있다. io.output도 동일한 방법으로 사용할 수 있다. 예를 들어, 현재 입력 파일을 임시로 바꾸고 싶다면 다음과 같은 코드를 작성할 수 있다.

```
local temp = io.input()      -- 현재 파일 저장
io.input("newinput")         -- 새로운 파일을 열고,
<새로운 입력 파일로 작업>
io.input():close()           -- 현재 파일을 닫고,
io.input(temp)               -- 이전 현재 파일을 다시 복원한다.
```

파일을 읽을 때 io.read 대신에 io.lines를 사용할 수 있다. 이전 예제에서 봤지만 io.lines는 파일을 연속해서 읽을 수 있는 반복자를 제공한다.

io.lines의 첫 인자는 파일의 이름이다. 파일의 이름을 제공하면 io.lines는 그 파일을 읽기 모드로 열고, 파일의 마지막에 도달하면 해당 파일을 닫는다. 파일의 이름 대신 파일 핸들을 제공하면 io.lines은 해당 파일을 읽을 때 사용하고, 다 읽고 난 후에도 파일을 닫지 않는다. io.lines를 인자 없이 호출하면 현재 파일에서 읽는다.

루아 5.2부터는 io.lines도 io.read와 동일한 옵션을 사용한다. 파일을 지정하는 인자 다음 인자로 제공하면 된다. 다음 코드는 io.lines를 이용해서 파일을 현재 출력으로 복사하는 것을 보여 준다.

```lua
for block in io.lines(filename, 2^13) do
  io.write(block)
end
```

### 22.2.1 성능 향상 팁

일반적으로 루아에서는 전체 파일을 한 번에 읽는 것이 한 줄씩 읽는 것보다 빠르다. 그렇지만 한 번에 읽기에는 파일이 너무 큰 경우가 있다. 파일이 수십 메가바이트에서 수백 메가바이트라고 생각해 보자. 이렇게 큰 파일을 최대 성능으로 읽기 위한 가장 빠른 방법은 적당히 큰 청크 단위로 읽어 들이는 것이다 (예를 들면, 8kB씩). 한 줄의 중간에 짤리는 문제를 피하기 위해서 다음처럼 청크 외에도 다음 줄 끝까지를 읽는다.

```lua
local lines, rest = f:read(BUFSIZE, "*l")
```

청크를 읽어 들이고 남은 다음 줄의 끝까지를 rest 변수에 넣는다. 그리고 청크와 rest 변수에 저장된 줄을 이어 붙이면 청크는 항상 줄 단위로 끊긴다.

코드 22.1 'wc 프로그램'에서 이 기법을 사용해서 wc를 구현했다. wc는 파일의 문자 개수, 단어 개수, 라인 수를 세는 프로그램이다. 반복해서 읽는 데 io.lines를 이용했고, 줄 바꿈 문자를 포함한 한 줄을 읽기 위해서 '*L' 옵션을 이용했다. 모두 루아 5.2에 새로 추가된 기능이다.

#### 코드 22.1 wc 프로그램

```lua
local BUFSIZE = 2^13           -- 8K
local cc, lc, wc = 0, 0, 0     -- 문자, 줄, 단어 개수
for lines, rest in io.lines(arg[1], BUFSIZE, "*L") do
  if rest then lines = lines .. rest end
  cc = cc + #lines
  -- 청크에 포함된 단어의 개수를 센다
  local _, t = string.gsub(lines, "%S+", "")
  wc = wc + t
  -- 청크에 포함된 줄바꿈 문자를 센다
  _,t = string.gsub(lines, "\n", "\n")
  lc = lc + t
end  print(lc, wc, cc)
```

### 22.2.2 바이너리 파일

단순 모델 함수인 io.input과 io.output은 항상 파일을 텍스트 모드로 연다(기본값). 유닉스에서는 바이너리 파일이나 텍스트 파일간의 차이가 없다. 하지만 몇몇 시스템(특히, 윈도우)에서는 바이너리 파일을 열 때 특별한 플래그 값이 필요하다. 이런 바이너리 파일을 다룰 때는 io.open에 모드 문자열로 b를 이용해서 열어야 한다.

루아는 바이너리 데이터도 텍스트와 유사하게 다룬다. 루아의 문자열에는 어떤 바이트라도 포함될 수 있고, 거의 대부분의 라이브러리 함수들은 임의의 바이트를 다룰 수 있다. 심지어는 바이너리 데이터에 대해서도 패턴을 이용할 수 있다. 이용하려는 패턴에 0 바이트가 포함되어 있지 않다면 별다른 처리가 필요하지 않고, 꼭 대상 문자열에서 0 바이트를 일치시키고 싶다면 %z 클래스를 대신 이용하면 된다(루아 5.2에서는 0바이트 문제가 없다).

일반적으로 바이너리 데이터는 *a 패턴을 이용해서 파일을 한 번에 다 읽던지, 아니면 n 패턴을 이용해서 n 바이트만큼 읽는다. 윈도우 포맷으로 된 텍스트 파일을 유닉스 포맷으로 변환하는 간단한 예제를 보자('캐리지 리턴-줄 바꿈'을 '줄 바꿈'으로 변경한다). 표준 입출력 파일인 stdin-stdout은 텍스트 모드로 열리니 이용하지 않는다. 대신에 프로그램의 인자로 입력 파일의 이름과 출력 파일의 이름이 주어진다고 가정한다.

```
local inp = assert(io.open(arg[1], "rb"))
local out = assert(io.open(arg[2], "wb"))

local data = inp:read("*a")
data = string.gsub(data, "\r\n", "\n")
out:write(data)

assert(out:close())
```

다음과 같이 이 프로그램을 실행할 수 있다.

```
> lua prog.lua file.dos file.unix
```

그리고 바이너리 파일에서 찾을 수 있는 모든 문자열을 출력한다.

```
local f = assert(io.open(arg[1], "rb"))
local data = f:read("*a")
local validchars = "[%g%s]"
local pattern = "(" .. string.rep(validchars, 6) .. "+)\0"
for w in string.gmatch(data, pattern) do
  print(w)
end
```

이 프로그램은 문자열이 여섯 자 이상의 유효한 문자로 구성되고 0으로 끝나는 순열이라고 가정한다. 여기서 유효한 문자란 validchars 패턴에서 허용하는 문자를 말한다. 이 예제에서 이 패턴은 출력 가능한 문자로 구성된다. string.rep와 문자열 이어 붙이기를 이용해서 여섯 자 이상의 유효한 문자로 이뤄지고 마지막에 0으로 끝나는 순열과 일치하는 패턴을 만들었다. 캡처를 이용해서 0을 제외한 문자열을 얻는다.

마지막 예제로 다음 프로그램은 바이너리 파일을 출력한다.

```
local f = assert(io.open(arg[1], "rb"))
local block = 16
for bytes in f:lines(block) do
  for c in string.gmatch(bytes, ".") do
    io.write(string.format("%02X ", string.byte(c)))
  end
  io.write(string.rep("   ", block - string.len(bytes)))
  io.write(" ", string.gsub(bytes, "%c", "."), "\n")
end
```

여기서도 프로그램의 첫 인자로 입력 파일의 이름을 사용한다. 출력은 표준 출력을 이용한다. 이 프로그램은 파일을 16바이트 청크 단위로 읽는다. 각 청크 마다 각 바이트를 16진수 표현으로 쓰고, 청크를 텍스트 형식으로 쓴다. 제어 문자는 구두점으로 대체한다.

코드 22.2 '덤프 프로그램의 결과'는 유닉스 머신에서 이 프로그램 파일 자신을 출력한 결과이다.

**코드 22.2 덤프 프로그램의 결과**

```
6C 6F 63 61 6C 20 66 20 3D 20 61 73 73 65 72 74    local f = assert
28 69 6F 2E 6F 70 65 6E 28 61 72 67 5B 31 5D 2C    (io.open(arg[1],
20 22 72 62 22 29 29 0A 6C 6F 63 61 6C 20 62 6C    "rb")).local bl
6F 63 6B 20 3D 20 31 36 0A 66 6F 72 20 62 79 74    ock = 16.for byt
65 73 20 69 6E 20 66 3A 6C 69 6E 65 73 28 62 6C    es in f:lines(bl
...
20 22 2C 20 73 74 72 69 6E 67 2E 67 73 75 62 28    ", string.gsub(
62 79 74 65 73 2C 20 22 25 63 22 2C 20 22 2E 22    bytes, "%c", "."
29 2C 20 22 5C 6E 22 29 0A 65 6E 64 0A 0A          ), "\n").end..
```

## 22.3 기타 파일 함수

tmpfile 함수는 read/write 모드로 연 임시 파일의 핸들을 반환한다. 프로그램이 종료되면 이 임시 파일은 제거된다.

flush 함수는 파일에 쓰려고 대기 중이던 모든 작업을 실행한다. write 함수처럼 io.flush()와 같은 형태로 함수로 호출해서 현재 출력 파일로 내보낼 수 있고, f:flush()와 같이 메서드로 사용해서 특정 파일 f로 내보낼 수 있다.

setvbuf 메서드는 스트림의 버퍼링 모드를 설정한다. 첫 인자로 문자열 'no'를 지정하면 버퍼링을 하지 않겠단 의미이다. 첫 인자로 'full'을 지정하면 버퍼가 꽉 찬 경우나 명시적으로 flush가 호출된 경우에만 파일에 쓰겠단 의미이고, 'line'을 지정하면 줄 바꿈이 출력될 때나 특수한 파일(이를테면 단말기의 입력)로부터의 입력이 있을 때까지 버퍼링한다. 'full'이나 'line' 옵션을 위해서 setvbuf 함수는 버퍼의 크기를 두 번째 인자로 받는다.

대부분의 시스템에서 표준 오류 스트림(io.stderr)은 버퍼링되지 않고, 표준 출력 스트림(io.stdout)은 라인 모드로 버퍼링된다. 그래서 표준 출력에 완전한 한 줄을 쓰는 게 아니라면, 진행 상태 같은 정보는 명시적으로 flush를 호출해서 스트림을 비워야 출력된다.

seek 메서드는 파일의 현재 위치를 얻거나 설정하는 데 사용한다. 기본적인 형태는 f:seek(whence, offset) 형태로 오프셋(offset) 값을 어디서부터 이용할지 지정한다. whence 값으로 'set'을 설정하면 파일의 시작부터 offset을 처리한다. 'cur'를 설정하면 파일의 현재 위치에서부터 offset을 처리하고, 'end'를 설정하면 파일의 끝에서부터 offset을 처리한다. whence 값으로 어떤 값을 사용하더라도, 파일의 새로운 위치가 결과로 반환된다. 이때, 위치는 파일의 시작부터 계산된 바이트로 측정된다.

whence의 기본값은 'cur'이고, offset은 0이 기본값이다. 그렇기 때문에 file:seek() 을 호출하면 현재 위치를 변경하지 않고, 파일의 현재 위치를 반환한다. 이런 원리로 file:seek("set")을 호출하면 위치를 파일의 시작 위치로 초기화하고 0을 반환한다. file:seek("end")는 파일의 현재 위치를 파일의 끝으로 설정하고, 파일의 크기를 반환한다. 이런 원리를 활용해서 다음은 현재 위치를 변경하지 않고, 파일의 크기를 얻어 오는 함수이다.

```
function fsize (file)
  local current = file:seek()           -- 현재 위치 얻기
  local size = file:seek("end")         -- 파일 크기 얻기
  file:seek("set", current)             -- 위치 원래대로 돌려둠
  return size
end
```

이때 오류가 발생하면 nil과 오류 메시지를 반환한다.

## 연습 문제

**연습 문제 22.1:** 텍스트 파일을 읽어서 각 줄을 알파벳 순으로 정렬하고 다시 쓰는 프로그램을 작성해 보자. 인자가 없다면 표준 입력 파일에서 읽어서 표준 출력 파일에 쓰도록 한다. 한 개의 파일 이름만 인자로 받으면 해당 파일에서 읽어서 표준 출력 파일에 쓰고, 두 개의 파일 이름을 인자로 받으면 첫 번째 파일에서 읽어서 두 번째 파일에 쓰도록 한다.

**연습 문제 22.2:** 연습 문제 22.1의 프로그램에 이미 존재하는 출력 파일의 이름이 입력되면 사용자에게 덮어쓸지 확인하도록 해보자.

**연습 문제 22.3:** 아래 네 가지 방법으로 표준 입력 파일에서 표준 출력 파일로 복사하는 루아 프로그램의 성능을 비교해 보자.

- 1바이트씩 복사
- 한 줄씩 복사
- 8KB 청크 단위로 복사
- 전체 파일을 한번에 읽어서 복사

이 중 마지막 방법은 얼마나 큰 입력 파일까지 다룰 수 있나?

**연습 문제 22.4:** 텍스트 파일의 마지막 줄을 출력하는 프로그램을 작성해 보자. 가능한 전체 파일을 읽는 작업은 피하자.

**연습 문제 22.5:** 앞의 프로그램이 텍스트 파일의 마지막 n개의 줄을 출력하도록 문제를 좀 더 확장해 보자. 마찬가지로 파일이 크거나 seek으로 탐색이 가능하다면 전체 파일을 읽는 작업은 피하도록 하자.

# 23장

Programming in Lua

# 운영체제 라이브러리

운영체제 라이브러리는 파일을 조작하기 위한 함수, 현재 날짜와 시간을 얻기 위한 함수, 그리고 기타 운영체제 관련 기능을 제공한다. 운영체제 라이브러리는 os 테이블에 정의되어 있다. 이 라이브러리는 루아의 이식성을 위해 일부 기능만 제공한다. 루아는 ANSI C로 작성되었기에 운영체제 라이브러리도 ANSI 표준이 제공하는 기능만 사용한다. 소켓이나 디렉터리를 다루는 일 같이 운영체제의 많은 기능이 이 표준에 포함되지 않으므로, 운영체제 라이브러리도 이런 기능을 제공하지 않는다. 기본 배포판에는 포함되지 않지만 OS의 추가 기능을 활용할 수 있는 루아 라이브러리들이 있다. 대표적으로 POSIX.1 표준의 모든 기능을 제공하는 posix 라이브러리, 네트워크 지원을 위한 luasocket, 디렉터리와 파일 속성을 다루기 위한 LuaFileSystem이 있다.

파일을 다루기 위해 OS 라이브러리가 제공하는 기능은 파일의 이름을 변경하는 os.rename 함수와 파일을 제거하는 os.remove가 전부이다.

## 23.1 날짜와 시간

루아에서는 date와 time 함수에서 날짜나 시간과 관련된 모든 기능을 제공한다.

time 함수를 인자 없이 호출하면 현재 날짜와 시간을 숫자 형식으로 돌려준다. 대부분의 운영체제에서 이 숫자는 특정 시기에서 몇 초가 지났는지를 나타낸다.

테이블을 인자로 받으면 테이블에 지정한 날짜와 시간을 표현하는 숫자를 반환한다. 인자로 전달되는 날짜 테이블에 포함되는 주요 필드는 다음과 같다.

| | |
|---|---|
| year | 년도 |
| month | 01-12 |
| day | 01-31 |
| hour | 00-23 |
| min | 00-59 |
| sec | 00-59 |
| isdst | 불리언 값. 일광 절약 시간(서머타임)인 경우에 true |

처음 세 필드는 필수 항목이고, 나머지 필드는 제공하지 않으면 정오(12:00:00)를 기본값으로 사용한다. 그리니치(Greenwich)로부터 서쪽으로 세 시간 떨어진 리우데자네이루(Rio de Janeiro)에서 운영 중인 UNIX 시스템(시간대로 00:00:00 UTC, January 1, 1970를 이용)에서는 다음과 같은 결과를 볼 수 있다.

```
print(os.time{year=1970, month=1, day=1, hour=0})   --> 10800
print(os.time{year=1970, month=1, day=1, hour=0, sec=1})
  --> 10801
print(os.time{year=1970, month=1, day=1})           --> 54000
```

참고로 세 시간을 초로 표현하면 10800이고, 10800에 12시간을 더한 값을 초로 표현하면 54000이다.

date 함수는 이름과는 좀 다르지만 time 함수와 반대 개념으로 이용된다. date 함수는 날짜와 시간을 표현하는 숫자를 좀 더 상위 수준의 표현으로 변환한다. date 함수의 첫 번째 매개변수는 표현 방식을 지정하는 형식 문자열이다. 두 번째 매개변수는 숫자 형식의 날짜와 시간 값이다. 기본값으로 현재 날짜와 시간을 이용한다.

날짜 테이블을 생성하기 위한 문자열 형식은 '*t'를 이용한다. 예를 들어, os.date("*t", 906000490")을 호출하면 다음 테이블을 반환한다.

```
{year = 1998, month = 9, day = 16, yday = 259, wday = 4,
 hour = 23, min = 48, sec = 10, isdst = false}
```

os.time에서 사용하는 필드이지만 os.date가 생성하는 테이블에는 한 주의 몇 번째 날인지(wday, 1은 일요일)와 한 해의 몇 번째 날인지(yday, 1은 1월 1일)가 포함되어 있다는 사실을 알아 두자.

'*t'외에는 os.date가 주어진 형식 문자열의 태그를 시간과 날짜 정보로 치환한 문자열 형태로 만들어 준다. %와 이어서 나오는 하나의 문자를 태그라고 한다. 다음 예제를 보자.

```
print(os.date("a %A in %B"))         --> a Tuesday in May
print(os.date("%x", 906000490))      --> 09/16/1998
```

모든 표현은 현재 로캘을 따른다. 예를 들어, Brazil Portuguese 로캘에서 %B는 'setembro'를, %x는 '16/09/98'을 결과로 보여 준다.

다음 테이블은 각 태그와 의미를 설명한다. 그리고 괄호 안의 값은 1998년 9월 16일 (수요일) 23:48:10에 해당하는 값이다. 값이 숫자인 경우 유효한 범위도 표기해 두었다.

| | |
|---|---|
| %a | 축약된 요일 이름 (예: Wed) |
| %A | 전체 요일 이름 (예: Wednesday) |
| %b | 축약된 월 이름 (예: Sep) |
| %B | 전체 월 이름 (예: September) |
| %c | 날짜와 시간 (예: 09/16/98 23:48:10) |
| %d | 월의 몇 번째 날인지 (예: 16) [01 - 31] |
| %H | 시간: 24시간 형식 (예: 23) [00 - 23] |
| %I | 시간: 12시간 형식 (예: 11) [01 - 12] |
| %j | 년도의 몇 번째 날인지 (예: 259) [001 - 366] |
| %M | 분 (예: 48) [00 - 59] |
| %m | 월 (예: 09) [01 - 12] |
| %p | "am"이나 "pm" (예: pm) |
| %S | 초 (예: 10) [00 - 60] |
| %w | 요일 (예: 3) [0 - 6 = Sunday - Saturday] |
| %x | 날짜 (예: 09/16/98) |

| | |
|---|---|
| %X | 시간 (예: 23:48:10) |
| %y | 두 자리 연도 표기 (예: 98) [00 - 99] |
| %Y | 전체 연도 표기 (예: 1998) |
| %% | % 문자 |

date 함수를 인자 없이 호출하면 %c 형식을 이용한다. 즉, 완벽한 날짜와 시간 정보를 적당한 형식으로 반환한다. %x, %X, %c 형식은 로캘과 시스템에 따라서 표현 방식이 변한다. mm/dd/yyyy 같이 일관된 표현을 얻고 싶다면 "%m/%d/%Y"처럼 명시적인 형식 문자열을 이용하자.

os.clock 함수는 해당 프로그램에 대한 CPU 시간을 초로 반환한다. 벤치마크를 한다거나 할 때 많이 사용된다. 다음 코드를 보자.

```
local x = os.clock()
local s = 0
for i = 1, 100000 do s = s + i end
print(string.format("elapsed time: %.2f\n", os.clock() - x))
```

## 23.2 기타 시스템 호출

os.exit 함수를 이용해서 프로그램의 실행을 종료한다. 이 함수에 첫 번째 인자를 지정하면 프로그램의 종료 상태를 나타낼 수 있다. 숫자(0이면 정상 실행)나 불리언(true이면 정상 실행) 값이 올 수 있다. 마찬가지로 두 번째 인자의 값이 true이면 루아 상태를 닫고, 모든 마무리 함수를 호출한 다음 상태가 사용 중인 모든 메모리를 해제한다. 대부분의 운영체제는 프로세스가 종료되면 해당 프로세스에서 사용한 모든 자원을 해제하기 때문에 이렇게 마무리할 일은 많지 않다.

os.getenv 함수를 이용해서 환경 변수의 값을 가져온다. 다음 예제처럼 환경 변수의 이름을 인자로 받고, 환경 변수의 값을 반환한다.

```
print(os.getenv("HOME"))    --> /home/lua
```

환경 변수에 정의되지 않은 변수는 nil을 반환한다.

os.execute 함수를 이용해서 시스템 명령어를 실행한다. 이 함수는 C의 system 함수와 같다. 명령어를 문자열로 전달받아서 명령어가 어떻게 종료됐는지에 대한 정보를 반환한다. 반환값 중 첫 번째 값은 불리언 값으로, 프로그램이 아무런 오류 없이 종료되면 true이다. 두 번째 반환값은 문자열로, 프로그램이 정상적으로 종료되면 'exit', 시그널에 의해서 중단되면 'signal' 값이다. 그리고 세 번째 반환값은 프로그램이 정상적으로 종료된 경우에는 반환 상태값, 시그널에 의해서 종료된 경우에는 시그널 번호이다. 시스템 명령어를 사용하는 예제로 UNIX와 윈도우에서 모두 사용이 가능한 새로운 디렉터리를 만드는 함수를 보자.

```
function createDir (dirname)
  os.execute("mkdir " .. dirname)
end
```

os.execute 함수로 할 수 있는 일은 많지만, 특정 시스템에 대한 의존도가 높아진다는 단점이 있다.

os.setlocale 함수는 루아 프로그램에서 사용하는 현재 로캘을 설정한다. 로캘은 문화나 언어에 따라서 다른 점을 정의한다. setlocale 함수는 두 개의 문자열 매개변수를 갖는다. 첫 번째 매개변수는 로캘의 이름이고, 두 번째는 로캘의 어떤 기능에 영향을 줄지 결정하는 분류 값이다. 로캘은 다음 여섯 가지로 분류한다.

| | |
|---|---|
| collate | 문자열의 자모(alphabet) 우선 순위를 제어 |
| ctype | 각 문자의 타입과 대소문자 변환을 제어 |
| monetary | 루아 프로그램에는 아무런 영향이 없음 |
| numeric | 숫자를 어떤 식으로 형식에 맞추는지 제어 |
| time | 날짜와 시간을 어떻게 형식에 맞추는지 제어 (즉, os.date 함수) |
| all | 위에서 설명한 모든 기능을 제어 |

기본 분류는 'all'이다. 그래서 setlocale을 로캘의 이름으로만 호출하면 모든 분류가 설정된다. setlocale 함수는 로캘의 이름을 반환하는데, 로캘 설정에 실패한 경우에는 nil을 반환한다. 대개는 특정 시스템에서 지정한 로캘을 지원하지 않는 경우에 실패한다.

```
print(os.setlocale("ISO-8859-1", "collate"))   --> ISO-8859-1
```

'numeric' 분류는 조금 까다롭다. 포르투갈어나 다른 라틴계 언어들은 소수를 표현하는 데 소수점 대신에 콤마를 이용한다. 로캘 값에 따라서 루아가 소수점을 출력하거나 해석하는 방식이 변한다. 그렇지만 로캘 값이 바뀌었다고 해서 루아가 프로그램에서 숫자를 분석하는 방식까지 바꾸지는 않는다. 여러 가지 이유가 있지만 print(3, 4) 같은 표현식은 이미 루아에서 다른 의미로 사용되고 있기 때문에 행위를 변경할 수 없다. 그래서 프로그램에서 다음과 같이 루아 코드를 생성한다면 문제가 있다.

```
print(os.setlocale("pt_BR"))      --> pt_BR
s = "return (" .. 3.4 .. ")"
print(s)                          --> return (3,4)
print(loadstring(s))
  --> nil [string "return (3,4)"]:1: ')' expected near ','
```

이런 문제를 피하려면 루아 코드를 생성할 때 표준 "C" 로캘을 사용 중인지 확인하는 것이 좋다.

## 연습 문제

**연습 문제 23.1:** 주어진 날짜/시간으로부터 정확히 한 달 후의 날짜와 시간을 반환하는 함수를 작성해 보자. (날짜/시간은 앞에서 본 대로 숫자 형식이라고 가정한다.)

**연습 문제 23.2:** (숫자 형식의) 날짜/시간을 받아서 해당 날짜의 시작부터 몇 초가 지났는지를 숫자로 반환하는 함수를 작성해 보자.

**연습 문제 23.3:** os.execute 함수로 현재 루아 프로그램이 동작하고 있는 작업 디렉터리를 변경할 수 있나? 이유를 설명해 보자.

# 24장

Programming in Lua

# 디버그 라이브러리

디버그 라이브러리에서 직접 디버거를 제공하는 것은 아니다. 대신에 디버그 라이브러리는 디버거를 구현하는 데 필요한 기본적인 내용을 제공한다. 성능상의 이유로 이런 기본이 되는 내용은 C API를 통해서 인터페이스로 공개되어 있다. 루아로 작성된 디버그 라이브러리로 C API를 통해 공개된 인터페이스를 루아 코드로 접근할 수 있다.

지금까지의 다른 라이브러리와는 다르게 디버그 라이브러리는 남용하지 말아야 한다. 먼저, 디버그 라이브러리가 제공하는 몇몇 기능은 성능 면에서 별로 좋지 않다. 그리고 디버그 라이브러리를 이용하면 언어의 동작 방식이 더 이상 보장되지 않을 수 있다. 이를테면, 원래는 접근할 수 없던 정적 유효 범위를 벗어나는 지역 변수에도 접근할 수 있게 된다. 이런 이유로 디버그 라이브러리를 최종 제품 버전에는 사용할 수 없도록 하거나, 지워버리려는 사용자도 있다.

디버그 라이브러리에는 인트로스펙션(introspection)과 훅(hook) 기능을 제공하는 함수가 있다. 인트로스펙션 함수는 실행 중인 프로그램의 여러 가지 상황을 확인할 수 있도록 해준다. 활성화된 함수의 스택을 보거나, 현재 실행 중인 위치를 확인하거나, 지역 변수의 이름과 값을 확인하는 등에 이용할 수 있다. 훅은 프로그램의 실행을 추적할 수 있도록 도와준다.

디버그 라이브러리에서 중요한 개념은 스택 레벨로, 해당 시점에 활성화된 특정 함수를 가리키는 번호를 말한다. 예를 들어, 디버그 라이브러리를 호출하는 함수는 레벨 1이고, 호출된 함수는 레벨 2가 된다.

## 24.1 인트로스펙션 기능

디버그 라이브러리가 제공하는 인트로스펙션 기능에서 가장 중요한 함수는 debug.getinfo이다. 이 함수의 첫 매개변수는 함수이거나 스택 레벨이다. 함수 foo에 대한 정보를 얻기 위해 debug.getinfo(foo)처럼 호출하면, foo 함수에 대한 정보를 담은 테이블을 얻을 수 있다. 테이블에는 다음과 같은 정보가 포함된다.

- source: 함수가 정의된 위치. loadstring을 통해서 문자열에 정의된 함수를 불러온 경우에는 source는 해당 문자열이다. 함수가 파일에 정의되어 있다면, source는 파일 이름 앞에 @이 붙어서 표시된다.
- short_src: 최대 60자로 표시되는 source의 짧은 표기. 오류 메시지를 보여줄 때 유용하다.
- linedefined: source에서 함수가 정의된 첫 번째 줄 번호
- lastlinedefined: source에서 함수가 정의된 마지막 줄 번호
- what: 함수 구분. 일반 루아 함수라면 'Lua'이고, C 함수라면 'C'이다. 루아 청크의 메인 부분이라면 'main'이다.
- name: 함수의 적당한 이름
- namewhat: name이 의미하는 바가 무엇인지에 대한 설명. 'global', 'local', 'method', 'field', ' '(빈 문자열) 중에서 하나이다. 빈 문자열이면 루아가 해당 함수의 이름을 찾지 못했음을 나타낸다.
- nups: 해당 함수의 업밸류 개수
- activelines: 해당 함수의 활성화된 줄을 표현하는 테이블. 활성화된 줄은 코드를 포함하고 있는 줄로, 빈 줄이나 주석만 있는 줄은 제외된다. (이 정보는 중단점(breakpoints)을 지정할 때 주로 사용된다. 대부분의 디버거는 도달할 수 없기 때문에 활성화된 줄을 벗어나서 중단점을 설정하지 못한다.)
- func: 해당 함수 자신.

foo가 C 함수라면 해당 함수에 대한 많은 정보를 알 수 없다. C 함수의 경우에

는 what, name, namewhat 정도의 필드만 의미가 있다.

숫자 n을 인자로 debug.getinfo(n)처럼 호출하면 스택 레벨 n에 활성화된 함수에 대한 정보를 얻게 된다. 예를 들어, n값으로 1을 지정하면 getinfo를 호출한 함수에 대한 정보를 얻는다. (n 값으로 0을 지정하면 C 함수인 getinfo 자체에 대한 정보를 얻는다.) n 값이 스택에 활성화된 함수의 수보다 크다면 debug.getinfo는 nil을 반환한다. debug.getinfo에 숫자를 전달해서 활성화된 함수를 조회할 때는 결과 테이블에 currentline 필드가 추가된다. currentline 필드는 해당 시점에 함수의 실행 위치를 표시한다. 또, func 필드도 추가되는데, 이 필드에는 해당 레벨에 활성화된 함수에 대한 정보가 담긴다.

name 필드는 좀 특이한데, 루아에서 함수는 1급 값이기 때문에 함수에 이름이 없을 수 있고, 여러 이름을 가질 수도 있다고 앞에서 설명했다. 그래서 루아는 함수를 호출한 코드에서 함수가 어떻게 호출됐는지를 바탕으로 함수의 이름을 식별하려고 한다. 이런 이름 식별 방식은 getinfo가 숫자를 인자로 받아서 특정 호출에 대한 정보를 요청했을 때만 동작한다.

getinfo 함수는 효율적이지 않다. 루아는 디버그 정보를 프로그램의 실행에 영향을 주지 않는 형태로 관리하는 것이 핵심 목표이지, 효율성이 이 함수의 첫째 목표는 아니다. 조금 더 나은 성능을 위해서 getinfo에는 조회할 정보를 선택할 수 있는 두 번째 매개변수가 있다. 이것은 필수 매개변수는 아니다. 이 정보를 이용해서 사용자에게 필요하지 않은 데이터를 수집하느라 시간을 낭비하지 않을 수 있다. 두 번째 매개변수의 형식은 문자열로, 문자열을 구성하는 문자마다 관련된 필드들의 묶음을 의미한다.

| | |
|---|---|
| n | name과 namewhat을 선택 |
| f | func를 선택 |
| S | source, short_src, what, linedefined, lastlinedefined를 선택 |
| l | currentline을 선택 |
| L | activelines를 선택 |
| u | nup를 선택 |

다음 함수에서 debug.getinfo의 사용 예를 볼 수 있다. 이 함수는 활성화된 스택에 대한 저수준의 추적 정보를 출력한다.

```
function traceback ()
  for level = 1, math.huge do
    local info = debug.getinfo(level, "Sl")
    if not info then break end
    if info.what == "C" then   -- C 함수라면
      print(level, "C function")
    else   -- 루아 함수라면
      print(string.format("[%s]:%d", info.short_src,
                                    info.currentline))
    end
  end
end
```

getinfo에서 더 많은 정보를 수집하게 만들면 여기서 구현한 traceback 함수를 어렵지 않게 개선할 수 있다. 사실 디버그 라이브러리에서 이미 이런 정보를 다 포함하고 있는 개선된 버전의 debug.traceback 함수를 제공하고 있다. debug.traceback은 결과를 출력하는 대신에 추적 정보가 담긴 문자열을 반환한다.

### 24.1.1 지역 변수에 접근하기

debug.getlocal을 이용해서 활성화된 함수의 지역 변수를 확인할 수 있다. 이 함수는 조회할 함수의 스택 레벨과 변수의 인덱스를 매개변수로 가진다. 그리고 변수 이름과 이 변수의 현재 값을 반환한다. 변수의 인덱스가 활성화된 변수의 수보다 크면 getlocal은 nil을 반환한다. 스택 레벨이 유효하지 않으면 오류를 발생시킨다. (debug.getinfo를 이용해서 스택 레벨의 유효성을 검증할 수 있다.)

루아는 함수에 있는 순서대로 지역 변수에 번호를 매긴다. 이때, 함수의 현재 유효 범위 안에서 활성화된 변수만 고려한다. 다음 함수를 보자.

```
function foo (a, b)
  local x
  do local c = a - b end
  local a = 1
  while true do
    local name, value = debug.getlocal(1, a)
    if not name then break end
    print(name, value)
    a=a+1
  end
end
```

foo(10, 20)처럼 호출하면 다음과 같이 출력된다.

```
a    10
b    20
x    nil
a    4
```

인덱스 1에 해당하는 변수는 a이고(첫 매개변수), 2는 b, 3은 x, 4는 지역 변수로 선언한 a이다. getlocal이 호출된 시점에는 c는 이미 유효 범위를 벗어났고, name 과 value는 아직 범위에 있지 않다. 지역 변수는 초기화 코드 다음부터 범위에 포함된다는 사실을 잊지 말자.

루아 5.2부터는 getlocal 함수에 음수 인덱스를 사용하면 함수의 추가 인자에 대한 정보를 가져온다. 인덱스 -1은 첫 번째 추가 인자를 의미한다. 이 경우에는 이름은 항상 "(*vararg)"이다

debug.setlocal을 이용하면 지역 변수의 값을 변경할 수도 있다. 이 함수의 처음 두 매개변수는 getlocal과 마찬가지로 스택 레벨과, 변수의 인덱스이다. 세 번째 매개변수로 이 변수에 대한 새로운 값을 지정한다. 이 함수는 변수의 이름을 반환하거나, 변수의 인덱스가 범위를 벗어났다면 nil을 반환한다.

### 24.1.2 비지역 변수에 접근하기

디버그 라이브러리의 getupvalue 함수를 이용하면 루아 함수에서 사용 중인 비지역 변수에도 접근할 수 있다. 지역 변수와는 다르게 함수에 의해 참조되고 있는 비지역 변수는 함수가 활성화된 상태가 아니라도 존재한다(결국은 클로저다). 따라서 getupvalue의 첫 번째 인자는 스택 레벨이 아니라 함수다(더 정확히 말하자면 클로저). 그리고 두 번째 인자는 변수의 인덱스다. 루아는 비지역 변수가 함수에서 참조되는 순서대로 번호를 매긴다. 하지만, 함수에서 서로 다른 두 지역 변수를 동일한 이름으로 접근할 수는 없기 때문에 이 순서는 별 의미가 없다.

debug.setupvalue 함수를 이용해서 비지역 변수의 값을 갱신할 수 있다. 예상대로 클로저, 변수의 인덱스, 갱신할 새 값을 인자로 받는다. setlocal과 마찬가지로 변수의 이름을 반환하고, 변수의 인덱스가 범위를 벗어난 경우에는 nil을 반환한다.

코드 24.1 '변수의 값 얻기'에서 호출하는 함수의 모든 변수의 값을 이름으로 접근하는 방법을 보여 준다.

코드 24.1 변수의 값 얻기

```
function getvarvalue (name, level)
  local value
  local found = false

  level = (level or 1) + 1

  -- 지역 변수에서 찾아보기
  for i = 1, math.huge do
    local n, v = debug.getlocal(level, i)
    if not n then break end
    if n == name then
      value = v
      found = true
    end
  end

  if found then return value end

  -- 비지역 변수에서 찾아보기
  local func = debug.getinfo(level, "f").func
  for i = 1, math.huge do
    local n, v = debug.getupvalue(func, i)
    if not n then break end
    if n == name then return v end
  end

  -- 찾지 못함. 환경에서 값 가져오기
  local env = getvarvalue("_ENV", level)
  return env[name]
end
```

level 매개변수는 스택의 어느 지점에서 함수를 찾아야 할지를 지정한다. 레벨에 1을 더해서 getvarvalue 자신이 레벨에 포함되는 것으로 수정했다. getvarvalue 함수는 지역 변수부터 찾아본다. 해당 이름을 가진 변수가 여러 개 있다면 인덱스가 더 높은 변수를 이용해야 하기에 반복문을 끝까지 수행한다. 해당 이름으로 지역 변수를 찾지 못하면 비지역 변수에서 찾아본다. 지역 변수를 찾기 위해 호출한 클로저를 debug.getinfo로 얻고, 이 클로저의 비지역 변수를 순회한다. 비지역 변수에서도 해당 이름으로 변수를 찾지 못하면 마지막으로 전역 변수에서 찾아본다. 적절한 _ENV 변수에 접근하기 위해서 자신을 재귀적으로 호출하고, 해당 환경에서 변수의 이름을 찾아본다.

### 24.1.3 다른 코루틴에 접근하기

디버그 라이브러리의 모든 인트로스펙션 함수는 첫 인자로 코루틴을 받을 수 있다. 코루틴을 첫 인자로 사용하면 밖에서도 해당 코루틴을 확인할 수 있다. 다음 예제를 보자.

```
co = coroutine.create(function ()
    local x = 10
    coroutine.yield()
    error("some error")
  end)

coroutine.resume(co)
print(debug.traceback(co))
```

traceback의 호출은 코루틴 co에서 동작하고, 다음과 비슷한 결과를 반환한다.

```
stack traceback:
    [C]: in function 'yield'
    temp:3: in function <temp:1>
```

코루틴과 메인 프로그램이 서로 다른 스택에서 실행되기 때문에 resume의 호출까지 따라 들어가서 추적하지는 않는다.

코루틴에서 오류가 발생해도 스택을 돌려 두지 않는다. 이 말은 오류가 발생한 다음에도 스택을 확인해 볼 수 있다는 얘기이다. 앞 예제의 코루틴을 재개하면 다음처럼 오류가 발생한다.

```
print(coroutine.resume(co))        --> false
    temp:4: some error
```

이제 traceback의 결과를 출력해 보면 다음과 비슷한 결과를 볼 수 있다.

```
stack traceback:        [C]: in function 'error'
    temp:4: in function <temp:1>
```

코루틴에 있는 지역 변수도 확인할 수 있다. 심지어는 오류가 발생했어도 확인이 가능하다.

```
print(debug.getlocal(co, 1, 1))    --> x    10
```

## 24.2 훅(Hooks)

디버그 라이브러리에서 지원하는 훅(hook)을 이용하면 실행 중인 프로그램에서 특정 이벤트가 발생했을 때 호출되도록 함수를 등록할 수 있다. 훅이 호출되는 이벤트의 종류는 다음과 같다.

- 호출(call) 이벤트는 루아에서 함수를 호출할 때마다 발생한다.
- 반환(return) 이벤트는 함수에서 결과를 반환할 때마다 발생한다.
- 줄(line) 이벤트는 루아가 코드의 새로운 줄을 실행하기 시작할 때마다 발생한다.
- 횟수(count) 이벤트는 주어진 개수의 명령 후에 발생한다.

등록된 훅이 호출될 때 이벤트를 설명하는 정보가 첫 번째 인자로 전달되는데, 'call'이나 'tail call', 'return', 'line', 'count' 중 하나이다. 줄 이벤트는 두 번째 인자로 새로운 줄의 번호도 함께 넘어 온다. 훅이 호출됐을 때보다 자세한 정보를 얻으려면 debug.getinfo를 호출해야 한다.

debug.sethook을 호출해서 훅을 등록한다. 등록할 때는 2개나 3개의 인자가 필요하다. 첫째 인자는 훅 함수이고, 둘째 인자는 훅이 호출될 이벤트를 나타내는 문자열이다. 그리고 셋째 인자는 횟수 이벤트인 경우에 얼마만큼의 주기로 이벤트를 받을지 지정한다. 대상 이벤트를 나타내는 문자로 '호출'은 c, '반환'은 r, '줄' 이벤트는 l을 사용한다. 횟수 이벤트는 이 문자 대신 셋째 인자를 지정하면 된다. 그리고 등록한 훅을 끄려면 인자 없이 sethook을 호출하면 된다.

훅을 사용하는 예로 다음 코드는 인터프리터가 실행하는 모든 줄을 출력하는 간단한 추적기이다.

```
debug.sethook(print, "l")
```

이 코드는 단순히 print 함수를 줄 이벤트에 대한 훅으로 등록했다. 좀 더 정교한 추적기를 원한다면 다음 예제처럼 getinfo 함수를 이용해서 추적 내용에 현재 파일 이름을 추가하면 된다.

```
function trace (event, line)
  local s = debug.getinfo(2).short_src
  print(s .. ":" .. line)
end

debug.sethook(trace, "l")
```

훅에서 함께 사용하기 좋은 함수로 debug.debug가 있다. 이 함수는 명령 프롬프트를 띄워서 다른 루아 명령어를 실행할 수 있도록 한다. 대충 다음 코드와 비슷한 동작을 한다.

```
function debug1 ()
  while true do
    io.write("debug> ")
    local line = io.read()
    if line == "cont" then break end
    assert(load(line))()
  end
end
```

명령 프롬프트는 사용자가 명령어로 cont를 입력할 때까지 실행된다. 실제 루아 구현도 매우 간단하며, 디버그되고 있는 코드의 범위 밖인 전역 환경에서 명령어가 실행된다. 연습 문제에서 더 좋은 구현 방법에 대해서 다룬다.

## 24.3 프로파일러

이름과는 다르지만 디버그 라이브러리는 디버깅 외에도 유용하게 사용될 수 있다. 애플리케이션의 성능을 측정하는 프로파일링도 디버그 라이브러리에 포함된다. 정확한 측정 시점이 중요한 프로파일링은 C 인터페이스를 이용하는 것이 좋다. 루아가 개별적인 훅을 호출하는 부하가 꽤 크기 때문에 정확한 시점에 측정하기가 어렵다. 그렇지만 개수를 세는 프로파일링이라면 루아 코드를 이용해도 문제되지 않는다. 이 절에서는 프로그램의 실행 중에 어떤 함수가 몇 번이나 호출됐는지를 나열해 주는 가장 기초적인 프로파일러를 만들어 보려고 한다.

여기서 만들려고 하는 프로파일러는 테이블 두 개를 자료구조로 이용한다. 함수와 함수가 호출된 횟수를 연결하는 테이블인 Counters와 함수와 함수의 이름을 연결하는 테이블인 Names이다. 두 테이블 모두 함수 자신을 인덱스로 사용한다.

```
local Counters = {}
local Names = {}
```

함수의 이름은 프로파일링이 끝난 다음에도 조회할 수 있지만, 함수가 활성화된 상태일 때 얻는 이름이 더 나은 결과를 얻을 수 있다. 앞에서 설명했지만 활성화된 상태일 때는 함수의 이름을 찾을 때 함수를 호출한 코드를 살펴볼 수 있다.

이제 훅 함수를 정의하자. 이 훅 함수에서 호출된 함수를 얻어 오고, 호출된 횟수를 증가시킨다. 그리고 함수 명도 수집한다.

```lua
local function hook ()
  local f = debug.getinfo(2, "f").func
  local count = Counters[f]
  if count == nil then    -- 'f'가 처음으로 호출됐다면,
    Counters[f] = 1
    Names[f] = debug.getinfo(2, "Sn")
  else    -- 호출 횟수를 증가시킨다
    Counters[f] = count + 1
  end
end
```

다음 단계로 이 훅을 이용해서 프로그램을 실행한다. 프로그램의 메인 청크가 파일에 있고, 사용자가 프로파일러에 이 파일명을 인자로 전달한다고 가정하자.

```
% lua profiler main-prog
```

이 가정에 따라서 프로파일러는 파일명을 arg[1]로 얻을 수 있고, 훅을 등록한 다음 이 파일을 실행한다.

```lua
local f = assert(loadfile(arg[1]))
debug.sethook(hook, "c")    -- 호출 이벤트에 대한 훅을 등록
f()                          -- 메인 프로그램을 실행
debug.sethook()              -- 훅의 등록을 해제
```

이제 마지막 단계로 결과를 보여 준다. 코드 24.2 '함수의 이름 얻기'의 getname 함수로 함수의 이름을 얻어온다.

**코드 24.2 함수의 이름 얻기**

```lua
function getname (func)
  local n = Names[func]
  if n.what == "C" then
    return n.name
  end
```

```
      local lc = string.format("[%s]:%d", n.short_src, n.linedefined)
      if n.what ~= "main" and n.namewhat ~= "" then
        return string.format("%s (%s)", lc, n.name)
      else
        return lc
      end
    end
```

루아 함수의 이름만으로는 정확하게 알 수 없기 때문에 각 함수의 위치도 추가했다. 함수의 위치는 file:line 형식으로 표시한다. 함수에 이름이 없으면 위치 값만 사용하고, 함수가 C 함수라면 위치 값이 없으니 이름만 사용한다. 이 정의 다음에 각 함수와 호출 횟수를 출력한다.

```
    for func, count in pairs(Counters) do
      print(getname(func), count)
    end
```

이 프로파일러를 10장의 '마르코프 연쇄 알고리즘' 절에서 개발했던 예제에 적용해보면 다음의 결과를 얻을 수 있다.

```
[markov.lua]:4   884723
write    10000
[markov.lua]:0   1
read     31103
sub      884722      [markov.lua]:1 (allwords)      1
[markov.lua]:20 (prefix)                            894723
find     915824
[markov.lua]:26 (insert)                            884723
random   10000
sethook  1
insert   884723
```

이 결과를 통해서 4번째 줄의 익명 함수(allwords 안에 정의된 반복자 함수)가 884723번 호출됐고, write (io.write)가 10000번 호출됐다는 사실을 알 수 있다.

이 프로파일러는 개선할 여지가 많다. 출력 결과를 정렬하거나, 함수 이름을 좀 더 잘 표현하거나, 출력 형식을 꾸밀 수 있다. 그렇지만, 우리가 만든 기본적인 프로파일러로도 이미 훌륭하다. 좀 더 고급 도구를 만드는 데 기초가 될 수 있다.

## 연습 문제

**연습 문제 24.1:** 코드 24.1 '변수의 값 얻기'의 getvarvalue 함수에 있는 재귀가 끝난다고 보장되는 이유가 무엇인가?

**연습 문제 24.2:** 코드 24.1 '변수의 값 얻기'의 getvarvalue 함수가 디버그 라이브러리의 다른 함수들처럼 다른 코루틴에서도 동작하도록 바꿔 보자.

**연습 문제 24.3:** 코드 24.1 '변수의 값 얻기'의 getvarvalue 함수의 방식대로 변수의 값을 설정하는 setvarvalue 함수를 작성해 보자.

**연습 문제 24.4:** 코드 24.1 '변수의 값 얻기'의 getvarvalue 함수를 수정해서 getallvars 함수를 작성해 보자. 호출한 함수에서 볼 수 있는 모든 변수를 담은 테이블을 반환하도록 해보자. (단, 반환된 테이블에는 환경 변수가 포함되어서는 안 된다. 대신, 원본 환경에서 상속받도록 하자.)

**연습 문제 24.5:** debug.debug를 개선해서 주어진 명령어를 호출한 함수의 정적 유효 범위 안에서 실행되도록 해보자. (힌트: 빈 환경에서 명령어를 실행하고, getvarvalue 함수에 __index 메타메서드를 붙여서 모든 변수에 접근하도록 한다.)

**연습 문제 24.6:** 이전 연습 문제를 개선해서 갱신도 처리할 수 있도록 해보자.

**연습 문제 24.7:** 24.3 '프로파일러'절에서 기본적인 프로파일러를 만들면서 언급했던 개선 사항을 구현해 보자.

**연습 문제 24.8:** 중단점을 지원하는 라이브러리를 만들어 보자. 적어도 다음 두 함수는 제공해야 한다.

```
setbreakpoint(function, line)    --> handle 반환
removebreakpoint(handle)
```

중단점은 함수와 함수의 몇 번째 줄인지를 지정해서 설정한다. 프로그램이 중단점에 도달하면 라이브러리가 debug.debug를 호출하도록 하자. (힌트: 기본적인 구현을 위해서 줄 이벤트 훅을 등록해서 중단점에 도달했는지 확인할 수 있다. 성능을 개선하려면 호출 이벤트 훅을 사용해서 프로그램이 대상 함수를 실행하고 있는 동안에만 줄 이벤트 훅이 동작하도록 처리할 수 있다.)

4부

# C API

## 25장

Programming in Lua

# C API의 개요

루아는 내장형 언어이다. 이 말은 루아를 독립된 패키지가 아니라, 다른 애플리케이션에서 연결해서 루아의 기능을 이용하는 라이브러리로 볼 수 있다는 얘기이다.

　루아가 독립된 프로그램이 아니라니 지금까지 책에서 사용한 루아 독립 실행기는 무엇인지 혼란스러울 수 있다. 이 혼란에 대한 답은 루아 인터프리터에 있다(루아 실행 파일). 루아 인터프리터는 독립 실행형 인터프리터를 구현하기 위해서 루아 라이브러리를 사용하는 아주 작은 애플리케이션이다(500줄이 채 되지 않는다). 인터프리터는 사용자와의 인터페이스로, 사용자의 파일이나 문자열을 입력으로 받아서 루아 라이브러리에 전달하는 역할을 한다. 실제로 루아 코드가 실행되는 나머지 작업들은 모두 루아 라이브러리가 처리한다.

　즉, 애플리케이션을 확장하기 위해서 라이브러리로 사용될 수 있기 때문에 루아를 확장 언어라 부를 수 있다. 동시에 루아를 이용하는 프로그램에서 새로운 함수를 루아에 등록할 수 있다. 새로 등록하는 함수는 C나 다른 언어로 작성할 수 있기에 루아로 작성할 수 없는 기능을 추가할 수 있다. 이런 점 덕분에 루아는 확장 가능한 언어가 된다.

　내장 언어이면서 확장 가능한 언어라는 이런 두 가지 특징 덕분에 C와 루아 사이의 연동에 적합하다. 먼저, C에서 루아를 라이브러리로 사용하는 연동 방식이 있다. 이 연동 방식에서는 C 코드를 애플리케이션 코드라고 부르겠다. 그 다음, 루아에서 C를 라이브러리로 사용하는 연동 방식에서는 C 코드를 라이브러리 코드라 부르겠다. C가 애플리케이션 코드로 이용되든지 라이브러리 코드로 이용되든지 상관없이 루아와 정보를 주고 받을 때는 동일한 C API를 이용한다.

C API는 C 코드가 루아와 상호작용할 수 있는 함수의 모음이다.[1] API는 루아의 전역 변수를 읽거나 전역 변수에 쓸 수 있는 함수, 루아 함수를 호출할 수 있는 함수, 루아 코드 조각을 실행할 수 있는 함수, 나중에 루아 코드에서 호출할 수 있도록 C 함수를 등록하는 함수 등으로 구성된다. 루아 코드에서 할 수 있는 거의 모든 작업이 C API를 통해서 C 코드로도 가능하다.

C API는 루아 코드를 작성하던 방식과는 꽤 다르게, C 코드를 작성하던 방식을 따른다. C로 프로그래밍할 때는 자료형 확인, 오류 복구, 메모리 할당 오류 외에도 많은 복잡한 문제를 다루어야 한다. API에 포함된 대부분의 함수는 제대로 된 인자가 들어왔는지 확인하지 않는다. 함수를 호출하기 전에 인자가 유효한지 확인하는 일은 사용자의 책임이다.[2] 유효하지 않은 인자를 전달하면 제대로 된 오류 메시지 대신 '세그멘테이션 오류(segmentation fault)'나 기타 유사한 오류를 겪게 된다. 그리고 API는 융통성과 단순함을 가치로 두고 있기 때문에 때로는 쉬운 사용법을 희생하기도 한다. 혼한 작업임에도 여러 개의 API를 호출해서 처리해야 할지도 모른다. 이런 방식은 성가시긴 하지만 세부 사항까지 완전히 제어할 수 있는 방법이기도 하다.

제목에서 알 수 있듯이 이 장의 목표는 C에서 루아를 이용하려고 할 때 필요한 작업을 전체적으로 보여주는 데 있다. 당장은 어떻게 동작하는지 세부사항을 이해하려고 하지 않아도 된다. 그렇지만, 루아 참조 매뉴얼에서 특정 함수에 대한 보다 자세한 설명을 찾아볼 수 있다는 사실을 잊지 말자. 그리고 API를 사용하는 예제가 필요하다면 루아 배포판 자체가 예제이니 참고하자. 독립 실행형 루아 인터프리터(lua.c)는 애플리케이션 코드의 예제이고, 독립된 라이브러리(lmathlib.c, lstrlib.c 등)는 라이브러리 코드의 예제가 된다.

지금부터는 C 프로그래머의 모자를 쓰고, C 프로그래머처럼 행동하도록 하자.

---

[1] 책 전반에 걸쳐서 '함수'라는 용어를 '함수 또는 매크로'라는 의미로 사용한다. API의 많은 기능이 매크로를 이용해서 구현되었다.

[2] LUA_USE_APICHECK 매크로를 정의한 다음 루아를 컴파일하면 몇 가지 오류는 검사할 수 있다. C 코드를 디버깅할 때 특히 유용하다. 그렇지만, 여전히 유효하지 않은 포인터(invalid pointers) 같은 많은 오류를 C에서는 발견할 수 없다.

루아와 C 사이에 정보를 주고 받는 데 핵심이 되는 구성 요소는 어디에나 있는 가상 스택이다. 거의 대부분의 API 호출이 이 스택에 있는 값에 연산을 수행한다. 루아에서 C나 C에서 루아로의 모든 데이터 교환은 이 스택을 통해서 이뤄진다. 그리고 이 스택을 중간 결과를 저장하는 용도로도 사용할 수 있다. 이 스택을 이용해서 루아와 C 사이의 불일치 문제를 해결한다. 루아와 C 사이의 첫 번째 불일치는 루아는 가비지 컬렉터가 자원을 수거하지만 C는 명시적으로 해제해야 한다는 데서 온다. 두 번째는 루아의 동적인 타입과 C의 정적인 타입의 차이에서 온다. 이 가상 스택에 대해서는 25.2 '스택' 절에서 자세히 알아보겠다.

## 25.1 첫 예제

이 장의 본격적인 내용은 독립 실행형 루아 인터프리터를 만들어보는 간단한 애플리케이션 프로그램 예제로 시작해 보자. 코드 25.1 '간단한 독립 실행형 루아 인터프리터'처럼 기본적인 독립 실행형 인터프리터를 작성할 수 있다.

**코드 25.1 간단한 독립 실행형 인터프리터**

```c
#include <stdio.h>
#include <string.h>
#include "lua.h"
#include "lauxlib.h"
#include "lualib.h"

int main (void) {
  char buff[256];
  int error;
  lua_State *L = luaL_newstate();  /* 루아 상태 생성 */
  luaL_openlibs(L);                /* 표준 라이브러리를 읽어온다 */

  while (fgets(buff, sizeof(buff), stdin) != NULL) {
    error = luaL_loadstring(L, buff) || lua_pcall(L, 0, 0, 0);
    if (error) {
      fprintf(stderr, "%s\n", lua_tostring(L, -1));
      lua_pop(L, 1);  /* 스택에서 오류 메시지를 꺼낸다. */
    }
  }

  lua_close(L);
  return 0;
}
```

lua.h 헤더 파일에서 루아가 제공하는 기본적인 함수들을 정의한다. 이 헤더 파일에는 루아 환경을 생성하기 위한 함수, (lua_pcall 같이) 루아 함수를 호출하기 위한 함수, 루아 환경의 전역 변수의 값을 읽거나 쓰기 위한 함수, 루아에서 호출할 새로운 함수를 등록하는 함수 등이 포함된다. lua.h에 정의된 모든 함수는 lua_로 시작한다.

luaxlib.h 헤더 파일에는 보조 라이브러리(auxlib) 함수가 정의되어 있다. 이 헤더 파일에 정의된 모든 함수는 luaL_loadstring처럼 luaL_로 시작한다. 보조 라이브러리는 lua.h에서 제공하는 기본 API를 이용해서 표준 라이브러리가 제공하는 정도로 더 높은 수준의 추상화된 기능을 제공한다. 기본 API는 효율성과 직교성을 유지하는 데 초점을 맞추는 반면, 보조 라이브러리는 자주 반복해서 사용하는 작업에 초점을 맞추고 있다. 물론, 필요에 따라서 프로그램에 적합한 수준의 추상화된 기능을 제공하는 것도 쉽다.

루아 라이브러리는 전역 변수를 정의하지 않는다. 라이브러리의 모든 상태는 동적 자료구조인 lua_State에 유지된다. Lua 내부의 모든 함수는 이 자료구조에 대한 포인터를 인자로 받는다. 이렇게 구현했기 때문에 루아는 재진입이 가능하고 다중 스레드 코드에서도 이용될 수 있다.

luaL_newstate 함수는 이름에서 알 수 있듯이 새로운 루아 상태를 생성한다. luaL_newstate가 새로운 상태를 만들었을 때는 그 환경에 미리 정의된 함수가 포함되지 않는다. 심지어는 print 함수도 없다. 루아를 작게 유지하기 위해서 모든 표준 라이브러리는 별도의 패키지로 제공된다. 그렇기 때문에 필요하지 않다면 이용하지 않아도 된다. lualib.h 헤더 파일에 라이브러리를 읽어 오기 위한 함수가 정의되어 있다. luaL_openlibs 함수는 모든 표준 라이브러리를 읽어 온다.

새로운 상태를 만들고 표준 라이브러리를 사용할 수 있도록 했으니 이제는 사용자의 입력을 해석해서 처리할 차례이다. 사용자가 한 줄을 입력하면 프로그램은 먼저 luaL_loadstring을 호출해서 코드를 컴파일한다. 컴파일 과정에 오류가 없다면 0을 반환하고, 결과로 돌아온 함수를 스택에 밀어 넣는다. (이 가상 스택에 대해서는 다음 절에서 다루겠다.) 그 후 프로그램은 lua_pcall을 호출해서 해당 함수를 스택에서 꺼낸 다음, 보호된 모드로 함수를 실행한다. lua_pcall도 luaL_loadstring처럼 오류가 없다면 0을 반환한다. 오류가 발생하면 두 함수 모두 오류 메시지를 스택에 밀어 넣는다. 이 메시지는 lua_tostring을 통해서 얻을 수 있고, 출력하고 나서, lua_pop을 이용해서 스택에서 제거한다.

이 프로그램은 오류가 발생하면 단순히 오류 메시지를 표준 오류 스트림에 출력하게 되어 있다. C에서 실제 상황에서 오류를 처리하는 일은 훨씬 복잡하고, 애플리케이션에 따라서 처리 방법도 다르다. 루아의 핵심 구현 부분에서는 출력 스트림에 직접 적는 경우는 없다. 모든 문제는 오류 메시지를 반환해서 알려 준다. 각각의 애플리케이션에서 이렇게 반환된 오류 메시지를 필요에 따라 다루면 된다. 오류 처리는 복잡한 주제이니 예제에서는 다음과 같이 오류 메시지를 출력하고 루아 상태를 닫은 다음 전체 애플리케이션을 종료하도록 간단히 처리하려 한다.

```c
#include <stdarg.h>
#include <stdio.h>
#include <stdlib.h>

void error (lua_State *L, const char *fmt, ...) {
  va_list argp;
  va_start(argp, fmt);
  vfprintf(stderr, fmt, argp);
  va_end(argp);
  lua_close(L);
  exit(EXIT_FAILURE);
}
```

오류 처리에 대해서는 애플리케이션 코드에서 좀 더 다루겠다.

루아는 C 코드나 C++ 코드로 모두 컴파일할 수 있기 때문에 lua.h에는 많은 C 라이브러리에서 사용되는 다음과 같은 C나 C++를 구분하는 형태의 코드가 없다.

```c
#ifdef __cplusplus
extern "C" {
#endif
    ...
#ifdef __cplusplus
}
#endif
```

루아를 C 코드로 컴파일하고 C++에서 사용하고자 한다면 lua.h 대신 다음처럼 정의된 lua.hpp를 포함하면 된다.

```c
extern "C" {
  #include "lua.h"
}
```

## 25.2 스택

루아와 C 사이에 값을 교환할 때 두 가지 문제가 있다. 동적 타입과 정적 타입 시스템 간의 불일치 문제와 자동 메모리 관리와 수동 메모리 관리의 불일치 문제이다.

루아에서 a[k] = v처럼 코드를 작성한 경우, k와 v 모두 다양한 타입이 올 수 있다. 심지어는 메타테이블 때문에 a도 다른 타입일 수 있다. 하지만, C에서 동일한 연산을 제공하기 위한 settable 함수를 만든다면 고정된 타입이 필요하다. 하나의 연산에 대해서 수십 개의 다른 함수를 작성해야 한다. 다시 말해, 하나의 기능에 대해서 세 인자의 모든 타입을 조합해서 제공해야 하는 문제가 생긴다.

이 문제는 C에서 일종의 공용체(union)를 만들어서 해결할 수 있다. 모든 루아 값을 표현할 수 있는 이 공용체를 lua_Value라고 하면, settable 함수는 다음처럼 작성할 수 있다.

```
void lua_settable (lua_Value a, lua_Value k, lua_Value v);
```

이 해결법에는 두 가진 단점이 있다. 먼저, 이렇게 복잡한 타입은 다른 언어에 적용하기 어렵다. 루아는 C/C++뿐 아니라 자바나 포트란, C# 같은 다른 언어에도 쉽게 연결할 수 있도록 설계되었는데 적용하기 어려우니 문제가 된다. 그 다음 루아는 가비지 컬렉션을 이용하는 언어인데, 이렇게 C 변수에 저장된 루아 테이블은 루아 엔진에서 사용되고 있는지 알기가 어렵다. 그래서 테이블이 사용되지 않고 있다고 잘못 판단하고 수거할지도 모른다.

이런 문제 때문에 루아 API에서 lua_Value 같은 타입을 정의하지는 않는다. 대신에 가상의 스택을 이용해서 루아와 C 사이에 값을 교환한다. 이 스택의 슬롯은 모든 루아 값을 보관할 수 있다. (이를테면, 전역 변수의 값 같이) 루아로부터 값이 필요해서 루아를 호출하면, 요청된 값은 이 스택에 들어간다. 마찬가지로 루아에 값을 보내려 하면 먼저 이 스택에 값을 밀어넣고, 그 다음 루아를 호출한다. 루아는 이 값을 꺼내 간다. 여전히 C 타입을 스택에 밀어 넣기 위한 함수가 타입별로 따로 있고, 스택에서 C 타입을 가져오기 위한 함수도 따로 있다. 하지만, 엄청난 조합을 가지는 문제는 피했다. 그리고 이 스택은 루아 안에 있기 때문에 가비지 컬렉터가 값을 C에서 사용하고 있는지 아닌지를 알 수 있다.

API에서 거의 모든 함수가 이 스택을 이용한다. 첫 예제에서 봤듯이 luaL_loadstring은 결과를 스택에 기록한다. 결과는 컴파일된 청크이거나 오류 메시지였다. 마찬가지로 lua_pcall은 호출할 함수를 스택에서 가져오고, 오류가 발생하면 마찬가지로 스택에 오류 메시지를 남겨 둔다.

루아에선 이 스택을 엄격한 LIFO(Last In, First Out) 원칙대로 마지막에 들어간 것이 먼저 나오도록 사용한다. 루아를 호출하면 루아는 이 스택의 최상단만 변경한다. 반면에, C 코드에서는 조금 더 자유도가 높다. 스택에 있는 모든 원소를 확인할 수 있고, 임의의 위치에 원소를 추가하거나 제거할 수 있다.

### 25.2.1 스택에 원소 넣기

API에는 루아로 표현할 수 있는 모든 C 타입에 대해서 하나의 원소를 밀어 넣기 위한 함수가 있다. lua_pushnil은 상수 nil, lua_pushboolean는 불리언(C에서는 정수), lua_pushnumber는 double 타입의 부동 소수, lua_pushinteger는 정수를, lua_pushunsigned는 부호가 없는 정수를, lua_pushlstring는 임의의 문자열(문자에 대한 포인터와 길이), lua_pushstring는 \0으로 끝나는 문자열을 밀어 넣기 위해서 사용된다.

```
void lua_pushnil      (lua_State *L);
void lua_pushboolean  (lua_State *L, int bool);
void lua_pushnumber   (lua_State *L, lua_Number n);
void lua_pushinteger  (lua_State *L, lua_Integer n);
void lua_pushunsigned (lua_State *L, lua_Unsigned n);
void lua_pushlstring  (lua_State *L, const char *s, size_t len);
void lua_pushstring   (lua_State *L, const char *s);
```

뒤에서 보겠지만 C 함수와 유저데이터를 밀어 넣기 위한 함수도 있다.

lua_Number 타입은 루아에서 숫자 타입으로 다룬다. 기본적으로는 double 타입을 이용하지만, 환경에 따라서는 기기의 제약 사항에 맞추기 위해서 float나 long int로 변경하기도 한다. lua_Integer 타입은 부호가 있는 정수 타입으로 큰 문자열의 크기를 저장할 수 있을 만큼 충분히 크다. 보통은 ptrdiff_t 타입으로 정의되어 있다. lua_Unsigned 타입은 C의 32 비트 부호가 없는 정수 타입이다. 비트 연산 라이브러리와 그와 관련된 함수에서 사용된다.

루아의 문자열은 \0으로 끝나지 않는다. 문자열은 임의의 바이너리 데이터를 가질 수 있다. 결과적으로 명시적인 길이 값에 의존한다. 문자열을 스택에 밀어 넣기 위한 기본 함수는 lua_pushlstring로 인자로 명시적인 길이를 제공해야 한다. \0으로 끝나는 문자열은 lua_pushstring 함수를 이용할 수 있다. 이때는 strlen 함수로 문자열의 길이를 구해서 사용한다. 루아는 외부 문자열에 대한 포인터를 유지하지 않는다. 사실 항상 정적인 C 함수를 제외하고는 모든 외부 객체에 대한 포인터를 유지하지 않는다. 유지해야 하는 문자열이라면 루아는 내부의 복사본을 만들거나 그 복사본 중 하나를 재사용한다. 그렇기 때문에 문자열을 밀어 넣는 함수가 반환된 이후에는 메모리를 해제하거나 버퍼 값을 수정해도 된다.

스택에 원소를 밀어 넣을 때 여유 공간을 확보하는 것은 프로그래머의 책임이다. 지금은 C 프로그래머라는 사실을 잊지 말자. C와는 반대로 루아에서는 이런 상황이 없다. 루아가 시작되고 C를 호출할 때는 항상 최소한 20개의 빈 공간이 있다. (이 값은 lua.h에 LUA_MINSTACK 상수로 정의되어 있다.) 일반적인 상황에서는 꽤 많은 여유 공간이라서 대개 이런 크기 자체를 고려하지 않는다. 그렇지만 작업에 따라서는 더 많은 스택 공간이 필요할 수도 있다. 스택에 원소를 밀어 넣는 반복문이 있다고 생각해 보자. 이런 경우에는 다음의 lua_checkstack을 호출해서 스택에 필요한 만큼 충분한 공간이 있는지 확인해 볼 수 있다.

```
int lua_checkstack (lua_State *L, int sz);
```

### 25.2.2 원소 가져오기

이 스택의 원소를 참조하기 위해서 API에서는 인덱스를 이용한다. 스택에 처음 푸시된 원소의 인덱스는 1이고, 그 다음 원소의 인덱스는 2가 되는 방식으로 스택의 최상단까지 인덱스를 계산한다. 그리고 음수 인덱스를 이용해서 스택의 최상단에 있는 원소에 접근할 수 있다. -1은 최상단의 원소(그러니까 마지막에 밀어 넣은 원소)를 참조하고, -2는 위에서 두 번째 원소를 참조하는 식이다. 예를 들어, lua_tostring(L, -1)을 호출하면 스택의 최상단 값을 문자열로 반환한다. 곧 보겠지만 양수 인덱스를 이용해서 스택의 바닥부터 살펴보는 것이 자연스러운 상황도 있고, 음수 인덱스를 이용하는 것이 자연스러운 상황도 있다.

원소가 특정 타입을 가지는지 확인하기 위한 API로 lua_is* 종류의 함수가 제공된다. *에는 모든 루아 타입이 올 수 있다. 그러니까 lua_isnumber, lua_isstring, lua_istable 같은 함수들이 있다. 이런 종류의 모든 함수는 동일한 함수 원형을 가진다.

```
int lua_is* (lua_State *L, int index);
```

사실 lua_isnumber는 값이 해당 타입인지 확인하기보다는 값이 해당 타입으로 변환이 가능한지를 확인한다. 그리고 lua_isstring도 유사하다. 변환이 가능한지 확인하기 때문에 모든 숫자는 lua_isstring를 만족한다는 사실을 알아 두자.

lua_type 함수는 스택에 있는 원소의 타입을 반환한다. 이 함수에서 반환하는 모든 타입은 lua.h 헤더 파일에 상수로 정의되어 있는데 그 값은 LUA_TNIL, LUA_TBOOLEAN, LUA_TNUMBER, LUA_TSTRING, LUA_TTABLE, LUA_TTHREAD, LUA_TUSERDATA, LUA_TFUNCTION이다. 이 함수는 특히 switch 구문과 함께 많이 사용되고 있다. 이 함수는 형 변환 없이 문자열인지 숫자인지를 확인할 때 유용하게 사용된다.

다음과 같이 스택에서 값을 얻기 위한 lua_to* 종류의 함수들이 있다.

```
int          lua_toboolean  (lua_State *L, int index);
const char  *lua_tolstring  (lua_State *L, int index,
                                           size_t *len);
lua_Number   lua_tonumber   (lua_State *L, int index);
lua_Integer  lua_tointeger  (lua_State *L, int index);
lua_Unsigned lua_tounsigned (lua_State *L, int idx);
```

lua_toboolean 함수는 모든 루아 값을 C 불리언 (0 또는 1) 값으로 변환한다. 변환 조건은 루아의 규칙을 따라 nil과 false는 거짓으로 변환되고, 나머지는 참으로 변환된다.

주어진 원소에 적당한 타입의 함수가 없어도 lua_to* 종류의 함수를 호출할 수 있다. 예를 들어, lua_toboolean는 모든 타입에서 동작하고, lua_tolstring는 문자열이 아닌 값에는 NULL을 반환한다. 하지만, 숫자 타입의 경우에는 잘못된 타입이라고 알려 줄 방법이 마땅치 않기에 그냥 0을 반환한다. 이런 경우 때문에 보통은 lua_isnumber를 이용해서 타입을 먼저 확인한다. 그래서 루아 5.2에는 다음과 같은 새로운 함수가 추가되었다.

```
lua_Number   lua_tonumberx   (lua_State *L, int idx, int *isnum);
lua_Integer  lua_tointegerx  (lua_State *L, int idx, int *isnum);
lua_Unsigned lua_tounsignedx (lua_State *L, int idx, int *isnum);
```

출력 매개변수 isnum은 루아 값이 숫자인지 아닌지를 반환한다. 이 종류 함수들은 isnum 값이 필요하지 않다면 마지막 매개변수에 NULL을 지정해서 호출할 수 있다. 기존의 lua_to* 함수는 이 기능을 이용하도록 매크로로 구현이 변경되었다.

lua_tolstring 함수는 문자열의 내부 복사본에 대한 포인터를 반환하고, len이 가리키는 위치에 문자열의 길이를 저장한다. 내부 복사본은 const로 선언된 것이므로 이에 대해서는 수정할 수 없다. 문자열 값이 스택에 있는 동안은 해당 포인터가 유효함이 보장된다. 루아에서 호출된 C 함수가 반환되면 루아는 이 스택을 비우므로, 이 함수 바깥으로 포인터를 저장하거나 넘겨줘서는 절대 안 된다.

lua_tolstring이 반환하는 모든 문자열은 마지막에 \0이 추가로 붙어 있다. 물론 문자열 안에도 0이 있을 수 있다. 크기는 세 번째 인자인 len을 이용해서 반환되며 실제 문자열의 길이다. 그리고 스택의 최상단에 있는 값이 문자열이라면 다음 조건은 항상 유효하다.

```
size_t l;
const char *s = lua_tolstring(L, -1, &l);  /* 루아 문자열 */
assert(s[l] == '\0');
assert(strlen(s) <= l);
```

문자열의 길이가 필요하지 않다면 lua_tolstring의 세 번째 인자로 NULL을 전달해서 호출할 수 있다. 사실 이런 경우라면 lua_tostring 매크로를 이용하는 편이 더 좋다. 이 매크로는 lua_tolstring의 세 번째 인자로 NULL을 전달하는 단순한 역할만 한다.

함수의 사용법을 설명하기 위해서 코드 25.2 '스택 덤프하기'에서 스택의 전체 내용을 출력하는 유용한 함수를 보여준다.

**코드 25.2 스택 덤프하기**

```
static void stackDump (lua_State *L) {
  int i;
  int top = lua_gettop(L);   /* 스택의 크기 */
  for (i = 1; i <= top; i++) {   /* 스택의 각 요소 반복 */
    int t = lua_type(L, i);
    switch (t) {
      case LUA_TSTRING: {  /* 문자열 */
        printf("'%s'", lua_tostring(L, i));
        break;
      }
      case LUA_TBOOLEAN: {  /* 불리언 */
        printf(lua_toboolean(L, i) ? "true" : "false");
        break;
      }
      case LUA_TNUMBER: {  /* 숫자 */
        printf("%g", lua_tonumber(L, i));
        break;
      }
```

```
        default: {  /* 그외 다른 타입 */
          printf("%s", lua_typename(L, t));
          break;
        }
      }
      printf("  ");  /* 구분자 넣기 */
    }
    printf("\n");  /* 출력 끝 */
}
```

이 함수는 스택을 바닥부터 최상단까지 순회하면서 타입에 따라서 원소를 출력한다. 문자열은 따옴표로 감싸서 출력하고, 숫자는 %g 형식으로 출력한다. 그리고 테이블이나 함수 같은 다른 타입은 타입만 출력한다. (lua_typename은 타입 코드를 타입의 이름으로 변환한다.)

### 25.2.3 기타 스택 연산

C와 스택 사이에 값을 주고 받기 위한 용도의 함수 외에도, API에서는 스택을 다루기 위한 기본적인 연산도 제공하고 있다.

```
int  lua_gettop    (lua_State *L);
void lua_settop    (lua_State *L, int index);
void lua_pushvalue (lua_State *L, int index);
void lua_remove    (lua_State *L, int index);
void lua_insert    (lua_State *L, int index);
void lua_replace   (lua_State *L, int index);
void lua_copy      (lua_State *L, int fromidx, int toidx);
```

lua_gettop 함수는 최상단 원소의 인덱스이기도 한 스택의 원소 개수를 반환한다. lua_settop 함수는 스택의 최상단을 특정 인덱스로 지정한다. 다시 말해, 스택의 원소 개수를 바꾼다. 새로운 값보다 이전 값이 더 높다면 이 함수는 위쪽에 있는 값들은 버린다. 반대의 경우에는 스택이 해당 크기가 될 때까지 nil로 채운다. 이런 특징을 활용해서 lua_settop(L, 0)을 이용하면 스택을 비운다. 그리고 lua_settop에도 음수 인덱스를 이용할 수 있다. 음수를 이용할 수 있다는 점을 이용해서 API는 스택에서 n개의 원소를 꺼내는 매크로를 다음과 같이 정의해 두었다.

```
#define lua_pop(L,n) lua_settop(L, -(n) - 1)
```

lua_pushvalue 함수는 스택에 지정된 인덱스의 원소를 복사해서 스택에 밀어 넣는다. lua_remove 함수는 지정된 인덱스의 원소를 제거하고, 지워진 영역의 윗

부분을 당겨서 공간을 채운다. lua_insert는 최상단 원소를 지정한 위치로 옮기고, 옮긴 영역 이후 부분을 열린 공간인 윗 부분으로 밀어낸다. lua_replace는 최상단 원소를 꺼내서 지정된 인덱스의 값으로 설정한다. 이때, 다른 원소는 이동하지 않는다. lua_copy는 특정 인덱스의 값을 다른 인덱스로 복사한다. 복사하는 원래 값은 그대로 남겨 둔다. 참고로 다음 연산은 모두 비어 있지 않은 스택에는 아무런 영향을 주지 않는다는 사실을 알아 두자.

```
lua_settop(L, -1);      /* 최상단 값을 현재 값으로 다시 설정한다 */
lua_insert(L, -1);      /* 최상단 원소를 최상단으로 옮긴다 */
lua_copy(L, x, x);      /* 원소를 자기 자신의 위치로 복사한다 */
```

코드 25.3 '스택을 조작하는 예제'에서는 코드 25.2에서 만들었던 stackDump 함수를 이용해서 스택 연산의 결과를 보여 준다.

### 코드 25.3 스택을 조작하는 예제

```
#include <stdio.h>
#include "lua.h"
#include "lauxlib.h"

static void stackDump (lua_State *L) {
    <코드 25.2의 내용과 같음>
}

int main (void) {
  lua_State *L = luaL_newstate();
  lua_pushboolean(L, 1);
  lua_pushnumber(L, 10);
  lua_pushnil(L);
  lua_pushstring(L, "hello");
  stackDump(L);
      /* true   10   nil   'hello'   */

  lua_pushvalue(L, -4); stackDump(L);
      /* true   10   nil   'hello'   true   */

  lua_replace(L, 3); stackDump(L);
      /* true   10   true   'hello'   */

  lua_settop(L, 6); stackDump(L);
      /* true   10   true   'hello'   nil   nil   */

  lua_remove(L, -3); stackDump(L);
      /* true   10   true   nil   nil   */

  lua_settop(L, -5); stackDump(L);
```

```
        /* true */
    lua_close(L);
    return 0;
}
```

## 25.3 C API를 이용한 오류 처리

루아의 모든 자료 구조는 동적인 성격을 가진다. 다시 말해, 필요에 따라서 커지고, 줄일 수 있으면 줄어든다. 이 말은 루아에서는 잠재적인 메모리 할당 오류의 가능성이 언제나 있다는 의미이다. 거의 모든 연산에 해당된다. 그리고 많은 연산에서 다른 오류가 발생할 수도 있다. 예를 들어, 전역 변수에 접근할 때 __index 메타메서드가 호출될 수 있고, 이 메서드 안에서 오류가 발생할 수 있다. 마지막으로, 메모리를 할당하는 연산은 결국 가비지 컬렉션을 호출하게 되고, 가비지 컬렉션 과정에서 마무리 함수가 호출될 수 있다. 따라서 이 마무리 함수 안에서 오류가 발생할 수 있다. 간단하게 말해서 아주 많은 루아 API 함수에서 오류가 발생할 수 있다는 의미다.

API의 각 연산에서 오류 코드를 다루는 대신에 루아는 오류를 나타내기 위해서 예외를 이용한다. C++나 자바 같은 언어와는 다르게 C 언어에서는 오류 처리 기법을 제공하지 않는다. 이런 한계를 해결하기 위해 루아는 C의 setjmp를 사용해서 예외 처리와 비슷한 작업을 처리한다. 덕분에 대부분의 API 함수는 오류를 반환하는 대신에 longjmp를 호출해서 오류를 던질 수 있다.

라이브러리 코드를 작성할 때(그러니까 루아에서 호출되는 C 함수를 작성할 때는) longjmp를 이용하는 방법은 진짜 예외 처리 기법만큼이나 편하다. 루아 코드에서 오류를 잡아서 처리하기 때문이다. 하지만, 애플리케이션 코드를 작성할 때는(루아 코드를 호출하는 C 코드를 작성할 때는) 오류를 잡아서 처리하기 위한 방법을 제공해야 한다.

### 25.3.1 애플리케이션 코드에서 발생하는 오류 처리

애플리케이션이 루아 API의 함수를 호출한다면 오류에 노출되어 있는 상황이다. 바로 앞에서 다뤘지만 루아는 이런 오류를 보통 longjmp를 호출해서 표시한다. 하지만, 대응하는 setjmp가 없다면 인터프리터는 점프를 처리할 수 없다. 이런 경우에는 API에 오류가 발생하면 루아가 상황을 처리하는 함수를 호출하게 하고, 이 함수가 반환되면 애플리케이션을 종료한다. lua_atpanic 함수를 이용해서 직접 함수를 만들어서 설정할 수도 있지만 이 함수에서 할 수 있는 일은 별로 없다.

애플리케이션 코드에서 오류를 제대로 다루려면 루아를 통해서 코드를 호출해야 한다. 그래야 오류를 잡아내기 위한 적절한 상태를 설정할 수 있기 때문이다. (그러니까 setjmp 상태에서 코드를 실행하게 된다). 같은 방식으로 루아 코드는 pcall을 이용해서 보호된 모드로 실행할 수 있다. C 코드를 lua_pcall을 이용해서 호출할 수 있다. 좀 더 자세히 말하자면, C 코드를 함수로 감싸고, lua_pcall을 이용해서 루아에서 C 코드를 호출하는 형태가 된다. (27장 '루아에서 C 호출하기'에서 루아에서 C 함수를 호출하는 방법에 대해서 자세히 알아본다.) 이렇게 설정하면 C 코드가 보호된 모드에서 실행된다. 메모리 할당에 실패한 경우일지라도 lua_pcall은 인터프리터를 안정된 상태로 남겨두고 적당한 오류 코드를 반환한다.

### 25.3.2 라이브러리 코드에서 발생하는 오류 처리

루아는 안전한 언어이다. 이 말은 루아로 얼마나 잘못된 코드를 작성했든 상관없이 루아 코드 자체로 프로그램이 어떻게 동작하는지 이해할 수 있다는 얘기이다. 오류는 루아에서 탐지되고, 루아에서 사용되는 용어로 설명된다. 이런 특징은 C와 비교해 볼 수 있다. C 언어가 사용되는 많은 환경에서는 잘못된 프로그램의 동작을 프로그램이 동작하는 하드웨어 관점에서 설명하는 경우가 많다. 예를 들어, 오류가 발생한 위치는 명령어 주소를 가리킨다.

새로운 C 함수를 루아에 추가할 때는 언제라도 루아의 안전성을 깰 수 있다. 예를 들어, 특정 크기의 바이트를 임의의 메모리 주소에 보관해 두는 poke 함수는 모든 종류의 메모리 변형을 야기할 수 있다. 새로 추가하는 함수가 루아에서 안전하고 좋은 오류 처리 방식을 제공하도록 항상 신중해야 한다.

앞에서도 설명했지만 C 프로그램은 lua_pcall을 통해서 오류를 처리해야 한다. 하지만, 루아에서 사용될 라이브러리 함수를 작성한다면 대부분 오류 처리가 필요하지 않다. 라이브러리 함수에서 던진 오류는 루아에서 pcall에 의해 잡히거나, 애플리케이션 코드의 lua_pcall 안에서 잡히기 때문이다. 그래서 C 라이브러리 함수에서 오류를 발견하면 단순히 lua_error를 호출할 수 있다(luaL_error를 호출해서 오류 메시지를 형식에 맞춘다음 lua_error을 호출하도록 하는 것도 좋다). lua_ error 함수는 루아에서 정리해야 할 것이 있으면 정리하고, 오류 메시지와 함께 원래 실행되었던 pcall로 돌아간다.

## 연습 문제

**연습 문제 25.1:** 코드 25.1의 간단한 독립 실행형 인터프리터를 컴파일하고 실행해 보자.

**연습 문제 25.2:** 현재 스택이 비어 있다고 가정하고, 다음 순서대로 호출한 다음 스택의 내용을 설명해 보자.

```
lua_pushnumber(L, 3.5);
lua_pushstring(L, "hello");
lua_pushnil(L);
lua_pushvalue(L, -2);
lua_remove(L, 1);
lua_insert(L, -2);
```

**연습 문제 25.3:** 코드 25.1의 간단한 독립 실행형 인터프리터와 코드 25.3 '스택 덤프하기'의 stackDump 함수를 이용해서 이전 연습 문제의 풀이를 확인해 보자.

# 26장

Programming in Lua

# 루아를 설정 언어로 사용하기

루아를 애플리케이션의 설정을 관리하는 언어로 사용할 수도 있다. 이 장에서는 루아를 이용해서 프로그램을 설정하는 방법을 간단한 예제부터 시작해서 복잡한 작업을 다루도록 발전시켜 가면서 보려 한다.

## 26.1 기초

먼저 간단한 설정 시나리오를 하나 생각해 보자. C로 작성된 프로그램에 창이 하나 있고, 사용자가 창의 초기 크기를 지정할 수 있도록 하고 싶다. 물론 이렇게 쉬운 작업은 환경 변수를 이용하거나 이름-값 쌍을 파일에 기록하든지 하는 식으로 루아를 설정에 이용하는 것보다 더 간단한 방법이 여러 가지 있다. 하지만 텍스트 파일을 이용하려면 어떤 방식으로든 파싱 작업이 필요하다.

```
-- 창 크기 정의
width = 200
height = 300
```

루아가 이 파일을 파싱하고 전역 변수인 width와 height의 값을 얻기 위해서는 루아 API를 이용해야 한다. 코드 26.1 '설정 파일에서 사용자 정보 얻기'의 load 함수에서 이런 작업을 처리한다.

**코드 26.1 설정 파일에서 사용자 정보 얻기**

```
void load (lua_State *L, const char *fname, int *w, int *h) {
    if (luaL_loadfile(L, fname) || lua_pcall(L, 0, 0, 0))
        error(L, "cannot run config. file: %s", lua_tostring(L, -1));
    lua_getglobal(L, "width");
    lua_getglobal(L, "height");
    if (!lua_isnumber(L, -2))
        error(L, "'width' should be a number\n");
    if (!lua_isnumber(L, -1))
        error(L, "'height' should be a number\n");
    *w = lua_tointeger(L, -2);
    *h = lua_tointeger(L, -1);
}
```

이 함수에서 사용하는 루아 상태는 이전 장의 설명대로 이미 만들어져 있다고 가정한다. 이 함수는 fname 파일로부터 청크를 불러오기 위해서 luaL_loadfile을 호출한다. 그리고 나서 컴파일된 청크를 실행하기 위해서 lua_pcall를 호출한다. 도중에 오류가 발생하면 (예를 들어, 설정 파일에 문법 오류가 있다면) 오류 메시지를 스택에 넣고, 0이 아닌 오류 코드를 반환한다. 예제 프로그램에서는 lua_tostring에 인덱스 -1을 이용해서 스택의 최상단에서 메시지를 얻는 데 사용했다. 여기서 사용하는 error 함수는 25장의 '첫 번째 예제' 절에서 정의한 함수이다.

청크를 실행한 다음 프로그램에서 전역 변수의 값을 얻으려 한다. 전역 변수의 값을 얻기 위해 lua_getglobal를 두 번 호출했다. lua_getglobal의 하나뿐인 매개 변수에는 값을 얻고자 하는 전역 변수의 이름을 전달한다(루아 상태는 항상 사용하니 따로 언급하지 않겠다). lua_getglobal을 호출하면 대응하는 전역 변수의 값이 스택에 들어간다. 그래서 width 값은 인덱스 -2에 있고, height 값은 인덱스 -1(즉, 최상단)에 위치한다. 스택이 비어 있는 상태였기 때문에 아래서부터 계산할 수도 있다. 인덱스 1이 첫 번째 값을, 인덱스 2가 두 번째 값을 나타낸다. 그렇지만 최상단부터 인덱스를 계산하면 스택이 비어 있다고 가정하지 않아도 된다. lua_isnumber를 이용해서 두 값이 모두 숫자인지 확인하고, lua_tointeger를 호출해서 이 값을 정수로 변환한다. 마지막으로 각각 대응하는 변수에 값을 할당한다.

그런데 이렇게 간단한 작업에 루아를 이용할 필요가 있을까? 앞에서도 언급했지만 이런 작업에는 두 개의 숫자만 적힌 파일을 사용하는 편이 루아를 이용하는 것보다 쉽다. 그렇지만 루아를 이용하면 얻을 수 있는 이점도 있다. 설정 파일의 문법적인 형식을 고민할 필요가 없이 루아의 문법을 사용하면 된다. 심지어는 설정 파일에 주석을 넣을 수도 있다. 그리고 사용자가 이미 루아를 사용할 줄 안다면 더 복잡한 설정도 다루기가 쉽다. 예를 들어, 다음 스크립트처럼 환경 변수에서 값을 조회하거나 사용자에게 정보를 물어서 적당한 크기를 선택할 수 있다.

```
-- 설정 파일
if getenv("DISPLAY") == ":0.0" then
  width = 300; height = 300
else
  width = 200; height = 200
end
```

그러나 이렇게 간단한 설정 시나리오에서조차 사용자가 원하는 것이 무엇인지 예상하는 일은 어렵다. 하지만 스크립트가 width와 height 두 개의 변수를 정의하는 이상, C 애플리케이션을 직접 변경할 일은 없다.

설정에 루아를 이용하면 프로그램에 새로운 설정 기능을 넣는 것이 쉽다. 루아 덕분에 프로그램을 좀 더 유연하게 만들 수 있다.

## 26.2 테이블 조작하기

그렇다면 쉽게 새로운 설정 기능을 넣을 수 있다는 장점을 활용해서 프로그램을 좀 더 확장해 보자. 이제 창의 배경색을 설정해 보자. 사용될 색이 RGB 형식의 숫자로 이뤄진다고 가정한다. 대개 C에서는 RGB를 나타내는 수를 [0-255] 사이의 값을 가지는 정수로 표현하곤 하지만 루아에서는 모든 수가 실수이니 [0-1] 사이의 좀 더 자연스러운 값을 이용하겠다.

대략 하자면 다음처럼 RGB 각각에 대해서 별도의 전역 변수를 이용하도록 할 수도 있다.

```
-- 설정 파일
width = 200
height = 300
background_red = 0.30
background_green = 0.10
background_blue = 0
```

하지만 이런 방식에는 두 가지 단점이 있다. 먼저 너무 장황하다(실제 프로그램이라면 창의 배경색, 전경색, 메뉴 배경색 등 수십 개의 색을 다뤄야 할지도 모른다). 그리고, 미리 정의된 색을 넣어 둘 방법이 없기에, 색을 미리 정의해 두고

background = WHITE와 같이 사용할 수 없다. 그래서 색을 표현하는 데 다음처럼 테이블을 이용해서 이런 단점을 해결하려 한다.

```
background = {r=0.30, g=0.10, b=0}
```

테이블을 이용하면서 스크립트가 좀 더 구조적이게 됐다. 이제 색을 미리 정의해서 사용자나 애플리케이션이 나중에 이용하도록 하는 것이 쉬워졌다.

```
BLUE = {r=0, g=0, b=1.0}
<다른 색 정의>
```

정의해 둔 색을 이렇게 사용할 수 있다.

```
background = BLUE
```

C에서 이 값에 접근하려면 다음과 같이 사용하면 된다.

```
lua_getglobal(L, "background");

if (!lua_istable(L, -1))
  error(L, "'background' is not a table");

red = getcolorfield(L, "r");
green = getcolorfield(L, "g");
blue = getcolorfield(L, "b");
```

먼저 전역 변수 background의 값을 얻고, 이 값이 테이블인지 확인한 다음 getcolorfield를 이용해서 RGB 각 값을 얻는다.

물론 getcolorfield 함수는 API의 일부가 아니니 새로 정의해야 한다. 여기서 키의 타입, 값의 타입, 오류 처리 등에 따라서 getcolorfield 함수의 여러 버전이 존재할 수 있는 다형성 문제에 다시 직면하게 된다. 루아 API는 모든 타입에서 동작하는 lua_gettable 함수를 제공한다. 이 함수는 스택에서 테이블의 위치를 인자로 받고, 스택에서 키를 꺼내고 이 키에 해당하는 값을 스택에 넣는다.

**코드 26.2 getcolorfield 함수의 구현**

```
#define MAX_COLOR 255

/* 테이블이 스택의 최상단에 있다고 가정한다 */
int getcolorfield (lua_State *L, const char *key) {
  int result;
  lua_pushstring(L, key);  /* 키 넣기 */
  lua_gettable(L, -2);  /* background[key] 얻기 */
```

```
    if (!lua_isnumber(L, -1))
      error(L, "invalid component in background color");
    result = (int)(lua_tonumber(L, -1) * MAX_COLOR);
    lua_pop(L, 1);   /* 숫자 제거 */
    return result;
}
```

코드 26.2 'getcolorfield 함수의 구현'은 테이블이 스택의 최상단에 있다고 가정한다. 그래서 lua_pushstring으로 키를 넣고 나면 -2를 인덱스로 가진다. getcolorfield 함수를 반환하기 전에 조회된 값을 스택에서 꺼내서 스택을 함수가 호출되기 전 상태와 동일하게 만든다.

테이블의 키로 문자열을 사용하는 일이 많기 때문에 루아 5.1부터 lua_gettable의 특별한 버전인 lua_getfield가 추가되었다. 이 함수를 이용하면 다음처럼 두 줄로 작성해야 하는 코드를,

```
lua_pushstring(L, key);
lua_gettable(L, -2);   /* background[key] 얻기 */
```

아래와 같이 한 줄로 작성할 수 있다.

```
lua_getfield(L, -1, key);
```

이때, 문자열을 스택에 넣지 않았기 때문에 lua_getfield를 호출할 때 테이블의 인덱스로 -1을 이용한다.

색에 이름을 지정해서 사용자가 이용할 수 있도록 예제를 조금 더 확장해 보자. 기존처럼 테이블을 이용해도 되지만 기본적인 색에 대해서는 미리 정의된 이름을 이용할 수 있다. 이런 기능을 지원하려면 C 애플리케이션에 색 테이블이 필요하다.

```
struct ColorTable {
  char *name;
  unsigned char red, green, blue;
} colortable[] = {
  {"WHITE",   MAX_COLOR, MAX_COLOR, MAX_COLOR},
  {"RED",     MAX_COLOR,         0,         0},
  {"GREEN",           0, MAX_COLOR,         0},
  {"BLUE",            0,         0, MAX_COLOR},
  <다른 색들>
  {NULL, 0, 0, 0}   /* 마지막 표시 */
};
```

이 구현은 색의 이름으로 전역 변수를 생성하고, 변수를 색 테이블을 이용해서

초기화한다. 이렇게 생성된 전역 변수는 사용자가 다음과 같이 직접 전역 변수를 할당하는 것과 결과가 같다.

```
WHITE = {r=1.0, g=1.0, b=1.0}
RED   = {r=1.0, g=0,   b=0}
<다른 색들>
```

테이블 필드를 설정하기 위해서 보조 함수인 setcolorfield를 만든다. 이 함수는 인덱스와 필드 값을 루아 스택에 넣은 다음 lua_settable을 호출한다.

```
/* 테이블이 최상단에 있다고 가정한다 */
void setcolorfield (lua_State *L, const char *index, int value) {
  lua_pushstring(L, index); /* 키 */
  lua_pushnumber(L, (double)value / MAX_COLOR);  /* 값 */
  lua_settable(L, -3);
}
```

다른 API 함수와 마찬가지로 lua_settable도 여러 타입에서 동작한다. 마찬가지로 여러 타입에서 동작하기 위해서 모든 피연산자는 스택에서 꺼내서 사용한다. lua_settable 함수는 테이블 인덱스를 인자로 받고, 키와 값을 스택에서 꺼낸다. 그리고 여기서 구현한 setcolorfield 함수는 호출되기 전에 테이블은 스택의 최상단인 인덱스 -1에 위치하고 있다고 가정한다. 키와 값을 넣으면 테이블의 인덱스는 -3이 된다.

루아 5.1에는 lua_settable의 키가 문자열인 경우에 이용 가능한 lua_setfield 함수가 추가되었다. 이 함수를 이용하면 앞에서 정의한 setcolorfield 함수를 다음과 같이 간단하게 만들 수 있다.

```
void setcolorfield (lua_State *L, const char *index, int value) {
  lua_pushnumber(L, (double)value / MAX_COLOR);
  lua_setfield(L, -2, index);
}
```

다음으로, setcolor 함수는 색 하나를 정의한다. 테이블을 만들고 필요한 필드에 값을 설정한 다음 대응하는 전역 변수에 할당한다.

```
void setcolor (lua_State *L, struct ColorTable *ct) {
  lua_newtable(L); /* 테이블 생성 */
  setcolorfield(L, "r", ct->red);     /* table.r = ct->r */
  setcolorfield(L, "g", ct->green);   /* table.g = ct->g */
  setcolorfield(L, "b", ct->blue);    /* table.b = ct->b */
  lua_setglobal(L, ct->name);/* 'name' = table */
}
```

lua_newtable 함수는 빈 테이블을 만들어서 스택에 넣는다. 그리고 나서 setcolorfield에서 테이블의 필드를 설정한다. 마지막으로, lua_setglobal은 테이블을 스택에서 꺼내고, 그 테이블을 지정된 이름의 전역 변수의 값으로 설정한다.

이제 이 함수를 이용해서 다음 반복문으로 설정 스크립트에 있는 모든 색을 등록한다.

```
int i = 0;
while (colortable[i].name != NULL)
    setcolor(L, &colortable[i++]);
```

애플리케이션에서 스크립트를 실행하기 전에 이 반복문을 먼저 실행해야 한다. 코드 26.3 '문자열이나 테이블로 표현된 색'에서 색을 미리 정의하고 이름을 지정하는 다른 방법을 볼 수 있다.

#### 코드 26.3 문자열이나 테이블로 표현된 색

```
lua_getglobal(L, "background");
if (lua_isstring(L, -1)) {    /* 값이 문자열이라면 */
  const char *name = lua_tostring(L, -1);  /* 문자열 얻기 */
  int i;    /* 색 테이블 검색 */
  for (i = 0; colortable[i].name != NULL; i++) {
    if (strcmp(colorname, colortable[i].name) == 0)
      break;
  }
  if (colortable[i].name == NULL) { /* 문자열을 찾지 못하면 */
    error(L, "invalid color name (%s)", colorname);
  } else {  /* colortable[i] 사용 */
    red = colortable[i].red;
    green = colortable[i].green;
    blue = colortable[i].blue;
  }
} else if (lua_istable(L, -1)) {
  red = getcolorfield(L, "r");
  green = getcolorfield(L, "g");
  blue = getcolorfield(L, "b");
} else {
  error(L, "invalid value for 'background'");
}
```

이제 전역 변수를 이용하는 대신에 background = "BLUE"의 형식처럼 색의 이름을 문자열로 표시할 수 있다. 배경색으로 테이블과 문자열 모두 이용 가능하다. 그리고 이 설계 덕분에 애플리케이션에서 사용자 스크립트를 실행하기 전에 따로 처리할 일이 없어졌다. 대신에 색을 얻기까지 과정이 좀 더 필요하다. 변수

background의 값을 얻고, 그 값이 문자열 타입이라면 색 테이블에서 문자열을 찾아본다.

그렇다면 가장 좋은 방법은 무엇일까? C 프로그램이라면 문자열을 이용해서 색을 표시하는 방법은 컴파일러에서 오타를 찾을 수 없기 때문에 좋지 않다. 그렇지만 루아에서는 이렇게 색에 오타를 낸 사용자가 아마도 설정 프로그램을 작성한 당사자일 테니 오류 메시지도 직접 확인할 수 있을 것이다. 프로그래머와 사용자의 경계가 모호하고, 컴파일 오류나 실행 시점 오류에 그리 큰 차이가 있지도 않다.

background의 값이 문자열이라면 오타를 포함하고 있을 수도 있으니 애플리케이션에서 오류 정보를 오류 메시지에 추가해 두는 것이 좋다. 대신 문자열을 이용하면 애플리케이션에서 문자열을 대소문자 구분 없이 비교할 수도 있어서 사용자가 'white'나 'WHITE', 심지어는 'White'로 작성해도 상관이 없다. 그리고 몇 개의 선택 때문에 수백 개의 색에 대해서 테이블을 만들고 전역 변수에 등록해 두는 것도 이상하다. 문자열을 이용하면 이런 쓸데없는 노력을 피할 수 있다.

## 26.3 루아 함수 호출하기

설정에 루아를 이용하면 설정 파일에 애플리케이션에서 호출될 함수도 정의해 둘 수 있는 장점이 있다. 예를 들면, 그래프를 그리는 애플리케이션을 작성하면서 그래프로 표현될 수치 함수는 루아에 정의하도록 할 수 있다.

루아 함수를 호출하기 위한 API 규약은 간단하다. 먼저, 호출될 함수를 스택에 넣고, 그 다음 함수로 전달될 인자를 스택에 넣는다. 끝으로 lua_pcall을 이용해서 실제 호출하도록 하면 스택에서 결과를 얻을 수 있다.

간단한 예로 설정 파일에 다음과 같은 함수가 있다고 해보자.

```
function f (x, y)
  return (x^2 * math.sin(y)) / (1 - x)
end
```

C에서 이 함수를 z = f(x, y) 같이 실행하고 싶다고 하자. 코드 26.4 'C에서 루아 함수 호출하기'의 함수 f에서 이렇게 호출하는 방법을 볼 수 있다. 루아 라이브러리는 이미 불러 왔고 설정 파일도 실행했다고 가정한다.

코드 26.4 C에서 루아 함수 호출하기

```c
/* 루아에 정의된 함수 'f' 호출*/
double f (lua_State *L, double x, double y) {
  int isnum;
  double z;

  /* 함수와 인자 넣기 */
  lua_getglobal(L, "f");        /* 호출 할 함수 */
  lua_pushnumber(L, x);         /* 첫 번째 인자 */
  lua_pushnumber(L, y);         /* 두 번째 인자 */

  /* 함수 호출 (2개의 인자, 1개의 결과)*/
  if (lua_pcall(L, 2, 1, 0) != LUA_OK)
    error(L, "error running function 'f': %s", lua_tostring(L, -1));

  /* 결과 가져오기 */
  z = lua_tonumberx(L, -1, &isnum);
  if (!isnum)
    error(L, "function 'f' must return a number");
  lua_pop(L, 1);    /* 반환값 꺼내기 */
  return z;
}
```

lua_pcall에 전달하는 두 번째 인자에는 함수 호출에 전달할 인자의 개수를 지정하고, 세 번째 인자에는 얻고자 하는 결과의 개수를 지정한다. 네 번째 인자는 오류 처리 함수를 나타낸다. 오류 처리 함수에 대해서는 조금 뒤에 보도록 하자. 루아의 할당문과 마찬가지로 lua_pcall도 사용자가 요청한 실제 결과의 개수를 nil로 채우거나, 넘치는 부분을 버리거나 해서 맞춘다. 결과를 스택에 넣기 전에 lua_pcall은 스택에서 호출 함수와 인자를 제거한다. 함수가 여러 개의 값을 반환하면 첫 번째 결과가 먼저 스택에 들어간다. 예를 들어, 세 개의 결과가 있다면 첫 번째 결과의 인덱스는 -3이고, 마지막 결과의 인덱스는 -1이다.

lua_pcall을 실행하는 동안 오류가 발생하면 lua_pcall은 오류 코드를 반환하고, 오류 메시지를 스택에 추가한다. 오류가 발생해도 함수와 인자는 스택에서 나온다. 이때, lua_pcall은 오류 메시지를 스택에 넣기 전에 오류 처리 함수가 있다면 호출한다. 오류 메시지 처리 함수를 지정하기 위해서 앞에서 설명한 lua_pcall의 마지막 인자를 이용한다. 0은 오류 메시지 처리 함수가 없다는 의미로, 이 경우 최종 오류 메시지는 원본 오류 메시지와 같다. 그 외에는 이 인자는 스택에서 오류 메시지 처리 함수가 있는 인덱스이다. 오류 메시지 처리 함수는 스택에서 호출될 함수와 인자보다 아래쪽에 미리 들어 있어야 한다.

일반적인 오류인 경우에는 lua_pcall에서 오류 코드 LUA_ERRRUN를 반환한다. 그 외에 오류 메시지 처리 함수를 호출하지 않는 몇 가지 오류를 오류 코드로 구분해 두었다. 먼저, 메모리 할당 오류의 경우 lua_pcall에서 항상 LUA_ERRMEM을 반환한다. 그리고 오류 메시지 처리 함수가 실행되는 동안에 발생한 오류는 오류 처리 함수를 다시 호출해 봐야 별 의미가 없기에 lua_pcall에서 바로 LUA_ERRERR를 반환한다. 루아 5.2에서는 세 번째 특별한 종류의 오류가 추가되었다. 마무리 함수에서 오류가 발생하면 lua_pacll에서 LUA_ERRGCMM (GC 메타메서드에서 오류 발생)을 반환한다. 이 코드는 오류가 이번 호출과 직접 관련된 오류가 아니라는 것을 의미한다.

## 26.4 범용 호출 함수

좀 더 고급 예제로 C의 가변 인자를 이용해서 루아 함수를 호출하기 위한 범용적인 구조를 만들려고 한다. 이 함수의 이름을 call_va라고 하겠다. 이 함수는 호출할 함수의 이름, 인자와 반환값의 타입을 설명하는 문자열, 인자의 목록, 결과를 저장하기 위한 변수에 대한 포인터를 인자로 받는다. 루아 함수를 호출하는 저수준의 API는 모두 이 함수 내부에 감추려 한다. 덕분에 이 함수를 이용하면 이전 예제를 다음처럼 간단하게 작성할 수 있다.

```
call_va(L, "f", "dd>d", x, y, &z);
```

문자열 'dd>d'는 double 타입의 인자가 두 개이고, 하나인 반환값의 타입이 double임을 의미한다. 예제에서는 d를 double, i를 int, s를 문자열을 나타내는 데 사용한다. 그리고 >를 이용해서 인자와 반환값을 구분한다. 함수에 결과 값이 없다면 >를 넣어도 되고, 없어도 상관이 없다.

코드 26.5 '범용 호출 함수'에서 call_va 함수의 구현을 확인하자.

**코드 26.5 범용 호출 함수**

```
#include <stdarg.h>

void call_va (lua_State *L, const char *func,
                            const char *sig, ...) {
  va_list vl;
```

```
    int narg, nres;   /* 인자와 결과의 개수 */

    va_start(vl, sig);
    lua_getglobal(L, func);   /* 스택에 함수 넣기 */

    <인자 넣기 (코드 26.6 '범용 호출 함수의 인자 넣기' 확인)>

    nres = strlen(sig);   /* 예상되는 결과의 개수 */

    if (lua_pcall(L, narg, nres, 0) != 0)   /* 실제 호출 */
      error(L, "error calling '%s': %s", func, lua_tostring(L, -1));

    <결과 가져오기 (코드 26.7 '범용 호출 함수의 결과 가져오기' 확인)>

    va_end(vl);
}
```

범용적으로 사용할 수 있도록 만들었지만 이전 예제와 동일한 단계를 거친다. 함수와 인자를 스택에 넣고(코드 26.6 '범용 호출 함수의 인자 넣기'), 이 함수를 호출한 다음 결과를 얻는다(코드 26.7 '범용 호출 함수의 결과 가져오기').

### 코드 26.6 범용 호출 함수의 인자 넣기

```
    for (narg = 0; *sig; narg++) {   /* 모든 인자 만큼 반복 */
      /* 스택 공간 확인 */
      luaL_checkstack(L, 1, "too many arguments");

      switch (*sig++) {
        case 'd':   /* double 타입 인자 */
          lua_pushnumber(L, va_arg(vl, double));
          break;

        case 'i':   /* int 타입 인자 */
          lua_pushinteger(L, va_arg(vl, int));
          break;

        case 's':   /* 문자열 타입 인자 */
          lua_pushstring(L, va_arg(vl, char *));
          break;

        case '>':   /* 인자 끝 */
         goto endargs;

        default:
          error(L, "invalid option (%c)", *(sig - 1));
      }
    }
endargs:
```

**코드 26.7 범용 호출 함수의 결과 가져오기**

```c
  nres = -nres;    /* 첫 번째 결과의 스택 인덱스 */
  while (*sig) {   /* 모든 결과 만큼 반복 */
    switch (*sig++) {

      case 'd': {  /*double 타입 결과 */
        int isnum;
        double n = lua_tonumberx(L, nres, &isnum);
        if (!isnum)
          error(L, "wrong result type");
        *va_arg(vl, double *) = n;
        break;
      }

      case 'i': {  /* int 타입 결과 */
        int isnum;
        int n = lua_tointegerx(L, nres, &isnum);
        if (!isnum)
          error(L, "wrong result type");
        *va_arg(vl, int *) = n;
        break;
      }

      case 's': {  /* 문자열 타입 결과 */
        const char *s = lua_tostring(L, nres);
        if (s == NULL)
          error(L, "wrong result type");
        *va_arg(vl, const char **) = s;
        break;
      }

      default:
        error(L, "invalid option (%c)", *(sig - 1));
    }
    nres++;
  }
}
```

대부분의 코드는 별다른 설명이 없어도 알기가 쉽지만 몇몇 부분에 대해선 설명이 필요하다. 먼저, func가 함수인지 아닌지 확인하지 않아도 된다. lua_pcall에서 알아서 오류를 발생시키기 때문이다. 그리고 인자의 개수에 제한이 없기 때문에 먼저 스택에 여유 공간이 있는지 확인해야 한다. 마지막으로 함수에서 문자열을 반환할 수 있기 때문에 call_va 함수에선 결과를 스택에서 꺼낼 수 없다. 스택에서 결과를 꺼내는 것은 이 문자열 결과 값을 다 사용하거나 버퍼에 복사해 둔 다음에 호출한 함수에서 처리해야 한다.

## 연습 문제

**연습 문제 26.1:** 수치 계산 함수 f를 정의하고 있는 루아 파일을 읽고, 이 함수에 대한 그래프를 그리는 C 프로그램을 작성해 보자. (그래프를 그릴 때 멋진 연출이 필요하지는 않다. 8장 '컴파일'에서 했던 것처럼 ASCII의 * 표시를 이용해서 그래프를 그릴 수 있다.)

**연습 문제 26.2:** 코드 26.5 '범용 호출 함수'에 정의된 함수 call_va를 수정해서 불리언 값을 처리할 수 있게 해보자.

**연습 문제 26.3:** 여러 기상 관측기를 관찰하는 프로그램을 생각해 보자. 이 프로그램은 내부적으로 4바이트 문자열을 이용해서 관측기 하나를 나타내고, 설정 파일에서 각 문자열과 이에 대응하는 실제 관측기의 URL을 연관시킨다. 문자열과 실제 관측기를 연결하는 데 루아 설정 파일을 이용하는 방법은 다음과 같이 여러 가지가 있다.

- 각 관측기마다 전역 변수를 할당해서 다수의 전역 변수로 관리
- 문자열 코드를 URL과 연관 짓는 하나의 테이블을 이용
- 문자열 코드와 URL을 연관 짓는 하나의 함수를 이용

각 방법의 장점과 단점을 설명해 보자. 이때, 전체 관측기의 개수와 URL의 규칙성(코드를 URL로 변환할 수 있는 공식이 있는지 등), 어떤 종류의 사용자가 쓰는지도 고려하자.

# 27장

## 루아에서 C 함수 호출하기

루아에서 C로 작성된 함수를 호출할 수 있다는 말은, C로 작성된 모든 함수를 루아에서 호출할 수 있다는 의미는 아니다.[1] 이전 장에서 본 대로, C에서 루아 함수를 호출하기 위해서 인자를 전달하거나 결과를 받아 올 때 지켜야 할 간단한 규약이 있었다. 마찬가지로, 루아에서 C 함수를 호출할 때도 C 함수에서 루아에서 전달한 인자를 받거나 결과를 반환하는 것과 관련해서 지켜야 할 규약이 있다. 그리고 루아에서 C 함수를 호출하기 전에, 반드시 호출하려는 함수를 등록해야 한다. 즉, 함수의 주소를 적절한 방법으로 루아에 알려 줘야 한다.

루아에서 C 함수를 호출할 때는 C에서 루아 함수를 호출할 때 쓰는 것과 같은 종류의 스택을 사용한다. 이때 호출한 C 함수는 스택에서 인자를 가져오고, 함수의 결과는 스택에 넣게 되어 있다.

여기서 중요한 것은 스택이 전역 자료구조가 아니라는 점이다. 각 함수마다 내부에 지역 스택을 따로 가지고 있다. 루아에서 C 함수를 호출할 때는 첫 인자가 항상 지역 스택의 첫 번째 인덱스에 위치한다. C 함수를 호출하는 루아 코드를 C 함수에서 호출하더라도, 각 함수 호출에서는 첫 인자가 첫 번째 인덱스에 있는 자신의 내부 스택만 볼 수 있다. 심지어는 동일한 C 함수를 다시 호출하는 경우에도 마찬가지이다.

---

1 루아에는 모든 C 함수를 호출할 수 있게 해주는 패키지도 있으나, 이식성이 없고 안전하지도 않다.

## 27.1 C 함수

첫 번째 예로, 주어진 수의 사인(sine) 값을 반환하는 간단한 함수를 어떻게 구현하는지 살펴보도록 하자.

```c
static int l_sin (lua_State *L) {
    double d = lua_tonumber(L, 1);  /* 인자를 가져옴 */
    lua_pushnumber(L, sin(d));  /* 결과를 스택에 넣음 */
    return 1;  /* 반환하는 결과의 개수 */
}
```

루아에 등록되는 모든 C 함수는 다음과 같이 lua.h에 정의된 lua_CFunction 타입으로 선언된다.

```c
typedef int (*lua_CFunction) (lua_State *L);
```

C 언어의 관점에서 보면, 루아에서 호출하는 C 함수는 루아 상태 하나를 인자로 받고 스택에 넣은 반환값의 개수를 정수로 반환하는 형태로 되어 있다. 그래서 C 함수에서는 결과를 스택에 넣기 전에 스택을 비울 필요가 없다. C 함수가 반환되고 나면 루아가 알아서 반환값을 저장하고 C 함수에서 사용한 스택을 정리한다.

루아에서 함수를 사용하기 전에 해당 함수를 반드시 등록해야 한다. lua_pushcfunction 함수를 써서 이런 일을 처리할 수 있다. 이 함수는 C 함수의 포인터를 받아서 루아에서 이 함수를 표현할 "함수" 타입의 값을 생성한다. 함수를 등록하고 나면 C 함수는 다른 루아 함수처럼 동작하게 된다.

l_sin을 테스트 하기 위해 임시방편으로 코드 25.1 '간단한 독립 실행형 인터프리터'에서 구현했던 기본 인터프리터에 이 코드를 직접 넣고, luaL_openlibs 함수를 호출한 후에 바로 다음의 코드를 추가하는 방법을 써 볼 수 있다.

```c
lua_pushcfunction(L, l_sin);
lua_setglobal(L, "mysin");
```

첫 번째 줄은 함수 타입의 값을 스택에 넣는 코드이고, 두 번째 줄은 스택에 넣었던 값을 전역 변수 mysin에 넣는 코드이다. 이렇게 수정하고 나면 mysin이라는 새 함수를 루아에서 사용할 수 있다. (다음 절에서 새 C 함수를 루아로 연결하는 더 좋은 방법에 대해 다룰 것이다.)

l_sin 함수를 실제 쓰이는 제품 코드 수준으로 만들려면, 반드시 인자의 타입을

검사해야 한다. 이때 활용할 수 있는 보조 라이브러리가 있다. luaL_checknumber는 주어진 인자가 숫자 타입인지 검사하는 함수이다. 검사한 결과 숫자가 아닌 경우에는 오류의 내용을 알 수 있는 메시지를 전달하고, 맞으면 숫자를 반환한다. 다음과 같이 조금만 수정하여 이 내용을 반영할 수 있다.

```
static int l_sin (lua_State *L) {
  double d = luaL_checknumber(L, 1);
  lua_pushnumber(L, sin(d));
  return 1; /* 결과의 개수 */
}
```

이렇게 함수를 정의하고, mysin('a')처럼 호출하면 다음의 메시지를 보게 된다.

```
bad argument #1 to 'mysin' (number expected, got string)
```

여기서 luaL_checknumber 함수가 인자 번호(#1), 함수 이름("mysin"), 필요한 매개변수 타입(number), 실제 들어온 매개변수 타입(string)을 알아서 채워 준다.

좀 더 복잡한 예로, 주어진 디렉터리의 내용을 반환하는 함수를 작성해 보자. 이 함수는 루아 라이브러리에서 제공하는 것이 아니다. 표준 C에서 이러한 일을 하는 함수가 없기 때문이다. 그래서 여기서는 POSIX 호환 시스템에서 동작함을 가정하고 구현하도록 하겠다. 여기서 구현할 함수(루아에서 dir로 호출하고 C로 l_dir로 작성되는 함수)는 디렉터리 경로를 표현하는 문자열을 인자로 받고 디렉터리의 내용을 배열로 반환한다. 예컨대, dir("/home/lua")와 같이 호출하면 {".", "..", "src", "bin", "lib"} 테이블을 반환하게 할 것이다. 오류가 발생한 경우에는 nil과 오류 메시지를 담은 문자열을 반환하도록 한다. 이 함수의 전체 코드는 코드 27.1 '디렉터리의 내용을 읽는 함수'를 참조하자.

### 코드 27.1 디렉터리의 내용을 읽는 함수

```
#include <dirent.h>
#include <errno.h>
#include <string.h>

#include "lua.h"
#include "lauxlib.h"

static int l_dir (lua_State *L) {
  DIR *dir;
  struct dirent *entry;
  int i;
  const char *path = luaL_checkstring(L, 1);
```

```
    /* 디렉터리를 열고, */
    dir = opendir(path);
    if (dir == NULL) { /* 디렉터리를 여는데 실패한 경우 */
      lua_pushnil(L); /* nil과 */
      lua_pushstring(L, strerror(errno)); /* 오류 메시지를 반환 */
      return 2; /* 결과 값의 개수 */
    }

    /* 결과 테이블을 생성한다. */
    lua_newtable(L);
    i = 1;
    while ((entry = readdir(dir)) != NULL) {
      lua_pushnumber(L, i++); /* 키를 스택에 넣음 */
      lua_pushstring(L, entry->d_name); /* 값을 스택에 넣음 */
      lua_settable(L, -3);
    }

    closedir(dir);
    return 1; /* 테이블은 이미 스택의 최상단에 있음 */
}
```

함수의 시작 부분에서 사용한 luaL_checkstring 함수는 보조 라이브러리의 luaL_checknumber의 문자열 버전이라는 점을 알아 두자.

극단적인 상황에서는 이렇게 구현한 l_dir에서 약간의 메모리 누수가 있을 수 있다. lua_newtable이나 lua_pushstring이나 lua_settable을 호출할 때 메모리가 부족하여 호출이 실패할 수 있다. 이 중 하나가 실패하면, 오류를 발생시키고 l_dir의 수행을 중지하여 결국엔 closedir이 호출되지 않게 된다. 이전에 다뤘던 대로, 많은 프로그램에서는 그리 큰 문제가 되지 않을 수 있다. 사실 프로그램 실행 중에 메모리가 부족한 경우에는 취할 수 있는 최선의 방법이 프로그램을 종료하는 것이기 때문이다. 그럼에도 불구하고 30장 '자원 관리'에서 이런 문제를 수정한 대안을 볼 수 있다.

## 27.2 컨티뉴에이션

lua_pcall이나 lua_call을 이용하면, 루아에서 호출된 C 함수에서 루아 함수도 호출할 수 있다. 루아의 기본 라이브러리 중 일부 함수는 그렇게 구현되어 있다. table.sort 함수는 순서를 결정하는 함수를 호출하고, string.gsub 함수는 치환 작업을 하는 함수를 호출하고, pcall과 xpcall은 보호 모드에서 주어진 함수를 호출한다. 메인 루아 코드에서 C(호스트 프로그램) 코드를 호출했던 것을 생각해 보자. 호출 순서를 보면, C(호스트)에서 루아(스크립트)를 호출하고, 루아에서 C(라이브러리)를 호출하고, C에서 루아(처리 함수)를 호출한다.

보통 루아에서 이렇게 함수 호출이 이어져도 아무 문제가 없다. 루아는 이렇게 C 언어와 잘 통합된다. 하지만, 이렇게 루아와 C를 통합할 때 코루틴을 사용하는 부분이 있는 경우 문제가 생길 수 있다.

루아에서는 모든 코루틴마다 코루틴의 수행을 멈추고 대기 중인 호출에 대한 정보를 유지하고 있는 스택이 따로 있다. 이 스택에는 복귀 주소와 매개변수, 각 호출 상황마다 다른 지역 변수가 저장되어 있다. 루아 함수를 호출하기 위해, 루아 인터프리터는 스택을 구현하기 위한 '소프트 스택'이라 부르는 자료구조를 사용한다. 하지만 C 함수를 호출하려면, 루아 인터프리터가 반드시 C 스택 구조도 사용해야 하기 때문에, 결국 C 함수의 복귀 주소와 지역 변수는 C 스택에 유지된다.

루아 인터프리터가 여러 소프트 스택을 유지하는 것은 쉽지만, 표준 C의 실행 환경에서는 내부 스택이 하나만 있어야 한다. 그래서 루아의 코루틴은 C 함수의 실행을 중지시킬 수 없다. 코루틴이 재개되고 중단될 때까지의 호출 경로에 C 함수가 있다면, C 함수가 다음 재개될 때 다시 제대로 실행되도록 상태를 저장할 수가 없기 때문이다. 루아 5.1에서 다음 코드가 실행된다고 생각해 보자.

```
co = coroutine.wrap(function (a)
                    return pcall(function (x)
                                 coroutine.yield(x[1])
                                 return x[3]
                                 end, a)
                    end)
print(co({10, 3, -8, 15}))
    --> false    attempt to yield across metamethod/C-call boundary
```

pcall은 C 함수이므로 루아는 이 함수를 중지시킬 수 없다. 왜냐하면 표준 C에서는 함수를 중지시켰다가 나중에 재개시킬 방법이 없기 때문이다.

루아 5.2에서는 이런 문제를 컨티뉴에이션(continuation)이라는 개념을 도입하여 개선하였다.[2] 루아 5.2는 yield 함수의 동작을 오류 처리 때와 같이 longjmp로

---

2 (옮긴이주) 컨티뉴에이션에 대해서는 developerWorks의 '컴퓨팅 기술의 원형 탐험, Part 4 제어 흐름을 다루는 또 다른 방법, 컨티뉴에이션'을 참고하자. (페이지 주소: https://www.ibm.com/developerworks/community/blogs/9e635b49-09e9-4c23-8999-a4d461aeace2/entry/243)

구현하였다. longjmp를 이용하면 C 스택에 있는 C 함수에 대한 모든 정보가 제거되기 때문에 이렇게 중지된 함수를 다시 재개하는 것은 불가능하다. 하지만, C 함수 foo의 컨티뉴에이션 함수인 foo-c를 작성해서 foo가 재개될 상황에 foo-c가 대신 호출되도록 할 수 있다. 즉, 루아 인터프리터가 foo를 재개해야 할 때가 되면, C 스택에서 foo 함수에 대한 정보가 사라져서 재개할 수 없던 방식 대신에 foo-c를 호출해서 해결한다.

좀 더 구체적으로 이해하기 위해 다음 예제를 살펴보자. 다음 예제는 루아 5.1에서 pcall 함수를 구현한 코드이다.

```
static int luaB_pcall (lua_State *L) {
  int status;
  luaL_checkany(L, 1); /* 최소한 매개변수가 하나는 있어야 함 */
  status = lua_pcall(L, lua_gettop(L) - 1, LUA_MULTRET, 0);
  lua_pushboolean(L, (status == 0));
  lua_insert(L, 1); /* 일단 status를 첫 번째 결과로, */
  return lua_gettop(L); /* status와 나머지 결과를 모두 반환 */
}
```

lua_pcall로 호출된 함수가 중지되면, 나중에 luaB_pcall을 재개하는 것이 불가능할 것이다. 그러므로 보호 모드로 호출되는 동안 중지 동작이 일어나면 루아 인터프리터가 오류를 일으킨다. 루아 5.2의 pcall 구현은 27.2 '컨티뉴에이션을 적용해서 구현한 pcall'의 코드와 비슷하다.[3]

### 코드 27.2 컨티뉴에이션을 적용해서 구현한 pcall

```
static int finishpcall (lua_State *L, int status) {
  lua_pushboolean(L, status); /* 첫 반환 결과 (status) */
  lua_insert(L, 1); /* 첫 슬롯에 첫 반환 결과를 넣음 */
  return lua_gettop(L);
}

static int pcallcont (lua_State *L) {
  int status = lua_getctx(L, NULL);
  return finishpcall(L, (status == LUA_YIELD));
}

static int luaB_pcall (lua_State *L) {
  int status;
  luaL_checkany(L, 1);
```

---

[3] 실제 코드는 여기 있는 코드보다 약간 더 복잡하다. xpcall과 공유하는 부분이 있고, 추가 불리언 결과를 스택에 넣기 전에 스택이 넘치지 않는지 검사하는 코드가 필요하기 때문이다.

```
    status = lua_pcallk(L, lua_gettop(L) - 2, LUA_MULTRET, 0,
                        0, pcallcont);
    return finishpcall(L, (status == LUA_OK));
}
```

이 구현에는 5.1 때와 세 가지 다른 점이 있다. 먼저, lua_pcall를 호출하던 부분이 lua_pcallk를 호출하는 것으로 바뀌었다. 그리고 함수의 마지막 부분이 새 보조 함수인 finishpcall으로 빠져나왔다. 마지막으로, lua_pcallk의 마지막 인자로 들어가는 컨티뉴에이션 함수인 pcallcont이다.

yield를 호출하지 않는다면 lua_pcallk는 lua_pcall과 완전히 같으나, yield가 호출되면 동작이 꽤 달라진다. 루아 5.2에서도 lua_pcall이 호출한 함수에서 yield가 호출되면 5.1에서처럼 오류를 발생시킨다. 하지만 lua_pcallk가 호출한 함수에서 yield가 호출되면 오류를 발생시키지 않고, longjmp를 호출하여 luaB_pcall 함수에 대한 호출 정보를 C 스택에서 비운다. 하지만 컨티뉴에이션 함수인 pcallcont에 대한 내용은 코루틴의 소프트 스택에서 유지된다. 나중에 원래는 불가능했던 luaB_pcall로 복귀해야 하는 상황이 발생하면 pcallcont 컨티뉴에이션 함수를 대신 호출한다.

luaB_pcall과는 달리 컨티뉴에이션 함수 pcallcont는 lua_pcallk로부터 실행 상태를 나타내는 반환값을 가져오지 못한다. 그래서 호출된 함수가 수행된 상태를 반환하는 lua_getctx 함수를 제공한다. 일반 루아 함수에서 lua_getctx를 호출하면(이 예제에서는 이런 상황은 없었다) lua_getctx 함수가 LUA_OK를 반환한다. 컨티뉴에이션 함수에서 lua_getctx를 호출하는 경우에는 문제가 없다면 LUA_YIELD를 반환한다. 컨티뉴에이션 함수는 오류가 발생한 상황에서도 호출될 수 있다. 이런 경우, lua_getctx 함수가 lua_pcallk 함수가 반환하는 값과 같은 오류 상태를 반환한다.

lua_getctx 함수는 호출 상태 외에도, 상황(context) 정보도 반환한다. (상황 정보를 가져오기 때문에 함수 이름이 getctx이다.) lua_pcallk의 다섯 번째 매개변수는 lua_getctx의 두 번째 매개변수의 역참조로 받을 수 있는 임의의 정수이다. 이 정수 값을 원래의 함수에서 임의의 정보를 그 함수의 컨티뉴에이션 함수로 직접 전달하는 용도로 사용할 수 있다. 이번 예제에서 사용하진 않았지만, 루아 스택을 통해서도 추가 정보를 전달할 수 있다.

루아 5.2에 도입된 컨티뉴에이션 시스템은 yield 함수 동작을 지원하는 기발한 방법이지만, 결코 만병통치약은 아니다. 어떤 C 함수에서는 더 많은 상황을 컨티뉴에이션 함수로 넘겨야 할 수도 있다. 예를 들어, table.sort는 재귀 호출시 C 스택을 이용하고, string.gsub는 캡쳐와 부분 결과를 위한 버퍼를 유지하고 있어야 한다. 이 함수들을 중지 가능한 방법으로 다시 작성할 수 있지만, 복잡해지는 것에 비해 얻을 수 있는 이점이 많지 않아 보인다.

## 27.3 C 모듈

루아에서 모듈이란 여러 루아 함수의 정의와 이 함수를 담고 있는 테이블 등을 포함한 청크를 말한다. 루아에서 말하는 C 모듈은 이런 동작을 흉내낸 것이다. 일반적인 C 함수 정의 외에도, 루아 라이브러리에서 메인 청크의 역할을 하는 특수한 함수도 C 모듈에 포함된다. 이 함수는 모듈의 모든 C 함수를 등록하고 적절한 곳(대개는 테이블)에 저장하는 일을 해야 한다. 또한, 루아의 메인 청크처럼 모듈에서 초기화해야 하는 모든 것을 초기화해야 한다.

루아는 등록 과정을 통해 C 함수를 인지한다. C 함수가 루아로 표현되어 저장되고 나면, C 함수의 주소(함수를 등록할 때 받은 위치)에 대한 참조를 직접 사용하여 C 함수를 호출한다. 달리 말해, 한번 등록되면 호출하려는 함수의 이름, 패키지 위치, 접근 규칙과는 상관없이 호출한다는 말이다. 보통 C 모듈에는 라이브러리를 읽어 올 때 사용하는 다른 모듈에 공개된 extern 함수가 하나 있다. 그 외 다른 함수들은 C에서 static으로 선언되어 다른 모듈에서 공개되지 않는 함수일 수 있다.

C 함수로 루아의 기능을 확장할 때는 C 함수 하나만 등록하고 싶은 상황이더라도 C 모듈을 이용하도록 결정하는 것이 좋다. 보통 곧 다른 함수가 필요한 때가 오기 때문이다. 이번에도 마찬가지로, 보조 라이브러리에는 이런 일을 처리하는데 유용한 함수가 있다. luaL_newlib 매크로는 등록할 C 함수들의 이름을 받아서 그 함수들을 모두 새 테이블에 등록한다. 예전에 구현했던 l_dir 함수를 라이브러리로 만드는 것을 예제로 삼아보겠다. 먼저, 라이브러리 함수를 다음과 같이 정의해야 한다.

```
static int l_dir (lua_State *L) {
  <전과 같음>
}
```

그 다음, 모듈의 모든 함수와 루아에서 사용할 해당 함수의 이름을 담고 있는 배열을 선언한다. 이 배열 원소의 타입은 luaL_Reg로, 문자열로 된 함수 이름과 해당 함수의 포인터 2개를 필드로 가지고 있는 구조체이다.

```
static const struct luaL_Reg mylib [] = {
  {"dir", l_dir},
  {NULL, NULL} /* 마지막 표시 */
};
```

이번 예제에서는 l_dir 함수 하나만 선언했다. 배열의 마지막 원소에는 배열 끝을 표시하기 위해 항상 {NULL, NULL}을 넣는다. 마지막으로 다음과 같이 luaL_newlib 함수를 사용해서 메인 함수를 선언한다.

```
int luaopen_mylib (lua_State *L) {
  luaL_newlib(L, mylib);
  return 1;
}
```

luaL_newlib 함수를 호출하면 새로운 테이블을 생성하고 배열 mylib에 있는 함수 이름과 함수의 쌍으로 테이블을 채운다. luaL_newlib 함수가 끝나고 반환될 때 라이브러리를 읽어 와서 담고 있는 테이블을 스택에 남긴다. luaopen_mylib 함수는 루아에 이 테이블을 반환하기 위해 1을 반환한다.

라이브러리를 읽어 오는 작업을 끝낸 후, 인터프리터에 라이브러리를 연결해야 한다. 설치된 루아 인터프리터에서 동적 연결 기능을 지원한다면 동적 연결을 이용하는 것이 가장 간편한 방법이다. 이럴 경우에는 동적 라이브러리(예를 들어, 윈도라면 mylib.dll, 리눅스 계열이라면 mylib.so)를 생성해서 접근 가능한 C 경로에 두어야 한다. 이런 작업을 거친 후에는 다음과 같이 루아에서 require로 바로 라이브러리를 읽어 올 수 있다.

```
local mylib = require "mylib"
```

이렇게 호출하면 luaopen_mylib 함수를 찾고, 이 함수를 C 함수로 등록해서 호출하고, 모듈을 읽어 오는 과정을 거쳐서 동적 라이브러리인 mylib를 루아에 연결하게 된다. (이 동작을 이해하면 루아에 등록되는 모든 C 함수가 같은 형태를 가지는 이유를 알 수 있다.)

동적 링커(linker)는 luaopen_mylib 함수의 이름을 알아야 이 함수를 찾을 수 있다. 동적 링커는 항상 luaopen_에 붙은 모듈 이름을 찾는다. 그러므로 모듈 이름이 mylib이면 이 함수 이름은 꼭 luaopen_mylib이어야 한다.

만약 설치된 인터프리터가 동적 연결을 지원하지 않는다면, 루아 인터프리터를 다시 컴파일해서 추가할 라이브러리와 연결해야 한다. 이렇게 다시 컴파일하는 작업 외에도 새로운 루아 상태를 만들 때 이 라이브러리를 읽어 와야 한다는 것을 인터프리터에 알려 줄 방법이 필요하다. 이를 해결하는 간단한 방법은 linit.c에 정의된 루아 라이브러리를 읽어 오는 작업을 하는 luaL_openlibs 함수에서 사용하는 표준 라이브러리 리스트에 luaopen_mylib를 추가하는 것이다.

## 연습 문제

**연습 문제 27.1:** 합을 구하는 함수를 C로 작성하자. 이 함수는 다음과 같이 여러 개의 가변 숫자 인자를 받아서 합을 계산해야 한다.

```
print(summation())                  --> 0
print(summation(2.3, 5.4))          --> 7.7
print(summation(2.3, 5.4, -34))     --> -26.3
print(summation(2.3, 5.4, {}))
    --> stdin:1: bad argument #3 to 'summation'
        (number expected, got table)
```

**연습 문제 27.2:** 루아 기본 라이브러리에 있는 table.pack과 같은 함수를 구현해 보자.

**연습 문제 27.3:** 다음과 같이 다양한 타입의 매개변수를 여러 개 받아서 그것의 순서를 뒤집은 결과를 반환하는 함수를 작성해 보자.

```
print(reverse(1, "hello", 20)) --> 20 hello 1
```

**연습 문제 27.4:** 다음과 같이 테이블과 함수를 받아서 테이블의 키-값 쌍마다 전달 받은 함수를 호출하는 foreach 함수를 작성해 보자. (힌트: 루아 매뉴얼에 있는 lua_next 함수를 보자.)

```
foreach({x = 10, y = 20}, print)
  --> x 10
  --> y 20
```

**연습 문제 27.5:** 앞 연습 문제의 foreach 함수를 수정해서, 인자로 넘긴 함수 안에서 yield를 호출할 수 있도록 해보자.

**연습 문제 27.6:** 이전 연습 문제에서 작성한 함수를 모두 담고 있는 C 모듈을 만들어 보자.

# 28장

Programming in Lua

# C 함수 작성법

공식 API와 보조 라이브러리 모두에 C 함수를 작성하는 데 도움이 되는 문서와 코드가 있다. 이 장에서는 그런 정보를 이용해서 C언어로 루아 배열이나 문자열을 조작하거나 값을 저장하는 방법에 대해 다룬다.

## 28.1 배열 다루기

루아의 배열은 그저 테이블을 특수하게 사용하는 경우를 지칭할 뿐이다. 그래서 lua_settable, lua_gettable 같이 테이블을 다루는 함수를 배열을 다루는 때에도 똑같이 사용할 수 있다. 그렇지만 API에는 배열을 다루는 데 사용하는 특수 함수가 따로 있다. 이런 특수 함수가 별도로 있는 이유는 성능 때문이다. 가령 정렬 알고리즘처럼 알고리즘의 반복문 안에서 배열에 접근하는 명령을 쓰는 경우가 많다. 그래서 이런 명령에서 성능 향상이 있다면 알고리즘 전반적인 성능이 크게 향상될 수 있다. 그리고 이렇게 배열 함수가 별도로 있는 다른 이유는 문자열 키와 마찬가지로 정수 키도 자주 쓰이기 때문에 쉽게 사용할 수 있는 방법을 제공하기 위해서이다.

공식 API에 있는 배열 조작을 위한 함수는 다음 두 개다.

```
void lua_rawgeti (lua_State *L, int index, int key);
void lua_rawseti (lua_State *L, int index, int key);
```

lua_rawgeti와 lua_rawseti의 함수 원형에 index, key 이렇게 두 개의 인덱스가 있어서 좀 헷갈릴 수 있다. index는 스택에서 테이블이 어디에 있는지 가리키는 것이고, key는 테이블에서 특정 원소가 어디에 있는지 가리키는 것이다. t가 양의 정수라고 할 때 lua_rawgeti(L, t, key)라고 호출하면 다음과 같은 결과를 얻는다. (이때, t가 음수라면 새 원소가 추가되는 상황을 고려해서 인덱스 값을 조정해야 한다.)

```
lua_pushnumber(L, key);
lua_rawget(L, t);
```

t가 양수인 경우 lua_rawseti(L, t, key)라고 호출하는 것은 다음 코드를 수행한 결과와 같다.

```
lua_pushnumber(L, key);
lua_insert(L, -2);    /* 'key'를 이전 값 아래에 넣음 */
lua_rawset(L, t);
```

두 함수 모두 메타테이블을 거치지 않고 직접 접근하는 함수이다. 사실 테이블을 배열로 쓸 때는 메타테이블을 쓸 일이 거의 없기 때문에 속도가 빠른 구현을 이용했다.

앞서 설명한 함수를 사용하는 완성된 예로 코드 28.1 'C로 작성한 map 함수'를 살펴보자. 이 예제 코드는 map 함수를 구현한 것으로, 배열의 모든 원소에 대해 각 원소를 인자로 받는 함수를 전달받아서 모든 원소를 그 함수의 결과로 치환하는 함수다.

### 코드 28.1 C로 작성한 map 함수

```
int l_map (lua_State *L) {
  int i, n;

  /* 첫 번째 인자가 테이블인지 확인 */
  luaL_checktype(L, 1, LUA_TTABLE);

  /* 두 번째 인자가 함수인지 확인 */
  luaL_checktype(L, 2, LUA_TFUNCTION);

  n = luaL_len(L, 1);   /* 테이블의 크기를 받아서 */

  for (i = 1; i <= n; i++) {
    lua_pushvalue(L, 2);     /* f를 스택에 넣고 */
    lua_rawgeti(L, 1, i);    /* t[i]를 스택에 넣는다. */
```

```
            lua_call(L, 1, 1);      /* f(t[i]) 호출 */
            lua_rawseti(L, 1, i);   /* t[i] = result */
        }
        return 0;   /* 반환할 결과는 없음 */
    }
```

이 예제에서 luaL_checktype과 luaL_len, lua_pcall 함수가 처음 나왔다.

luaxlib.h에 있는 luaL_checktype 함수는 전달받은 인자의 타입이 특정 타입인지 검사하고, 타입이 다른 경우 오류를 발생시킨다.

예제에서 쓰인 것은 아니지만 lua_len 함수는 # 연산과 똑같다. 메타메서드로 # 연산자의 동작을 바꿀 수 있는 덕분에, 결과는 숫자뿐 아니라 다른 모든 타입이 될 수도 있다. 그러므로 lua_len은 반환하는 결과를 스택에 저장한다. 하지만 예제에서 사용한 luaL_len 함수는 결과가 숫자가 아닌 경우 오류를 내고, 길이가 숫자인 경우 C 정수로 결과를 반환한다.

lua_call 함수는 보호되지 않는 호출을 수행한다. lua_pcall과 유사하지만 오류 코드를 반환하는 대신 오류를 전파한다는 점이 다르다. 루아 오류로 프로그램이 비정상 종료되길 원하지 않는다면, 애플리케이션의 메인 함수에서 lua_call을 쓰면 안 된다. 하지만 일반 함수를 작성할 때 lua_call을 쓰는 것은 대개 좋은 판단이다. 오류가 발생한 경우, 오류를 처리할 곳으로 넘기기만 하면 된다.

## 28.2 문자열 다루기

C 함수에서 루아로부터 문자열 인자를 받았을 때는 문자열을 사용하는 동안 스택에서 문자열을 꺼내면 안 된다. 또한, 문자열의 내용도 수정하면 안 된다.

C 함수에서 루아로 반환하기 위해 문자열을 만드는 경우에는 신경 써야 할 것이 더 있다. 버퍼의 할당과 해제, 버퍼 넘침 등의 문제를 C 코드에서 처리해야 한다는 점이다. 이것은 원래 C 코드의 역할이지만, 루아 API에서도 그런 작업을 도와주는 함수를 제공하고 있다.

표준 API에서는 문자열에 사용하는 가장 기본적인 연산 중 부분 문자열 추출과 문자열 연결하기를 지원한다. 부분 문자열 추출을 위해 lua_pushlstring에서 추가 인자로 문자열 길이를 받고 있다. 그러므로 문자열 $s$에서 $i$에서부터 $j$까지의 부분 문자열을 루아로 전달하고 싶은 경우, 다음과 같이 lua_pushlstring를 호출하기만 하면 된다.

```
lua_pushlstring(L, s + i, j - i + 1);
```

예를 들어, 주어진 구분자로 문자열을 나누어 테이블에 담아 반환하는 함수를 작성하고 싶다고 하자. (구분자의 길이는 한 글자로 제한한다.) 예컨대, split("hi:ho:there", ":")라고 호출하면 {"hi", "ho", "there"} 테이블을 반환한다는 말이다. 코드 28.2 '문자열 나누기'에서 이 함수를 간단히 구현한 코드를 볼 수 있다.

**코드 28.2 문자열 나누기**

```c
static int l_split (lua_State *L) {
  const char *s = luaL_checkstring(L, 1);  /* 대상 문자열 */
  const char *sep = luaL_checkstring(L, 2);  /* 구분자 */
  const char *e;
  int i = 1;

  lua_newtable(L);   /* 반환할 결과 테이블 */

  /* 구분자가 나올 때마다 반복 */
  while ((e = strchr(s, *sep)) != NULL) {
    lua_pushlstring(L, s, e-s);  /* 부분 문자열 스택에 넣기 */
    lua_rawseti(L, -2, i++);  /* 테이블에 삽입 */
    s = e + 1;  /* 구분자 부분 넘기기 */
  }

  /* 마지막 부분 문자열 삽입 */
  lua_pushstring(L, s);
  lua_rawseti(L, -2, i);

  return 1;  /* 결과 반환 */
}
```

이렇게 하면 추가 버퍼가 필요 없기 때문에 처리할 수 있는 문자열의 길이에 제한을 둘 필요가 없다. 버퍼의 역할을 루아로 처리했다.

루아 API에는 문자열을 이어 붙이는 데 사용하는 함수인 lua_concat이 있다. 이 함수는 루아의 .. 연산을 사용한 것과 동일하게 동작한다. .. 연산처럼 실수를 문자열로 변환하고 필요한 경우에는 메타메서드도 호출한다. 게다가 한 번에 셋 이상의 문자열을 이어 붙일 수 있다. lua_concat(L, n)이라고 호출하면 루아 스택에서 n개의 값을 꺼내서 모두 이어 붙인 결과를 루아 스택 상단에 넣어 둔다.

다음의 lua_pushfstring도 쓸만하다.

const char *lua_pushfstring (lua_State *L, const char *fmt, ...);

이 함수는 형식 문자열과 추가 인자의 내용에 따라 문자열을 생성하는 점에서 C의 sprintf 함수와 좀 유사하나, buffer를 미리 만들어 둘 필요가 없다는 점에서 다르다. 문자열을 루아가 알아서 필요한 만큼 동적으로 생성하기 때문에 적당한 크기의 버퍼를 할당하는 일을 고민하지 않아도 된다. lua_pushfstring 함수는 결과 문자열을 스택에 넣고 문자열을 가리키는 포인터를 반환한다. 현재 구현으로는 형식 문자열에 다음의 지시어만 쓸 수 있다.[1]

| | |
|---|---|
| %s | NULL로 끝나는 문자열 삽입 |
| %d | 정수 삽입 |
| %f | 루아의 숫자 타입인 double 삽입 |
| %p | 포인터 삽입 |
| %c | 정수를 문자로 해석해서 삽입 |
| %% | % 문자 삽입 |

길이나 정밀도 같은 수식어는 지시어와 함께 사용할 수 없다.

lua_concat와 lua_pushfstring 둘 다 문자열 연결이 많지 않을 때만 유용하다. 문자나 문자열을 이어 붙이는 연산을 많이 해야 하는 경우에는, 11장의 '문자열 버퍼' 절에서 언급했던 대로 하나씩 이어 붙이는 방법이 꽤 비효율적일 수 있다. 그렇게 하는 대신 보조 라이브러리에서 지원하는 버퍼 관련 기능을 이용할 수 있다.

간단히는 버퍼 관련 기능을 luaL_buffinitsize 함수와 luaL_pushresultsize 함수를 써서 이용할 수 있다. luaL_buffinitsize는 문자열을 쓸 수 있도록 지정한 크기로 버퍼를 만들어 주는 함수고, luaL_pushresultsize는 버퍼의 내용을 루아 문자열로 변환하는 함수다.[2] 코드 28.3 'string.upper 함수'의 구현에서 이 두 함수가 쓰인 것을 볼 수 있다. (string.upper의 구현은 lstrlib.c에 있다.)

---

[1] 지시어 %p는 포인터를 지칭하는 것으로 루아 5.2에서 추가되었다.
[2] 이 두 함수는 루아 5.2에서 추가되었다.

코드 28.3 string.upper 함수

```c
static int str_upper (lua_State *L) {
  size_t l;
  size_t i;
  luaL_Buffer b;
  const char *s = luaL_checklstring(L, 1, &l);
  char *p = luaL_buffinitsize(L, &b, l);
  for (i = 0; i < l; i++)
    p[i] = toupper(uchar(s[i]));
  luaL_pushresultsize(&b, l);
  return 1;
}
```

보조 라이브러리의 버퍼 기능을 사용하려면 먼저 luaL_Buffer 타입의 변수를 선언해야 한다. 그 다음 luaL_buffinitsize 함수를 호출해서 원하는 크기의 버퍼를 가리키는 포인터를 얻은 후, 이 버퍼를 문자열을 만들기 위한 용도로 활용할 수 있다. 마지막으로 luaL_pushresultsize를 호출해서 버퍼에 담고 있는 내용을 루아 문자열로 변환해서 스택의 최상단에 넣으면 된다. luaL_pushresultsize를 호출할 때 전달하는 길이가 최종적으로 전달되는 문자열의 길이다. (앞으로 이 책의 예제에서는 버퍼의 크기를 최종 문자열의 길이로 사용하는 경우가 자주 있을 텐데, 사실 최종 문자열의 길이는 버퍼의 크기보다 작아도 된다. 하지만 버퍼의 크기보다는 문자열의 길이를 길게 할 수 없으므로, 전달할 문자열의 정확한 길이를 모를 때는 충분히 큰 크기의 버퍼를 할당하는 것이 좋다.)

luaL_pushresultsize 함수는 첫 번째 인자로 Lua_State를 받지 않는다는 점에 주목하자. 초기화 이후에는 버퍼에서 루아 상태에 대한 참조를 포함하고 있으므로 버퍼를 다루는 다른 함수를 호출할 때 매번 루아 상태를 넣어 줄 필요가 없다.

만들어질 문자열 길이의 최대 길이를 예상할 수 없더라도 이런 보조 라이브러리를 사용하는 데 지장이 없다. 코드 28.4 'table.concat의 간략한 구현'을 보자.

코드 28.4 table.concat의 간략한 구현

```c
static int tconcat (lua_State *L) {
  luaL_Buffer b;
  int i, n;
  luaL_checktype(L, 1, LUA_TTABLE);
  n = luaL_len(L, 1);
```

```
    luaL_buffinit(L, &b);
    for (i = 1; i <= n; i++) {
      lua_rawgeti(L, 1, i);    /* 테이블에서 문자열을 가져옴 */
      luaL_addvalue(b);        /* 가져온 문자열을 버퍼에 추가 */
    }
    luaL_pushresult(&b);
    return 1;
}
```

이 함수에서는 먼저 luaL_buffinit를 호출해서 버퍼를 초기화했다. 초기화 이후 luaL_addvalue를 써서 버퍼에 요소를 하나씩 추가하고, 마지막에는 luaL_pushresult를 호출해서 버퍼를 비우고 넘길 문자열을 스택 상단에 두었다.

보조 라이브러리에는 버퍼에 내용을 추가하는 함수인 luaL_addvalue, luaL_addlstring, luaL_addstring, luaL_addchar가 있다. luaL_addvalue는 스택의 상단에 있는 루아 문자열을, luaL_addlstring는 특정 문자열에서 정해진 길이만큼을, luaL_addstring은 NULL로 끝나는 문자열을, luaL_addchar는 한 글자를 버퍼에 추가하는 함수다. 앞서 설명한 함수의 원형은 다음과 같다.

```
void luaL_buffinit   (lua_State *L, luaL_Buffer *B);
void luaL_addvalue   (luaL_Buffer *B);
void luaL_addlstring (luaL_Buffer *B, const char *s, size_t l);
void luaL_addstring  (luaL_Buffer *B, const char *s);
void luaL_addchar    (luaL_Buffer *B, char c);
void luaL_pushresult (luaL_Buffer *B);
```

버퍼와 관련된 보조 라이브러리를 사용할 때 주의해야 할 점이 있다. 버퍼를 초기화 한 후에는 루아 스택에서 중간 결과를 유지하고 있다. 그러므로 스택의 상단 내용이 버퍼를 사용하기 전과 같은 상태로 남아 있을 것이라고 가정해서는 안 된다. 게다가 버퍼를 사용하는 동안 다른 작업을 위해 스택을 사용할 수 있다 하더라도, 매번 push와 pop의 짝을 반드시 맞춰서 버퍼에 접근해야 한다. 이 규칙에 대한 예외가 있는데, luaL_addvalue 함수를 호출하고 나면 버퍼에 추가된 문자열이 스택의 최상단에 있는 것으로 가정한다.

## 28.3 C 함수에서 상태 저장하기

C 함수에서 비지역 데이터(즉, 함수 호출 밖에서도 남아 있는 데이터)를 유지해야 하는 경우가 종종 있다. C에서는 이런 경우에 보통 전역 변수나 static 변수를 사

용한다. 하지만 루아에서 사용할 라이브러리 함수를 만드는 경우에는 전역 변수나 static 변수를 사용하는 것이 좋은 해결책이 아니다. 일반적인 루아 값을 C 변수로 저장할 수 없는 데다가, 그런 변수를 사용하는 라이브러리는 여러 루아 상태에 걸쳐 사용할 수 없기 때문이다.

루아 함수는 비지역 데이터를 저장하는 데 전역 변수와 비지역 변수를 사용한다. 이처럼 C API에서도 비지역 데이터를 저장할 수 있는 곳이 두 군데 있는데, 바로 레지스트리와 업밸류이다.

레지스트리는 C 코드에서만 접근할 수 있는 전역 테이블이다.[3] 보통 레지스트리는 여러 모듈 사이에서 공유하는 데이터를 저장할 때 사용한다. 공유하지 않고 한 모듈이나 한 함수에서만 사용하려 한다면 업밸류를 쓰면 된다.

### 28.3.1 레지스트리

레지스트리는 가상의 인덱스(pseudo-index)인 LUA_REGISTRYINDEX를 이용해서 접근할 수 있다. 가상 인덱스는 인덱스가 가리키는 값이 스택에 있지 않다는 점을 빼고는 스택에 대한 인덱스와 비슷하다. 루아 API 함수 중 인덱스를 인자로 받는 것에는 대부분 가상 인덱스도 사용할 수 있다. 다만 lua_remove나 lua_insert 같이 스택을 스스로 조작하는 함수에는 가상 인덱스를 쓸 수 없다. 예를 들어, 레지스트리에서 "Key"라는 인덱스로 저장된 값을 가져오려면, 다음과 같이 호출하면 된다.

```
lua_getfield(L, LUA_REGISTRYINDEX, "Key");
```

레지스트리는 다른 루아 테이블과 똑같은 보통의 테이블이다. 그러므로 nil이 아닌 모든 루아 값을 테이블의 인덱스로 사용할 수 있다. 하지만 모든 C 모듈이 같은 레지스트리를 공유하기 때문에 어떤 값을 키로 사용하면 충돌 없이 사용할 수 있을지 주의해서 키를 선택해야 한다. 다른 독립 라이브러리에서 나의 데이터를 접근할 수 있게 하는 경우에는 문자열 키를 사용하는 것이 특히 유용한데, 다른 곳에선 키 이름만 알면 되기 때문이다. 이런 경우에 충돌 없는 키 이름을 선택하는 완벽한 방법은 없지만, 다음과 같은 꽤 좋은 방법이 있다. 흔히 쓰이는 이름

---

[3] 사실, 루아에서도 디버그 라이브러리의 debug.getregistry 함수를 이용해서 접근할 수 있긴 하다.

을 사용하지 않거나, 라이브러리 이름이나 모듈 이름 등을 접두어로 붙일 수 있다. (물론 lua나 lualib 같은 접두어는 피하는 것이 좋다.)

그리고 레지스트리에서는 절대로 숫자 키를 사용해선 안 된다. 숫자 키는 참조 시스템에서 쓰도록 예약해 둔 것이기 때문이다. 이 참조 시스템은 충돌이 없는 이름을 짓기 위해서 고민하지 않고도 테이블에 값을 저장할 수 있도록 도와 주는 몇 개의 보조 라이브러리 함수로 구성되어 있는데 여기서 숫자 키를 사용한다. 참조 시스템에 있는 luaL_ref는 새 참조를 생성하는 함수다.

```
int r = luaL_ref(L, LUA_REGISTRYINDEX);
```

이렇게 호출하면 스택에서 값을 꺼내서 레지스트리에 새로 만든 정수 키로 저장하고 그 키를 반환한다. 앞으로 이 키를 참조라고 하겠다.

이름이 의미하는 바와 같이, 참조는 주로 C 구조체 내부의 루아 값에 대한 참조를 저장할 때 사용한다. 이미 알고 있듯이, 절대로 루아 문자열에 대한 포인터는 그 문자열을 전달받은 C 함수의 외부에 저장해서는 안 된다. 더욱이 루아는 테이블이나 함수 같은 다른 객체에 대한 포인터를 제공하지도 않는다. 그래서 포인터를 통해서는 루아 객체를 참조할 수 없다. 그 대신 이런 포인터가 필요한 경우에는 참조를 생성하고 C에서 저장하면 된다.

참조 r이 가리키는 값을 스택에 넣으려면 코드를 쓰면 된다.

```
lua_rawgeti(L, LUA_REGISTRYINDEX, r);
```

마지막으로 값과 참조를 모두 해제할 때는 다음과 같이 luaL_unref를 호출하면 된다.

```
luaL_unref(L, LUA_REGISTRYINDEX, r);
```

이렇게 호출하고 나면, 다음에 luaL_ref를 호출했을 때 다시 이 참조가 반환될 수 있다.[4]

참조 시스템은 nil을 특별한 경우로 처리한다. 스택 최상단의 값이 nil 인 경우에 luaL_ref를 호출하면 새 참조를 만드는 대신 LUA_REFNIL이라는 상수를 반환한다. 이렇게 호출하면 아무 일도 일어나지 않는다.

---

4 (옮긴이주) 이 참조 번호를 재사용할 수 있다는 의미이다.

```
luaL_unref(L, LUA_REGISTRYINDEX, LUA_REFNIL);
```

또한 다음과 같이 호출하면 예상대로 nil을 스택에 넣는다.

```
lua_rawgeti(L, LUA_REGISTRYINDEX, LUA_REFNIL);
```

참조 시스템에는 LUA_NOREF라는 상수도 정의되어 있다. 이는 유효한 참조와 구분하기 위한 정수 값으로, 유효하지 않은 참조를 표시하는 데 유용하다.

충돌 없는 레지스트리 키를 만드는 다른 방법은 코드에서 사용하는 static 변수의 주소 값을 키로 사용하는 것이다. 프로그램에서 사용하는 모든 라이브러리에서 이 값이 겹치는 일이 없다는 것을 C 링커가 보장한다. 이렇게 하기 위해서는 C 포인터를 나타내는 값을 루아 스택에 넣는 lua_pushlightuserdata 함수가 필요하다. 이 방법을 이용해서 문자열을 레지스트리에 저장하고 가져오는 방법을 다음 코드에서 확인하자.

```
/* 고유한 주소로 된 변수 */
static char Key = 'k';

/* 문자열 저장 */
lua_pushlightuserdata(L, (void *)&Key);   /* 주소를 넣음 */
lua_pushstring(L, myStr);    /* 값을 넣음 */
lua_settable(L, LUA_REGISTRYINDEX);   /* registry[&Key] = myStr */

/* 문자열 가져오기 */
lua_pushlightuserdata(L, (void *)&Key);   /* 주소를 넣음 */
lua_gettable(L, LUA_REGISTRYINDEX);   /* 값을 가져옴 */
myStr = lua_tostring(L, -1);   /* 문자열로 변환 */
```

이 함수에서 사용하는 경량 유저데이터에 대해서는 29장의 '경량 유저데이터' 절에서 자세히 다루도록 하겠다.

변수의 주소를 고유한 키로 사용하는 것을 단순화하기 위해, 루아 5.2에서 lua_rawgetp와 lua_rawsetp 함수가 추가되었다. lua_rawgeti와 lua_rawseti의 쌍과 유사하지만, 정수가 아닌 경량 유저데이터로 변환할 수 있는 C 포인터를 사용한다는 점이 다르다. 이전 코드를 새로 추가된 함수를 이용해서 다음의 코드처럼 바꿔 쓸 수 있다.

```
static char Key = 'k';

/* 문자열 저장 */
lua_pushstring(L, myStr);
lua_rawsetp(L, LUA_REGISTRYINDEX, (void *)&Key);
```

```
/* 문자열 가져오기 */
lua_rawgetp(L, LUA_REGISTRYINDEX, (void *)&Key);
myStr = lua_tostring(L, -1);
```

두 함수 모두 메타테이블을 이용하지 않고 저수준으로 직접 접근한다. 보통은 레지스트리에는 메타테이블을 쓰지 않기 때문에 저수준의 접근을 해도 보통의 접근과 기능상 다르지는 않지만 약간 더 효율적이다.

### 28.3.2 업밸류

레지스트리가 전역 변수 같은 요소를 제공하는 반면, 업밸류는 특정 함수 안에서만 사용할 수 있는 static 변수와 같은 요소를 구현한 방식이다. 루아에서 C 함수를 생성할 때마다, C 함수에 대한 업밸류를 여러 개 만들 수 있는데, 이런 업밸류마다 하나의 루아 값을 담을 수 있다. 이후에 함수가 호출되면 가상 인덱스를 통해 자유롭게 업밸류에 접근할 수 있다.

루아에서는 C 함수와 관련 업밸류와의 관계를 클로저라고 부른다. C 클로저는 루아 클로저와 유사하게 동작하도록 C로 구현한 것이다. 같은 함수 코드에 다른 업밸류를 이용하면 다른 클로저를 생성할 수 있다.

간단한 예를 들기 위해, C로 newCounter 함수를 만든다고 하자.[5] 만들어 볼 함수는 호출될 때마다 새로운 카운터 함수를 반환하는 팩토리 함수다. 모든 카운터 클로저가 같은 C 코드를 공유한다 하더라도 생성된 카운터 클로저마다 각자의 독립된 카운터를 유지하고 있어야 한다. 팩토리 함수를 다음과 같이 구현할 수 있다.

```
static int counter (lua_State *L);   /* 전방 선언 */

int newCounter (lua_State *L) {
  lua_pushinteger(L, 0);
  lua_pushcclosure(L, &counter, 1);
  return 1;
}
```

여기서 주로 봐야 할 함수는 새 클로저를 생성하는 lua_pushcclosure다. 이 함수에는 클로저의 동작을 정의하는 함수(이 예제에서는 counter 함수)가 두 번째

---

[5] 6장 '클로저' 절에서 만들었던 newCounter와 같은 것을 말한다.

인자로, 업밸류의 개수(여기서는 1)가 세 번째 인자로 들어간다. 새 클로저를 생성하기 전에, 반드시 업밸류로 사용할 초깃값을 스택에 넣어 두어야 한다. 이 예제에서는 초깃값이 0인 업밸류 하나를 만들었다. 짐작대로 lua_pushcclosure 함수를 호출하고 나면 생성한 클로저가 스택에 남아서 newCounter의 결과로 반환할 준비가 된다. 이제 counter 함수의 정의를 보자.

```
static int counter (lua_State *L) {
  int val = lua_tointeger(L, lua_upvalueindex(1));
  lua_pushinteger(L, ++val);  /* 새 값 */
  lua_pushvalue(L, -1);  /* 복제 */
  lua_replace(L, lua_upvalueindex(1));  /* 업밸류 갱신 */
  return 1;  /* 새 값 반환 */
}
```

여기서 주목해야 할 부분은 업밸류의 가상 인덱스를 만드는 lua_upvalueindex 매크로이다. 특히 lua_upvalueindex(1) 표현식의 결과는 실행 중인 함수의 첫 업밸류의 가상 인덱스이다. 다시 말하지만, 가상 인덱스는 참조 대상이 스택에 있지 않다는 점을 제외하고는 보통의 스택 인덱스와 비슷하다. 그래서 lua_tointeger 함수를 호출하면 첫 업밸류의 현재 값을 실수로 해석해서 가져온다. 그 다음 counter 함수는 새 값인 ++val을 스택에 넣고, 사본을 만들고, 업밸류의 값을 새 값의 사본으로 갱신한다. 끝으로 새 값을 반환한다.

더 수준 높은 예제로, 업밸류를 사용해서 튜플(tuple)을 구현해 보자. 튜플은 익명 필드를 가진 상수 레코드의 일종으로, 특정 필드를 실수 인덱스로 가져오거나 모든 필드를 한번에 가져올 수 있다. 이번 구현에서는 값을 업밸류로 저장하는 함수로 튜플을 표현할 것이다. 실수 인자로 호출하면 해당하는 인자에 맞는 필드를 반환하고, 인자 없이 호출하면 모든 필드를 반환하도록 구현할 것이다. 튜플을 사용하는 코드는 다음과 같다.

```
x = tuple.new(10, "hi", {}, 3)
print(x(1))       --> 10
print(x(2))       --> hi
print(x())        --> 10  hi  table: 0x8087878  3
```

C에서는 모든 튜플을 t_tuple 함수 하나로 표현할 것이다. t_tuple의 구현 내용은 코드 28.5 '튜플의 구현'에서 볼 수 있다.

### 코드 28.5 튜플의 구현

```
int t_tuple (lua_State *L) {
  int op = luaL_optint(L, 1, 0);
  if (op == 0) {   /* 인자가 없는 경우 */
    int i;
    /* 유효한 모든 업밸류를 스택에 넣음 */
    for (i = 1; !lua_isnone(L, lua_upvalueindex(i)); i++)
      lua_pushvalue(L, lua_upvalueindex(i));
    return i - 1;   /* 스택에 들어간 값 의 수 */
  }
  else {   /* 'op' 필드를 가져옴 */
    luaL_argcheck(L, 0 < op, 1, "index out of range");
    if (lua_isnone(L, lua_upvalueindex(op)))
      return 0;   /* 해당 필드가 없음 */
    lua_pushvalue(L, lua_upvalueindex(op));
    return 1;
  }
}

int t_new (lua_State *L) {
  lua_pushcclosure(L, t_tuple, lua_gettop(L));
  return 1;
}

static const struct luaL_Reg tuplelib [] = {
  {"new", t_new},
  {NULL, NULL}
};

int luaopen_tuple (lua_State *L) {
  luaL_newlib(L, tuplelib);
  return 1;
}
```

tuple을 인자 없이 호출할 수도 있기 때문에 t_tuple에서는 luaL_optint 함수를 써서 없을 수도 있는 인자를 가져온다. luaL_optint 함수는 luaL_checkint와 유사하나, 인자가 없는 경우에는 별 다른 표시 없이 지정한 기본값(여기서는 0)을 반환한다.

lua_upvalueindex 함수 등으로 존재하지 않는 업밸류를 가져오려고 하면 LUA_TNONE를 반환한다. (현재 스택의 크기보다 큰 인덱스로 접근하려 해도 LUA_TNONE를 얻는다.) 그래서 t_tuple 함수에서는 lua_isnone를 써서 해당 upvalue가 있는지 검사한다. 하지만 절대로 lua_upvalueindex에 음수 인덱스를 넣어서 호출하면 안 되기 때문에, 입력 받은 인덱스를 사용할 때는 반드시 이런 조건을 검사해야 한다. 여기서 사용한 luaL_argcheck 함수는 주어진 조건을 검사해서 문제가 있는 경우 오류를 발생시킨다.

튜플을 만드는 함수인 t_new(이 함수도 코드 28.5 '튜플의 구현'에 있다.)에는 별 내용이 없다. 이 함수의 인자는 이미 스택에 있어서 그냥 lua_pushcclosure를 호출해서 업밸류를 가지는 t_tuple의 클로저를 만들기만 하면 되기 때문이다. 마지막으로, 배열 tuplelib과 함수 luaopen_tuple은 new 함수 하나만 있는 tuple 라이브러리를 생성하기 위한 코드이다.

### 28.3.3 공유 업밸류

라이브러리 내의 다른 함수들과 값이나 변수를 공유해야 하는 경우가 자주 생긴다. 그럴 때는 레지스트리를 사용하면 되지만, 이번에는 업밸류를 써서 공유하는 방법에 대해 다뤄 보겠다.

루아 클로저와는 달리 C 클로저는 업밸류를 공유하지 못한다. 각 클로저마다 독립된 업밸류가 따로 있다. 하지만 다른 함수에서 같은 공용 테이블을 참조하도록 업밸류를 만들 수 있으므로, 이런 테이블이 함수 사이에서 데이터를 공유할 수 있는 공용 환경이 될 수 있다.

루아 5.2부터 라이브러리 내의 모든 함수에서 업밸류를 공유하는 작업을 쉽게 해주는 함수를 제공한다. 이때까지는 luaL_newlib를 써서 C 라이브러리를 사용했는데, 사실 이 함수는 다음과 같이 정의된 매크로다.

```
#define luaL_newlib(L,l)  \
    (luaL_newlibtable(L,l), luaL_setfuncs(L,l,0))
```

luaL_newlibtable 매크로는 라이브러리로 쓸 테이블을 생성하는 작업만 한다. (lua_newtable을 써도되지만, 이 매크로에서는 사용할 라이브러리에 있는 함수의 개수에 딱 맞게 미리 할당된 크기로 테이블을 생성하기 위해 lua_createtable을 쓰고 있다.) luaL_setfuncs 함수는 리스트 l에 들어 있는 함수를 스택의 최상단에 있는 새 테이블에 추가한다.

luaL_setfuncs의 세 번째 인자가 이번에 설명할 대상이다. 이 인자는 라이브러리의 함수에 업밸류를 몇 개나 사용할 것인지 알려 준다. 사용할 업밸류의 초깃값은 lua_pushcclosure가 호출될 때 스택에 들어 있어야 한다. 그러므로 모든 함수에서 공용 테이블을 한 업밸류로 공유하도록 라이브러리를 만들려면, 다음과 같은 코드를 쓰면 된다.

```
/* 라이브러리 테이블 생성 ('lib'는 함수 리스트) */
luaL_newlibtable(L, lib);         /* 공유 업밸류 생성 */
lua_newtable(L);
/* 리스트 'lib'에 있는 함수 전부를 새 라이브러리에 추가하고, 이전 테이블을 업밸류로 공유 */
luaL_setfuncs(L, lib, 1);
```

마지막 부분에서 luaL_setfuncs를 호출하면 공유 테이블을 스택에서 제거하여 새 라이브러리에만 테이블이 남게 된다.

## 연습 문제

**연습 문제 28.1:** C로 filter 함수를 구현해 보자. 리스트와 조건을 받아서 받은 리스트에서 조건을 만족시키는 원소들만 새 리스트에 담아 반환하게 만들자. 다음 코드와 같이 동작해야 한다.

```
t = filter({1, 3, 20, -4, 5}, function (x)
                                return x < 5
                              end)
-- t = {1, 3, -4}
```

(두 번째 인자인 함수는 특정 조건을 검사하여 결과를 불리언 값으로 반환한다.)

**연습 문제 28.2:** 코드 28.2 '문자열 나누기'에서 구현한 l_split 함수가 0을 포함하는 문자열도 처리할 수 있도록 수정하자. (바꿔야 하는 부분이 여러 군데 있지만, 특히 strchr 대신 memchr를 사용해야 한다.)

**연습 문제 28.3:** 연습 문제 21.3에서 작성한 transliterate 함수를 C로 다시 구현해 보자.

**연습 문제 28.4:** transliterate 함수의 구현에서 테이블을 인자로 받는 대신, 라이브러리에서 테이블을 유지하고 있도록 수정하고, 관련 함수를 추가한 라이브러리를 구현해 보자. 라이브러리에는 다음의 함수가 있어야 한다.

```
lib.settrans (table)        -- 테이블을 지정
lib.gettrans ()             -- 테이블을 가져옴
lib.tranliterate(s)         -- 's'를 현재 지정된 테이블을 써서 변환
```

레지스트리를 사용해서 이 테이블을 유지하도록 구현해 보자.

**연습 문제 28.5:** 이번에는 업밸류로 transliterate 함수에서 사용하는 테이블을 유지하도

록 연습 문제 28.4를 다시 구현해 보자.

**연습 문제 28.6:** transliterate 함수가 테이블을 인자로 받는 대신에 라이브러리의 상태로 유지하는 것이 더 좋은 설계라고 생각하는가?

# 29장

Programming in Lua

# C에서 사용자 정의 타입 만들기

이전 장에서 C로 작성한 함수를 이용해서 루아를 어떻게 확장하는지 알아보았다. 이번에는 C로 작성한 타입을 이용해서 루아를 확장하는 방법에 대해 다룬다. 이번 장은 작은 예제로 시작해서 메타메서드와 다른 요소로 확장해 나가는 방식으로 진행할 것이다.

간단한 불리언 배열 타입을 예제로 만들어 볼 것이다. 이 예제를 쓰는 이유는 복잡한 알고리즘을 사용하지 않아서 API를 사용하는 것에 집중할 수 있기 때문이다. 그러면서도 쓸모 있는 예제이기도 하다. 물론 루아에서는 불리언 배열을 테이블로 구현할 수 있지만, C로는 각 항목이 1비트만 사용하도록 해서 루아의 테이블로 구현한 것의 3% 정도의 메모리만 사용하도록 구현할 수 있다.

나중에 코드를 구현하려면 다음의 정의가 필요하다.

```
#include <limits.h>

#define BITS_PER_WORD (CHAR_BIT*sizeof(unsigned int))
#define I_WORD(i)     ((unsigned int)(i) / BITS_PER_WORD)
#define I_BIT(i)      (1 << ((unsigned int)(i) % BITS_PER_WORD))
```

BITS_PER_WORD는 부호가 없는 정수 타입이 몇 비트인지 나타내는 매크로이다. I_WORD는 주어진 인덱스의 비트가 몇 번째의 워드에 있는지 계산하는 매크로이고, I_BIT는 워드 안에서 i번째 비트에 접근할 수 있도록 나머지 비트를 가리는(mask) 값을 계산하는 매크로이다.

구현할 비트 배열을 다음의 자료구조로 표현할 수 있다.

```c
typedef struct NumArray {
  int size;
  unsigned int values[1];  /* 가변 배열 */
} NumArray;
```

크기가 1인 values 배열을 선언한 이유는 C89 표준에서는 크기가 0인 배열을 선언할 수 없어서, 동적으로 구조체를 할당하고 size 필드 이후의 영역을 배열로 사용하기 위함이다. 배열의 실제 길이는 배열을 할당할 때 size 필드에 지정할 것이다. 다음 표현식은 n개의 원소를 담은 배열의 전체 크기를 계산하는 코드이다.

```
sizeof(NumArray) + I_WORD(n - 1)*sizeof(unsigned int)
```

여기서 이미 가변 배열을 사용하려고 1개짜리 배열을 만들었기 때문에 n에서 1을 뺐다.

## 29.1 유저데이터

먼저 NumArray 구조체를 루아에서 어떻게 표현할지를 고려해야 한다. 루아에는 이런 용도로 사용하기 위한 기본 타입으로 유저데이터가 있다. 유저데이터는 어떤 형태든 저장할 수 있도록 미리 정의된 연산이 없는 메모리 공간을 제공하는 타입이다.

다음의 lua_newuserdata 함수는 유저데이터 크기를 스택을 통해서 전달받아서, 주어진 크기의 메모리를 할당하고 할당된 메모리의 주소를 반환한다.

```c
void *lua_newuserdata (lua_State *L, size_t size);
```

만약 기본 할당 함수를 사용하지 않는 방법으로 메모리를 할당하려 한다면, 포인터의 크기만큼의 유저데이터를 생성하고 실제 메모리 영역에 대한 포인터를 생성된 유저데이터에 저장하면 된다. 이런 기법의 사용 예는 30장의 자원 관리하기를 보도록 하자.

이제 lua_newuserdata 함수를 써서 불리언 배열을 생성하는 함수를 다음과 같이 작성할 수 있다.

```
static int newarray (lua_State *L) {
  int i;
  size_t nbytes;
  NumArray *a;

  int n = luaL_checkint(L, 1);
  luaL_argcheck(L, n >= 1, 1, "invalid size");
  nbytes = sizeof(NumArray) + I_WORD(n - 1)*sizeof(unsigned int);
  a = (NumArray *)lua_newuserdata(L, nbytes);

  a->size = n;
  for (i = 0; i <= I_WORD(n - 1); i++)
    a->values[i] = 0;  /* 배열 초기화 */

  return 1;  /* 생성한 유저데이터는 스택에 있음 */
}
```

luaL_checkint 매크로는 luaL_checkinteger 함수의 결과를 C의 int 타입으로 변환해 주는 것에 불과하다. 루아에 newarray 함수를 등록하면, a = array.new(1000)와 같은 문장을 써서 새 배열을 생성할 수 있게 된다.

배열에 항목을 저장하려면 array.set(a, index, value)처럼 array.set을 호출하면 된다. 나중에는 좀 더 배열답게 a[index] = value 형태로 쓸 수 있도록 메타테이블을 사용하는 방법에 대해 다룰 것이다. 두 방법 모두 실제로는 같은 함수를 이용한다. 이를 구현한 다음 코드는 보통 루아에서 배열을 쓸 때처럼 배열의 인덱스는 1부터 시작한다고 가정한다.

```
static int setarray (lua_State *L) {
  NumArray *a = (NumArray *)lua_touserdata(L, 1);
  int index = luaL_checkint(L, 2) - 1;

  luaL_argcheck(L, a != NULL, 1, "'array' expected");
  luaL_argcheck(L, 0 <= index && index < a->size, 2,
                    "index out of range");
  luaL_checkany(L, 3);

  if (lua_toboolean(L, 3))
    a->values[I_WORD(index)] |= I_BIT(index);   /* 비트 값을 1로 */
  else
    a->values[I_WORD(index)] &= ~I_BIT(index); /* 비트 값을 0으로 */
  return 0;
}
```

루아는 어떤 값이든 불리언 값으로 받을 수 있으므로 세 번째 매개변수를 검사할 때 luaL_checkany를 쓴다. luaL_checkany 함수는 어떤 값이든 매개변수에 값이 있는지를 검사한다. 이렇게 해서, setarray에 잘못된 인자를 넣어서 호출하면 다음의 오류 메시지를 볼 수 있다.

```
array.set(0, 11, 0)
  --> stdin:1: bad argument #1 to 'set' ('array' expected)
array.set(a, 1)
  --> stdin:1: bad argument #3 to 'set' (value expected)
```

다음은 항목을 얻어 오는 함수다.

```
static int getarray (lua_State *L) {
  NumArray *a = (NumArray *)lua_touserdata(L, 1);
  int index = luaL_checkint(L, 2) - 1;

  luaL_argcheck(L, a != NULL, 1, "'array' expected");
  luaL_argcheck(L, 0 <= index && index < a->size, 2,
                   "index out of range");

  lua_pushboolean(L, a->values[I_WORD(index)] & I_BIT(index));
  return 1;
}
```

배열의 길이를 얻어 올 수 있도록 다음과 같이 함수를 하나 더 정의하자.

```
static int getsize (lua_State *L) {
  NumArray *a = (NumArray *)lua_touserdata(L, 1);
  luaL_argcheck(L, a != NULL, 1, "'array' expected");
  lua_pushinteger(L, a->size);
  return 1;
}
```

마지막으로, 다음과 같이 라이브러리를 초기화하기 위한 코드를 추가하자.

```
static const struct luaL_Reg arraylib [] = {
  {"new", newarray},
  {"set", setarray},
  {"get", getarray},
  {"size", getsize},
  {NULL, NULL}
};

int luaopen_array (lua_State *L) {
  luaL_newlib(L, arraylib);
  return 1;
}
```

이번에도 보조 라이브러리의 luaL_newlib를 사용했는데, 이 함수는 테이블을 생성하고 arraylib 배열에 정의된 이름-함수의 쌍으로 생성한 테이블을 채우는 역할을 한다.

라이브러리를 읽어 온 후에, 다음과 같이 루아에서 새 타입을 사용할 수 있다.

```
a = array.new(1000)
print(a)              --> userdata: 0x8064d48
print(array.size(a))  --> 1000
for i = 1, 1000 do
  array.set(a, i, i%5 == 0)
end
print(array.get(a, 10))  --> true
```

## 29.2 메타테이블

이렇게 구현한 코드에는 중요한 보안 문제가 있다. 만약 사용자가 array.set(io.stdin, 1, false)라는 코드를 사용했다고 생각해 보자. io.stdin의 값은 스트림(즉, FILE *)에 대한 포인터 값을 담고 있는 유저데이터이다. 이 값이 유저데이터이기 때문에 array.set 함수는 이 값을 의심 없이 유효한 인자라고 받아들일 것이고, 이렇게 되면 메모리 오류를 야기하거나 운이 좋다면 index-out-of-range 오류가 발생할 것이다. 이런 동작은 루아 라이브러리에서 발생해선 안 된다. 사용자가 라이브러리를 어떻게 사용하건, C 데이터를 망가뜨리거나 루아가 비정상 종료되게 해서는 안 된다.

유저데이터 타입을 구별하는 일반적인 방법은 타입마다 유일한 메타테이블을 만들어 두는 것이다. 유저데이터를 만들 때마다 해당 메타테이블을 기록해 두었다가 유저데이터를 받을 때 메타테이블을 검사해서 올바른 타입인지 구별할 수 있다. 루아 코드로는 유저데이터 메타테이블을 바꿀 수 없으므로 안전한 방식이다.

이렇게 비교에 사용할 메타테이블을 저장할 곳이 필요하기 때문에, 새 유저데이터를 생성하고 해당 유저데이터의 타입이 맞는지 검사하기 위해 접근할 수 있다. 앞서 언급한 대로, 메타테이블을 저장할 수 있는 두 가지 방법이 있다. 라이브러리의 함수를 위한 레지스트리나 업밸류에 저장하는 방법이다. 루아에서는 타입 이름을 인덱스, 메타테이블을 값으로 해서 새로운 C 타입을 레지스트리에 등록하는 것이 보통 쓰는 방법이다. 레지스트리의 인덱스로 다른 값을 사용할 때는 타입 이름을 선택할 때 이름 충돌이 일어나지 않게 주의를 기울여야 한다. 'LuaBook.

array'를 이번 예제에서 만든 타입의 이름으로 쓸 것이다.

이런 작업은 보조 라이브러리에 있는 다음 함수를 이용해서 처리할 수 있다.

```
int    luaL_newmetatable (lua_State *L, const char *tname);
void   luaL_getmetatable (lua_State *L, const char *tname);
void *luaL_checkudata   (lua_State *L, int index,
                                       const char *tname);
```

luaL_newmetatable 함수는 메타테이블로 사용할 테이블을 생성해서 스택의 최상단에 두고, 생성한 테이블을 주어진 이름으로 레지스트리에 연결한다. luaL_getmetatable는 tname 인자에 해당하는 메타테이블을 레지스트리에서 가져오는 함수이다. 마지막의 luaL_checkudata는 index로 주어진 스택 위치에 있는 객체가 메타테이블의 이름이 tname인 유저데이터인지 검사하는 함수이다. 해당 객체가 유저데이터가 아니거나 유저데이터의 메타테이블이 지정한 것과 다르면 오류를 발생시키고, 아니면 유저데이터의 주소를 반환한다.

필요한 보조 라이브러리의 사용 방법을 알았으니, 이제 구현할 수 있다. 가장 처음에 할 일은 라이브러리를 읽어 오는 함수를 바꾸는 것이다. 새 함수에서는 반드시 LuaBook.array를 위한 메타테이블을 생성하도록 작성해야 한다.

```
int luaopen_array (lua_State *L) {
  luaL_newmetatable(L, "LuaBook.array");
  luaL_newlib(L, arraylib);
  return 1;
}
```

그 다음 할 일은 생성되는 모든 비트 배열에 이 메타테이블을 지정하도록 newarray를 다음과 같이 변경하는 것이다.

```
static int newarray (lua_State *L) {
  <이전과 같음>

  luaL_getmetatable(L, "LuaBook.array");
  lua_setmetatable(L, -2);

  return 1;  /* 생성한 유저데이터는 이미 스택에 있음 */
}
```

lua_setmetatable 함수는 스택에서 테이블을 꺼내고, 그 테이블을 주어진 위치에 있는 객체의 메타테이블로 설정한다. 이 예제에서는 새로 생성한 유저데이터가 메타테이블을 설정할 객체이다.

마지막으로 setarray 함수, getarray 함수, getsize 함수에 전달된 배열이 올바른 배열인지 검사하는 코드를 추가해야 한다. 검사하는 작업을 간단히 하기 위해 다음과 같이 매크로를 정의해서 쓰자.

```
#define checkarray(L) \
        (NumArray *)luaL_checkudata(L, 1, "LuaBook.array")
```

이 매크로를 이용해서 getsize 함수를 다음과 같이 수정할 수 있다.

```
static int getsize (lua_State *L) {
  NumArray *a = checkarray(L);
  lua_pushinteger(L, a->size);
  return 1;
}
```

setarray 함수와 getarray 함수에서 두 번째 인자에 해당하는 인덱스를 검사하는 코드가 같기 때문에, 공통 되는 부분을 다음과 같이 함수로 추출했다.

```
static unsigned int *getindex (lua_State *L,
                               unsigned int *mask) {
  NumArray *a = checkarray(L);
  int index = luaL_checkint(L, 2) - 1;

  luaL_argcheck(L, 0 <= index && index < a->size, 2,
                "index out of range");

  /* 원소의 주소를 반환 */
  *mask = I_BIT(index);
  return &a->values[I_WORD(index)];
}
```

getindex 함수를 정의하고, 이 함수를 이용해서 setarray 함수와 getarray 함수를 다음과 같이 수정할 수 있다.

```
static int setarray (lua_State *L) {
  unsigned int mask;
  unsigned int *entry = getindex(L, &mask);
  luaL_checkany(L, 3);
  if (lua_toboolean(L, 3))
    *entry |= mask;
  else
    *entry &= ~mask;

  return 0;
}

static int getarray (lua_State *L) {
```

```
    unsigned int mask;
    unsigned int *entry = getindex(L, &mask);
    lua_pushboolean(L, *entry & mask);
    return 1;
}
```

이제 array.get(io.stdin, 10) 같은 코드를 실행하면, 다음과 같은 오류 메시지를 보게 된다.

```
error: bad argument #1 to 'get' ('array' expected)
```

## 29.3 객체지향 구현

다음 단계는 새 타입을 객체로 변환하여, 다음 코드와 같이 보통의 객체 지향 문법을 이용해서 인스턴스를 다룰 수 있도록 하는 것이다.

```
a = array.new(1000)
print(a:size())    --> 1000
a:set(10, true)
print(a:get(10))   --> true
```

a:size()는 a.size(a)와 같은 코드이다. 그러므로 a.size 표현식이 getsize 함수를 반환하도록 처리해야 한다. 여기서는 __index 메타메서드를 조작하는 것이 관건이다. 테이블에서 주어진 키에 해당하는 값을 찾지 못하면 언제든 이 메타메서드가 호출된다. 그래서 유저데이터에는 아무런 키도 없으므로, 유저데이터에 접근할 때마다 이 메타메서드가 호출된다.

다음과 같은 코드를 실행한다고 하자.

```
local metaarray = getmetatable(array.new(1))
metaarray.__index = metaarray
metaarray.set = array.set
metaarray.get = array.get
metaarray.size = array.size
```

첫 번째 줄에서는 지역 변수 metaarray에 할당할 메타테이블을 가져오기 위해서 배열을 생성했다. (루아에서는 유저데이터의 메타테이블을 설정할 수 없지만, 설정된 메타테이블을 가져올 수는 있다.) 그 다음 가져온 metaarray를 metaarray.__index에 넣는다. a.size 표현식을 계산할 때, a는 유저데이터이기 때문에 a에서 'size'라는 키에 해당하는 값을 찾을 수 없다. 그러므로 루아는 a의 메타테이블의 __index 필드로부터 이 값을 가져오려고 시도하여 metaarray 자신을 얻게 된다. 하지만 metaarray.size는 array.size이기 때문에 a.size(a)는 우리가 의도한 대로 array.size(a)와 같은 결과를 낸다.

당연히 같은 내용을 C로도 작성할 수 있는데, C로 작성하는 것이 더 좋을 때도 있다. C로 작성할 경우, 배열을 다루는 메서드를 가지고 있는 객체이므로 array 테이블에 해당 함수를 넣어 둘 필요가 없다. new 함수만 라이브러리에서 제공하면 된다. 필요한 다른 동작은 배열 객체의 메서드로 있게 된다. 이런 식으로 C 코드로 이런 메서드를 직접 등록할 수 있다.

getsize, getarray, setarray의 동작은 이전 방식에서 바뀌지 않는다. 함수를 등록하는 방법이 바뀔 뿐이다. 즉, 라이브러리를 읽어 오는 코드를 바꿔야 한다는 말이다. 먼저, 다음과 같이 일반 함수를 담는 리스트와 메서드를 위한 리스트를 분리할 필요가 있다.

```
static const struct luaL_Reg arraylib_f [] = {
  {"new", newarray},
  {NULL, NULL}
};

static const struct luaL_Reg arraylib_m [] = {
  {"set", setarray},
  {"get", getarray},
  {"size", getsize},
  {NULL, NULL}
};
```

새로 작성한 luaopen_array 함수는 메타테이블을 생성해서 __index 필드에 담고, 메서드를 모두 등록한 다음 array 테이블을 만들어서 해당 내용을 채워 넣는다. 다음 코드를 보자.

```
int luaopen_array (lua_State *L) {
  luaL_newmetatable(L, "LuaBook.array");

  /* metatable.__index = metatable */
  lua_pushvalue(L, -1);   /* 메타테이블 복제 */
  lua_setfield(L, -2, "__index");
  luaL_setfuncs(L, arraylib_m, 0);

  luaL_newlib(L, arraylib_f);
  return 1;
}
```

여기서 arraylib_m 리스트에 있는 함수를 스택의 최상단에 들어 있는 메타테이블에 넣기 위해서 luaL_setfuncs 함수를 다시 사용했다. 그렇게 한 이후에 luaL_newlib 함수를 호출해서 새 테이블을 생성하고 arraylib_f 리스트에 있는 함수를 등록했다. (여기서는 함수가 없어서 테이블을 생성하기만 했다.)

끝 마무리로, 새로 정의한 타입에 __tostring 메서드를 추가해서 print(a)를 호출하면 'array'라고 출력하고, 이어서 배열의 크기를 괄호로 감싸서 출력하도록 해보자. 즉, a가 크기가 1000인 배열인 경우 print(a)를 호출하면 'array(1000)'이라고 출력하는 함수를 다음과 같이 정의할 수 있다.

```
int array2string (lua_State *L) {
  NumArray *a = checkarray(L);
  lua_pushfstring(L, "array(%d)", a->size);
  return 1;
}
```

lua_pushfstring 함수를 호출해서 문자열의 형식을 맞춘 다음 스택의 최상단에 넣었다. 그리고 다음과 같이 array2string 함수도 arraylib_m 리스트에 추가해서 배열 객체에 등록되도록 했다.

```
static const struct luaL_Reg arraylib_m [] = {
  {"__tostring", array2string},
  <기타 메서드>
};
```

## 29.4 배열의 원소 사용하기

배열을 사용할 때 a:get(i)와 같은 객체지향 표기를 사용하는 대신, a[i]처럼 일반 배열을 사용할 때와 같은 표기를 사용할 수도 있다. 이번 예제에서는 setarray 함수와 getarray 함수가 이미 인자를 메타메서드에서 전달받는 순서대로 받고 있기 때문에, 일반 배열 방식으로 사용할 수 있게 구현하기가 쉽다. 이렇게 동작하도록 다음과 같이 루아 코드로 메타메서드를 정의해서 빠르게 구현할 수 있다.

```
local metaarray = getmetatable(array.new(1))
metaarray.__index = array.get
metaarray.__newindex = array.set
metaarray.__len = array.size
```

이 예제는 앞에서 작성한 객체지향 구현 코드는 제외하고, 원래의 배열 구현 코드에 적용해야 한다. 다음과 같이 원래 배열에 사용하는 문법만 사용하면 된다.

```
a = array.new(1000)
a[10] = true        -- 'setarray'
print(a[10])        -- 'getarray'     --> true
print(#a)           -- 'getsize'      --> 1000
```

물론, 필요하다면 C코드에서 이런 메타메서드를 등록할 수 있다. 이를 위해 다시 초기화 함수를 다음과 같이 수정하자.

```
static const struct luaL_Reg arraylib_f [] = {
  {"new", newarray},
  {NULL, NULL}
};

static const struct luaL_Reg arraylib_m [] = {
  {"__newindex", setarray},
  {"__index", getarray},
  {"__len", getsize},
  {"__tostring", array2string},
  {NULL, NULL}
};

int luaopen_array (lua_State *L) {
  luaL_newmetatable(L, "LuaBook.array");
  luaL_setfuncs(L, arraylib_m, 0);
  luaL_newlib(L, arraylib_f);
  return 1;
}
```

이렇게 수정하면 외부에는 new 함수 하나만 공개된다. 다른 함수는 모두 배열에 접근하는 동작을 위한 메타메서드로서만 사용된다.

## 29.5 경량 유저데이터

지금까지 사용한 유저데이터의 종류를 완전 유저데이터(full userdata)라고 한다. 루아는 완전 유저데이터 외에도 경량 유저데이터(light userdata)도 제공한다.

경량 유저데이터는 C의 포인터(여기서는 void *)로 표현되는 값을 말한다. 경량 유저데이터는 값이지 객체가 아니다. 그래서 우리가 숫자 값을 생성할 수 없듯이, 경량 데이터는 생성할 수 없다. 경량 유저데이터는 다음의 lua_pushlightuserdata 함수를 호출해서 스택에 넣을 수 있다.

```
void lua_pushlightuserdata (lua_State *L, void *p);
```

둘다 이름은 유저데이터이지만 경량 유저데이터와 완전 유저데이터는 꽤 다르다. 경량 유저데이터는 그냥 포인터이다. 메타테이블도 없고, 숫자 값처럼 가비지 콜렉터의 관리 대상도 아니다.

완전 유저데이터보다 가볍고 빠른 대안으로 경량 유저데이터를 사용하는 상황도 있으나, 일반적인 경우는 아니다. 일단, 경량 유저데이터에는 메타테이블이 없다. 그래서 경량 유저데이터의 타입을 알 수 있는 방법이 없다. 완전 유저데이터는 필요한 메모리 크기만큼 malloc을 하는 것에 비해 적은 추가 비용이 들 뿐이라서 그리 중량인 것은 아니기 때문에, 경량 유저데이터가 상대적으로 그리 가볍지 않다.

경량 유저데이터의 실제 용도는 동등 비교이다. 완전 유저데이터는 객체이기 때문에 자기 자신하고만 동등하다. 반면 경량 유저데이터는 C 포인터 값으로 표현되므로, 같은 포인터로 표현되는 유저데이터라면 서로 같은 것이다. 이런 특성을 이용해서 루아에서 C 객체를 찾을 때 경량 유저데이터를 사용할 수 있다.

이미 경량 유저데이터의 일반적인 사용 예로, 28장의 '레지스트리' 절에서 레지스트리의 키를 사용하는 것에 대해 다룬 적이 있다. 레지스트리에서는 경량 유저데이터를 이용한 동등성 비교가 중요한 특성이었다. lua_pushlightuserdata 함수에 같은 주소를 넣을 때마다 같은 루아 값, 즉 레지스트리의 같은 요소를 얻을 수 있었다.

경량 유저데이터를 사용하는 다른 일반적인 경우는 C 주소로 해당 완전 유저데이터를 얻을 필요가 있을 때이다. 루아로 윈도우 시스템을 다루는 코드를 작성한다고 해보자. 이 경우 하나의 창 객체를 완전 유저데이터로 표현할 수 있다. 각 유저데이터는 전체 창 구조를 모두 담고 있을 수 있고, 윈도우 시스템이 생성한 창에 대한 포인터만 담고 있을 수도 있다. 마우스 클릭 같은 이벤트가 창 내부에서 발생했다면, 윈도우 시스템은 창의 주소로 해당 창을 식별하여 연결된 처리 함수를 호출한다. 이벤트 처리 함수를 루아로 전달하기 위해서는 해당 창을 나타내는 유저데이터를 찾아야 한다. 이를 위해 해당 창의 주소를 담는 경량 유저데이터를 키로, 루아에서 해당 창을 나타내는 완전 유저데이터를 값으로 하는 테이블을 유지하여 유저데이터를 찾을 수 있다. 한 번 창의 주소를 받으면 이를 유저데이터로 API 스택에 넣고, 이 유저데이터를 유지하는 테이블의 인덱스로 사용하면 된다. (이때, 이 테이블을 약한 참조를 사용하게 하지 않으면, 이 테이블에서 참조하는 완전 유저데이터는 절대로 수거되지 않을 수 있다.)

## 연습 문제

**연습 문제 29.1:** setarray가 불리언 값만 받아들이도록 구현을 수정하자.

**연습문제 29.2:** 불리언 배열을 값이 true인 인덱스의 집합으로 볼 수도 있다. 두 배열의 합집합과 교집합을 계산하는 함수를 불리언 배열에 추가하자. 단, 이 함수들은 배열 두 개를 인자로 받아서 기존 인자의 값을 변경하지 않고, 새 배열을 반환하는 방식으로 구현해야 한다.

**연습 문제 29.3:** 배열의 모든 내용을 적절히 표시하도록 __tostring의 구현을 수정하자. 결과 문자열을 생성할 때는 28장의 '문자열 다루기' 절에서 봤던 버퍼 기능을 이용하도록 하자.

**연습 문제 29.4:** 불리언 배열 예제를 참고하여 정수 배열을 위한 간단한 C 라이브러리를 구현해 보자.

# 30장

## 자원 관리

앞 장에서 불리언 배열을 구현할 때 자원 관리에 대해서는 신경 쓰지 않았다. 이 배열은 메모리만 있으면 되기 때문이다. 배열을 표현하는 유저데이터는 모두 루아가 관리해 주는 메모리를 사용한다. 배열이 프로그램에서 사용하지 않게 되면, 언젠가는 루아가 이것을 골라내서 배열이 사용하는 메모리를 해제해 준다.

하지만 항상 그렇게 쉽지는 않다. 가끔은 그냥 메모리가 아닌 파일 기술자(file descriptor)나 윈도우 핸들 같은 자원을 사용하는 객체를 다뤄야 할 때도 있다. 그리고 그냥 메모리지만, 시스템의 다른 부분에서 관리되는 메모리인 자원도 있다. 이런 경우에는, 객체가 수거되어 해제될 때 해당 자원도 반드시 해제되어야 한다.

이를 위해 17장의 '마무리하기' 절에서 다뤘던 __gc 메타메서드 형태의 마무리 함수가 있다. 이 장에서는 C에서 이런 메타메서드를 사용하는 방법과 관련 API를 사용하는 방법 모두를 설명하기 위해, 루아에서 외부 자원을 다루는 두 개의 예제를 만들어 본다. 먼저, 디렉터리를 순회하는 함수를 다른 방법으로 구현하는 예제를 보고, 오픈소스 XML 파서인 Expat을 사용하는 예제를 보겠다.

## 30.1 디렉터리 반복자

27장의 'C 함수' 절에서 입력한 디렉터리에 있는 모든 파일을 테이블로 반환하는 dir 함수를 작성했었다. 이번에는 호출할 때마다 다음 파일을 반환하는 반복자를 반환하는 함수를 작성해 보겠다. dir 함수를 사용해서 다음과 같은 반복문으로 디렉터리의 모든 파일을 순회할 수 있도록 새로 구현할 것이다.

```
for fname in dir.open(".") do
  print(fname)
end
```

C에서는 디렉터리를 순회하려면 DIR 구조체가 필요하다. DIR의 인스턴스는 opendir로 생성해서 얻을 수 있는데, 이렇게 생성한 인스턴스는 반드시 closedir을 호출해서 명시적으로 해제해야 한다. 이전에는 DIR 인스턴스를 지역 변수로 가지고 있다가 마지막 파일 이름을 얻은 다음에 해제하도록 dir 함수를 구현했다. 이번에는 함수를 여러 번 호출하면서 다음 파일을 얻어 와야 하기 때문에 DIR 인스턴스를 지역 변수로 가지고 있을 수 없다. 게다가 반복자 내부에서 마지막 파일의 이름을 얻은 다음에 디렉터리를 닫도록 구현하는 것도 문제가 된다. 반복문 도중에 빠져나가는 경우에는 반복자가 마지막 파일까지 조회하지 않기 때문이다. 그러므로 DIR 인스턴스가 항상 해제되도록 보장하기 위해, DIR 인스턴스의 주소를 유저데이터로 저장하고 그 유저데이터의 __gc 메타메소드에서 DIR 인스턴스를 해제하도록 할 것이다.

이번 구현에서 디렉터리를 표현하는 유저데이터가 주요 역할을 하지만, 이 유저데이터를 루아에서 접근해야 할 필요가 없다. 루아에서는 dir 함수가 반환하는 반복자 함수만 사용하면 된다. 디렉터리는 반복자 함수의 업밸류가 될 수 있다. 그래서 반복자 함수는 디렉터리 구조체에 직접 접근하지만, 루아 코드는 그럴 필요가 없다.

세 개의 C 함수가 필요하다. 먼저, 루아에서 반복자를 생성하는 데 사용할 팩토리인 dir.open 함수가 필요하다. 이 함수는 DIR 구조체를 열고, 이 값을 업밸류로 가지고 있는 반복자 함수의 클로저를 생성하는 역할을 한다. 그리고 반복자 함수와 DIR 인스턴스를 해제할 __gc 메타메서드가 필요하다. 그리고 늘 그랬듯이 디렉터리를 위한 메타테이블을 생성하고 초기화하는 등의 초기 작업을 위한 추가 함수도 있어야 한다.

먼저 dir.open 함수부터 시작하자. 코드 30.1 'dir.open 팩토리 함수'를 보자.

코드 30.1 dir.open 팩토리 함수

```c
#include <dirent.h>
#include <errno.h>
#include <string.h>

#include "lua.h"
#include "lauxlib.h"

/* 반복자 함수를 위한 전방 선언 */
static int dir_iter (lua_State *L);

static int l_dir (lua_State *L) {
  const char *path = luaL_checkstring(L, 1);

  /* DIR의 주소를 저장할 유저데이터 생성 */
  DIR **d = (DIR **)lua_newuserdata(L, sizeof(DIR *));

  /* 메타테이블 설정 */
  luaL_getmetatable(L, "LuaBook.dir");
  lua_setmetatable(L, -2);

  /* 지정된 디렉터리를 열고, */
  *d = opendir(path);
  if (*d == NULL)  /* 열기에 실패한 경우 */
    luaL_error(L, "cannot open %s: %s", path, strerror(errno));

  /* 반복자 함수를 생성해서 반환한다.
       스택의 최상단에 디렉터리 유저데이터 하나를 업밸류로 둔다 */
  lua_pushcclosure(L, dir_iter, 1);
  return 1;
}
```

주의할 점은 이 함수가 디렉터리를 열기 전에 유저데이터를 생성해야 한다는 것이다. 디렉터리를 먼저 열고서 lua_newuserdata를 호출했을 때 메모리 오류가 발생하면, 기존 DIR 인스턴스를 해제하지 못하고 잃게 된다. 제대로 순서를 지키면 한 번 생성된 DIR 구조체는 바로 유저데이터와 연관되어, 그 이후로 어떤 일이 발생하든 __gc 메타메서드가 DIR 구조체를 해제한다.

그 다음 구현할 함수는 반복자인 dir_iter이다. 코드 30.2 'dir 라이브러리의 나머지 함수 구현'을 보자.

코드 30.2 dir 라이브러리의 나머지 함수 구현

```c
static int dir_iter (lua_State *L) {
  DIR *d = *(DIR **)lua_touserdata(L, lua_upvalueindex(1));
  struct dirent *entry;
```

```
    if ((entry = readdir(d)) != NULL) {
      lua_pushstring(L, entry->d_name);
      return 1;
    }
    else return 0;  /* 반환할 값이 없음 */
}

static int dir_gc (lua_State *L) {
  DIR *d = *(DIR **)lua_touserdata(L, 1);
  if (d) closedir(d);
  return 0;
}

static const struct luaL_Reg dirlib [] = {
  {"open", l_dir},
  {NULL, NULL}
};

int luaopen_dir (lua_State *L) {
  luaL_newmetatable(L, "LuaBook.dir");

  /* __gc 필드 설정 */
  lua_pushcfunction(L, dir_gc);
  lua_setfield(L, -2, "__gc");

  /* 라이브러리 생성 */
  luaL_newlib(L, dirlib);
  return 1;
}
```

이 코드는 단순하다. DIR 구조체의 주소를 업밸류에서 가져와서 다음 요소를 읽기 위해 readdir을 호출하는 것이 전부다.

dir_gc 함수는 __gc 메타메서드이다. 이 메타메서드는 디렉터리를 닫는 작업을 한다. 디렉터리를 열기 전에 이 유저데이터가 opendir의 결과와 관계없이 수거될 수 있기 때문에 방어 코드가 추가되어 있다. opendir 함수가 실패하면 닫을 디렉터리가 없는데, 이때도 마무리 함수는 호출되기 때문이다.

마지막으로 볼 함수는 코드 30.2 'dir 라이브러리의 나머지 함수 구현'에 있는 luaopen_dir이다. 이 함수는 함수가 하나만 있는 라이브러리를 읽어 온다.

전체 예제에서는 문제로 보이는 특이한 점이 있다. 언뜻 보기에는 dir_gc 에서 인자가 디렉터리인지를 검사해야 할 것 같다. 그렇지 않으면 악의적인 사용자가 파일 같이 디렉터리가 아닌 유저데이터를 인자로 함수를 호출해서 시스템을 망가뜨릴 수 있을 것으로 보인다. 하지만, dir_gc 함수는 디렉터리의 메타테이블에만 있기 때문에 결국 반복자 함수의 업밸류로 저장되므로, 루아 프로그램에서 이 함수를 호출할 방법이 없다. 그래서 루아 프로그램에서는 이 함수에 접근할 방법이 없다.

## 30.2 XML 파서

이제 Lua와 Expat를 연결하는 간단한 라이브러리인 lxp를 만들어 보려 한다. Expat은 C로 작성된 오픈 소스 XML 1.0 파서 라이브러리로, SAX(Simple API for XML)를 구현한 것이다. SAX는 이벤트 기반 API로 구성되어 있다. 이 말은 SAX 파서는 XML 문서를 읽어가면서 발견한 요소를 처리 함수를 통해 애플리케이션에 전달한다는 것이다. '<tag cap="5">hi</tag>'와 같은 문자열을 Expat 파서에 입력하는 경우를 예로 들어 보자. 이 경우 세 번의 이벤트가 발생되는데, 먼저 파서가 '<tag cap="5">' 부분을 읽었을 때 start-element 이벤트가 발생되고, 'hi' 부분을 읽으면 text 이벤트(character data 이벤트라고도 함)가 발생된다. 그리고 '</tag>'를 읽으면 end-element 이벤트가 발생된다. 이때 각 이벤트마다 애플리케이션의 해당 처리 함수가 호출된다.

여기서는 Expat 라이브러리 전체를 다루지는 않고, Lua와 상호작용하기 위한 기법에만 집중해서 볼 것이다. Expat 라이브러리가 십여 개의 이벤트를 다루지만, 방금 전에 예로 든 start-element, text, end-element 이 세 가지 이벤트만 고려한다.[1]

이번 예제에서 필요한 Expat API 부분은 조금 밖에 안 된다. 먼저, 다음과 같이 Expat 파서를 생성하고 소멸하는 함수가 필요하다.

```
XML_Parser XML_ParserCreate (const char *encoding);
void XML_ParserFree (XML_Parser p);
```

인코딩 인자는 필요한 경우에만 쓰면 되는데, 이번에는 그냥 NULL을 쓰겠다. 파서를 생성하고 난 후, 이벤트 처리 함수를 등록해야 한다.

```
void XML_SetElementHandler(XML_Parser p,
                           XML_StartElementHandler start,
                           XML_EndElementHandler end);
```

---

[1] 사실 Expat 라이브러리에 대한 루아 패키지인 LuaExpat에서 이미 모든 이벤트에 대한 인터페이스를 제공하고 있다.

```
void XML_SetCharacterDataHandler(XML_Parser p,
                                 XML_CharacterDataHandler hndl);
```

첫 번째 선언은 start-element와 end-element를 처리하는 함수를 등록하는 함수고, 두 번째는 text(XML 용어로 문자 데이터) 이벤트 처리 함수를 등록하는 함수 선언이다.

모든 이벤트 처리 함수는 첫 번째 매개변수로 유저데이터를 받는다. start-element 이벤트 처리 함수는 다음과 같이 태그 이름과 속성(attribute)을 그 다음 매개변수로 받는다.

```
typedef void (*XML_StartElementHandler)(void *uData,
                                        const char *name,
                                        const char **atts);
```

속성에는 NULL로 끝나는 문자열의 배열이 들어오는데, 이 배열에는 속성의 이름과 그 값이 차례대로 '속성, 값, 속성, 값, NULL' 형태로 들어 있따. end-element이벤트 처리 함수에는 다음과 같이 태그의 이름 하나가 추가 매개변수로 들어온다.

```
typedef void (*XML_EndElementHandler)(void *uData,
                                      const char *name);
```

마지막으로 text 이벤트 처리 함수는 추가 매개변수로 텍스트만 받는다. 이 텍스트 문자열은 NULL로 끝나는 문자열이 아니라서, 다음과 같이 명시적인 길이를 받도록 되어 있다.

```
typedef void (*XML_CharacterDataHandler)(void *uData,
                                         const char *s,
                                         int len);
```

Expat에 텍스트를 넘기려면 다음의 함수를 쓰면 된다.

```
int XML_Parse (XML_Parser p, const char *s, int len, int isLast);
```

Expat은 XML_Parse를 계속 호출하면서 파싱해서 나눌 문서를 받아 온다. XML_Parse의 마지막 인자 isLast는 현재 조각이 문서의 마지막인지 Expat에 알려주는 용도로 사용한다. 텍스트의 각 조각은 NULL로 끝나는 문자열이 아니라는 점에 주의하자. 문자열 끝을 NULL로 표시하는 대신 길이를 직접 지정한다. XML_Parse 함수는 파싱 중에 오류를 발견하면 0을 반환한다. (Expat에서도 오류 정보를 받기 위한 함수를 제공하지만, 단순함을 위해 여기서는 다루지 않겠다.)

마지막으로 이벤트 처리 함수에 전달할 유저데이터의 값을 설정하는 함수가 남았다.

```
void XML_SetUserData (XML_Parser p, void *uData);
```

이제 이 라이브러리를 루아에서 사용하는 방법을 살펴보자. 먼저 생각해 볼 수 있는 방법은 직접적인 방식으로 그냥 루아에 이런 함수들을 모두 등록하는 것이다. 하지만 더 나은 방법은 루아 스타일에 맞게 사용할 수 있는 함수를 제공하는 것이다. 예를 들어, 루아는 타입을 정해 놓고 쓰는 언어가 아니기 때문에, 이벤트 처리 함수의 종류마다 다른 함수를 지정해야 할 필요가 없다. 이벤트 처리 함수를 등록하는 함수를 쓰지 않아도 되니 더 낫다. 대신 파서를 생성할 때 모든 이벤트 처리 함수를 담고 있는 테이블을 전달하면 된다. 한 예로, 문서의 구조를 출력하고 싶은 경우, 다음과 같은 처리 함수 테이블을 이용할 수 있다.

```
local count = 0

callbacks = {
  StartElement = function (parser, tagname)
    io.write("+ ", string.rep("  ", count), tagname, "\n")
    count = count + 1
  end,

  EndElement = function (parser, tagname)
    count = count - 1
    io.write("- ", string.rep("  ", count), tagname, "\n")
  end,
}
```

'<to> <yes/> </to>'를 입력하면 앞의 이벤트 처리 함수에서 다음과 같이 출력할 것이다.

```
+ to
+   yes
-   yes
- to
```

이 API가 있으면 이벤트 처리 함수를 관리하기 위한 함수가 필요 없다. 이벤트 처리 함수는 테이블에서 직접 이용하면 된다. 이렇게 해서 필요한 전체 API는 파서를 생성하는 함수, 텍스트를 파싱해서 나누는 함수, 파서를 해제하는 함수 3개만 있으면 된다. 사실 첫 번째 것을 제외하고는 파서 객체의 메서드로 구현할 수 있다. API를 보통 다음과 같이 사용할 것이다.

```
local lxp = require"lxp"

p = lxp.new(callbacks)          -- 파서 생성

for l in io.lines() do          -- 입력받은 각 줄마다
  assert(p:parse(l))            -- 한 줄을 구문 분석하고
  assert(p:parse("\n"))         -- 새 줄을 추가
end

assert(p:parse())               -- 문서 처리 종료
p:close()
```

이제 이를 구현하는 방법에 대해 살펴보도록 하자. 먼저 루아에서 파서를 어떻게 표현할 것인지를 결정해야 한다. 유저데이터를 이용하는 것이 자연스러운 방법일 수 있다. 그러면 그 유저데이터 안에는 무엇이 있어야 할까? 최소한 실제 Expat 파서와 이벤트 처리 함수 테이블은 유지하고 있어야 한다. 유저데이터나 C 구조체 안에는 루아 테이블을 넣을 수 없지만, 루아에서는 유저데이터 안에 다른 루아 테이블을 두는 것이 가능하다.[2] 그리고 파서 객체는 Expat 이벤트 처리 함수를 받을 뿐이고, 이벤트 처리 함수는 루아 함수를 호출해야 하기 때문에, 루아 상태도 파서 객체에 넣어야 한다. 그래서 파서 객체를 다음과 같이 정의 할 수 있다.

```c
#include <stdlib.h>
#include "expat.h"
#include "lua.h"
#include "lauxlib.h"

typedef struct lxp_userdata {
  XML_Parser parser;           /* Expat parser에 대한 참조 */
  lua_State *L;
} lxp_userdata;
```

다음 할 일은 파서 객체를 생성하는 함수인 lxp_make_parser를 만드는 일이다. 코드 30.3 'XML 파서 객체를 생성하는 함수'에 있는 코드를 참조하자.

#### 코드 30.3 XML 파서 객체를 생성하는 함수

```c
/* 이벤트 처리 함수를 위한 전방 선언 */
static void f_StartElement (void *ud,
                            const char *name,
                            const char **atts);
static void f_CharData (void *ud, const char *s, int len);
```

---

2 루아 5.1에서는 기본적으로 유저데이터의 환경이 유저데이터의 루아 값으로 사용된다.

```c
static void f_EndElement (void *ud, const char *name);

static int lxp_make_parser (lua_State *L) {
  XML_Parser p;

  /* (1) 파서 객체 생성 */
  lxp_userdata *xpu = (lxp_userdata *)lua_newuserdata(L,
                                       sizeof(lxp_userdata));

  /* 오류가 발생할 경우를 대비해서 미리 초기화 */
  xpu->parser = NULL;

  /* 메타테이블 설정 */
  luaL_getmetatable(L, "Expat");
  lua_setmetatable(L, -2);

  /* (2) Expat 파서 생성 */
  p = xpu->parser = XML_ParserCreate(NULL);
  if (!p)
    luaL_error(L, "XML_ParserCreate failed");

  /* (3) 이벤트 처리 함수 테이블을 검사하고 저장 */
  luaL_checktype(L, 1, LUA_TTABLE);
  lua_pushvalue(L, 1);        /* 테이블을 스택 최상단에 넣고 */
  lua_setuservalue(L, -2);    /* 이를 사용자 정의 루아 값 으로 지정 */

  /* (4) Expat 파서 설정 */
  XML_SetUserData(p, xpu);
  XML_SetElementHandler(p, f_StartElement, f_EndElement);
  XML_SetCharacterDataHandler(p, f_CharData);
  return 1;
}
```

이 함수는 다음의 4 단계로 구성된다.

- 첫 번째 단계에서는 먼저 유저데이터를 생성해서 정해진 초깃값으로 미리 초기화한 후에 메타테이블을 설정한다. 미리 초기화해 두는 이유가 좀 미묘한데, 초기화 중에 오류가 발생하면 __gc 메타메서드인 마무리 함수가 이를 알 수 있게 하기 위함이다.
- 두 번째 단계에서는 Expat 파서를 생성하여 이를 유저데이터에 넣고 오류가 있는지 검사한다.
- 세 번째 단계에서는 함수의 첫 번째 인자가 실제 테이블(이벤트 처리 함수 테이블)인지 검사하고, 새 유저데이터를 위한 사용자 정의 루아 값으로 지정한다.

- 마지막 단계에서 Expat 파서를 초기화한다. 이 단계에서 유저데이터를 이벤트 처리 함수에 전달될 객체로 지정하고 처리 함수를 설정한다. 이 이벤트 처리 함수는 파서 전체에 같이 적용된다는 점에 주의하자. 어쨌든 C에서 새 함수를 동적으로 생성하는 것은 불가능하다. 대신 이렇게 지정된 C 함수를 호출할 때마다 이 함수에서 어떤 루아 함수를 호출할지 결정하기 위해 이벤트 처리 함수 테이블을 이용할 수는 있다.

다음 할 일은 XML 데이터를 파싱해서 나누는 lxp_parse 메서드를 구현하는 것이다. 코드 30.4 'XML 조각을 파싱하는 함수'를 살펴보자.

**코드 30.4 XML 조각을 파싱하는 함수**

```
static int lxp_parse (lua_State *L) {
  int status;
  size_t len;
  const char *s;
  lxp_userdata *xpu;

  /* 첫 번째 인자를 가져와서 유효한 파서인지 검사 */
  xpu = (lxp_userdata *)luaL_checkudata(L, 1, "Expat");

  /* 파서 객체가 해제된 것은 아닌지 검사 */
  luaL_argcheck(L, xpu->parser != NULL, 1, "parser is closed");

  /* 문자열인 두 번째 인자를 가져옴 */
  s = luaL_optlstring(L, 2, NULL, &len);

  /* 이벤트 처리 함수 테이블을 스택 인덱스 3 위치에 넣음 */
  lua_settop(L, 2);
  lua_getuservalue(L, 1);
  xpu->L = L;  /* 루아 상태 지정 */

  /* Expat을 호출해서 문자열을 파싱 */
  status = XML_Parse(xpu->parser, s, (int)len, s == NULL);

  /* 오류 코드 반환 */
  lua_pushboolean(L, status);
  return 1;
}
```

이 함수는 메서드의 self에 해당하는 파서 객체와 XML 데이터를 인자로 받는다. 두 번째 인자 없이 호출하면 Expat에 문서의 마지막에 도달했다는 의미이다.

lxp_parse가 XML_Parse 함수를 호출하면, XML_Parse 함수가 입력 받은 문서에서 특정 요소를 찾을 때마다 해당 이벤트 처리 함수를 호출한다. 이 이벤트 처리 함수들은 이벤트 처리 함수 테이블을 사용하기 때문에, lxp_parse 함수에서 이벤트 처리 함수 테이블을 스택의 세 번째 인덱스 위치(매개변수 바로 다음 위치)에 넣어 두었다. 그리고 XML_Parse를 호출하기 위해 알아야 할 것이 하나 더 있다. 마지막 인자는 Expat에 주어진 텍스트의 마지막 요소인지 알려 주는 용도로 사용한다는 점이다. 파서 함수를 인자 없이 호출하면 s는 NULL이 되므로 마지막 인자는 true가 된다.

이제 이벤트 처리 함수인 f_StartElement, f_EndElement, f_CharData를 보도록 하자. 세 함수 모두 유사한 구조로 되어있다. 모두 이벤트 처리 함수 테이블이 해당 이벤트를 위한 루아 이벤트 처리 함수를 정의하고 있는지 검사하고, 정의되어 있다면 루아 이벤트 처리 함수를 위한 인자를 준비하고 호출한다.

코드 30.5 '문자 데이터를 처리하는 함수'에서 구현 내용을 살펴보자.

**코드 30.5 문자 데이터를 처리하는 함수**

```c
static void f_CharData (void *ud, const char *s, int len) {
    lxp_userdata *xpu = (lxp_userdata *)ud;
    lua_State *L = xpu->L;

    /* 이벤트 처리 함수를 가져옴 */
    lua_getfield(L, 3, "CharacterData");
    if (lua_isnil(L, -1)) {    /* 이벤트 처리 함수가 없다면 */
        lua_pop(L, 1);
        return;
    }

    lua_pushvalue(L, 1);    /*self에 해당하는 파서를 스택에 넣음 */
    lua_pushlstring(L, s, len);    /* 문자 데이터를 스택에 넣음 */
    lua_call(L, 2, 0);    /* 이벤트 처리 함수 호출 */
}
```

이 코드는 아주 단순하다. 파서를 생성할 때 XML_SetUserData를 호출해서 유저데이터를 설정했기 때문에 이벤트 처리 함수는 lxp_userdata 구조체를 첫 인자로 받는다. 루아 상태를 가져온 후, 처리 함수가 스택의 세 번째 인덱스에 lxp_parse가 넣어 둔 이벤트 처리 함수 테이블과 스택의 첫 번째 인덱스에 있는 파서 객체에 접근할 수 있다. 그리고 루아에 해당 이벤트 처리 함수가 있다면 파서 객체와 문자열 형식의 문자 데이터를 인자로 지정해서 이벤트 처리 함수를 호출한다.

f_EndElement 처리 함수는 f_CharData와 매우 유사하다. 코드 30.6 'end-element 이벤트 처리 함수'를 보자.

코드 30.6 end-element 이벤트 처리 함수

```c
static void f_EndElement (void *ud, const char *name) {
  lxp_userdata *xpu = (lxp_userdata *)ud;
  lua_State *L = xpu->L;

  lua_getfield(L, 3, "EndElement");
  if (lua_isnil(L, -1)) {  /* 이벤트 처리 함수가 없는 경우 */
    lua_pop(L, 1);
    return;
  }

  lua_pushvalue(L, 1);  /* self에 해당하는 파서 객체를 스택에 넣음 */
  lua_pushstring(L, name);  /* 태그 이름을 스택에 넣음 */
  lua_call(L, 2, 0);  /* 이벤트 처리 함수 호출 */
}
```

이 함수에서도 해당하는 루아 이벤트 처리 함수를 파서와 태그 이름을 인자로 지정해서 호출한다. 이번에는 NULL로 끝나는 문자열을 사용한다.

마지막 처리 함수인 f_StartElement의 내용을 코드 30.7 'start-element 이벤트 처리 함수'에서 확인하자.

코드 30.7 start-element 이벤트 처리 함수

```c
static void f_StartElement (void *ud,
                            const char *name,
                            const char **atts) {
  lxp_userdata *xpu = (lxp_userdata *)ud;
  lua_State *L = xpu->L;

  lua_getfield(L, 3, "StartElement");
  if (lua_isnil(L, -1)) {  /* 이벤트 처리 함수가 없다면 */
    lua_pop(L, 1);
    return;
  }

  lua_pushvalue(L, 1);  /* self에 해당하는 파서 객체를 스택에 넣음 */
  lua_pushstring(L, name);  /* 태그 이름을 스택에 넣음 */

  /* 속성 테이블을 만들고 내용을 채운다. */
```

```
    lua_newtable(L);
    for (; *atts; atts += 2) {
      lua_pushstring(L, *(atts + 1));
      lua_setfield(L, -2, *atts);  /* table[*atts] = *(atts+1) */
    }
    lua_call(L, 3, 0);  /* 이벤트 처리 함수 호출 */
  }
```

이 함수는 루아 이벤트 처리 함수를 호출할 때 파서, 태그 이름, 속성 리스트 이 세 개를 인자로 사용한다. 이 이벤트 처리 함수는 앞의 두 함수보다는 조금 더 복잡한데, 태그의 속성 리스트를 루아로 넘기는 일을 해야 하기 때문이다. 속성 리스트를 루아로 넘길 때는 속성 이름과 해당 값을 테이블로 만들어서 넘기는 아주 직관적인 방법을 사용한다.

```
<to method="post" priority="high">
```

예를 들어, 위와 같은 태그의 속성을 다음의 테이블로 표현한다.

```
{method = "post", priority = "high"}
```

마지막으로 파서를 해제하는 함수를 코드 30.8 'XML 파서를 해제하는 메서드' 에서 확인하자.

**코드 30.8 XML 파서를 해제하는 메서드**

```
    static int lxp_close (lua_State *L) {
      lxp_userdata *xpu =
                    (lxp_userdata *)luaL_checkudata(L, 1, "Expat");

      /* 생성된 Expat 파서가 있다면 해제 */
      if (xpu->parser)
        XML_ParserFree(xpu->parser);
      xpu->parser = NULL;   /* 두 번 해제하는 일을 방지하기 위해 */
      return 0;
    }
```

파서를 해제할 때는 파서가 이용하는 Expat 구조체 자원을 해제해야 한다. 이때, 파서를 생성하는 동안 오류가 발생한 경우에는 이런 자원이 없다는 점에 주의하자. 자원이 할당되지 않은 상태를 표시하고 있기 때문에, 자원을 다시 해제하거나 가비지 콜렉터에서 호출하는 마무리 함수에서 이를 다시 해제하는 문제는 발생하지 않는다. 그리고 사실은 이 함수를 그대로 마무리 함수로 이용할 것이다. 이렇게 해서 프로그래머가 해제하는 코드를 넣지 않더라도 모든 파서가 사용하는 자원이 모두 해제됨을 보장한다.

코드 30.9 'lxp 라이브러리를 초기화하는 코드'가 마지막 단계이다. 여기에 있는 luaopen_lxp 함수에서 이전에 구현한 함수를 이용해서 라이브러리를 읽어 오는 코드를 확인할 수 있다.

**코드 30.9 lxp 라이브러리를 초기화하는 코드**

```
static const struct luaL_Reg lxp_meths[] = {
  {"parse", lxp_parse},
  {"close", lxp_close},
  {"__gc", lxp_close},
  {NULL, NULL}
};

static const struct luaL_Reg lxp_funcs[] = {
  {"new", lxp_make_parser},
  {NULL, NULL}
};

int luaopen_lxp (lua_State *L) {
  /* 메타테이블 생성 */
  luaL_newmetatable(L, "Expat");

  /* metatable.__index = metatable */
  lua_pushvalue(L, -1);
  lua_setfield(L, -2, "__index");

  /* 메서드 등록 */
  luaL_setfuncs(L, lxp_meths, 0);

  /* lxp.new 함수 등록 */
  luaL_newlib(L, lxp_funcs);
  return 1;
}
```

코드 30.0에서는 29장의 '객체지향 구현' 절의 객체지향 불리언 배열 예제에서 사용했던 형식과 같은 구조로 코드가 구성되어 있다. 메타테이블을 생성하고, __index 필드를 메타테이블 자체로 연결하고, 메서드를 전부 메타테이블에 넣는 구조다. 이를 위해 파서 메서드의 리스트인 lxp_meths가 필요하다. 그리고 라이브러리에서 제공하는 메서드의 목록을 담고 있는 lxp_funcs도 필요하다. 객체지향 라이브러리에서는 보통 이런 식으로 메서드 목록을 가지고 있다. 여기서는 이 목록에 파서를 생성하는 함수 하나만 담겨 있다.

## 연습 문제

**연습 문제 30.1:** 디렉터리 예제의 dir_iter 함수를 수정해서 순회가 끝나면 DIR 구조체를 해제하도록 고쳐 보자. 이렇게 바꾸면 더 이상 쓸모 없을 것으로 알고 있는 자원을 해제하기 위해 가비지 콜렉터의 실행을 기다릴 필요가 없다.
(디렉터리에 대한 자원을 해제하면, 이미 해제한 자원이라는 것을 마무리 함수가 알 수 있도록 유저데이터에 저장된 주소를 NULL로 지정해야 한다. 그리고 dir_iter 함수에서 디렉터리를 사용하기 전에 디렉터리가 이미 해제된 것은 아닌지 검사해야 한다.)

**연습 문제 30.2:** lxp 예제에서 나온 start-element를 처리하는 함수는 태그 요소의 속성을 테이블로 받는다. 현재 구현에서는 그 테이블에서 태그에 적힌 속성의 순서는 알 수 없다. 이런 순서 정보를 유지하면서 처리 함수에 속성 정보를 어떻게 넘길 수 있겠는가?

**연습 문제 30.3:** lxp 예제에서는 사용자 정의 루아 값을 써서 이벤트 처리 함수 테이블과 파서를 나타내는 유저데이터를 연관 지었다. 이 방법에는 약간의 문제가 있다. 왜냐하면 C 이벤트 처리 함수는 lxp_userdata 구조체를 받는데, 이 구조체만을 가지고는 이벤트 처리 함수 테이블에 직접 접근할 수 있는 방법이 없기 때문이다. 이 문제는 파서가 태그를 처리하는 동안 이벤트 처리 함수 테이블을 스택에서 정해진 위치에 저장하는 방법으로 해결했었다.

이 방법 대신 28장의 '레지스트리' 절에서 다룬 참조를 써서 처리 함수 테이블과 유저데이터를 연관 짓는 대안이 있다. 이 방법은 이벤트 처리 함수 테이블에 대한 참조를 만들고, 이를 lxp_userdata 구조체에 저장하는 것이다. 이 방법으로 다시 구현해 보자. 그리고 파서를 해제할 때 참조를 해제하는 것을 빼먹지 말자.

# 31장

Programming in Lua

# 스레드와 상태

루아에서는 진정한 멀티스레딩, 즉 메모리를 공유하는 선점형 스레드를 지원하지 않는다. 이렇게 멀티스레딩을 지원하지 않게 된 이유는 두 가지가 있다. 표준 C에서 멀티스레딩을 지원하지 않기 때문에 루아에서 이를 이식성이 있게 구현할 방법이 없어서이기도 하지만, 실질적인 이유는 멀티스레딩이 루아를 쓰기에 좋은 개념은 아니라고 생각하기 때문이다.

멀티스레딩은 저수준 프로그래밍에서 쓰이도록 개발된 것이다. 세마포어와 모니터 같은 동기화 방식은 운영체제를 개발하는 노련한 프로그래머를 위해 나온 것이지 애플리케이션 개발을 위해 나온 것은 아니다. 멀티스레드와 관련된 버그는 찾아 고치기 매우 어려운 데다가 이런 버그 중 일부는 보안 관련 문제를 일으킬 수 있다. 게다가 멀티스레딩은 메모리 할당과 같이 프로그램의 중요한 부분에서 동기화를 위해 성능 손실을 야기할 수도 있다.

이 멀티스레딩과 관련된 문제는 선점형 스레드와 공유 메모리의 조합으로 인해 발생하는 것이다. 그래서 비선점형 스레드와 스레드에서 메모리를 공유하지 않도록 하여 이런 문제가 발생하지 않도록 했다. 앞에서 코루틴으로 소개한 루아 스레드는 서로 협력적으로 동작하기 때문에 예측할 수 없는 스레드 전환으로 인해 발생하는 문제를 피할 수 있다. 그리고 루아 상태는 메모리를 공유하지 않기 때문에 루아에서 병행성을 쉽게 구현하기 위한 좋은 토대가 된다. 이 장에서는 이 두 가지 특징을 다룰 것이다.

## 31.1 다중 스레드

스레드는 루아의 코루틴에서 필수적인 요소이다. 코루틴을 스레드에 좋은 인터페이스가 더해진 것으로 생각하거나 스레드를 코루틴을 다루는 저수준 API로 생각해도 좋다.

C API의 관점에서는 스레드를 스택으로 생각해도 유용한 부분이 있을 수 있다. 사실 스레드는 구현 관점에서 보면 스택이다. 각 스택에는 스레드에 대기 중인 호출이 있고, 호출마다 매개변수와 지역 변수에 대한 정보를 유지하고 있다. 다른 말로, 스택에는 스레드를 실행하는 데 필요한 모든 정보가 있다. 그래서 다중 스레드는 분리된 스택이 여러 개라는 것을 의미한다.

대부분의 루아 C API 함수는 특정 스택에서 동작한다. 예를 들어, lua_push_number 함수는 숫자를 특정 스택에만 넣고, lua_pcall은 호출 스택을 사용한다. 루아는 어떤 스택을 사용해야 하는지 어떻게 아는 것일까? 숫자를 다른 스택에 넣으려면 어떻게 해야 할까? 비결은 lua_State 타입에 있다. 이런 함수들의 첫 번째 인자로 사용되는 이 타입은 루아 상태를 나타낼 뿐만 아니라 상태 안의 스레드도 나타낸다. (이 타입의 이름을 lua_Thread라고 지었어야 했다고 불평하는 사람이 많다.)

루아는 루아 상태를 생성할 때마다, 만들어진 상태 안에 스레드를 자동으로 생성하고, 이렇게 생성한 스레드를 표현하는 lua_State를 반환한다. 메인 스레드는 절대로 가비지 콜렉터에서 해제하지 않는다. lua_close를 사용해서 상태를 해제해야 한다.

아래처럼 lua_newthread를 호출해서 상태 안에 다른 스레드를 생성할 수 있다.

```
lua_State *lua_newthread (lua_State *L);
```

이 함수는 생성한 스레드를 표현하는 lua_State 구조체의 포인터를 반환하고, 새 스레드를 스택에 'thread' 타입으로 넣는다. 예를 들어 다음의 문장을 실행하면, 같은 루아 상태를 참조하는 스레드 L과 L1이 있게 된다.

```
L1 = lua_newthread(L);
```

이제 내부적으로 동일한 루아 상태를 참조하는 두 스레드 L1과 L이 있고, 각 스레드에는 스택이 따로 있다. 새 스레드 L1의 스택은 비어 있고, 원래 있던 스레드인

L의 스택 최상단에는 새 스레드가 들어 있다. 다음의 코드로 확인할 수 있다.

```
printf("%d\n", lua_gettop(L1));         -->0
printf("%s\n", luaL_typename(L, -1));   -->thread
```

메인 스레드를 제외한 스레드는 다른 루아 객체들처럼 모두 가비지 콜렉션의 대상이다. 새 스레드를 생성하면, 스레드의 값이 스택에 들어가는데, 이 값이 스택에 있는 동안은 가비지 콜렉션 대상에서 제외된다. 루아 상태와 연결되어 있지 않는 스레드는 가비지 콜렉션의 대상이 되므로 사용해서는 안 된다. 메인 스레드는 내부적으로 루아 상태와 연결되어 있으니 신경 쓰지 않아도 된다. 루아 API를 호출하면 이 호출에서 사용하지 않는 스레드일지라도 루아 상태와 연결되어 있지 않는 스레드는 수거된다. 다음 코드를 보도록 하자.

```
lua_State *L1 = lua_newthread (L);
lua_pop(L, 1);          /* L1은 이제 수거될 수 있다. */
lua_pushstring(L1, "hello");
```

앞의 예제 코드의 lua_pushstring 함수를 호출하는 부분에서 가비지 콜렉터가 동작하여 실제로 사용하는 L1이 수거될 수 있다. (이 경우는 애플리케이션이 비정상 종료될 수 있다.) 이 문제가 발생하지 않도록 사용 중인 스레드에 대한 참조를 항상 유지하고 있어야 한다. 예를 들어, 상주하는 스레드의 스택에 두거나 레지스트리에 참조를 두어 유지할 수 있다.

새 스레드를 만들었다면 이를 메인 스레드처럼 사용할 수 있다. 이 스레드의 스택에 값을 넣거나 뺄 수 있고, 함수를 호출하는데 사용할 수도 있다. 예를 들어, 다음 코드를 실행하면 새 스레드 L1에서 f(5)를 호출하고, 호출 결과를 원래의 스레드 L에 옮긴다.

```
lua_getglobal(L1, "f");     /* 'f'는 전역 함수 */
lua_pushinteger(L1, 5);
lua_call(L1, 1, 1);
lua_xmove(L1, L, 1);
```

lua_xmove는 같은 상태 안에 있는 스택 간의 값을 옮기는 함수이다. lua_xmove(F, T, n)와 같이 호출하면 스택 F의 n번째 요소를 빼서 스택 T에 넣는다.

하지만 이렇게 사용하기 위해 꼭 새 스레드가 있어야 할 필요는 없다. 메인 스레드만 가지고도 충분히 필요한 일을 할 수 있다. 다중 스레드를 사용하는 이유는 코루틴을 구현해서 스레드의 실행을 일시중지했다가 나중에 재개하는 방식으로 사용하는 데 있다. 이를 위해 다음의 lua_resume 함수가 필요하다.

```
int lua_resume (lua_State *L, lua_State *from, int narg);
```

코루틴의 실행을 시작하려면, lua_pcall을 호출했던 것처럼 lua_resume을 호출하면 된다. 호출할 함수와 함수의 인자를 스택에 넣고, 스택에 넣은 인자의 개수를 narg로 전달하여 lua_resume을 호출한다. 이 함수의 동작은 lua_pcall과 아주 비슷하나 다른 점이 세 가지 있다. 먼저, lua_resume은 반환값을 몇 개 받을지 지정하는 매개변수가 없다. lua_resume은 항상 호출된 함수가 반환하는 모든 값을 다 반환한다. 그리고 메시지 처리 함수에 해당하는 매개변수가 없다. 오류가 스택을 돌려 두지 않으므로 오류가 발생한 다음 스택을 조사할 수 있다. 마지막 차이점으로, 함수가 실행되던 중에 다른 스레드로 실행이 넘어가면, lua_resume 함수는 LUA_YIELD를 반환하고, 스레드를 다음에 재개할 수 있는 상태로 남겨둔다.

lua_resume 함수가 LUA_YIELD를 반환할 때, 재개된 스레드는 중지된 스레드가 사용하는 스택에서 이 스레드가 yield에 넘긴 값만 접근할 수 있다. 여기서 lua_gettop 함수를 호출하면 yield에 넘긴 값의 개수를 반환한다. 이제 이 값을 다른 스레드로 이동하려면 lua_xmove 함수를 사용하면 된다.

중지된 스레드를 재개하려면 lua_resume 함수를 다시 호출하면 된다. 이렇게 호출하면 루아는 스택에 있는 모든 값을 yield를 호출해서 반환 받은 값으로 간주한다. 예를 들어, lua_resume을 호출하고 다음 번 lua_resume을 호출하는 사이 스택을 건드리지 않은 경우, yield는 이전에 yield에 전달했던 값을 그대로 반환한다.

보통은 코루틴을 실행할 때 루아 함수를 실행 함수로 사용한다. 이 루아 함수는 다른 함수를 호출할 수 있고, 호출된 함수에서 yield 명령으로 실행을 중지하고 다른 스레드로 실행을 넘겨서 원래의 lua_resume을 종료시킬 수 있다. 예를 들어 다음과 같이 함수가 정의되었다고 하자.

```
function foo (x) coroutine.yield(10, x) end
function foo1 (x) foo(x + 1); return 3 end
```

그리고 다음의 C 코드를 실행한다고 하자.

```
lua_State *L1 = lua_newthread(L);
lua_getglobal(L1, "foo1");
lua_pushinteger(L1, 20);
lua_resume(L1, L, 1);
```

마지막 줄의 lua_resume 함수를 호출하면 스레드가 중지되었다는 표시로 LUA_YIELD를 반환할 것이다. 이때, 스레드를 중지하면서 받아온 값이 스택 L1에 들어있다. 이 값은 다음의 코드로 확인할 수 있다.

```
printf("%d\n", lua_gettop(L1));          --> 2
printf("%d\n", lua_tointeger(L1, 1));    --> 10
printf("%d\n", lua_tointeger(L1, 2));    --> 21
```

스레드를 재개하면 yield를 호출해서 멈춘 곳에서부터 계속 진행한다. 그 이후 foo의 결과가 foo1로 반환되고, 결국 그 결과가 lua_resume으로 반환된다. 다음 코드로 확인하자.

```
lua_resume(L1, L, 0);
printf("%d\n", lua_gettop(L1));          --> 1
printf("%d\n", lua_tointeger(L1, 1));    --> 3
```

두 번째 lua_resume 호출에서는 정상적으로 끝났다는 의미로 LUA_OK를 반환한다.

코루틴에서도 다시 루아 함수를 호출하는 C 함수를 호출할 수 있다. C 함수에서 yield를 호출할 수 있도록 컨티뉴에이션 함수를 사용하는 방법은 27장의 '컨티뉴에이션' 절에서 이미 다뤘었다. C 함수에서도 yield를 호출할 수 있다. 이 경우에는 스레드가 재개할 때 호출될 컨티뉴에이션 함수를 반드시 제공해야 한다. yield를 호출하려면 C 함수에서는 다음의 함수를 호출해야 한다.

```
int lua_yieldk (lua_State *L, int nresults, int ctx,
                lua_CFunction k);
```

그리고 이런 함수는 항상 다음과 같이 반환문에 사용해야 한다.

```
static inf myCfunction (lua_State *L) {
  ...
  return lua_yieldk(L, nresults, ctx, k);
}
```

이 함수를 호출하면 실행 중인 코루틴을 즉시 중지시킨다. nresults 매개변수는 lua_resume에 반환해야 할 스택에 있는 값의 개수이다. ctx는 컨티뉴에이션 함수에 전달될 상황(context) 정보이고, k는 컨티뉴에이션 함수이다. 코루틴을 재개하면 실행 흐름이 바로 컨티뉴에이션 함수 k로 변경된다. 실행이 중지되고 다른 스레드로 실행 흐름이 넘어간 후에는 myCfunction 함수가 아무 일도 하지 않는다. 이후에 처리해야 할 작업이 있다면 myCfunction가 아니라 컨티뉴에이션 함수에 맡겨야 한다.

다음과 같은 가상의 상황을 생각해 보자. 어떤 데이터를 읽다가 읽을 데이터가 없는 경우 중지하고 다른 스레드로 실행을 넘기는 함수를 작성하려 한다. 이 함수를 C로 다음과 같이 작성할 수 있다.

```
int prim_read (lua_State *L) {
  if (nothing_to_read())
    return lua_yieldk(L, 0, 0, &prim_read);
  lua_pushstring(L, read_some_data());
  return 1;
}
```

읽어 올 데이터가 있는 경우에는 데이터를 읽어 와서 반환하고, 읽어 올 데이터가 없는 경우에는 실행을 중지하고 다른 스레드로 실행을 넘긴다. 스레드가 재개할 때 컨티뉴에이션 함수를 호출한다. 이 예에서 컨티뉴에이션 함수는 prim_read 함수 자신이므로 스레드가 prim_read를 다시 호출하고 다시 데이터를 읽으려 할 것이다. (이렇게 lua_yieldk를 호출하는 함수가 컨티뉴에이션 함수인 패턴은 흔치 않다.)

C 함수가 중지된 이후 할 일이 없다면, lua_yieldk를 컨티뉴에이션 함수 없이 호출하거나 lua_yield를 사용하면 된다.

```
return lua_yield(L, nres);
```

이 호출 이후에 스레드가 재개되면 myCfunction 함수로 실행 흐름이 복귀된다.

## 31.2 루아 상태

luaL_newstate 함수나 lua_newstate 함수(이 함수는 32장 '메모리 관리'에 나온다.)를 호출할 때마다 새로운 루아 상태가 생성된다. 다른 루아 상태는 서로 완전히 분리되어 있어서 서로 공유하는 데이터가 전혀 없다. 이는 루아 상태끼리 직접 데이터를 주고 받을 수 없다는 것을 뜻하므로, 둘 사이에 데이터를 주고 받으려면 C 코드를 이용해야 한다. 예를 들어 상태 L1과 L2가 있을 때, 다음의 코드를 수행하면 L1에 있는 스택의 최상단에 있는 문자열을 L2에 있는 스택에 넣는다.

```
lua_pushstring(L2, lua_tostring(L1, -1));
```

데이터는 반드시 C 코드를 통해야 하기 때문에, 문자열이나 숫자처럼 C에서 표현 가능한 타입만 루아 상태끼리 주고 받을 수 있다. 테이블 같은 다른 타입을 전송하려면 반드시 직렬화(serialized)해야 한다.

멀티스레딩을 지원하는 시스템에서는 각 스레드마다 별도의 루아 상태가 만들어진다는 것이 특이하다. 이 구조는 공유 메모리 없이도 동시성이 있다는 점에서 유닉스 프로세스 구조와 유사하다. 이 절에서는 이 접근 방법으로 멀티스레딩을 구현하는 프로토타입을 만들어 볼 것이다. 구현할 때는 pthread라고 부르는 POSIX thread를 사용할 것이다. 다른 유형의 스레드를 이용하는 시스템에 이식하기 어렵지 않아야 하기 때문에, 기본 기능만 사용해서 구현한다.

여기서 구현하고자 하는 시스템은 아주 간단하다. 주 목적은 멀티스레딩 상황에서 여러 루아 상태를 사용하는 것을 설명하는데 있다. 이 예를 써서 실행해본 이후에 이를 기반으로 더 나은 기능을 추가할 수 있을 것이다. 구현할 라이브러리의 이름은 lproc라고 하고, 다음 표에 있는 4개의 함수만 구현하려 한다.

| lproc.start(chunk) | 문자열로 된 청크를 실행할 프로세스를 생성해서 실행을 시작한다. 이 라이브러리는 루아 프로세스를 C 스레드에 관련 루아 상태가 추가된 형태로 구현한다. |
|---|---|
| lproc.send(channel, val1, val2, ...) | 인자로 받은 값을 인자로 전달한 channel에 전달한다. 여기서 channel은 이름으로 구별되고, channel과 값은 모두 문자열이어야 한다. |
| lproc.receive(channel) | channel에 전달된 값을 받는다. |
| lproc.exit() | 프로세스를 끝낸다. 메인 프로세스에만 이 함수를 쓰면 된다. lproc.exit 함수를 호출하지 않고 한 프로세스가 끝나면, 다른 프로세스가 끝날 때까지 기다리지 않고 전체 프로그램이 종료된다. |

라이브러리는 채널(channel)을 문자열로 구별하고, 이 문자열을 전송하는 쪽과 받는 쪽을 지정할 때 사용한다. send 메서드는 임의의 개수의 문자열을 보낼 수 있고, receive 메서드는 임의의 개수의 문자열을 반환 받는다. 통신은 모두 동기식으로 이루어진다. 메시지를 채널로 보내는 프로세스는 그 채널에서 받아 오는 프

로세스가 있을 때까지 실행을 멈춘다. 그리고 채널에서 메시지를 받아 오는 프로세스는 다른 프로세스가 그 채널로 메시지를 보낼 때까지 실행을 멈춘다.

이 라이브러리의 인터페이스처럼 구현도 간단하다.[1] 환형 이중 링크드 리스트 2개를 사용하는데, 하나는 메시지를 보내기 위해 대기하는 프로세스를 담는 것이고, 나머지 하나는 메시지를 받기 위해 대기하는 프로세스를 담기 위한 것이다. 이 두 리스트에 대한 접근을 제어하기 위해 뮤텍스(mutex) 하나가 필요하다. 각 프로세스마다 관련 조건 변수(condition variable)를 둔다. 프로세스가 채널에 메시지를 보내려고 하면 그 채널에서 메시지를 받으려고 대기 중인 프로세스를 리스트에서 찾는다. 받으려는 프로세스를 찾으면 해당 리스트에서 프로세스를 제거하고, 보내려는 메시지 값을 찾은 프로세스로 넘기고 다른 프로세스에 신호(signal)를 보낸다. 받는 프로세스가 없으면 이 프로세스를 보내려고 대기하는 리스트에 넣고, 조건 변수에 신호가 올 때까지 기다린다. 메시지를 받을 때는 이와 반대 방식으로 동작한다.

이 구현에서 핵심이 되는 부분은 프로세스를 표현하는 다음의 구조체이다.

```
#include <pthread.h>
#include "lua.h"

typedef struct Proc {
  lua_State *L;
  pthread_t thread;
  pthread_cond_t cond;
  const char *channel;
  struct Proc *previous, *next;
} Proc;
```

처음의 두 필드는 프로세스가 사용하는 루아 상태와 프로세스를 실행하는 C 스레드를 표현하는 것이다. 다른 필드는 send와 receive 짝을 맞추기 위해 프로세스가 대기해야 할 때만 사용한다. 세 번째 필드 cond는 스레드가 실행을 중지할 때 사용하는 조건 변수이고, 네 번째는 프로세스가 기다리는 채널을 저장하는 필드이고, 나머지 두 필드 previous와 next는 대기 리스트 구조를 구현하기 위해 사용하는 것이다.

다음은 두 개의 대기 리스트와 관련 처리를 위한 뮤텍스를 선언하는 코드이다.

---

[1] (옮긴이주) 멀티스레딩을 처리하기 위한 뮤텍스 같은 개념이나 pthread에 익숙하지 않다면 구현하기 쉽지 않다. 이후 예제를 이해하기 어렵다면 pthread에 대한 자료를 참조하도록 하자.

```
static Proc *waitsend = NULL;
static Proc *waitreceive = NULL;

static pthread_mutex_t kernel_access = PTHREAD_MUTEX_INITIALIZER;
```

각 프로세스는 Proc 구조로 표현되고, send와 receive를 호출할 때마다 이 구조체에 접근해야 한다. 라이브러리를 구현하는 함수에서는 프로세스의 루아 상태만 매개변수로 받기 때문에, 각 프로세스를 표현하는 Proc 구조체를 루아 상태 내부에 저장해야 한다. 이 구현에서는 각 상태를 관련 Proc 구조체를 완전 유저데이터 형태로 레지스트리에 '_SELF'라는 키의 값으로 유지한다. 다음 보조 함수인 getself는 인자로 입력한 상태에서 관련 Proc 구조체를 꺼내는 역할을 한다.

```
static Proc *getself (lua_State *L) {
  Proc *p;
  lua_getfield(L, LUA_REGISTRYINDEX, "_SELF");
  p = (Proc *)lua_touserdata(L, -1);
  lua_pop(L, 1);
  return p;
}
```

다음 movevalue 함수는 보내는 프로세스에서 받는 프로세스로 값을 이동시키는 역할을 한다.

```
static void movevalues (lua_State *send, lua_State *rec) {
  int n = lua_gettop(send);
  int i;
  for (i = 2; i <= n; i++) /* 받는 쪽으로 값을 이동 */
    lua_pushstring(rec, lua_tostring(send, i));
}
```

보내는 쪽의 스택의 두 번째(스택의 첫 번째 값은 채널이기 때문)부터 있는 값을 모두 받는 쪽으로 이동시킨다.

코드 31.1 '채널에 대기 중인 프로세스를 검색하는 함수'에서 대기 리스트를 돌며 인자로 주어진 채널을 기다리는 프로세스를 찾아보는 searchmatch 함수의 정의를 볼 수 있다.

**코드 31.1 채널에 대기 중인 프로세스를 검색하는 함수**

```
static Proc *searchmatch (const char *channel, Proc **list) {
  Proc *node = *list;
  if (node == NULL) return NULL; /* 리스트가 비어 있다면 */
```

```
        do {
          if (strcmp(channel, node->channel) == 0) { /* 해당 채널이면 */
            /* 리스트에서 제거 */
            if (*list == node) /* 이 노드가 첫 원소이면 */
              *list = (node->next == node) ? NULL : node->next;
          node->previous->next = node->next;
          node->next->previous = node->previous;
          return node;
        }
        node = node->next;
      } while (node != *list);
      return NULL; /* 해당 채널이 없음 */
    }
```

채널에 대기하는 프로세스를 찾으면, 이 프로세스를 리스트에서 지우고 반환한다. 리스트에 없는 경우에는 NULL을 반환한다.

코드 31.2 '대기 리스트에 프로세스를 추가하는 함수'에 정의된 마지막 보조 함수는 채널을 찾지 못하면 호출된다.

**코드 31.2 대기 리스트에 프로세스를 추가하는 함수**

```
    static void waitonlist (lua_State *L, const char *channel,
                                            Proc **list) {
      Proc *p = getself(L);

      /* 자기 노드를 리스트의 끝에 연결 */
      if (*list == NULL) { /* 리스트가 비어있으면 */
        *list = p;
        p->previous = p->next = p;
      }
      else {
        p->previous = (*list)->previous;
        p->next = *list;
        p->previous->next = p->next->previous = p;
      }

      p->channel = channel;

      do { /* 조건 변수에 신호가 오기를 기다림 */
        pthread_cond_wait(&p->cond, &kernel_access);
      } while (p->channel);
    }
```

이 경우는 대기 리스트의 마지막에 프로세스를 연결하고, 다른 프로세스가 이 프로세스를 찾아서 깨워 줄 때까지 대기한다. (pthread_cond_wait를 호출하는 부분을 감싸고 있는 반복문은 POSIX 스레드에서 신호가 오지 않았는데, 대기 상태가 풀리는 것을 방지하기 위한 것이다.) 프로세스가 다른 프로세스를 깨우면, 다른 프로세스의 채널 필드를 NULL로 바꾼다. 그래서 p -> channel이 NULL이 아니라면 아무도 p를 깨운 것이 아니므로 계속 대기해야 한다.

이렇게 보조 함수를 만들고 나면, 메시지를 보내고 받는 코드를 코드 31.3 '메시지를 보내고 받는 함수'와 같이 작성할 수 있다.

**코드 31.3 메시지를 보내고 받는 함수**

```c
static int ll_send (lua_State *L) {
  Proc *p;
  const char *channel = luaL_checkstring(L, 1);

  pthread_mutex_lock(&kernel_access);

  p = searchmatch(channel, &waitreceive);

  if (p) { /* 메시지를 받을 프로세스를 찾았다면 */
    movevalues(L, p->L); /* 받을 프로세스의 상태에 값을 이동 */
    p->channel = NULL; /* 메시지를 받은 프로세스는 이제 대기하지 않도록 표시 */
    pthread_cond_signal(&p->cond); /* 깨우도록 신호. */
  }
  else
    waitonlist(L, channel, &waitsend);

  pthread_mutex_unlock(&kernel_access);
  return 0;
}

static int ll_receive (lua_State *L) {
  Proc *p;
  const char *channel = luaL_checkstring(L, 1);
  lua_settop(L, 1);

  pthread_mutex_lock(&kernel_access);

  p = searchmatch(channel, &waitsend);

  if (p) { /* 메시지를 보낼 프로세스를 찾았다면 */
    movevalues(p->L, L); /* 보낼 프로세스의 상태에서 값을 가져옴 */
    p->channel = NULL; /* 메시지를 보낸 프로세스는 이제 대기하지 않도록 표시 */
    pthread_cond_signal(&p->cond); /* 깨우도록 신호. */
  }
  else
    waitonlist(L, channel, &waitreceive);

  pthread_mutex_unlock(&kernel_access);
```

```
      /* 스택에 있는 값 중 채널을 제외하고 모두 반환 */
      return lua_gettop(L) - 1;
    }
```

메시지를 보내는 함수에서는 먼저 채널을 검사한다. 그러고 나서 뮤텍스를 잠그고 해당 채널에서 받으려고 기다리는 프로세스를 찾는다. 기다리고 있는 프로세스가 있다면 그 쪽으로 값을 이동하고, 받는 프로세스에 준비되었다고 표시하고, 해당 프로세스를 깨운다. 기다리고 있는 프로세스가 아직 없다면 보내는 프로세스를 대기열에 넣는다. 이 작업을 끝내고 난 후, 뮤텍스의 잠김을 해제하고, 특별한 반환값 없이 루아로 복귀한다. 그리고 메시지를 받는 함수도 받은 값을 모두 반환하는 것 외에는 보내는 함수와 유사하다.

이제 새 프로세스를 생성하는 방법에 대해 살펴보자. 새 프로세스를 만들려면 새 POSIX 스레드가 있어야 하고, 이 새 스레드를 만들려면 실행할 코드가 있어야 한다. 이 코드 내용은 나중에 정의하도록 하고, pthread로 스레드를 만들 때 필요한 함수 원형을 다음과 같이 만들었다.

```
    static void *ll_thread (void *arg);
```

새 프로세스를 만들어서 실행하려면 새 루아 상태를 시스템에서 생성하고, 새 스레드를 실행하고, 주어진 청크를 컴파일하고, 청크를 호출하고, 나중에는 사용한 자원을 해제하는 작업을 해야 한다. 원래 있던 스레드는 앞의 세 작업을 수행하고, 새 스레드에서 나머지 작업을 수행한다. (오류 처리를 간단히 하기 위해, 주어진 청크가 제대로 컴파일되어야 새 스레드를 실행하도록 했다.)

코드 31.4 '새 프로세스를 생성하는 함수'의 ll_start 함수에서 새 프로세스를 생성한다.

### 코드 31.4 새 프로세스를 생성하는 함수

```
    static int ll_start (lua_State *L) {
      pthread_t thread;
      const char *chunk = luaL_checkstring(L, 1);
      lua_State *L1 = luaL_newstate();

      if (L1 == NULL)
        luaL_error(L, "unable to create new state");

      if (luaL_loadstring(L1, chunk) != 0)
        luaL_error(L, "error starting thread: %s",
                      lua_tostring(L1, -1));
```

```c
    if (pthread_create(&thread, NULL, ll_thread, L1) != 0)
        luaL_error(L, "unable to create new thread");

    pthread_detach(thread);
    return 0;
}
```

이 함수에서 새 루아 상태 L1을 생성하고, 이 새 상태를 인자로 지정해서 청크를 컴파일한다. 이때, 오류가 발생하면 원래의 상태 L에 오류가 발생했음을 알린다. 그리고 나서 새 pthread_create 함수를 호출해서, 새 상태 L1을 인자로 받는 ll_thread 함수를 실행하는 새 스레드를 생성한다. 마지막으로 pthread_detach를 호출해서 이 스레드에서 최종 응답을 받을 필요가 없음을 알린다.

다음 코드 31.5 '새 스레드가 실행하는 코드'에서 이렇게 만들어지는 스레드에서 실행하는 ll_thread 함수의 코드를 볼 수 있다.

**코드 31.5 새 스레드가 실행하는 코드**

```c
    int luaopen_lproc (lua_State *L);

static void *ll_thread (void *arg) {
    lua_State *L = (lua_State *)arg;
    luaL_openlibs(L); /* 루아 라이브러리를 읽어 옴 */
    luaL_requiref(L, "lproc", luaopen_lproc, 1);
    lua_pop(L, 1);
    if (lua_pcall(L, 0, 0, 0) != 0) /* 메인 청크를 실행 */
        fprintf(stderr, "thread error: %s", lua_tostring(L, -1));
    pthread_cond_destroy(&getself(L)->cond);
    lua_close(L);
    return NULL;
}
```

이 함수는 ll_start 함수에서 만든 루아 상태를 인자로 받는데, 이 루아 상태에는 컴파일된 메인 청크만 들어 있다. 새 스레드에서 루아 라이브러리와 lproc 라이브러리를 읽어 오고 나서 청크를 실행한다. 마지막으로 luaopen_lproc함수에서 만들었던 조건 변수와 사용한 루아 상태를 해제한다.

lproc 라이브러리를 읽어 오려고 luaL_requiref 함수를 호출한 부분에 주목하자.[2] 이 함수는 require와 비슷하지만, 로더를 찾는 대신 주어진 함수(이 예에서

---

2 이 함수는 루아 5.2에서 추가되었다.

는 luaopen_lproc)를 라이브러리에서 읽어 오는 작업을 하는 데 사용한다는 점이 다르다. 이런 작업을 하는 함수를 호출한 다음, luaL_requiref 함수는 package.loaded 테이블에 결과를 등록하여 나중에 require가 호출되어도 다시 라이브러리를 읽어 오는 작업을 하지 않도록 한다. 마지막 매개변수에 true를 지정하면 해당 라이브러리(여기서는 lproc)를 전역 변수에도 등록한다.

이제 이 모듈의 마지막 함수인 exit는 다음과 같이 매우 간단하다.

```c
static int ll_exit (lua_State *L) {
  pthread_exit(NULL);
  return 0;
}
```

메인 프로세스가 끝났을 때만 이 함수를 호출해야지, 그렇지 않고 다른 프로세스가 끝나면서 이 함수를 호출하면 전체 프로그램이 바로 끝나버리니 주의하자.

마지막 단계는 lproc 모듈을 읽어오는 함수를 정의하는 일이다. 코드 31.6 'lproc 모듈을 읽어 오는 함수'에 있는 luaopen_lproc 함수는 모듈 함수를 등록하는 일을 수행해야 하고, 실행 중인 프로세스의 Proc 구조체를 생성하고 초기화하는 일도 해야 한다.

**코드 31.6 lproc 모듈을 읽어 오는 함수**

```c
static const struct luaL_reg ll_funcs[] = {
  {"start", ll_start},
  {"send", ll_send},
  {"receive", ll_receive},
  {"exit", ll_exit},
  {NULL, NULL}
};

int luaopen_lproc (lua_State *L) {
  /* 제어 블록 생성 */
  Proc *self = (Proc *)lua_newuserdata(L, sizeof(Proc));
  lua_setfield(L, LUA_REGISTRYINDEX, "_SELF");
  self->L = L;
  self->thread = pthread_self();
  self->channel = NULL;
  pthread_cond_init(&self->cond, NULL);
  luaL_register(L, "lproc", ll_funcs); /* 라이브러리 불러오기 */
  return 1;
}
```

이전에 언급했던 대로 루아 프로세스 구현체는 매우 간단해서 더 개선할 여지가 많다. 간단히 몇 가지 개선점에 대해서 짚고 넘어가겠다.

일단 명백하게 개선할 수 있는 부분은 채널을 찾을 때 순차 검색을 이용하는 부분이다. 해시 테이블을 써서 채널을 검색하고, 각 채널에 대한 대기열을 따로 두는 것이 좋은 대안이 될 수 있다.

그리고 프로세스를 생성하는 부분의 효율을 개선할 수 있다. 루아 상태를 생성하는 일은 그리 많은 성능을 필요로 하지 않지만, 모든 루아 라이브러리를 읽어 오는 일은 꽤 많은 성능이 필요하다. 대부분의 경우에는 모든 루아 라이브러리를 사용하지는 않을 것이다. 이렇게 라이브러리를 읽어 오는 비용을 15장 'require 함수' 절에서 다뤘던 라이브러리를 미리 등록하는 방법을 이용해서 줄일 수 있다. 루아 라이브러리를 열 때마다 luaL_requiref를 호출하는 대신에 이 방법을 이용하면, 그냥 라이브러리를 불러오는 함수를 package.preload 테이블에 넣기면 하면 된다. require "lib"라고 호출해야만 require에서 라이브러리를 읽어 오는 작업을 하는 함수를 호출할 것이다. 코드 31.7 '필요할 때 읽어 오도록 라이브러리를 등록하기'에 있는 registerlib 함수에서 이러한 등록 작업을 처리한다.

**코드 31.7 필요할 때 읽어 오도록 라이브러리를 등록하기**

```
static void registerlib (lua_State *L, const char *name,
                                       lua_CFunction f) {
  lua_getglobal(L, "package");
  lua_getfield(L, -1, "preload");  /* package.preload 가져오기 */
  lua_pushcfunction(L, f);
  lua_setfield(L, -2, name);  /* package.preload[name] = f */
  lua_pop(L, 2);  /* package.preload 꺼내기 */
}

static void openlibs (lua_State *L) {
  luaL_requiref(L, "_G", luaopen_base, 1);
  luaL_requiref(L, "package", luaopen_package, 1);
  lua_pop(L, 2);  /* 이전 호출에서 만들어진 결과 지우기 */
  registerlib(L, "io", luaopen_io);
  registerlib(L, "os", luaopen_os);
  registerlib(L, "table", luaopen_table);
  registerlib(L, "string", luaopen_string);
  registerlib(L, "math", luaopen_math);
  registerlib(L, "debug", luaopen_debug);
}
```

기본적인 라이브러리는 미리 불러오는 것이 좋은 생각이다. 이때, package 라이브러리도 필요하다, 이 라이브러리가 없으면 다른 라이브러리를 불러오기 위한 require도 사용할 수 없다. 마찬가지로 package.preload 테이블도 없다. 그 외에 모든 라이브러리는 필요에 따라서 선택이 가능하다. 새로운 루아 상태를 만들 때 luaL_openlibs를 호출하는 대신에 코드 31.7 '필요할 때 읽어 오도록 라이브러리를 등록하기'에서 작성한 openlibs 함수를 이용할 수 있다. 프로세스에서 이 라이브러리 중에서 필요한 것이 있을 때마다 라이브러리를 명시적으로 require하고, require에서 대응하는 luaopen_* 함수를 호출한다.

lproc.send나 lproc.receive 함수도 개선의 여지가 있다. 예를 들어, lproc.send나 lproc.receive의 최대 대기 시간을 지정하면 유용할 것이다. 이를 테면 최대 대기 시간에 0을 지정하면 끝날 때까지 멈춰 있지 않게 비동기식으로 동작하게 할 수 있다. POSIX 스레드로 작업한다면 pthread_cond_timedwait를 이용해서 구현할 수 있다.

## 연습 문제

**연습 문제 31.1:** 앞에서 설명한 대로 lua_yield를 호출하면, 스레드가 재개될 때 제어 흐름이 호출된 함수로 복귀한다. 호출한 곳에서는 어떤 값을 받게 되는가?

**연습 문제 31.2:** lproc 라이브러리를 수정해서 불리언이나 숫자 같은 기본 타입도 보내고 받을 수 있도록 하자. (힌트: movevalues 함수만 수정하면 된다.)

**연습 문제 31.3:** lproc 라이브러리에 전송 동작이 끝날 때까지 멈춰있지 않도록 비동기식으로 send 메서드를 구현해 보자.

# 32장

Programming in Lua

# 메모리 관리

루아에서는 모든 자료구조가 동적으로 할당된다. 할당된 자료구조는 필요할 때 커졌다가 나중에 줄어들거나 해제된다.

루아에서는 메모리 사용이 엄격히 통제된다. 루아 상태를 해제하면, 해당 메모리는 모두 명시적으로 해제된다. 게다가 루아의 모든 객체 즉, 테이블과 문자열은 물론이고 모든 함수, 스레드, 모듈(사실은 테이블이긴 하지만)은 가비지 콜렉션의 대상이 된다.

루아가 메모리를 관리하는 방식은 대부분의 애플리케이션에서 편리하다. 하지만 특수한 애플리케이션에서는 다른 방법이 필요할 수도 있다. 예를 들어 메모리가 제한된 환경에서 수행해야 하거나 멈춰 있는 시간을 최소화하기 위해 가비지 콜렉션을 줄여야 하는 상황이 있을 수 있다. 루아에서는 이런 설정을 두 단계로 나누어 허용한다. 저수준에서는 루아에서 사용하는 메모리 할당 함수를 지정할 수 있고, 고수준에서는 가비지 콜렉터의 동작을 조정하는 매개변수를 지정하거나 가비지 콜렉터를 직접 조정할 수도 있다. 이 장에서는 이런 기능에 대해 다룰 것이다.

## 32.1 메모리 할당 함수

루아 언어 자체는 메모리 할당이 어떻게 되어야 하는지에 대한 어떠한 가정도 하지 않는다. 메모리를 할당하기 위해 malloc을 호출하지도 않고, realloc을 호출하지도 않는다. 대신 모든 메모리 할당이나 해제는 루아 상태를 생성할 때 사용자가 제공하는 필수 메모리 할당 함수를 이용한다.

이때까지 루아 상태를 생성할 때 사용하던 luaL_newstate 함수는 기본 할당 함수를 이용해서 루아 상태를 생성하는 보조 함수이다. 기본 할당 함수는 표준 C 라이브러리에 있는 malloc, realloc, free 함수를 사용한다. 보통의 애플리케이션에서는 이 함수들을 이용해도 충분하지만, 저수준의 lua_newstate 함수로 루아 상태를 생성하면 루아 메모리 할당에 대한 모든 것을 상당히 쉽게 제어할 수 있다. lua_newstate 함수의 원형은 다음과 같다.

```
lua_State *lua_newstate (lua_Alloc f, void *ud);
```

이 함수는 메모리 할당 함수와 유저데이터를 인자로 받는다. 이 함수를 통해 만들어진 루아 상태는 메모리 할당과 해제가 모두 매개변수 f의 호출로 수행된다. 이때, lua_State 구조체도 f로 할당된다.

할당 함수에서 사용하는 lua_Alloc 타입의 정의는 다음과 같다.

```
typedef void * (*lua_Alloc) (void *ud,
                             void *ptr,
                             size_t osize,
                             size_t nsize);
```

항상 lua_newstate 함수에 전달하는 유저데이터가 첫 번째 매개변수로 전달된다. 두 번째 매개변수는 재할당되거나 해제될 메모리의 주소이다. 세 번째 매개변수는 원래 메모리의 크기이고, 요청한 메모리의 크기가 마지막 매개변수로 들어온다.

ptr이 NULL이 아니라면, ptr에 들어온 값이 이전에 osize 크기만큼 할당한 메모리의 주소임을 루아가 보장한다.

루아는 NULL을 크기가 0인 메모리로 인식한다. nsize가 0이면 할당 함수는 반드시 ptr이 가리키는 메모리를 해제하고 NULL을 반환해야 한다. ptr이 NULL인 경우에는 할당 함수는 반드시 요청 받은 크기만큼 메모리를 할당해서 반환해야 한다. 이때, 만약 주어진 크기만큼 할당할 수 없는 경우에는 반드시 NULL을 반환해야 한다. ptr도 NULL이고 nsize도 0인 경우에는 앞서 설명한 두 동작을 모두 적용하여 할당 함수는 아무 일도 하지 않고 NULL을 반환한다.

마지막으로, ptr이 NULL이 아니고 nsize도 0이 아니라면 할당 함수는 realloc처럼 메모리를 재할당하여 새 주소를 반환해야 한다. 이때 반환하는 새 주소는 이전 주소와 같을 수도 있고 다를 수도 있다. 재할당하지 못하는 경우에는 NULL을 반환해야 한다. 루아에서는 메모리 할당 함수에 이전 크기보다 더 작은 크기를 nsize로 전달하는 경우에는 절대로 할당이 실패하지 않는다고 가정하고 있다. 루아는 가비지 콜렉션이 진행되는 동안 일부 자료 구조의 크기를 줄이는데, 이때 오류가 발생하면 오류를 회복할 수 없다.

luaL_newstate 함수에서 사용하는 표준 할당 함수의 정의는 다음과 같다. (이 정의는 lauxlib.c 파일에 구현된 것이다.)

```
void *l_alloc (void *ud, void *ptr, size_t osize, size_t nsize) {
  if (nsize == 0) {
    free(ptr);
    return NULL;
  }
  else
    return realloc(ptr, nsize);
}
```

이 구현에서는 free(NULL)이 아무런 동작을 하지 않고, realloc(NULL, size)은 malloc(size)과 동일한 동작을 한다는 것을 가정하고 있다. 이는 C언어 표준에서 보장하는 동작이니 해당 경우에 대한 잘못된 동작을 염려하지 않아도 된다.

다음의 lua_getallocf 함수를 호출해서 해당 루아 상태를 다루는 메모리 할당 함수를 받을 수 있다.

```
lua_Alloc lua_getallocf (lua_State *L, void **ud);
```

ud가 NULL이 아니면, 해당 유저데이터를 할당하는 함수가 *ud에 들어간다. 다음의 lua_setallocf 함수를 호출해서 루아 상태를 다루는 메모리 할당 함수를 바꿀 수도 있다.

```
void lua_setallocf (lua_State *L, lua_Alloc f, void *ud);
```

이전 할당 함수가 할당한 메모리를 해제하는 책임은 새로 지정한 할당 함수에 있다는 것을 명심하고 있어야 한다. 대개 새 함수는 이전 함수를 감싸는 형태로 구현되는 경우가 많다. 예를 들어, 할당한 메모리를 추적하거나 힙 메모리 접근을 동기화하기 위해 작성하는 경우가 있다.

루아 내부적으론 해제한 메모리를 재사용하기 위해 남겨두지는 않는다. 이런 일은 할당 함수에서 알아서 잘 하고 있다고 가정한다. 또한 루아 자체는 메모리 단편화를 최소화하는 일을 신경 쓰지 않는다. 관련 연구에 따르면 메모리 단편화는 프로그램 동작에 의한 것보다는 나쁜 할당 전략에 의해 발생하는 경우가 많다고 한다. 좋은 할당 함수는 많은 단편화를 만들어서는 안 된다.

기존에 잘 구현된 할당 함수보다 더 좋은 것을 만들기는 힘들지만 가끔은 시도하게 되는 일이 생긴다. 예를 들어, 루아에서 해제하거나 재할당할 메모리의 원래 크기를 전달해 주기 때문에, 특화된 할당 함수에서 원래의 메모리 크기를 유지하지 않도록 설계하면 각 메모리 블록에 대한 관리 비용을 줄일 수 있다.

또 다른 상황은 멀티스레드 시스템에서 메모리 할당을 개선할 수 있을 때이다. 각 시스템은 일반적으로 전역 자원(메모리)을 이용하기 때문에 메모리 할당 함수에 대해 동기화를 요구한다. 또한, 루아 상태에 대한 접근도 반드시 동기화되어야 한다. 아니면 31장에서 구현한 lproc처럼 한 스레드에서만 접근이 가능하도록 제한하는 것이 더 좋다. 그래서 각 루아 상태가 각자의 메모리 풀에서 메모리를 할당한다면, 추가적인 동기화 비용을 줄일 수 있다.

## 32.2 가비지 콜렉터

5.0 이전에는 간단한 '표시 후 해제(mark-and-sweep)' 방식의 가비지 콜렉터만 있었다. 이 가비지 콜렉터는 '정지 후 해제(stop-the-world)' 콜렉터라고 불리기도 했다. 가끔씩 전체 가비지 컬렉션 주기가 진행되는 동안 주 프로그램이 멈춘다는 의미이다. 각 주기는 표시(mark), 정리(cleaning), 치우기(sweep) 단계로 구성된다.

표시 단계는 루트 집합의 살아있는 객체를 표시한다. 루트 집합은 레지스트리나 루아의 주 스레드에서 직접 접근하는 객체로 구성된다. 살아있는 객체에 저장된 모든 객체는 프로그램에서 접근 가능한 것이므로 역시 살아있는 객체로 표시한다. 모든 접근 가능한 객체가 살아있음으로 표시되면 표시 단계가 끝난다.

치우기 단계를 시작하기 전에, 마무리 함수와 약한 참조 테이블과 관련된 정리 단계를 실행한다. 먼저 마무리를 위해 표시된 모든 객체를 돌면서 표시가 안 된 객체를 찾는다. 이렇게 찾은 객체를 살아 있는(되돌린) 객체로 표시하고 종료 단계에서 쓰기 위해 별도의 리스트에 넣는다. 그 다음 이 객체의 약한 참조 테이블을 순회하여 표시되지 않은 키나 값이 있는 항목을 모두 지운다.

치우기 단계에서는 모든 루아 객체를 순회하면서 객체를 회수한다. (이렇게 순회하기 위해 루아에서는 생성한 모든 객체를 링크드 리스트에 유지한다.) 객체를 순회하면서 살아있다고 표시되지 않은 객체를 회수하고, 살아있다고 표시된 객체는 다음 가비지 컬렉션을 위해 표시를 지워 둔다. 또한 치우기 단계를 진행하며 청소 단계에서 분리해 둔 리스트에 있는 객체의 마무리 함수도 호출한다.

루아 5.1부터는 증분형 가비지 콜렉터를 이용한다. 이 증분 콜렉터는 이전 것과 같은 단계를 진행하나, 수행을 위해 전체 프로그램을 멈추지 않는 대신 인터프리터를 실행하는 사이에 조금씩 수행한다. 인터프리터가 메모리를 할당할 때마다 가비지 콜렉터가 수집 단계를 작은 규모로 실행한다. 즉, 가비지 콜렉터가 동작하는 동안 인터프리터가 객체의 이용 가능성을 변경할 수도 있다는 의미이다. 가비지 콜렉터가 정확하게 동작하기 위해 인터프리터의 일부 동작은 위험한 변경을 감지하고 관련 객체의 표시를 교정하기 위한 방지책이다.

### 32.2.1 가비지 콜렉터의 API
루아에서는 가비지 콜렉터를 제어할 수 있는 API를 제공한다. C에서는 다음의 lua_gc 함수를 사용한다.

```
int lua_gc (lua_State *L, int what, int data);
```

그리고 루아에서는 다음의 collectgarbage 함수를 사용한다.

```
collectgarbage(what [, data])
```

둘 다 같은 기능을 제공하는 API이다. what 인자(C에서는 열거형, 루아에서는 문자열)로 무엇을 할지를 지정한다. what 인자에 사용할 수 있는 값의 종류와 내용은 다음과 같다.

| | | |
|---|---|---|
| LUA_GCSTOP | ("stop") | LUA_GCRESTART로 lua_gc 함수를 호출하거나 "restart"로 collectgarbage 함수를 호출할 때까지 가비지 콜렉터를 정지시킨다. |
| LUA_GCRESTART | ("restart") | 가비지 콜렉터를 다시 동작시킨다. |
| LUA_GCCOLLECT | ("collect") | 전체 가비지 콜렉션 주기를 수행하여 이용할 수 없는 객체를 모두 수거하며 마무리 함수를 호출한다. collectgarbage의 기본 인자 값이다. |

| | | |
|---|---|---|
| LUA_GCSTEP | ("step") | 가비지 콜렉션 작업을 일부 진행시킨다. data 인자로 전달한 바이트만큼 할당한 메모리를 수거한다. |
| LUA_GCCOUNT | ("count") | 현재 루아가 사용하고 있는 메모리의 양을 킬로바이트 단위로 반환한다. 아직 회수되지 않은 객체의 크기도 이 값에 포함된다. |
| LUA_GCCOUNTB | (루아에는 없음) | 현재 루아가 사용하고 있는 메모리의 양을 1킬로바이트 이상을 제외한 바이트 값을 반환한다.<br>C에서 전체 메모리 사용량을 바이트 단위로 계산하려면 다음과 같이 사용하면 된다. (전체 사용량이 int 범위를 넘어가지 않는다고 가정하자.)<br><br>　　(lua_gc(L, LUA_GCCOUNT, 0) * 1024)<br>　　　+ lua_gc(L, LUA_GCCOUNTB, 0)<br><br>루아에서는 collectgarbage("count")를 호출하면 킬로바이트 단위의 값을 부동소수 값으로 반환하므로 전체 사용량을 바이트 단위로 나타내려면 다음과 같이 사용하면 된다.<br><br>　　collectgarbage("count") * 1024<br><br>그러므로 루아에서는 이 인자 값이 필요하지 않다. |
| LUA_GCSETPAUSE | ("setpause") | 가비지 콜렉터의 pause 매개변수를 설정한다. 이 값은 data 인자의 백분율로 지정한다. 예를 들어, data의 값이 100이면 pause 매개변수의 값은 1이 된다. (100%) |
| LUA_GCSETSTEPMUL | ("setstepmul") | 가비지 콜렉터의 stepmul 매개변수를 설정한다. 이 값도 data 인자의 백분율로 지정한다. |

　CPU 시간 성능을 위해 메모리 재사용 정도를 조율할 수 있다. 극단적인 경우로, 가비지 콜렉터가 전혀 동작하지 않게 할 수도 있다. 이 경우에는 시간 성능을 소모하지는 않지만 메모리를 매우 많이 사용하게 되는 대가를 치르게 된다. 다른 극단적인 경우로, 객체 접근성 그래프가 달라질 때마다 전체 가비지 컬렉션을 실행하게 할 수도 있다. 이렇게 하면 프로그램에서 사용하는 메모리의 양은 최소가 되겠지만 매우 큰 시간 성능 비용을 치르게 된다. 실제 가비지 콜렉터는 이 두 극단 사이에서 좋은 균형을 찾으려 한다.

　할당 함수의 경우와 마찬가지로, 루아의 가비지 콜렉터는 대부분의 애플리케이션에서 사용하기에 충분할 정도로 좋다. 하지만 가비지 콜렉터를 최적화를 시도하는 일이 가치 있을 때도 있다. 이럴 때는 pause와 stepmul 매개변수로 가비지 콜렉터의 특성을 조절할 수 있다.

pause 매개변수는 가비지 콜렉션이 종료 후 다시 시작될 때까지 얼마나 대기할 것인지 조절한다. pause를 0으로 설정하면 가비지 콜렉션을 종료한 뒤 가능하면 바로 다시 가비지 콜렉션을 실행한다. pause를 200%로 설정하면 메모리 사용량이 두 배가 될 때까지 기다렸다가 다음 가비지 콜렉션을 시작한다. 시간 성능을 더 소모하면서 낮은 메모리 사용량을 원한다면 pause를 낮은 값으로 설정하면 된다. 보통은 이 값을 0에서 200% 사이로 유지하는 것이 좋다.

stepmul 매개변수는 할당된 킬로바이트 단위의 메모리마다 수행하는 작업의 양을 조절한다. 값을 높게 설정하면 콜렉터가 덜 점진적으로 동작하게 된다. 100000000%처럼 매우 큰 값을 설정하면 가비지 콜렉터가 증분형으로 동작하지 않게 된다. 기본값은 200%로, 100%보다 낮은 값을 주면 가비지 콜렉터가 너무 느려져서 가비지 콜렉션이 끝나지 않을 수도 있다.

lua_gc의 나머지 명령은 가비지 콜렉터를 수행하는 시점을 제어하는 것이다. 게임 프로그래밍이 이런 제어가 필요한 전형적인 경우가 되겠다. 예를 들어, 가비지 콜렉션 작업을 일정 기간 동안 수행하고 싶지 않을 경우, collectgarbage("stop")을 호출해서 가비지 콜렉션 작업을 정지시키고 나중에 collectgarbage("restart")를 호출해서 재시작시키면 된다. 주기적으로 휴식(idle) 단계가 있는 시스템에서는 실행 시간 동안은 가비지 콜렉터를 멈추게 하고 휴식 시간 동안 collectgarbage("step", n)을 호출해서 가비지 콜렉션이 진행되게 할 수 있다. 각 휴식 기간에 얼마나 작업을 진행시킬지 설정하려면, 실험을 통해 얻어진 적절한 값을 n으로 선택하거나 반복문 안에서 n을 0으로 설정해서(간격을 작게 설정함을 의미) collectgarbage를 휴식 단계가 끝날 때까지 반복 호출하는 방법도 있다.

## 연습 문제

**연습 문제 32.1:** 루아 상태가 사용하는 전체 메모리 사용량에 제한을 설정하는 라이브러리를 작성해 보자. 라이브러리에서 setlimit 함수 하나만 호출해서 값을 설정할 수 있도록 하자.

이렇게 하려면 라이브러리 자체의 할당 함수가 필요하다. 이 함수는 원래의 할당 함수를 호출하기 전에 사용 중인 전체 메모리 양을 검사해서 요청한 메모리가 제한을 넘는 경우 NULL을 반환하도록 해야 한다.

(힌트: 라이브러리에서 lua_gc를 사용해서 메모리 사용량을 초기화할 수 있다. 또한 현재 사용량과 설정된 메모리 제한 같은 상태를 유지하기 위해 할당 함수의 유저데이터를 이용할 수 있다. 원래의 할당 함수를 호출할 때는 원래의 유저데이터를 사용하는 것을 명심하자.)

**연습 문제 32.2:** 먼저, 이 연습 문제를 위해 많은 메모리를 사용하는 루아 스크립트가 필요하다. 이런 스크립트가 없다면 하나 만들어 두자. (테이블을 생성하는 반복문 등으로 간단하게 만들 수 있다.)

- GC 매개변수를 달리해서 스크립트를 실행해 보자. 스크립트의 수행 성능에 어떻게 영향을 주는가?
- pause 매개변수를 0으로 설정하면 어떤 일이 일어나는가? 그럼 pause를 1000으로 설정하면 어떻게 달라지나?
- stepmul을 0으로 설정하면 어떤 일이 일어나는가? stepmul을 1000000으로 설정하면 어떻게 될까?
- 가비지 콜렉터를 완전히 제어하도록 스크립트를 수정하자. 이 스크립트에서 가비지 컬렉터를 정지시키고, 가끔씩 호출하도록 해보자.

이런 방법으로 프로그램의 성능을 개선할 수 있겠는가?